THE LIFE OF ADAM AND EVE IN GREEK

PSEUDEPIGRAPHA
VETERIS TESTAMENTI GRAECE

Editors
H. J. de Jonge and M. A. Knibb

with
J.-C. Haelewyck and J. Tromp

Number 6

THE LIFE OF ADAM AND EVE IN GREEK

A Critical Edition

by

Johannes Tromp

SBL PRESS
Atlanta

Copyright © 2005 by Koninklijke Brill NV, Leiden, The Netherlands

This edition is published under license from Koninklijke Brill NV, Leiden, The Netherlands, by SBL Press.

All rights reserved. No part of this work may be reproduced or transmitted in any form or by any means, electronic or mechanical, including photocopying and recording, or by means of any information storage or retrieval system, except as may be expressly permitted by the 1976 Copyright Act or in writing from the publisher. Requests for permission should be addressed in writing to the Rights and Permissions Department, Koninklijke Brill NV, Leiden, The Netherlands.

Authorization to photocopy items for internal or personal use is granted by Brill provided that the appropriate fees are paid directly to The Copyright Clearance Center, 222 Rosewood Drive, Suite 910, Danvers, MA 01923, USA. Fees are subject to change.

Library of Congress Control Number: 2016942845

Printed on acid-free paper.

CONTENTS

Preface VII

INTRODUCTION

Chapter One. History of Research 3

Chapter Two. The Manuscripts 17

Chapter Three. Grammatical Notes 28
   I. Phonology and Orthography 29
      (i) Punctuation, accents and breathings 29—(ii) Vowels 30—(iii) Elision in hiatus 34—(iv) Single consonants 35—(v) Gemination 38—(vi) Consonant clusters 39—(vii) Consonants in sandhi 41
   II. Morphology 42
      (i) Nouns: phonetics and the cases 42—(ii) The third declension 43—(iii) Gender 44—(iv) Exotic words 45—(v) Adjectives 45—(vi) Numerals 46—(vii) Pronouns 46—(viii) Adverbs 46—(ix) New words and meanings 47—(x) Augment and reduplication 47—(xi) Athematic verbs 49—(xii) Confusions of verb-endings 50—(xiii) Tenses 51—(xiv) Participle 53
   III. Syntax 53
      (i) Article 53—(ii) Congruence 54—(iii) Accusative 55—(iv) Genitive 56—(v) Dative 57—(vi) Prepositions 58—(vii) Pronouns 61—(viii) Middle voice 61—(ix) Historical tenses 62—(x) Subjunctive in main clauses 62—(xi) Imperative 63—(xii) Subordinating conjunctions 63—(xiii) Infinitive 64—(xiv) Participle 64—(xv) Anacolouthons and changes of subject within a sentence 65

Chapter Four. The History of Transmission 67
   One Archetype 71
   Hyparchetype α: *ds* 72
   Hyparchetype β: *vb kpg qz nijKH heuwxf* 75
   Hyparchetype γ: *atlc rm* 93
   The Versions 96
   The History of Transmission of the Greek
      Life of Adam and Eve 103
   Graphic Representation of the Genealogical Relationships
      of the Greek Texts and the Versions 106

Chapter Five. List of Conjectural Emendations 108

A CRITICAL EDITION OF
THE LIFE OF ADAM AND EVE IN GREEK

Editorial Conventions and Abbreviations 115

Concordances of the Manuscripts' Sigla 121

Text and *apparatus criticus* 122

Appendix One. Revision of lines 107-124 (14:3-16:2) *qz niH he*.. 178

Appendix Two. Addition of 29:7-13 *rm* (Arm Geo Lat Slav) 180

BIBLIOGRAPHY AND INDICES

Bibliography 185

Index to Chapter Three: Grammatical Notes
    I. Subjects 189
Index to Chapter Three: Grammatical Notes
    II. Selected Passages 190
Index to Chapter Four: The History of Transmission 191

Index of Words Occurring in the Main Text 192
Selective Index of Words Occurring as Variants,
    and in Additions and Revisions 202

PREFACE

It has taken me many years to produce this volume. During these years many institutions, friends and colleagues have offered support and encouragement. It is my great pleasure to mention a few of them.

The Faculty of Theology of Leiden University, and its Leiden Institute for the Study of Religions, has been the locus of all my scholarly work, and will, I trust, continue to provide the context that is necessary for fresh and independent research.

The Library of Leiden University is an invaluable treasure for anyone in the field of biblical and related studies, not only because of its marvelously complete collection, but also because of the generosity with which that collection is opened to access.

I am much indebted to the many libraries who permitted me to consult manuscripts in their possession, provided me with photos or photocopies from them, or granted permission to obtain these from the Paris Institute for the Research and History of Texts (IRHT). The Institute itself deserves much praise and gratitude for its efficiency and unselfish services.

I gratefully acknowledge the support of the Dutch Organisation for Scientific Research (NWO), which made it possible for me to be released from all other duties during the first semester of 2003. During that period Martin Baasten took trusted care of my classes.

In the past decade, many close colleagues at the Departments of Old and New Testament have helped me by criticizing and discussing my work with me. I gladly mention Harm W. Hollander and Henk Jan de Jonge, in particular, who took it upon themselves to comb the chapters of the Introduction for errors in argument, fact, and all the other minutiae that make those pages, I admit, highly unattractive to peruse.

The exertions of Michel Buijs, who corrected the Greek accents (and many other errors in passing), and of Thomas W. Brain, who corrected my use of the English language, may be regarded as acts of self-sacrifice. Needless to say, I myself am responsible for errors that remain.

For their willingness to discuss various aspects of this work with me, each from his own expertise, but in equal measures of cordiality, I thank John R. Levison, Jean-Pierre Pettorelli, and Michael E. Stone.

Finally, I gladly recognize my indebtedness to Marinus de Jonge, my longstanding mentor, for his unfailing guidance and friendship.

Leiden, September 9, 2004

INTRODUCTION

CHAPTER ONE

HISTORY OF RESEARCH

Although the existence of an "apocryphal and fictitious narration about the life of Adam and Eve" had been known since the seventeenth century, C. Tischendorf was one of the first modern scholars to actually pay attention to its contents.[1] In an 1851 review of Lücke's *Versuch einer vollständigen Einleitung*, Tischendorf noted that Lücke had listed some titles of lost apocryphal works and speculated about their interrelationships and contents. Included in this list were λεπτὴ γένεσις, a *Life of Adam*, and the *Apocalypse of Moses*. In his review, Tischendorf pointed out that P. Lambecius, in his catalogue of the Imperial Library of Vienna (1665), had already identified the λεπτὴ γένεσις with a writing in two Viennese manuscripts, a *Narratio apocrypha & fabulosa de Vita & conversatione Adami & Evae*;[2] moreover, Tischendorf announced that he had found copies of the same writing in the libraries of Venice and Milan. In eight pages, he provided an extensive paraphrase of the writing, interspersed with long quotations in Greek. From his study of the writing, he concluded that this "Little Genesis" was none other than the *Apocalypse of Moses*.[3] Since then, the identification of the *Vita Adami & Evae* with "Little Genesis" has been rejected—instead, that latter designation is now associated with the book of *Jubilees*. However, the identification with the *Apocalypse of Moses* has remained undisputed, and rightly so.

Tischendorf also noticed that this writing in no way belonged to the category that Lücke had designated as "eschatological apocalypses."[4] However, because the term "apocalypse" even today continues to have connotations with eschatological content matter, it has become usual to designate the *Apocalypse of Moses* with the title *Life of*

---

[1] A few months earlier, J. Fürst had devoted some pages to it in his "Aus dem Buche Adams" (*non vidi*); see Nagel, *La Vie grecque* I, p. XXII; II, pp. III-V.

[2] Here quoted from the second edition: Lambeck and Kollar, *Commentarii* V, cols. 64-65; VIII, col. 749.

[3] Tischendorf, review of Lücke, *Versuch einer vollständigen Einleitung*, pp. 432-433; paraphrase on pp. 433-439.

[4] *Ibid.*, p. 433.

4 INTRODUCTION

Adam and Eve, which is equally justified by the manuscripts, but much clearer and more appropriate.

For his edition of the *Life of Adam and Eve* of 1866, the first edition of the Greek text, Tischendorf had the texts of the four manuscripts mentioned at his disposal: he had transcribed the text of one of them, manuscript *a* from Venice, in full. The text of this manuscript suddenly breaks off at 36:3. Of manuscript *d*, from Milan, he says to have copied only the beginning and the end. To judge from his apparatus, he meant 1:1-2:1 and 39:1-43:4. Tischendorf relied for parts of the text of both Viennese manuscripts, *b* and *c*, on the transcription by a certain Dr. Schenkl. The sigla *b* and *c* are still used for these manuscripts, but it should be noted that Tischendorf mixed up the texts of these manuscripts.[5] The main text of his edition is that of manuscript *a* for 1:1-36:3 (at which point the text of this manuscript breaks off), and that of *b* (called *c* by Tischendorf) for the final part of the writing, 37:1-43:4. Additionally, the text of manuscript *d* was occasionally used to correct readings in the text of *b*.[6] Why Tischendorf preferred *a* (and *b*) is nowhere explained. In short: Tischendorf's edition was based on a single, randomly selected manuscript (*a*), complemented by the fictitious text of two mixed-up manuscripts (*b*/*c*), whereas a fourth manuscript, *d*, was practically left out of consideration.[7]

The shortcomings of this procedure were soon observed, except that the confusion of the texts of *b* and *c* went unnoticed, so that this ghost-manuscript continued to confuse the text-critical discussion for a long time. Two years after the appearance of Tischendorf's edition, A.M. Ceriani of Milan published manuscript *d* in its entirety, noting that Tischendorf, because of a lack of time, had grossly underestimat-

---

[5] Nagel, *La Vie grecque* I, pp. 37-38. It is likely that the confusion was due to Tischendorf, and not to his Austrian collaborator. Tischendorf is noted for having worked in a hasty and slipshod manner, whereas Schenkl is not (the Schenkl in question is probably Karl Schenkl [1827-1900], the famous philologist and editor of Ambrose, not Heinrich Schenkl [1859-1919] who could not have made the transcript in the 1840's; cf. Tischendorf, *Apocalypses*, p. xii; Nagel, *La Vie grecque* II, pp. 57-58). Moreover, it is easier to confuse two transcripts in the same handwriting, than to mix up two manuscripts whilst transcribing them.

[6] Tischendorf, *Apocalypses*, p. 19.

[7] Tischendorf was apparently unaware of the existence of the Montpellier manuscript, the contents of which had been summarized as a "Narration fabuleuse sur la vie et mort d'Adam et Ève" in an 1849 catalogue; see Libri and Hase, "Manuscrits de la bibliothèque," p. 446; on the remarkable career of Libri, see Macciono Ruju and Mostert, *The Life and Times of Guglielmo Libri*.

I. HISTORY OF RESEARCH

ed the importance of this manuscript, and that his transcription stood in need of correction.[8] Unfortunately, the leaves containing sections 18-35 are missing from this manuscript. It may be noted that Ceriani's transcription is virtually flawless.

C. Fuchs, in the introduction to his translation of the *Life of Adam and Eve*, underlined the importance of manuscript d.[9] Moreover, he had two more manuscripts at his disposal: e and f.[10] Essentially, however, Fuchs's procedure was the same as that of Tischendorf, the only real difference being that the readings of d were more frequently preferred to those of a. However, because the genealogical relationships between all manuscripts involved were hardly researched, the choice for the a- or d-text was made entirely according to the editors' and translators' discretion.[11]

In the following years, the number of manuscripts known to contain the *Life of Adam and Eve* continued to increase, thanks in part to the work of the Fathers Bollandists. In their hagiographical inventory published in 1957, three more manuscripts were recorded: q, r, and y; and in 1969 another four were mentioned: s, t, u, and x.[12]

In his 1969 dissertation at Duke University, J.L. Sharpe undertook what he called a "preliminary examination" of the manuscript tradition.[13] Through the invaluable mediation of the Parisian Institut de Recherche et d'Histoire des Textes, he knew of several manuscripts other than the five known to Fuchs, and inspected twelve of them. As regards manuscripts a, b, c, d, he chose to rely on Tischendorf's pre-

---

[8] Ceriani, "Apocalypsis Moysi," pp. 19a-b.

[9] "Das Leben Adams und Evas," p. 507: "Die verhältnismäßig beste Textform hat D"; cf. already Ceriani, "Apocalypsis Moysi," p. 19a, asserting that the text of d "praestare ceteris libris adhibitis in editione [*sc.* a Tischendorf]."

[10] The sigla used in this edition are those proposed by Bertrand, *La Vie grecque*, pp. 40-41. Other sigla were used by Fuchs, Sharpe and Nagel (see below), but all these systems are rather complicated and difficult to use. The only alteration here made to Bertrand's system, is to replace his capital letters (which are typographically most unsatisfactory) by italic lower case letters.

[11] Wells, who for his translation in Charles's collection had made no independent study of the manuscripts, took manuscripts d and b/c as "the chief guides," but followed "one of the others" where the former were "unsatisfactory" ("The Books of Adam and Eve," p. 125).

[12] F. Halkin, *Bibliotheca*, pp. 6-7; *Auctarium*, pp. 14-15.

[13] Sharpe, *Prolegomena* I, p. 157. Sharpe's dissertation was not published. I wish to thank Prof. J.R. Levison, who graciously sent me a photocopy of it. Sharpe's work has been well summarized in Merk and Meiser, "Das Leben Adams und Evas," pp. 751-754. Sharpe's study was the basis of Johnson's translation of the Greek *Life of Adam and Eve* in Charlesworth's *Old Testament Pseudepigrapha*.

sentation of the evidence, so that the confusion of manuscripts *b* and *c* was not noticed by him.[14]

Sharpe described manuscripts *a, b, c, d, e, f, g, k, l, m, n, p, q, r, s, t, u, v, x, y, z*, and noted the existence of the lost Iaşi-manuscript (see below, chapter II). His assumption that the Paris manuscript Gr. 1604 also contains the *Life of Adam and Eve* is incorrect.[15] In the second part of his work, he collated the evidence of *e, f, g, k, l, m, n, q, r, s, t*, and *v* against the texts and notes of Tischendorf and Ceriani.

His procedure to establish the priority of readings, was first to determine the interrelationships of the manuscripts on the basis of their extent, then to consider each textual variant "in terms of its restatement or alteration of the 'received text,' that is the text published by Tischendorf."[16] The evaluation of these variants was made with reference to the standard rules used in New Testament textual criticism (*lectio durior potior, lectio brevior potior* etcet.).[17] However, because of the hagiographical nature of the writing, and the late date of the manuscripts representing it, Sharpe rejected the possibility of establishing an "original" text or tradition.[18] Instead, he proposed to describe a network of traditions in such a way that something might be said about the priorities within this network.[19]

Sharpe distinguished the textual tradition into two groups: one ending in 36:3 (i.e., manuscripts *a* and *t*), and one ending in 43:3 (all other manuscripts except *b/c*).

He subdivided the second group into three types of ending, represented by (1) *d, s, l, v, g, k, n*; (2) *c, e, f, q*; and (3) *r, m*. Groups (1) and (2) are distinguished from each other mainly on the basis of style; group (3) is identified on the basis of its common omission of

---

[14] Sharpe, *Prolegomena* I, p. 156 (cf. pp. 227-228), rightly remarked that any study aiming at the preparation of a critical edition "will require a complete re-examination of the manuscripts used by Tischendorf." His decision to trust Tischendorf, even for the time being, is based upon the assumption that Tischendorf's work is generally sufficiently accurate (p. 156). Even if that were true, Sharpe acknowledges that Tischendorf's edition "does not qualify as a critical edition" (p. 29). When in later years Sharpe was working on an edition of the text, he naturally discovered the mix-up of *b* and *c* (source: correspondence in the PVTG-archive at Leiden University).

[15] *Prolegomena* I, pp. 162-184. As noted above, Sharpe used other sigla to refer to these manuscripts, a matter which can here be ignored.

[16] *Prolegomena* I, p. 185.

[17] *Prolegomena* I, p. 186.

[18] Contrast, however, his more optimistic approach in *Prolegomena* I, p. 228.

[19] *Prolegomena* I, pp. 186-187.

large parts of 37-43.[20] The subdivisions within these groups are mainly made on account of common readings: thus, for instance, *k* and *g* are said to be intimately related, as are *e* and *f*.[21] The priority of the witnesses is phrased in terms of seemingly less or more "developed," usually on the basis of a witness's refinement and consistency, or length.[22]

All this led Sharpe to the tentative conclusion that the *Life of Adam and Eve* originated in two text-forms, possibly represented by *ef* and *rm*, respectively. From *ef* developed, in succession, the text-types of *q*, *c* and *dslv*; *n* may be a separate development of *q*; *a* may be a later development of an *sl*-type of text; *g* represents a late stage in the *dslv*-tradition, and may have resulted, combined with an early stage of the *n*-tradition, in *k*.[23]

It should be noted that there are various inconsistencies within Sharpe's procedure. First of all, Tischendorf's edition is an uncritical, eclectic edition, based on a randomly selected manuscript. To use it as the basis of a collation simply because Tischendorf happened to be in Venice in the 1840's, is bound to lead to wrong conclusions: certainly, no manuscript reading can be described as a "restatement or alteration" of Tischendorf's text. When Sharpe subsequently points at the "hagiographical" nature of the *Life of Adam and Eve*, implying an extreme freedom with which such writings were treated in copying,[24] his decision to judge variants with the rules of New Testament textual criticism (i.e., by applying certain rules of thumb to evaluate variants against a presumably *fixed* text) is a contradiction in terms.

Especially in "hagiographical" or "apocryphal" writings, style is unfit as a criterion for establishing chronological priority, and the assumption that such writings tend to become longer and longer is simply not true. To what extent the common rules of thumb are valid for New Testament textual criticism, is beyond my competence to judge —but they are certainly not valid for the *Life of Adam and Eve*.[25]

---

[20] *Prolegomena* I, pp. 189-193.
[21] *Prolegomena* I, pp. 194, 196.
[22] *Prolegomena* I, e.g., pp. 195, 198.
[23] *Prolegomena* I, pp. 202-203.
[24] Cf. *Prolegomena* I, pp. 152-154.
[25] Tromp,"The Role of Omissions," p. 264.

INTRODUCTION

The Stemma Codicum according to J.L. Sharpe[26]

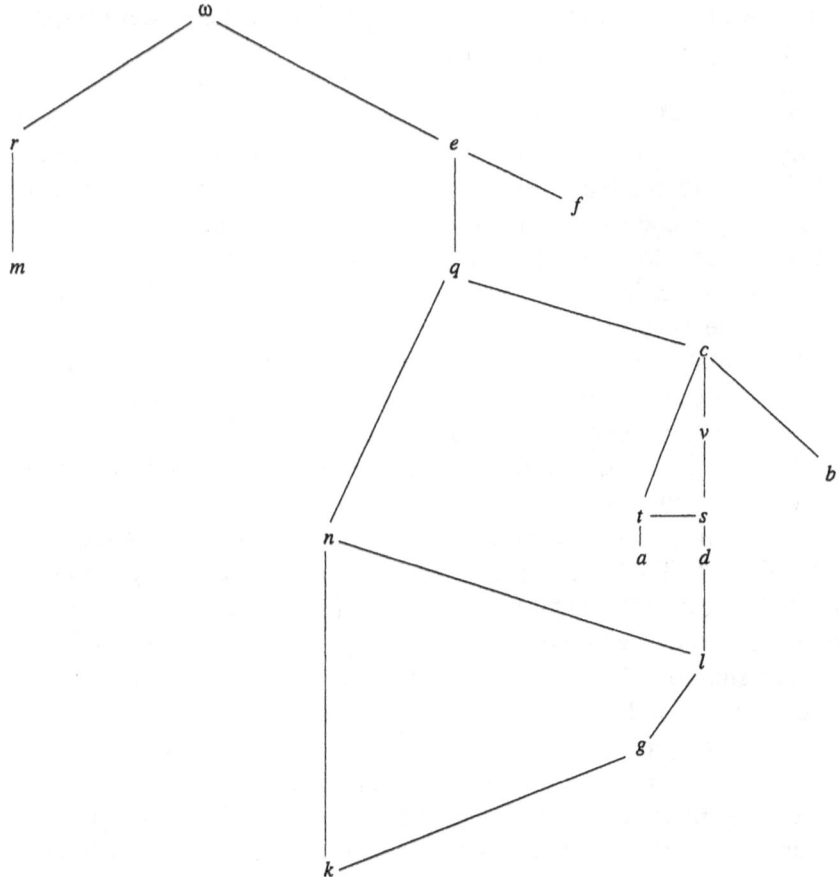

A few years after Sharpe's dissertation, another was defended, at Strasbourg in 1972, by M. Nagel. It was published and distributed by the Reproduction Service of Lille University in 1974.[27] It consists of three volumes. In the first volume, Nagel describes in great detail the manuscripts and the agreements and disagreements between them, aiming at a reconstruction of the history of the textual transmission of

---

[26] *Prolegomena* I, p. 188.
[27] *La Vie grecque* I-III.

I. HISTORY OF RESEARCH

the writing. The second volume contains the footnotes to the first. In the third volume, Nagel presents the texts of all available manuscripts in parallel lines, so as to facilitate their comparison.

Nagel, who had had no knowledge of Sharpe's work, knew of twenty-seven manuscripts containing the *Life of Adam and Eve* and was able to study twenty-three of them (excluding *u*, *y*, and two manuscripts without siglum, but including *b* and *c*, which were finally disentangled).[28] He made a thorough investigation of all the similarities and differences between them. He concluded that the witnesses of the text could be classed into three main groups: I. *dsvkpgb atlc*; II. *rm*; III. *nijK qz hewxf*.[29] It seems at first sight that there is substantial agreement between Sharpe's and Nagel's findings with regard to the groupings, but in reality, the results reached by both scholars are in almost diametrical opposition, especially with regard to the priority of the texts.

Nagel's main criterion for this classification was that of text form. Almost all manuscripts appeared to represent text forms which are the result of clearly recognizable, diverse editorial interventions. The manuscripts were grouped together on the basis of their representing one of these revisions.

According to Nagel, the most primitive text form was mainly represented by manuscripts *ds* and *atlc*, the former subgroup (I) being characterized by a number of common deteriorations of the text,[30] the latter (Ia) by a relatively large number of additions.[31] None of their specific characteristics are found in manuscript *v*, which Nagel believed to give a very pure rendering of the archetype, albeit in a strongly abbreviated form.[32] Nagel is rather vague on the exact position of *vkpgb* (see below).

Nagel's second group (II) consists of two witnesses, *r* and *m*. Its text is most conspicuously characterized by the large addition of 29:7-13, the story of the penitence of Adam and Eve, and Eve's second temptation.[33] Nagel also notes that *rm* share specific characteris-

---

[28] Nagel used other sigla than those used here; see below, chapter II.
[29] Manuscript *k*, as Nagel showed, represents two different exemplars, here designated as *k* (for 1:1-17:2) and *K* (for 14:3-end), respectively; see further below, chapter IV.
[30] *La Vie grecque* I, pp. 9-10.
[31] *La Vie grecque* I, pp. 48-51.
[32] *La Vie grecque* I, pp. 19-20.
[33] *La Vie grecque* I, p. 70; so also Sharpe, *Prolegomena* I, pp. 199-200.

tics with the *atlc*-group, showing that *rm* depend on an ancestor which was a member of the *atlc*-group.[34] Genealogically speaking, therefore, *atlc* and *rm* belong together as descendants of a common ancestor, which is not the ancestor of *ds* (or *v*).

Nagel's third group (III) consists of eleven witnesses, *nijK qz hewxf*. Nagel characterizes this text form as a "shallow redactional revision" of little interest.[35] He comments: "Elle représente l'œuvre d'un copiste qui, sans toucher au fond même de l'original et sans y ajouter quelque élément étranger, se contente de changer par endroit la forme de l'écrit."[36]

As noted above, Nagel was vague on the position of manuscripts *v*, *kpg*[37] and *b*. With regard to *v*, he noted that it contains none of the characteristics of the *atlc*-group on the one hand, and none of *b* on the other, "although there are a certain number of agreements with both."[38] He tried to explain this situation by hypothesizing that *v* was transmitted together with *atlc* and *b* in a period when the *ds*-group had already departed from the main tradition.[39]

With this hypothesis, however, Nagel has fallen into a dangerous trap of stemmatic textual criticism: from the fact that *d* and *s* form a separate branch of the textual tradition, he erroneously concluded that all the other manuscripts equally descend from a single common ancestor. Such a conclusion, however, cannot be drawn from the absence of the characteristic *ds*-errors in the other manuscripts, but can only be drawn if those other manuscripts have an error in common

---

[34] *La Vie grecque* I, pp. 72-75.
[35] *La Vie grecque* I, p. 219.
[36] *La Vie grecque* I, p. 212.
[37] The conjunction of *kpg* is certain; *La Vie grecque* I, pp. 22-23.
[38] *La Vie grecque* I, p. 19: "tout en fournissant un certain nombre de rencontres avec eux." Equally vague language, concerning *kpg*, on p. 27; more explicit on p. 45.
[39] *Ibid.*; the way in which Nagel speaks about the development of this writing, suggests that he assumed that the manuscripts are reflections of a text in continuous development, but in some way imagined that this development took place on an abstract level, disconnected from the concrete (and creative) process of copying manuscripts—in other words, although he was right in maintaining that texts and manuscripts are different things, he insufficiently appreciated that texts do not exist independently of manuscripts (I use the word "text" here in its traditional sense—concepts of "oral text" are of no use when studying the interrelationships of manuscripts). What is more, by considering the texts of *d* and *s* as witnesses of the earliest stage of this abstract development, he comes dangerously close to the concept of the *codex optimus*; cf. *La Vie grecque*, I, p. XXXVII.

which is not present in the *ds*-group.[40] This, however, is not the case (see below, chapter IV).

Nagel was cautious enough not to press his point, but his cautiousness led him to refrain from including *vkpgb* and group III into his graphic representation of the manuscript tradition.[41] That meant, however, that he was unable to decide what to do with the variant readings of no less than sixteen manuscripts. As a result, his huge undertaking did not, and could not, result in a critical edition.

To clarify my criticism of Nagel, I present his comments on the manuscript tradition in a diagram, well aware that he himself apparently felt too insecure to lay down his thoughts in such a definitive way. If I understand well what he suggested on pp. 19, 27 and 45 of *La Vie grecque* I, Nagel was thinking of the following stemma:

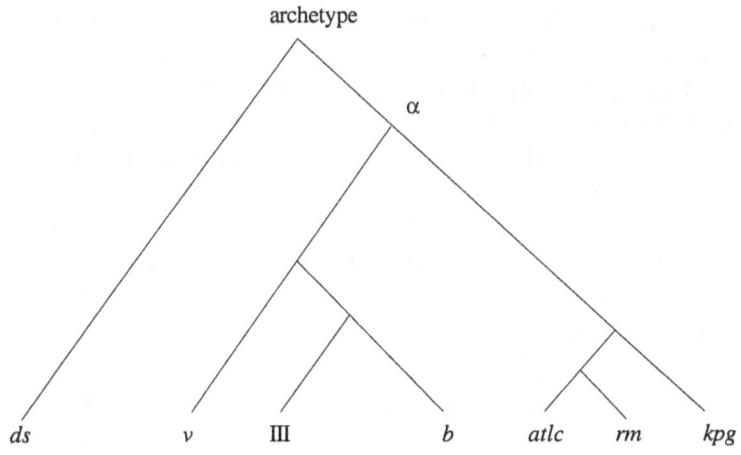

In this simplified schema, the letter α stands for a specific hyparchetype, which Nagel must assume for his explanation of the common readings of *vkpg* and *atlc*, but which can be assumed only on the basis of a certainly *secondary* reading in this hypothetical ancestor (as compared to the common ancestor of *ds*), which must then be present or at least have left its traces in all the relevant witnesses. Nagel has not identified such a reading, and, as will be argued presently, there is none (see below, chapter IV).

---

[40] Cf. Tromp, "Zur Edition apokrypher Texten," p. 204.

[41] *La Vie grecque* I, p. 198. The overly complex and cautious approach of Nagel was criticized by Bertrand, *La Vie grecque*, p. 39.

Although he would eventually not succeed in producing a critical edition, Nagel provided A.-M. Denis with a provisional text for the latter to include in his concordance of the Greek pseudepigrapha of the Old Testament.[42] This edition has since then been used as the standard edition of the Greek *Life of Adam and Eve*, and it is certainly an improvement compared to Tischendorf's edition.[43] However, it should be noted that it was never intended as a provisional *critical* edition. This is clearly shown by the fact that Nagel included such passages as 13:3b-5 and 29:7-13, of which he was utterly convinced that they were secondary.[44] He may have included them in his text because of the specific aim of a concordance: to make texts and traditions readily available to those who might want to use them.

In the years following upon their dissertations, Sharpe and Nagel were brought into contact with each other in connection with the production of a critical edition. After some discussion between both scholars, Sharpe (who had already been invited by the editors of the present *Pseudepigrapha* series to produce an edition[45]) in 1973 ceded that project to Nagel. The latter expected to be able to produce the edition in a relatively short time. However, it was unfinished when he was killed in an accident in 1984.

In 1987 D.A. Bertrand published an edition of the Greek *Life of Adam and Eve* with a translation and annotations.[46] Bertrand made no independent study of the manuscripts, but relied on the work of Nagel.[47] Evidently, he prepared this work to fill the gap left by Nagel. Bertrand, noting the liberties which the copyists of the writing have taken, aimed at providing a translatable text, taking the history of transmission into account, but without being as exhaustive (and consequently, impracticable) as Nagel.[48] He strongly rejected the following of one particular manuscript ("serait-il le meilleur de la meilleure recension") because such procedure would, as he rightly states, give a fallacious impression of the writing as a whole: all manuscripts con-

---

[42] Denis, *Concordance grecque*, pp. 815-818.

[43] It has been used for the Greek column in Anderson and Stone, *Synopsis*.

[44] Nagel, *La Vie grecque* I, pp. 51, 176. In their *Synopsis*, Anderson and Stone have placed these and other passages between square brackets.

[45] Sharpe, *Prolegomena* I, p. vii.

[46] Bertrand, *La Vie grecque*.

[47] Even so, he was able to correct some of Nagel's lapses in the transcriptions of the manuscripts; see Bertrand, *La Vie grecque*, p. 39.

[48] Bertrand, *La Vie grecque*, p. 47.

tain serious errors, lacunae and nonsensical readings—preferring the errors of one manuscript in particular would be an act of utter arbitrariness.[49]

Bertrand's edition is therefore eclectic, a choice which, under the circumstances, is comprehensible. Nonetheless, as he readily admits himself, such an edition results in a fictitious text:[50] in the absence of a clear and complete history of the writing's transmission, there is no criterion for the choices made, except the editor's intuition (and, in Bertrand's case, the desire to obtain a smooth text). Bertrand's decision to restrict the number of conjectural emendations to a minimum, and to try to find a solution for difficult passages in manuscripts which usually offer the "worst" readings, hardly mitigates this fictitiousness.

Another work in which Nagel's dissertation is extensively used, is the translation of the Greek and Latin versions of the *Life of Adam and Eve* by O. Merk and M. Meiser, for the *Jüdische Schriften aus hellenistisch-römischer Zeit* (1998). Merk, who is mainly responsible for the Greek version, reports that Nagel had made his personal copy of his book available to him, in which many corrections were made by Nagel himself.[51] However, Merk has not indicated in which instances Nagel made corrections. I suspect that the copy Merk received from Nagel is none other than the one that was also published in 1974 by the Reproduction Service of Lille University, which is a version of Nagel's dissertation corrected by the author himself. In any case the graver errors that still remain have not been put right in the copy available to Merk.[52]

Merk based his translation on Nagel's transcriptions of the manuscripts and made his textual choices independently of Nagel's provisional, and Bertrand's eclectic edition. Inevitably, his procedure must

---

[49] Bertrand, *La Vie grecque*, pp. 47-48.
[50] Bertrand, *La Vie grecque*, p. 48.
[51] "Das Leben Adams und Evas," p. 751.
[52] Kindly confirmed to me in private communication by Prof. Merk. As instances of these graver errors may be mentioned in particular the omission (by Nagel, not the manuscripts!) of καὶ οὐχί in 16:3 *ds v kpg b*; Nagel's omission of σοι μέγα μυστήριον in 21:1 *s v kp b alc r*; the wrong alignment of witnesses and partial omission of τί τοῦτο ἐποίησας in 23:5 *s v kp b atl nij hef*; the omission of κελεύεις 29:4 *s*; and the omission of ὀφθαλμός in 34:1 *s kg b a*. In none of these instances does Merk's translation seem to be based on a corrected copy of Nagel, other than that reproduced in Lille. It should be noted that Nagel's error in 16:3 could easily have been corrected by Merk and others, if attention had been paid to Ceriani's edition of manuscript *d*. Chapter II, below, includes lists of corrections of Nagel's transcriptions for each manuscript.

have been comparable to that of Bertrand, although he tends to weigh variants according to the relative importance of individual manuscripts within the (admittedly incomplete) history of transmission, in other words, to prefer readings from *ds v a* (in that order) and to practically ignore readings found in Nagel's group III.

In his *Texts in Transition*, of the year 2000, J.R. Levison highlighted a different aspect of the history of a writing's textual transmission. Levison rightly regards the known manuscripts as witnesses to a text-tradition which may not only serve the effort to reconstruct the earliest attainable stage of the *Life of Adam and Eve*, but can also be read and interpreted as witnesses of later, separate recensions, each with their own tendencies and messages.[53] To further this line of investigation he printed the texts of various text-forms in four parallel columns. In this way, it becomes transparent that the various text-forms really represent different stories, each of which deserves to be treated as a more or less independent source for the history of religious thought.[54]

Levison's approach is justified and useful, but not without its practical problems, because it would actually require not one, but four critical editions. Moreover, the reconstruction of an older text from which the recensions derive, remains as indispensable as before. Levison, following Nagel's lead, distinguishes four text-forms, I (*dsv*), Ia (*atlc*), II (*rm*), and III (the remaining manuscripts). However, instead of reconstructing the four models to which the manuscripts bear witness, he selects from each group a manuscript which he regards as a characteristic representative: thus, he has chosen *d* for text-form I (but *s* where *d* is not extant); *a* and *t* for Ia (but not *l* for the passage lacking from these two); *r* for II; and *n* for III.[55] This procedure, however, does not justify the use of the term "text-form" for the texts of (parts of) the individual manuscripts he provides. In effect, what Levison presents as, for instance, text-form III, is no more than the random text of a 16th century Greek manuscript, whereas the text-form to which it bears witness makes a good chance of being considerably older.[56] However, to be able to say something about that

---

[53] Cf. already his "The Exoneration."
[54] *Texts in Transition*, p. 21.
[55] *Texts in Transition*, pp. 15-19.
[56] It should be admitted that it may well prove to be as difficult to date the various text-forms of the Greek *Life of Adam and Eve* as it is to date its supposed earliest text. The present

older text-form, the evidence of the other witnesses must not be ignored.

Finally, in 2002, T. Knittel edited selected passages from the Greek *Life of Adam and Eve* in the interest of his study of the writing's religious anthropology. Taken together, the passages selected are 5-28; 31-37; 41:1-42:2, that is, the larger part of the writing. For the contents of the individual manuscripts and the history of transmission, Knittel entirely relies on Nagel's work. He strongly criticizes Bertrand's edition as methodologically erroneous,[57] but himself prefers a methodologically even worse procedure, namely to stick to Nagel's transcription of *d* as long as possible, and to fervently defend this manuscript's (and Nagel's additional) errors and mistakes, even when they result in nonsense.[58]

In conclusion, it is clear that since Nagel's publication of 1974, nothing important has been achieved in the reconstruction of the earliest attainable text of the Greek *Life of Adam and Eve*. Nagel's work has often been praised as a major step forward in that direction, and a highly appreciative evaluation of it is perfectly justifiable. However, it has also been a major cause of why further progress was not made. Other scholars have trusted blindly in his results, but closer inspection reveals that it is not without mistakes in the transcripts, nor without shortcomings in the reconstruction of the history of transmission. Especially this latter fact, the absence of a complete *stemma codicum*, has led to a veritable impasse, leaving later users of the edition with a massive amount of variants, and no way of establishing which ones are primitive, and which are secondary.

One of the reasons why the imperfections of Nagel's work have gone unnoticed for a long time may be that in the meantime, the discussion concerning the most primitive text-form of the *Life of Adam and Eve* has largely been dominated by the question of the relationships between the Greek version and the Armenian, Georgian, and Latin versions. However, this matter has been discussed using mainly arguments of a literary-critical kind. This discussion, too, resulted in an impasse, because literary questions cannot be solved unless the text-critical questions are satisfactorily answered. For in-

---

author has attempted to date the text represented by *qz* (members of Nagel's group III) to no later than the fifth century; see Tromp, "The Story of our Lives," p. 213.

[57] Knittel, *Das griechische "Leben Adams und Evas,"* pp. 14-15.

[58] Cf. Tromp, review of Knittel, pp. 336-337.

stance, Marinus de Jonge and the present author in their introduction of 1997 brought forward several arguments of this kind, which at the time they deemed decisive.[59] However, they have all been reversed by others, most notably M.D. Eldridge, to argue for opposed models of the writing's literary development.[60] It would no doubt be possible to enter into a lengthy and sophisticated polemic concerning these matters, but it is certainly more useful to acknowledge that harder, purely text-critical evidence is needed.[61] An attempt to provide such evidence will be given below, in chapter IV.

---

[59] De Jonge and Tromp, *The Life of Adam and Eve*, pp. 28-44.

[60] Eldridge, *Dying Adam*, pp. 92-100, 114-132.

[61] Compare the conclusions of the 1998 Leiden symposium on the *Life of Adam and Eve*, as summarized in Tromp, "Introduction," p. 236.

CHAPTER TWO

THE MANUSCRIPTS

There are twenty-six manuscripts known to contain the Greek *Life of Adam and Eve*, which are listed below, in the alphabetical order of the sigla assigned to them. I was unable to locate two of these; additionally, one is probably lost; of the remaining, I inspected four directly *in ipsis codicibus*, and sixteen through photos or photocopies. I have been unable to obtain photos or photocopies of three manuscripts. Gratitude must be expressed to the libraries involved for their permission and cooperation, and also to the Institut de Recherche et d'Histoire des Textes in Paris (hereafter IRHT), which renders our research such magnificent services by collecting microfilms of manuscripts and putting them at the disposition of the scholarly community.

The sigla used in this edition are those proposed by Bertrand, *La Vie grecque*, pp. 40-41 (in italic lower case letters instead of Bertrand's capitals). However, for the convenience of those users who may want to compare this edition with that of Nagel, the latter's sigla are also recorded. On p. 121 below, the reader will find a table with the concordances of both systems.

Most datings of the manuscripts as given below are rather rough approximations. In different catalogues, varying dates are assigned to one manuscript (although rarely differing from each other for more than two centuries). Unfortunately, the dating of handwritings seems to be a matter of *connaisseurs*, and the paleographically inexpert, such as myself, are entirely dependent on the authority of experienced paleographers. In giving the dates of the manuscripts as recorded below, I have followed the lead of Nagel, who, when confronted with different opinions, steered a middle way, or chose one which seemed to make a reasonable impression.

The bibliographical details given below are primarily intended to be of practical use. They are not exhaustive: there are many instances in the secondary literature in which certain codices are mentioned, more or less off-handedly dated, or discussed in the context of another writing contained in them. Such references are not included below, but can easily be found in the second volume of Nagel's work (to which reference is here consistently made).

For those who might want to continue to use Nagel's edition, I have listed those instances in which his reading of the manuscripts or (more commonly) his typewriting has been in error. These lists do not include minutiae such as reading ο for ω, or υ for β, but only those mistakes that affect the meaning of the text, or might have some text-critical relevance. I note with due respect that my task of collating the manuscripts or their photos was greatly facilitated by the existence of Nagel's previous transcripts.

a: Venice, Biblioteca Nazionale Marciana, Cl. II 42; 13th century.
Nagel: A.
fol. 49v-57v: GLAE *inscr.*-36:3.

Tischendorf, *Apocalypses*, p. xi; Vassiliev, *Anecdota*, p. VII; Delehaye, "Catalogus codicum," pp. 206-209; Ehrhard, *Überlieferung und Bestand* III, p. 813; Mioni, *Bibliothecae divi Marci ... codices*, pp. 141-144; Sharpe, *Prolegomena* I, p. 162; Nagel, *La Vie grecque* I, p. 52; II, pp. 72-76.

I have collated the text from the manuscript itself.

Nagel's transcript is to be corrected in the following instances: 1:2 δέκα καὶ ὀκτώ read δέκα ὀκτώ; 14:2 'Αδάμ read: ὁ 'Αδάμ; 15:3 ἐμέρεν read: ἐμέρισεν; 17:1 ἐν ἰδ read: ἐν ἴδη (= ἐν εἴδει); 20:4 ἐν τῷ μου read: ἐν τῷ μέρει μου; 21:1 δείξω read: δείξω σοι μέγα μυστήριον; 21:5 οἱ ὀφθαλμοί read: οἱ ὀφθαλμοὶ καὶ ἔγνω; 22:3 ἐστηρίζοντο read: καὶ ἐστηρίζοντο; 23:2 τῷ κράτει read: τῷ κράτει σου; 33:1 αὐτῆς read αὐτοῦ; 34:2 εἶδεν read: εἶδεν ὀφθαλμός.

b: Vienna, Österreichische Nationalbibliothek, Theol. gr. 247; 14th century.
Nagel: B.
fol. 310v-318r: complete text of GLAE.

Tischendorf, *Apocalypses*, p. xi; Vassiliev, *Anecdota*, p. L; Van de Vorst and Delehaye, *Catalogus*, pp. 23-24; Gerstinger, "Johannes Sambucus," pp. 325, 358; Sharpe, *Prolegomena* I, p. 164; Nagel, *La vie grecque* I, pp. 37-39; II, pp. 57-61.

I have collated the text from photographs provided by the National Library of Austria.

Nagel's transcript is to be corrected in the following instances: 13:1 Εὔας read: τῆς Εὔας; 15:1 καλέσασα read: καλέσας; 15:2 ἐν εἶναι read: ἐν τῷ εἶναι; 16:3 ἐκ τοῦ παραδείσου read: καὶ οὐχὶ ἐκ τοῦ παραδείσου; 16:5 φοβοῦ μοι μόνος read: φοβοῦ γίνου μοι μόνον; 17:5 ἦν ἄν read: ἦν δ' ἄν; *ibid.* φάγεσθε ἐξ αὐτοῦ read: φάγεσθε ἐξ αὐτοῦ θανάτῳ ἀποθανεῖσθαι; 21:1 δείξω read: δείξω σοι μέγα μυστήριον; 22:3 φυτὰ τὰ ὅλα read: φυτὰ ὅλα; 28:1 νῦν read: νῦν εἶναι; 32:3 ἀνέστησεν read: ἀνάστησεν; 34:2 εἶδεν read: εἶδεν ὀφθαλμός; 36:3 ἀπ' αὐτῶν read: ἐπ' αὐτῶν; ἐσάπισαν read: ἐσάλπισαν; 37:5 ἀφείς read: ἄφες; 38:3 τὸ σῶμα τοῦ 'Αδάμ read: τὸ σῶμα τοῦ 'Αδάμ ἔλαβων αὐτῷ (= αὐτό; see chapter III, § 17c); 40:4 ἡ γῆ read: ἡ γῆ λέγουσα; 43:3 μή read: μὴ πενθήσητε.

In 33:4 Nagel recorded καὶ ἰδού, but καὶ ἴδον (= εἶδον) seems well possible. In 36:1 Nagel's transcript contains ὁ, followed by a blank space, and καὶ ἡ again followed by a blank space. In these spaces, the manuscript contains symbols representing the sun and the moon, as seen on this scan of the manuscript:

ὸ ∂·ὐὰἰἠ ℭ·

For this phenomenon, see Van Groningen, *Greek Palaeography*, p. 46.

c: Vienna, Österreichische Nationalbibliothek, Hist. gr. 67; 13th century.
Nagel: C.
fol. 4r-8v: GLAE *inscr.*-21:3; fol. 16r-17v: GLAE 25:3-33:1.

Tischendorf, *Apocalypses*, p. xi; Vassiliev, *Anecdota*, pp. VII, XII; Van de Vorst and Delehaye, *Catalogus*, pp. 71-72; Hunger, *Katalog* I, pp. 75-77; Halkin, "Manuscrits grecs," p. 393; Gerstinger, "Johannes Sambucus," p. 380; Sharpe, *Prolegomena* I, p. 165; Nagel, *La Vie grecque* I, pp. 63-64; II, pp. 91-95.

I have collated the text from photographs provided by the National Library of Austria.

Nagel's transcript is to be corrected in the following instances: 4:1 'Αδάμ read: ὁ 'Αδάμ; 5:3 συνήχθησαν υἱοί read: συνήχθησαν πάντες υἱοί; 5:3 προσεύχασθαι read: προσεύχεσθαι; 11:2 λέγειν σοι read: λέγειν; 12:1 σιγή– read: σιγησάτω; 14:1 ἡ Εὔα read: Εὔα; 16:2 καὶ λέγει read: λέγει; 17:5 εἶπον read: λέγω; 21:1 δείξω read: δείξω σοι μέγα μυστήριον.

d: Milano, Biblioteca Ambrosiana, C 237 Inf.; 11th century.
Nagel: D.
fol. 78v-84r: GLAE *inscr.*-18:1; 36:1-*doxol*.

Tischendorf, *Apocalypses*, p. xi; Ceriani, "Apocalypsis Moysi"; Martini and Bassi, *Catalogus* II, pp. 992-993; Ehrhard, *Überlieferung und Bestand* II, pp. 458-459; Sharpe, *Prolegomena* I, p. 166; Nagel, *La Vie grecque* I, pp. 1-4; II, 1-6.

I have collated the text from the manuscript itself. Of two pages, fol. 82v-83r, the ink has almost completely faded, as if the codex has lain opened in the sunshine. With sidelight, however, most of the text on these pages can still be read. Nagel included those passages which are present in Ceriani's transcript, but which he himself could not decipher within square brackets. Some of these passages I was able to read; others, not included within brackets by Nagel, I could not read. Apparently, much depends on the given conditions of a certain day (both of the weather and the collator). I have decided to refrain from indicating which passages were illegible to either Nagel or myself. It should be noted that Ceriani's transcript, where it can without problem be compared to the manuscripts, is flawless. In a few instances, Ceriani has silently corrected the manuscript's grammar (inscr. ἀποκαλυφθεῖσα read: ἀποκαλυφθείς; 8:2 τῷ σώματι [twice] read: τῷ σῶμα; 41:2 τοῦ ἐκ τοῦ σπέρματος read: οὗ ἐκ τοῦ σπέρματος).

Nagel's transcript is to be corrected in the following instances: inscr. ἀρχαγγέλου read: ἀρχαγγέλου Μιχαήλ; 13:1 ἐπορεύθη δέ read: καὶ ἐπορεύθη; 16:3 ἐκ τοῦ παραδείσου read: καὶ οὐχὶ ἐκ τοῦ παραδείσου; *ibid.* ἀνάστα read: ἀνάστα καί; 36:2 μελαμοειδεῖς read: μελανοειδεῖς; 37:5 ἆρον read: ἆρον αὐτόν; 38:2 καὶ ἄλλοι read: ἄλλοι δέ; 38:4 καθυρων read: καθορῶν or καθ' ὅρον; 40:2 ονδαμ read: 'Αδάμ.

e: Paris, Bibliothèque Nationale de France, Gr. 1313; 15th century.
Nagel: E[1].
fol. 18r-32r: complete text of GLAE.

Omont, *Inventaire sommaire* I, p. 297; *id., Catalogus,* p. 108; James, *Testament of Abraham,* p. 3; Fuchs, "Das Leben Adams und Evas," p. 506; Darrouze, "Manuscrits originaires de Chypre," p. 185; Halkin, *Manuscrits grecs,* pp. 153-154; Sharpe, *Prolegomena* I, p. 171; Nagel, *La Vie grecque* I, pp. 277-278; II, pp. 289-293.

I have collated the text from photocopies provided by the IRHT.

Nagel's transcript is to be corrected in the following instances: 8:1 πρόσωπον read: προσ–ώπου; 10:2 ἁμαρτάνοντες read: ἁμαρτήσαντες; 10:3 πῶς οὐκ ἐμνήσθης read: τέως οὐκ ἐμνήσθης; 13:6 μέλλε read: μέλλει; 19:1 [ἐδι]ώδευεν read: διώδευεν; 19:2 ἄγγελον read: ὡς ἄγγελον; 23:5 ἐποίη read: ἐποίησας; 32:4 ἀνῆλθεν read: ἀνῆλθεν ἐκ τοῦ σώματος αὐτοῦ; 42:6 εἰσελθεῖν read: εἰσελθεῖν μετὰ τοῦ σκηνώματος αὐτοῦ.

f: Montpellier, Bibliothèque de l'Ecole de Médecine de Montpellier, H 405; 15th century.
Nagel: E².
fol. 49r-60v: complete text of GLAE.

Libri and Hase, "Manuscrits," pp. 444-447; James, *The Testament of Abraham,* p. 9; Fuchs, "Das Leben Adams und Evas," p. 506; Omont, *Catalogue des manuscrits,* pp. 49-50; *id., Inventaire sommaire* III, pp. 374-376; Sharpe, *Prolegomena* I, p. 172; Nagel, *La Vie grecque* I, pp. 294-295; II, pp. 307-315.

I have collated the text from photocopies provided by the Montpellier Library.

Nagel's transcript is to be corrected in the following instances: 8:2 πρῶτον read: πρώτου; 9:1 αὐστέμαξε read: αὐστέναξε (a slip of the pen for ἀν[ε]στέναξεν); 10:3 φοβεῖ τοῦ θεοῦ read: φοβεῖ τὸν θεόν; 14:3 κατενεχθείς read: ὕπνῳ κατενεχθείς; 17:3 ἔθετό με read: ἔθετό με ἐν τῷ παραδείσῳ; 19:1 ἠκολούθουν read: ἠκολούθουν καὶ περιπατήσας ὀλίγον; 20:4 ἐζήτουν read: ἐγὼ δὲ ἐζήτουν; 21:1 καὶ ἐβόησα read: καὶ ἐβόησα 'Αδάμ 'Αδάμ ποῦ εἶ; 23:5 ἐποίη read: ἐποίησας; 29:6 κάλαμον read: καλάμην; 32:4 ἀνῆλθεν read: ἀνῆλθεν ἐκ τοῦ σώματος αὐτοῦ.

In 16:1 Nagel records the reading ἐτύχαμεν, but reading ἐτύχωμεν seems equally possible.

g: Andros, Monē tēs Hagias 13; 17th century.
Nagel: AH.
fol. 170r-v; 172r-180v: GLAE *inscr.*; 14:3-16:3; 29:3-31:3; 38:1-43:3

Lambros, Κατάλογος, p. 19; Sharpe, *Prolegomena* I, p. 170; Nagel, *La Vie grecque* I, pp. 33-37; II, pp. 47-52, 55-56.

I have collated the text from photocopies provided by the IRHT.

Nagel's transcript is to be corrected in the following instances: 16:3 ἐκ τοῦ παραδείσου read: καὶ οὐχὶ ἐκ τοῦ παραδείσου; 34:2 εἶδεν read: εἶδεν ὁ ὀφθαλμός.

h: Jerusalem, Greek Orthodox Patriarchate, Patriarchikē Bibliothēkē, Hagios Sabas 418; 14th century.
Nagel: J¹.
fol. 137v-145r: complete text of GLAE; fol. 139-140 were later inserted to replace a damaged or missing leaf.

Papadopoulos-Kerameus, Ἱεροσολυμιτικὴ βιβλιοθήκη II, pp. 536-539; Rahlfs, *Verzeichnis,* p. 82; Nagel, *La Vie grecque* I, pp. 270-271; II, pp. 283-285.

I have collated this manuscript from photocopies provided by the IRHT.

II. THE MANUSCRIPTS

Nagel's transcript is to be corrected in the following instances: 1:3 ἀδιάφωτον read: ἀδιάφατον; 3:2 Κάϊν τῷ υἱῷ σου Κάϊν read: Κάϊν τῷ υἱῷ σου; 13:1 ὅπως read: ὅπως ἀποστείλῃ; 23:5 ἐποίη read: ἐποίησας; 27:2 ἐλέησε read: ἐλεήσῃ; 29:2 ποιήσωμεν read; ποιήσωμέν σοι; doxol. ἀμήν delete.

In 8:2 Nagel recorded the reading παρέκουσας, but the reading παρίκουσας (= παρήκουσας) seems equally possible. In 23:2 Nagel recorded κρυβούμεθά σα, but κρυβοῦμεθά σου seems equally possible (for the form κρυβούμεθα, see chapter III, § 52).

i: Jerusalem, Greek Orthodox Patriarchate, Patriarchikē Bibliothēkē, Hagios Stauros 69; 15th century.
Nagel: J².
fol. 168v-182r: complete text of GLAE.

Papadopoulos-Kerameus, Ἱεροσολυμιτικὴ βιβλιοθήκη III, pp. 125-126; Nagel, *La Vie grecque* I, p. 228; II, pp. 229-233.
I have not seen this manuscript, nor photos of it.

j: Jerusalem, Greek Orthodox Patriarchate, Patriarchikē Bibliothēkē, Hagios Stauros 58; 16th century.
Nagel: J³.
fol. 28r-49r: complete text of GLAE.

Papadopoulos-Kerameus, Ἱεροσολυμιτικὴ βιβλιοθήκη III, pp. 117-118; Nagel, *La Vie grecque* I, pp. 230-231; II, pp. 233-238.
I have not seen this manuscript, nor photos of it.

k: Ankara, Türk Tarih Kurumu Kütüphanesi 60; 16th century.
Nagel: Av.
pp. 40-54 GLAE 1:1-17:2; pp. 55-76: GLAE 14:3-28:3; 37:4b-42:3a; 34:1-37:4a; 42:3b-*doxol.*

Moraux, *Catalogue*, pp. 93-99; Sarros, "Κατάλογος," pp. 173-177; Sharpe, *Prolegomena* I, p. 176; Nagel, *La Vie grecque* I, pp. 20-21; II, pp. 30-33.
I have collated the text from photocopies provided by the IRHT.

Nagel's transcript is to be corrected in the following instances: 6:2 καταπαύσῃ read: καταπαύσῃ σοι; 10:2 καταράσοντες read: καταράσοντές με; 12:1 λέγει [δέ] read: λέγει; 15:2 ἐλεήμων ὁ θεός read: ἐλεήμων θεός; 16:3 ἐκ τοῦ παραδείσου read: καὶ οὐχὶ ἐκ τοῦ παραδείσου; 17:2 τείχου read: τείχους; 19:2 ὅτ[ι] read: ὅ; 21:1 δείξω read: δείξω σοι μέγα μυστήριον; 27:1 καὶ λέγει read: καιλεύει (= κελεύει); 34:2 εἶδεν read: εἶδεν ὀφθαλμός; 39:1 ἐχαροῦντο read: ἐχωροῦντο; 40:2 Γαβριὴλ Οὐριήλ read: Γαβριὴλ καὶ Οὐριήλ.

l: Athens, Ethnikē Bibliothēkē tēs Hellados 286; dated 1518.
Nagel: Αθ.
fol. 122v-136v: complete text of GLAE.

Sakkelion, Κατάλογος, p. 50; Sharpe, *Prolegomena* I, p. 168; Nagel, *La Vie grecque* I, pp. 59-60; II, pp. 85-87; Halkin, *Catalogue*, pp. 31-32.

I have collated the text from photocopies provided by the IRHT.

Nagel's transcript is to be corrected in the following instances: 7:1 Εύαν delete; 9:1 ὅτι delete; 11:1 ἡ ἀρχή read: ἀρχή; 13:6 ἐξερχομένης δέ read: καὶ ἐξερχομένος δέ; 15:2 δύσιν read: δύσιν καὶ ὁ πατὴρ ὑμῶν ἀνατολήν; 21:1 δείξω read: δείξω σοι μέγα μυστήριον; 35:2 πατρὸς 'Αδάμ σου read: πατρός σου 'Αδάμ; 37:1 ἐπ' ὄψεσιν read: ἐπ' ὄψιν (= ἐπ' ὄψει); 40:4 αὐτὸν κρύψαι αὐτόν read: αὐτὸν κρύψαι.

In 40:4, Nagel records πολλάς, but πολλά seems equally possible.

m: Patmos, Monē tou Hagiou Ioannou tou Theologou 447; 16th century.
Nagel: P[1].
fol. 344v-351r: complete text of GLAE.

Sakkelion, Πατμιακὴ βιβλιοθήκη, pp. 201-202 (*non vidi*); Sharpe, *Prolegomena* I, p. 175; Nagel, *La Vie grecque* I, pp. 86-87; II, pp. 118-121.

I have not collated this manuscript. The Patmos-library did send me photocopies of a manuscript, but it turned out that I had ordered copies from the wrong manuscript (477 instead of 447). The librarian has probably sent me copies of 477 (as erroneously ordered), but curiously, the invoice did speak of the number 447. Again, the same mistake was made by Nagel, *La Vie grecque* I, p. X, where he lists this manuscript with 477 as its number. After receiving the wrong photocopies, I asked the library for photocopies of the correct manuscript, but received nothing since then (January 2003). The IRHT had earlier informed me that they had no copies of Patmos 477 in their archive, but when I later ordered 447, it appeared that they did have copies of that one at their disposal. Unfortunately, they had to report to me that the exact leaves for which I was looking had been lent out to someone, and were never returned.

I have compared the collation of manuscript *m* by Nagel with that by Sharpe. Between these, there are about a hundred more or less significant differences (not counting, therefore, the differences in unimportant matters of itacism and the like). There is little use in listing all of these. Both transcriptions naturally contain mistakes; in general, Nagel can be said to have tended to make more writing-errors (especially by omitting and adding pieces of text), Sharpe more reading-errors (especially where ligatures and abbreviations are concerned).

The following list contains those instances in which Nagel's transcription is probably to be corrected on the basis of Sharpe's: 2:1 κοιμωμένων ὅτε 'Αδάμ καὶ Εὔα read: ἐκεῖ δὲ κοιμωμένων ὅτε 'Αδάμ καὶ Εὔα ἐν μίᾳ νυκτί ὅραμα γὰρ εἶδεν (and delete from *r*; see below); 5:2 ἀποθανεῖν με καί read: ἀποθανεῖν με καὶ ἀκούσαντες ἦλθον ἐνώπιον τοῦ πατρὸς αὐτῶν 'Αδάμ (and delete from *r*; see below); 5:3 εὐχήσθει read perhaps ἐσχήσθει (= ἐσχίσθη); 14:2 λέγει ὁ 'Αδάμ πρὸς τὴν Εὔαν ὦ Εὔα τί κατ– delete, and add, at the beginning of 14:3, λέγει ὁ 'Αδάμ πρὸς τὴν Εὔαν; 20:4 ἔφαγον read: ἐπειδὴ ἔφαγον.

The following list contains those instances in which Nagel's and Sharpe's renderings of the manuscript differ, but where it is extremely difficult to decide who may be in the right.

(a) In 2:4 Nagel records τί ἐστιν τοῦτο, against Sharpe's τί ἐστιν γεγονός; I suspect that both are in error. Nagel indicates τοῦτο in the manuscript has been abbreviated (τ͞ο͞υ͞το, so probably τ̄το), and that after that word there is a page break. Possibly, γεγονός is scribbled at the bottom of the page, in the lower margin (a not unusual phenomenon in manuscripts) and has escaped Nagel's attention. Sharpe, in contrast seems to have missed the τό (or τοῦτο) preceding γεγονός. I propose to assume that *m* in this instance contains the reading τί ἐστιν τὸ γεγονός (as in the rest of the manuscript tradition).

(b) in 13:2 Nagel indicates that the words ἀλεῖψαι τὸν πατέρα σου οὐ γενήσεταί σοι νῦν are absent in *m*, but Sharpe indicates nothing of the kind; in 16:1 Nagel records ἐν ᾧ ἔχεις ὠφεληθῆναι (cf. *r*), opposed to Sharpe's ἐν ᾧ μέλλεις (cf. *c*) ὠφεληθεῖς (cf. *al*); a comparable combination of the periphrastic construction with a future tense form occurs in 37:5 *b* (chapter III, § 55d).

In all other cases of a difference, Nagel's readings have been followed, either because Sharpe's readings were probably wrong, or because the difference was so minute, that it seemed unwise to burden the already heavily loaded *apparatus criticus* with them. Fortunately, there appear to be no substantial differences between Nagel and Sharpe for the section 29:7-13, for which the evidence of *m* is crucial; only in 29:8 ἁγίων should be deleted from the text of *m* according to Nagel, and added to that of *r* (see further Appendix II to the edition).

n: Patmos, Monē tou Hagiou Ioannou tou Theologou 672; 16th century.
Nagel: P^2.
fol. 26r-37r: complete text of GLAE

Sakkelion, Πατμιακὴ βιβλιοθήκη (*non vidi*), pp. 265-266; Rahlfs, *Verzeichnis*, p. 219; Sharpe, *Prolegomena* I, p. 177; Nagel, *La Vie grecque* I, pp. 220-221; II, pp. 224-228.

I have collated the text from photocopies provided by the IRHT. The corners of the pages are often badly legible, but usually offer sufficient information to check Nagel's readings in detail. On some occasions, however, I have had to rely on Nagel's transcript.

Nagel's transcript is to be corrected in the following instances: 16:1 ἐφθόνησεν ἡμᾶς read: ἐφθόνησεν ἡμῖν; 19:1 εἰσῆλθεν read: εἰσῆλθον; 23:5 ἐποίη read: ἐποίησας; 33:4 καὶ θυμιατήρια read: δὲ καὶ θυμιατήρια; 38:2 ἐν χερσίν read: ἐν ταῖς χερσίν; *ibid.* ἄλλοι read: ἄλλοι δέ; 42:2 42:2 τελευθέντων read: τελεσθέντων; 43:3 ἐπ' αὐτῇ read: ἐν αὐτῇ.

In 25:1 Nagel recorded the reading πόνοις, but reading πολλοῖς seems slightly preferable.

o: not assigned.

p: Paris, Bibliothèque Nationale de France, fonds grec 395; 16th century.
Nagel: Pα.
fol. 126v-131v: GLAE *inscr.*; 14:3-32:2

Omont, *Inventaire sommaire* I, p. 41; *id., Catalogus*, p. 5; Ehrhard, *Überlieferung und Bestand* III, p. 686; Halkin, *Manuscrits grecs*, p. 11; Sharpe, *Prolegomena* I, p. 180; Nagel, *La Vie grecque* I, pp. 27-31; II, pp. 41-46.

I have collated the text from photocopies provided by the IRHT (fol. 130r was not among these copies).

Nagel's transcript is to be corrected in the following instances: 16:3 ἐκ τοῦ παραδείσου read: καὶ οὐχὶ ἐκ τοῦ παραδείσου; 16:5 ῥῆμα read: ῥήματα; 18:2 αποκρυθ κα read: ἀποκρυθηα (= ἀποκριθεῖ<σ>α); 21:1 δείξω read: δείξω σοι μέγα μυστήριον; 23:5 ἐποίη σύ read: ἐποίησας; 27:4 ἡμῶν read: ἐμῶν (= ἐμόν).

q: Brescia, Biblioteca Queriniana A III 3; 16th century.
Nagel: Βρ.
fol. 103v-107r: complete text of GLAE.

Martini, *Catalogo*, I, 2, pp. 225-241; Sharpe, *Prolegomena* I, p. 174; Nagel, *La Vie grecque* I, pp. 263-264; II, pp. 273-274.

I have collated the text from photocopies provided by the IRHT.

Nagel's transcript is to be corrected in the following instances: 3:2 ἐν ᾧ παρακληθήσει read: ἐν ᾧ καὶ παρακληθήσει; 13:2 ἱκεσίαν read: ἱκεσίαν ταύτην; 21:2 ὄφιως (= ὄφεως, see chapter III, § 14) read: ὄφη; 21:4 ὀργισθῇ ἡμῶν read: ὀργισθῇ ἡμῶν ὁ θεός; *ibid.* ἔσι (= ἔσει) read: ἐπί (= ἐπεί?); 35:2 λέγοντας read: λέγοντος; 42:3 Εὔα δέ read: Εὔα δὲ ἐκοιμήθη.

In 5:1, Nagel has transcribed ἐσθ' οὕτως (cf. Sharpe, *Prolegomena* II, p. 26: εσθ' ουτας), but the reading εἰθ' οὕτως (cf. z) seems well possible.

r: Rome, Vatican City, Biblioteca Apostolica Vaticana, gr. 1192; 15th century.
Nagel: Vα.
fol. 9r-15v: complete text of GLAE.

Franchi de' Cavalieri, *Catalogus*, pp. 116-117; Mercati, *Per la storia dei manoscritti greci*, p. 116; Ehrhard, *Überlieferung und Bestand* III, p. 769; Devreesse, *Fonds grec*, pp. 473, 480; Sharpe, *Prolegomena* I, p. 173; Nagel, *La Vie grecque* I, p. 81; II, pp. 112-115.

I have collated the text from photocopies provided by the IRHT.

Nagel's transcript is to be corrected in the following instances: 2:1 ἐν μιᾷ νυκτί ὅραμα γὰρ εἶδεν delete (and add to the text of *m*; see above, at *m*); 5:3 ἀκούσαντες ἦλθον ἐνώπιον τοῦ πατρὸς αὐτῶν Ἀδάμ delete (and add to the text of *m*, see above, at *m*); 11:2 οὐ δυνήσει γάρ read: οὐ δυνήσει γὰρ ἐπενεγκεῖν; addition 13:5 λατρεύαν read: λατρεύειν; 20:5 περιζωιματα read: περιζώσματα; 21:1 εἴπω read: εἴπω σοι μέγα μυστήριον; addition 29:8 ἀγγέλων read: ἁγίων ἀγγέλων; addition 29:9 εἶπεν μοι read: εἶπεν μοι ὦ Εὔα.

s: Strasbourg, Bibliothèque Nationale et Universitaire de Strasbourg 1913; 13th century.
Nagel: Sτ.
fol. 68r-76v: complete text of GLAE.

Welz, *Descriptio*, pp. 49-55; Van de Vorst and Delehaye, *Catalogus*, pp. 148-150; Wickersheimer, *Catalogue*, pp. 394-396; Ehrhard, *Überlieferung und Bestand* III, p. 813; Sharpe, *Prolegomena* I, p. 167; Nagel, *La Vie grecque* I, pp. 7-9; II, pp.11-15.

I have collated the text from the manuscript itself.

Nagel's transcript is to be corrected in the following instances: 1:2 δέκα ὀκτώ read: δέκα καὶ ὀκτώ; 7:2 ἔδωκεν read: ἔδωκεν δέ; 8:1 δυνήσεται read: δυνήσηται; 15:2 ἐγένετο read: ἐγένετο δέ; 16:3 ἐκ τοῦ παραδείσου read: καὶ οὐχὶ ἐκ τοῦ παραδείσου; *ibid.* ἀνάστα read: ἀνάστα καί; 19:1 ὀλίγον delete; 21:1 δείξω read: δείξω σοι μέγα μυστήριον; 23:5 πρός με εἶπεν σας read: πρός με εἶπεν τί τοῦτο ἐποίησας; 26:2 κοιλίᾳ read: κοιλίᾳ σου; 27:3 κλαύθμου read: κλαύθμου λέγων; 29:4 βασιλεῦ read: βασιλεῦ κελεύεις; 34:2 εἶδεν read: εἶδεν ὀφθαλμός; 37:5 ἆρον read: ἆρον αὐτόν; 42:3 Σὴθ μόνον read: Σὴθ μόνου; 42:5 ἀπωλλοτριώσεις read: ἀπαλλοτριώσεις; doxol. ἅγιος (third instance) delete.

t: Athos, Monē Kostamonitou 14; 15th century.
Nagel: AC.
pp. 221-237: GLAE *inscr.*-13:2; 16:5-*doxol.*

Lambros, *Catalogue* I, p. 37; Ehrhard, *Überlieferung und Bestand* III, pp. 766-767; Sharpe, *Prolegomena* I, p. 163; Nagel, *La vie grecque* I, pp. 54-56; II, pp. 77-83.

II. THE MANUSCRIPTS

I have collated the text from photocopies provided by the IRHT. The photos from which the photocopies were made, were not very good and their text is in large passages illegible. They offer enough information, however, to check Nagel's readings generally and conclude that the latter are usually reliable. A comparison of Nagel's rendering of the manuscript with that of Sharpe confirms this conclusion. For πόπον 31:3 *t* read: πόνον (so also Sharpe, *Prolegomena* I, p. 216).

u: Mount Sinai, Monē tes Hagias Aikaterinēs 1936; 17th century.
Nagel: S².
fol.184r-193r: complete text of GLAE.

Beneševič, *Catalogus codicum* III, 1, pp. 257-276; Sharpe, *Prolegomena* I, p. 183; Nagel, *La Vie grecque* II, pp. 299-301; Bayer, רשימת סקר, p. 41; Kamil, *Catalogue*, p. 85 (Gr. 577).

I have collated the text from photocopies in the archive of the Dept. of New Testament at Leiden University, provided by Saint Catherine's Monastery in the early nineteen-seventies.

v: Athos, Monē Batopediou 422; 13th century.
Nagel: AV.
fol. 13v-20v: complete text of GLAE.

Eustratiades and Arcadios, *Catalogue*, pp. 81-82; Ehrhard, *Überlieferung und Bestand* III, pp. 808-809; Sharpe, *Prolegomena* I, p. 169; Nagel, *La Vie grecque* I, pp. 15-16; II, pp. 21-22.

I have collated the text from photocopies provided by the IRHT.

Nagel's transcript is to be corrected in the following instances: inscr. κύριε read δέσποτα; 5:2 ἀποθανεῖν read: ἀποθανεῖν με; 15:3 εμηρισεν read: ἐμέρισεν; 16:2 λέγω σοι read: διὰ τοῦτο λέγω σοι; 16:3 ἐκ τοῦ παραδείσου read: καὶ οὐχὶ ἐκ τοῦ παραδείσου; 20:4 μέρους read: μέρης; 21:1 δείξω read: δείξω σοι μέγα μυστήριον; 22:3 φύτα τὰ πάντα read: φύτα πάντα; 22:4 ἐστηρίζετο read: ἐπεστηρίζετο; 23:5 πρός με εἶπεν σας read: πρός με εἶπεν τί τοῦτο ἐποίησας; 26:2 ἔσθιες read ἴσθιες (= ἤσθιες); *ibid.* τῶν ποδῶν read: ποδῶν; 27:2 ἐλαυνομένων δέ read: ἐλαυνομένων; 31:3 ἄψεται read: ἄψηται; 39:1 φυλάξας read: ἐφύλαξας; 40:2 Γαβριὴλ καὶ τῷ read: Γαβριὴλ καὶ τῷ 'Ραφαήλ; 40:3 εἶπεν read: καὶ εἶπεν.

In 3:2 Nagel, *La Vie grecque* III, p. 18, has transcribed ἀναγγείλεται; however, *La Vie grecque* II, p. 26, he gives ἀναγγείλατε; the former reading is correct. In 11:2 Nagel records the reading ἐνοίγη, but reading ἠνοίγη seems equally possible. In 13:6 Nagel notes a lacuna large enough to contain the words σὺ δὲ πάλιν; however, there is space for σύ at the very most; since the text continues with πορεύου δέ (the conjunction δέ usually being the second word of a sentence), it seems wisest not to assume that anything has ever been written in this small blank space.

w: Mount Sinai, Monē tes Hagias Aikaterinēs 1937; 17th century.
Nagel: S³.
fol. 2r-32r: complete text of GLAE

Beneševič, *Catalogus codicum* III, 1, p. 276; Sharpe, *Prolegomena* I, p. 184; Nagel, *La Vie grecque* I, pp. 288-289; II, pp. 299-302; Bayer, רשימת סקר, p. 41; Kamil, *Catalogue*, p. 85 (Gr. 578: 18th century).

I have collated the complete text from photocopies provided by the IRHT. Nagel had only a few pages at his disposition.

Nagel's transcript is to be corrected in the following instance: 14:2 κατοργασων read: κατειργάσω.

x: Athos, Monē Dochiariou 114; 16th century.
Nagel: AD.
fol. 103v-104v: GLAE 1:1-7:2

Lambros, *Catalogue*, pp. 249-250; Nagel, *La Vie grecque* I, pp. 291-292; II, pp. 303-307.
 I have collated the text from photocopies provided by the IRHT. There are no instances in which Nagel's transcription needs correction.

y: Istanbul, Metochion Panagiou Taphou 586; 15th century.
Nagel: Is.
fol. 259-286r: complete text of GLAE; considered lost.

Papadopoulos-Kerameus, Ἱεροσολυμιτικὴ βιβλιοθήκη V, pp. 127-129; Sharpe, *Prolegomena* I, p. 178; Nagel, *La Vie grecque* II, pp. 240-241.

z: Mount Sinai, Monē tes Hagias Aikaterinēs 530; 15th century.
Nagel: S^1.
fol. 207v-215v: complete text of GLAE.

Gardthausen, *Catalogus*, p. 129; Ehrhard, *Überlieferung und Bestand* III, p. 770; Sharpe, *Prolegomena* I, p. 182; Nagel, *La Vie grecque* I, pp. 266-267; II, p. 276-280; Kamil, *Catalogue*, p. 92 (Gr. 753).
 I have collated the text from photocopies provided by the IRHT.
 Nagel's transcript is to be corrected in the following instances: 3:2 ἐν ᾧ παρακληθήσει read: ἐν ᾧ καὶ παρακληθήσει; 11:1 ἡμᾶς read: ἐμᾶς; addition to 14:1 τὴν ἐλπίδα read: χαιρόμενοι δὲ ἐπὶ τὴν ἐλπίδα; *ibid*. ἐκοίνας (= ἐκείνας) read: ἔκρινεν; *ibid*. αἱ χιλιάδες read: χιλιάδες; 18:5 μᾶλλον δέ read: μᾶλλον; 26:3 ἐν τῇ κακίᾳ read: ἐν τῇ κακίᾳ σου καὶ ἐποίησας αὐτούς; 33:5 ἀχράντων χειρῶν read: ἀχράντων σου χείρων; 39:1 εἰ φύλαξας read εἰ ἐφύλαξας; 39:3 σε καθήμενον read: καθήμενον; 40:1 κυμησον read: κώμισον (= κόμισον); 40:7 καὶ ἔλαβον read: καὶ μετὰ ταῦτα ἔλαβον; 42:3 Εὔα δέ read: Εὔα δὲ ἐκοιμήθη.

No siglum: Athens, "Bibliothèque Alexios Kolybas 164".
The existence of this manuscript was noted by Nagel, *La Vie grecque*, I, p. 11. Possibly, the term "Bibliothèque Alexios Kolybas" refers to Alexios Kolivas' collection, acquired in the 1930's by the Ben-Aki Museum in Athens. I have requested information at that museum, but never received any reply.

Lost manuscript: Iaşi, Metropolitan Library Gr. 49.
Nagel, *La Vie grecque* II, pp. VIII-IX, 1.

Sharpe, *Prolegomena* I, p. 181, mentions another manuscript: Paris, Bibliothèque Nationale Gr. 1604. He reports that he was unable to decipher the microfilm available to him. From Halkin, *Auctarium*, p.

15, where *incipit* and *desinit* are recorded, it now appears that the text concerned is not the *Life of Adam and Eve*.

CHAPTER THREE

GRAMMATICAL NOTES

The supposition underlying this edition, and the following grammatical notes in particular, is that the Greek *Life of Adam and Eve* was written somewhere in the period between 100-300 CE. Whatever may be brought forward to contradict this assumption, it may not be the linguistic character of the writing as it has been transmitted to us in copies from the period of the eleventh to the seventeenth centuries.

Elements of later stages of Greek are present in almost all extant manuscripts. Their occurrence is more or less evenly spread over all the manuscripts. However, it will appear that cases of Middle and New Greek always concern singular readings in one or two manuscripts at a time, and reflect the spoken language of the copyists, rather than the original Greek text. All other deviations from the Greek grammar as taught in school (both today and in antiquity), can be explained as the result of influence from the vernacular language as it existed in the time of the writing's composition.

An important exception to this rule is the orthography in the manuscripts, which is neglectful to such an extent, that it is impossible to say anything reliable about the way in which the earliest traceable stage of the Greek *Life of Adam and Eve* was spelled.[1] For that reason, the orthography as occurring in the manuscripts of the writing is normalized everywhere, except in the section dealing with this matter in particular, from which the user of this edition may soon learn to appreciate this editorial decision.

The following grammatical notes are not intended as an independent contribution to the history of the Greek language. That would be far beyond the present author's competence and would not be in place in a critical edition. These notes are needed, however, to illuminate the linguistic aspects of the textual development of the Greek *Life of Adam and Eve* within its history of transmission, and to clarify that many variants have emerged only as the result of individual copyists' preferences in bringing certain meanings to expression. In this sense, this chapter prepares for the next one, in which the ques-

---

[1] Cf. Radermacher, *Neutestamentliche Grammatik*, pp. 39-40.

tion of the priority of readings, and the genealogical relationships between the texts as represented by the manuscripts will be discussed. The following grammatical notes are mainly concerned with those variants within the manuscript tradition that carry no weight in deciding those matters. It should be noted that in selecting the linguistic phenomena deserving comment in this chapter, I have anticipated somewhat the results of the next chapter, on the History of Transmission, namely when designating some readings as variants to the main text, and ignoring for the most a number of manuscripts which will appear to be direct copies of other extant manuscripts.

Finally, the description of the *graecitas* of the *Life of Adam and Eve* and its manuscripts is useful for the establishment of the earliest traceable stage of the writing, because it can justify the need for emendations, or, in many more cases, show the absence of such a necessity.

In accordance with the following notes' modest aims insofar as linguistics are concerned, the language of the *Life of Adam and Eve* is here described in traditional terms.

I. Phonology and Orthography

(i) *Punctuation, accents and breathings*

1. The manuscripts' indications of commas and stops, separation of words, accents and breathings are ignored. All these matters are text-critically irrelevant contributions to the text by individual copyists.

a. It is normal editorial usage to ignore the commas and stops written in the manuscripts. In most manuscripts of the *Life of Adam and Eve*, they are superabundantly used, and often make a rather haphazard impression.

b. The separation of words is subject to great inconsistency, depending more, it sometimes seems, on the moment on which copyists needed to lift their pen, than on their insight in the meaning of a sentence. Moreover, the Greek language often takes several words together in one pronunciational unit, and this, too, is reflected in the (non-) separation of words in the manuscripts.

c. The decision to ignore the manuscripts' accents is mainly of a practical nature. It is distinctly possible that the accent-signs reflect a different and perhaps more natural pronunciation of Greek than the traditional rules. However, it is not always clear where exactly a diacritical mark is positioned. If someone were to transcribe the word *Communism* from my handwriting, he would certainly place the dot above the i of "communism," and not above the first stroke of the final m, where it has geometrically speaking actually landed. More importantly, numerous copyists appear to have written words in disregard of their meaning in a sentence's context. This can be illustrated by the fact that they could accentuate a word such as αποστελλειν as ἀπὸστέλλειν, accentuating the verbal prefix as if it were a preposition. Also, they accentuated according to the "image" of words: as will be shown below, τον αγγελον can be an accusative singular form, or a genitive plural form, but is virtually always accentuated as the accusative singular (τὸν ἄγγελον), even if the context makes it clear that the genitive plural (τῶν ἀγγέλων) is intended.

d. The only instances in which breathing is positively marked in the manuscripts, is in the breathing of ἀντ', ἀπ', ἐπ', κατ', μετ' and οὐκ before a breathed vowel. It may be noted that the failure to indicate this breathing is unusual (but see, e.g., μετ' οὗ 1:1 z; ἐπὶ ἅρματος 22:3; οὐκ εὑρίσκω 23:1 a; οὐκ εὑρισκόμεθα 23:2 ni a; κατ' ὅρον in several manuscripts of 38:4)—but it has often had no consequences for the copyist's decision with regard to the direction of the spiritus's curl.

e. In the edition, the usual rule has been followed with regard to the breathing of Hebrew personal names: those names which in Hebrew begin with ה or ח receive the spiritus asper: Ἄβελ and Εὔα.

(ii) *Vowels*

2. The manuscript tradition of the Greek *Life of Adam and Eve* bears witness to a stage in the Greek language in which five main vowels were distinguished: [a], [e], [i], [o], and [u]. There is no distinction between short or long vowels, and all diphthongs have disappeared (except for secondary diphthongs caused by hiatus; for αυ and ευ, see below, §§ 12-13).[2]

---

[2] The coincidence of the various vowels and diphthongs is the result of a process that lasted for centuries, but was since long completed in the time when the extant manuscripts of the Greek *Life of Adam and Eve* were produced. *Iota subscriptum* is not used in most manuscripts; when it is used, this is done unsystematically. In the edition, the classical rules with regard to iota subscriptum will be followed; it is ignored in ἀποθνήσκειν and σώζειν.

III. GRAMMATICAL NOTES

3. Before ρ, α may become ε; τέσσερα as in 29:6 *p* is normal Hellenistic usage.

4. The phoneme [e] can be written as ε or αι.

a. For the copyists, historical considerations hardly play a role; for instance, although ἔδωκεν is the usual spelling in most manuscripts, the variant μεταίδωκεν 7:3 *b* is not a surprising exception. This often leads to the orthographic coincidence of different forms, and the context then must decide how a form needs to be understood. Usually, this is possible without problem; for instance, there can be no doubt that ἐπίθεται 9:3 *s qz h a r* is a second person plural imperative form (= -τε).

b. The phonetical identity of ε and αι adds to the pun-like character of the phrase τὸ ἔλεος τοῦ ἐλαίου, but has also, as could be expected, caused some confusion in the manuscripts. In 13:1, the archetypal reading is τὸ ἔλεος τοῦ ἐλαίου (thus in *ds v q ni he c*), which in a number of manuscripts is changed into τὸ ἔλαιον τοῦ ἐλαίου (so *b z al m*). In 40:2 ἔλαιον ἐκ τοῦ ἐλαίου has the variants τὸ ἔλεος τοῦ ἐλαίου in *q*, and τὸ ἔλεος τοῦ ἐλέους in *z*.[3]

5. The phoneme [i] can be written as ει, η, ι, οι or υ ("itacism"). Of these, ει, η and ι are perfectly interchangeable, and so are οι and υ; ει, η and ι may easily replace οι and υ, but οι and υ are less often written where ει, η or ι would be expected; nonetheless, numerous examples do occur (e.g., ἐστήοις 16:3 *b* = ἐσθίεις; for τ instead of θ, see § 23 below);[4] for αυ and ευ, see below, §§ 12-13. To illustrate the equivalence of the various orthographic possibilities of realizing [i], the following two lists suffice.

a. Forms of the verb ἐσθίειν include: for ἤσθιες in 6:1 one finds ἴσθηες *b*; ἴσθιες *a*; ἤσθηες *r*; for the same word in 26:2 ἤσθιαις *s*; αἴσθησις *k*; εἴσθυες *c*; for the form ἐσθίειν in 11:2 αἰσθείην *s*; ἐστήην *b* (for the τ, see § 23); for the same word in 17:3 ἐσθείειν *p*;

---

[3] The pun continues to cause confusion, e.g., among modern editors who propose to read τὸ ἔλαιον τοῦ ἐλέου, not noting that the latter form is an orthographic variant of ἐλαίου, not the genitive form of ἔλεος; so Tischendorf, *Apocalypses*, p. 6; Bertrand, *La Vie grecque*, p. 76. Merk, "Das Leben Adams und Evas," p. 821, even considers the phrase τὸ ἔλεος τοῦ ἐλέου as a variant, and translates it with "Öl des Erbarmens."

[4] The assumption of an accidental omission of ι explains the form μελος 16:1 *c* as an error for μέλλεις (cf. μέλοι = μέλλει 31:4 *b*). The form εσω in 18:3 *h* possibly results from a misreading of ἔσοι = ἔσει.

αἰσθήην c; for the form ἐσθίομεν in 17:5 ἐσθίομαιν d; ἐσθήωμεν k (for the ω, see § 9). This list is far from complete.

b. Forms of the verb ποιεῖν include: for ἐποίησεν in 5:1 ἐπίησεν b; for ποιήσω in 9:1 πηείσω b; for ποιήσωμεν in 16:3 πηοίσομεν e; for ἐποίησας in 20:2 ἐπήοισας e; for πεποίηκα in 27:3 πεποίκα b; for ποιήσῃ in 42:1 πηήσσοι b (for double σ, see § 19b). Again, this list is incomplete.

6. Obviously, itacism leads to the coincidence of many forms, but it is remarkable that in most instances this has not caused the copyists to be uncertain with regard to the meaning of the words. For instance, ἰόν is spelled υἱόν in 19:3 b t, but no misunderstanding concerning its meaning is apparent; compare ὑούς (= υἱούς) 1:3 c.[5] Cases in which uncertainty does seem to have arisen among the copyists include the following.

a. In 2:1 m εἶδεν is spelled οἶδεν, but there can be no doubt that εἶδεν is intended (the object is ὅραμα). Conversely, εἶδας (not: εἶδες!)[6] 3:2 z he r (cf. ὕδας d and ἴδας s) stands for οἶδας (so q ni alc); nonetheless, two copyists have understood the verb to mean "to see": εἰσεώρακας x; ἑωράκατε m.[7]

b. In 11:2 ἡ φύσις b al (cf. e) and αἱ φύσεις ds v qz ni h are phonetically almost identical; the difference in the article ([i] and [e], respectively) is apparently small, and only the verb indicates whether a singular or plural is intended (see, e.g., ἡ φύσις μετηλλάγησαν a).[8]

c. The assumption that εἰκών σου was approximately pronounced as [ikosu] (cf. § 15) easily explains the error οἶκος σου in 35:2 g m.

d. In 36:3 the phrase οὐκ ἀπέστη, "it has not gone," occurs; an obvious variant spelling is οὐκ ἀπέστιν d, which is best considered a merely orthographic variant (on final ν, see § 15) and not as the vari-

---

[5] There is no reason to regard a manuscript's reading as an "error" when it has a form of ὑμεῖς where a form of ἡμεῖς would be expected, or vice versa, or to say that σοί makes no sense if σύ is necessary—such forms should be regarded as identical (against Merk, "Das Leben Adams und Evas," e.g., pp. 804, 823; Knittel, Das griechische 'Leben Adams und Evas,' e.g., pp. 125, 206, 246).

[6] Merk, "Das Leben Adams und Evas," p. 804; but see the variant οἶδα for εἶδον 17:2 a.

[7] Cf. Armen "das Geheimnis des Gesichtes, das du gesehen hast" (Preuschen, Die apokryphen gnostischen Adamschriften, p. 7, lines 18-19).

[8] Compare 10:3, where it cannot be decided whether to read οὐ φοβεῖ σύ, οὐ φοβήσῃ, or οὐ φοβήσει. In the context, there is hardly any difference in meaning. In the text, the present tense indicative form has been chosen because of the negation οὐ (instead of μή).

ant οὐκ ἄπεστιν, "it is not absent." However, *m* contains the reading ἐστίν, "it does exist." Conversely, in 36:2 *qz* read ποῦ ἀπέστη, "where has it gone?," instead of ποῦ ἐστίν in the other manuscripts; in this case the change is probably stylistic and deliberate.

e. At first sight it would seem that in 21:5 a number of copyists have taken the form πείσασα to derive from the verb ποιεῖν, "to make": apart from πείσασα *ni*; πήσασα *a*; πίσασα *s l* and the passive πεισθείς *b*, one finds ποιησασα *v h* and εποιησα *kp qz* (cf. επηοισα *e*). However, the construction with what follows makes it clear that in most instances the verb is understood in the intended way: in *s v h al* πείσασα αὐτόν is immediately followed by the finite verb ἔφαγεν ("after I had convinced him, he ate"; for the change in subject, see § 79a). In *qz e* ἔπεισα αὐτόν (ἔπεισα καὶ αὐτόν *q*) is followed by καὶ ἔφαγεν ("I convinced him and he ate"), which can be explained as a grammatical correction of the incongruous construction as testified in *s v h al*. The same intention to correct the grammar of the sentence may have caused the double reading in *ni*, πείσασα αὐτὸν εποιησα καὶ ἔφαγεν: the words εποιησα (= ἔπεισα) καί were added to replace the improper participle, which was not, however, deleted. In *kp* the words εποιησα αὐτὸν φαγεῖν (εποιησα τοῦτο φαγεῖν *p*) are used; it is possible to understand these words to mean "and I made him eat," but "I convinced him to eat," ἔπεισα φαγεῖν, is probably intended.

f. On one occasion, the pronunciaton of ἐσθίειν seems to have led to a confusion with ἱστάναι: in 16:3 *c* the form ἔστισεν (= ἔστησεν) occurs as a variant of ἐσθίεις.

7. As a rule there is no phonetic confusion of [e] (ε or αι) and [i] (ει, η, ι, οι or υ), even if the difference between both phonemes may have been small (cf. § 6b). Only in *g* does this phenomenon appear to occur with some frequency, e.g., τέσσαρης 38:3; ἕλκον 38:3;[9] ἀφηέννη (= ἀφιέναι) 40:5. In other manuscripts the confusion is rare, e.g., μεδέν 3:2 *l*; εἰμέ and εἰμαί (= εἰμί) 9:1 *qz*;[10] ἐκήνουν (= ἐκαίνουν) 20:2 *b*. In υμι 22:1 *m* one has to recognize ἐμοί, but the copyist has apparently been influenced by ἡμῖν.

---

[9] This may also be an example of the omission of the augment; see § 43c.
[10] Perhaps this is an instance of the New Greek verb εἶμαι, "to be"; see § 42b.

8. The occasional spelling ὑπ- for ἐπ- in verbal prefixes, or the other way around (e.g., ὑπονόμασεν 4:1 *m*; ὑπήνεγκα 8:2 *d v a r* (cf. *lc*); ἐπενέγκω 9:2 *a*; ὑποστρέψω 25:3 *e*) is sufficiently explained by the similarity of initial ε and υ in minuscules, and by the fact that both compounds exist. A simple scribal error must be the explanation of the nonsensical reading ὑποθνήσκομεν 8:1 *q*; see also ὑπό instead of ἀπό in 28:4 in the same manuscript.

9. Because of the loss of quantity distinction, ο and ω are promiscuously used to indicate [o]. In the manuscripts there is no rule underlying the use of either letter. Therefore, only syntax can decide whether to understand, e.g., αὐτῷ or αὐτό.[11]

10. The vowels [o] (ο or ω) and [u] (ου) are rarely confused, e.g., κοιμουμένου 31:1 *pg* (cf. § 52).

(iii) *Elision in hiatus*

11. When the final vowel of a word coincides with the initial vowel of the immediately following word, hiatus results, and only one of both vowels is pronounced. In writing, this is rarely realized, except in certain, traditional cases.

a. The final vowel of the conjunction ἀλλά is usually elided in writing (ἀλλ'); occasionally the final α is restored; e.g., ἀλλὰ ὅλον 2:3 *al qz*; ἀλλὰ ἀνάστα 18:1 *alc*; ἀλλὰ ἐξερχομένου 28:4 *s l*; ἀλλὰ ἴσως 31:3 *e*.

b. As a rule, the final vowels of ἀντί, ἀπό, διά, ἐπί, κατά, μετά, παρά are also elided, but contrast ἀντὶ "Αβελ 4:2; ἐπὶ ἅρματος 22:3.

c. Also elided is the vowel of καί in κἄν; κἀμοί; but contrast, e.g., καὶ ἐγώ 6:2 (κἀγώ in *b qz ni*); καὶ ἐμοί 7:3 *m*; καὶ ἄν 31:3 *p*; καὶ ἐάν 31:3 *he*.[12]

d. The final vowel of the conjunction δέ is rarely omitted, but see ᾗ δ' ἂν ἡμέρᾳ in 17:5 *b* and in the revision of 21:3-4 *he*.

---

[11] Contrast Knittel, *Das griechische 'Leben Adams und Evas,'* p. 241.

[12] The common confusion of ἐάν and ἄν plays no role to speak of in the Greek *Life of Adam and Eve*, except in the variants to ὅτι ἐὰν ἔλθω in 10:2, including ὅτε ἄν and ὅταν. The possibility to read ὅτε ἀνέλθω may of course have played a role.

e. In most other cases, elision or contraction is not graphically realized. Exceptions are τοῦτ' ἐστιν 19:3; perhaps τοῦ 'ξαποστεῖλαι 13:1 e.

(iv) *Single consonants*

12. Except in the combination [mb] (see below, § 24), original [b] has become fricative: [v], phonetically coinciding with υ in the combinations αυ and ευ (that is, [av] and [ev]). As a result β and υ have become interchangeable.[13] This explains the spellings Ἔβα (very often, e.g., 1:1, 2 *l*); ἐυδομήκοντα (8:2 *v qz i h lc r*; even ἐυβδομήκοντα *uw*); λατρέβειν 13:5 *al*; ἐξευλήθηνμεν (= ἐξεβλήθημεν; for –ηνμεν see § 25c) 16:3 *p*; σκέβος 16:5 *b l*; 31:4 *l*; σ<κ>εβασθείς 17:1 *e*; ἐβωδίας 29:3 *b l*. This list is far from complete. The phenomenon may also help to explain the spelling διάβατον 1:3 *m* (instead of διάφωτον and διάφατον in related manuscripts; it should be noted, however, that in 16th-century minuscules a hastily written φ can have great resemblance to a β).

13. Before mute consonants, αυ and ευ are pronounced [af] and [ef], respectively. Accordingly, the spelling υ for φ occasionally occurs: ἐυθόνησεν 18:4 *p*; cf. § 19f.

14. Where ε and ι have the consonantal value [y] (immediately preceding [a], [o], or [u], regardless of the accent),[14] they are sometimes mixed up; so εἰδέα and ἰδία (= ἰδέᾳ, or [idya]) in 17:1 *p* and *e*, respectively. Cf. further Ἰωήλ and Ἐωήλ 33:5 *r* and *m*; θιοπρόσωποι 35:3 *z*.

15. In New Greek, final ν is pronounced only in certain words, or when it is closely connected to the following word beginning with a vowel or a mute consonant (which then becomes voiced).[15] This situation was prepared in much earlier stages of the Greek language, and already completed when the manuscripts of the Greek *Life of Adam and Eve* were produced. That this is so, is above all proven by

---

[13] It should additionally be noted that in many handwritings, the letter *beta* has two forms, one resembling our modern printing letter β, and one which is very similar to the *ypsilon*, υ, sometimes nearly indistinguishable from it.

[14] Thumb and Kalitsunakis, *Grammatik*, § 6.

[15] Thumb and Kalitsunakis, *Grammatik*, § 15.

the *addition* of final ν on many occasions, regardless of the syntactical function of the word to which it is added.[16]

a. Final ν is often added to accusative forms of the third declension, e.g., ὄνομαν 4:1 *e*; μητέραν 7:2 *d*; εἰκόναν 10:3 *d*; 12:1 *d*; πατέραν 13:6 *d*; 22:3 *e*; ἐλπίδαν 14:1 *z*; γλυκύτηταν 18:1 *c*; χεῖραν 19:3 *h*; ἄνδραν 25:4 *kp*; νύκταν addition to 26:2 *c*; σινδόναν 40:1 *e*.

b. However, even forms occur such as σίγαν (imperative) 12:1 *m*; εἰποῦσαν (nominative) 14:3 *z*; γινόμεθαν (first person plural) 21:3 *e*; πεσοῦσαν (nominative) 32:1 *l*; πλάσμαν (nominative) 40:5 *g*.

c. Final ν is also attached to the personal pronoun ἐμέ in ἐμέν 7:1 *c*; 15:3 *p*; 31:3 *g*;[17] to the preposition εἴσω in 13:6 *ds alc*. In 18:5 *v f* ὄψιν is to be understood as equivalent to ὄψει; so probably also 37:1 *l*.

d. The uncertainty with regard to final ν can also have consequences for the personal forms of the verbs. Final ν is added in, e.g., ἐξωρίσθην (for the third person singular) inscr. *g*; ἐπορεύθην 13:1 *m*; ἐφοβήθην 18:5 *s p v alc*; ἐμνήσθην 23:4 *s kp e l*.

16. As a result of the uncertainty with regard to final ν, dative and accusative forms of the first and second declensions are phonetically hardly distinct (see also §§ 17c; 32b). In such cases, its presence or absence is arbitrary. See, e.g., φωνῇ μεγάλῃ in 5:2 spelled as φωνὴν μεγάλην *ds b qz he*[18] or even φωνὴ μεγάλην *w*; cf. ἔγνω ᾿Αδὰμ τῇ γυναῖκα αὐτοῦ 4:1 *z c*; τῇ εἰκόνα 10:3 (second instance) *b*; εἰς τῷ χοῦν 40:5 *k v*; and many more instances. There is in most cases no reason to regard the variation of these forms as anything else than orthographic, although there are some exceptions. In ἀνέστην 32:1 *v* the final ν does indicate the first person (as opposed to the third person in the other manuscripts). In 37:1 one is inclined to translate the phrase ἐβόησαν φωνὴν φοβεράν as "and they cried in a loud voice," that is, as if φωνῇ φοβερᾷ was intended. However, it seems that the accusative forms actually indicate the object, "a great word," since the story continues in 37:3 with the phrase ὅτε δὲ εἶπον τὰς φωνὰς ταύτας.

---

[16] The omission of final ν (other than movable ν) is rare, occurring somewhat more frequently in *k*, e.g., ἐφοβήθη 18:5; εἶπο 21:2; ἐξήνθησα 22:3. Apparently, in case of uncertainty, most copyists preferred to add to be on the safe side.

[17] For the early attestation of ἐμέν, see Radermacher, *Neutestamentliche Grammatik*, p. 47.

[18] Knittel, *Das griechische 'Leben Adams und Evas,'* p. 204, regards this orthographic variant as *lectio difficilior*.

17. The uncertainty with regard to final ν results in further unclarity in the following cases.

a. In combination with the fact that αι = [e] (see above, § 4), the first person singular (middle voice) and the first person plural (active voice) can seem to have been confused, as in ἀποθανοῦμεν 5:2 *c* (cf. ἀποθανοῦμαι *ds r*; note that in the future tense of ἀποθνήσκειν only middle forms exist; the form in manuscript *c* is therefore best regarded as an orthographic variant only). Conversely, παρέβημαι 42:7 *s* is an orthographic variant of παρέβημεν (so the other manuscripts).

b. In 20:1 ἤμην (first instance) is no doubt intended, but apart from the accent it is indistinguishable from εἰμί *k h l*.[19] In 7:2 the same variants occur, but it cannot be established whether ἤμην or εἰμί is intended.

c. In combination with the phonetical identity of ο and ω, blurring, for instance, the distinction between αὐτῷ and αὐτό (see above, § 9), the optional character of final ν leads to a further loss of distinction between case-endings; thus, for instance, εἶπεν Εὔα τὸν ᾽Αδάμ 2:1 *he*; παρεκάλει δὲ αὐτῷ 2:2 *s v h m*; εἶπεν (sc. Eve) τὸ θηρίον 10:3 *e*. In short, there is no phonetical difference between, e.g., αὐτῷ, αὐτό, αὐτόν and αὐτῶν, or between αὐτή (αὐτῇ) and αὐτήν, and all these forms are promiscuously used in writing in the Greek *Life of Adam and Eve*.[20] It should be noted that, thanks to the gradual disappearance of the dative case in vernacular Greek (see § 32a), this circumstance has rarely led to misunderstandings concerning the meaning of phrases, since the dative's functions came to be gradually adopted by the other oblique cases (with or without prepositions). Therefore, from a syntactical point of view, the necessity to distinguish between dative and accusative no longer existed.

18. Under these circumstances, there is obviously no need to discuss ν *ephelkystikon*, or movable ν, which already in classical times could

---

[19] Knittel, *Das griechische 'Leben Adams und Evas,'* p. 207, prefers the reading εἰμί to ἤμην, designating the former as *lectio difficilior*; but phonetically, these forms are practically identical, whereas the overlap in meaning between present and perfect tense is great (cf. below, § 70). There is no reason to regard εἰμί as a real text-critical variant of ἤμην.

[20] Cf. Schwyzer, *Griechische Grammatik* II, p. 171. In 33:2 I have printed ὦν even if the reading ὄ (a nonsensical reading if taken as such) seems to be supported by an important combination of witnesses: *s g v a* (ὦν in *ni l* only); but both forms stand for the sound [o], and they should not be regarded as variants. Even if ὄ were attested by *all* manuscripts, one would still have to print ὦν.

be written or omitted *ad libitum*. In the edition it is always written, even where it is absent in the manuscripts, because its presence or absence in the manuscripts appears to obey no rule whatsoever. To follow the Byzantine rule (namely, to apply ν *ephelkystikon* before a vowel or in *pausa*) would be an overly subtle procedure. In this connection it may also be noted that the Greek *Life of Adam and Eve* gives no cause to discuss movable ς.[21]

(v) *Gemination*

19. There is no audible distinction between single and double consonants (for γγ see below, § 21), as is reflected in the orthography: many single consonants are geminated, or double consonants written only once. Especially the liquids (λ, μ, ν, ρ) are subject to this phenomenon.

a. Most common is the (de-)gemination of λ, e.g., πολλιτείας inscr. *b*; ἀνατολλάς 1:2 *m*; συλαβοῦσα 4:1 *b*; πολλύς 5:3 *ac m*; πάλλιν 7:3 *b*; a rare instance of ἀλλά spelled with one λ is found in 11:1 *c*.

b. Also common is the gemination of σ, e.g., νόσσον 6:3 *n*; ἱκεσσίαν 13:2 *z*; παραδείσσου *passim*.

c. For the gemination of ν, see τυγχάννεις 9:2 *s h a*; all manuscripts except *p* read κινάμωμον with single ν in 29:6.

d. Somewhat less usual is the gemination of μ, but this also occurs, e.g., καμμάτοις 9:2 *b*; ἐκρεμμάσθη 17:1 *kp v i h a*; παρειμμένους 26:1 *k*; στερεώμματα 33:4 *b*.

e. Double ρ appears as a single ρ in ἀρενικά 15:3 *b c*; ἀροστία (= ἀρρωστία) 31:1 *b*; the opposite occurs in ἄρρον 37:5 *b*.

f. Somewhat unusual is the gemination of κ as in ἐκκλεκτούς 32:2 *b*; of υ as in Εὔυαν 35:1 *l*. In ἐφράνθησαν (= εὐφράνθησαν) 38:4 *e*, double [f] is written once (cf. § 13).

20. As a result of the loss of distinction between single and double consonants, the distinction between the present tense- and the aorist-stem has in a number of cases disappeared; thus in 2:2 βαλλόμενον *d qz ni he* or βαλόμενον *s v r*; or between the present tense and the Attic future tense, so often in the case of ἀναγγέλλω or ἀναγγελῶ;

---

[21] The addition of a final ς to ἄρα in 35:3 *g* is mainly illustrative of the extremely neglectful character of this copy.

moreover, the difference between [e] and [i] was apparently not strong enough to prevent further confusion with the subjunctive aorist ἀναγγείλω (so also the various stems and forms of ἀποστέλλειν, e.g., ἀποστείλῃ and ἀποστελεῖ 6:2). In all these cases, the decision what to print is at the editor's discretion.

(vi) *Consonant clusters*

21. When γ is immediately followed by another γ, it indicates agma (the sound indicated by *n* in the English words *angle* or *English*). It also indicates agma when followed by κ, which subsequently becomes voiced. In other words, -γγ- and -γκ- are phonetically identical. This explains spellings such as ἐνέγγω 6:2 *h*; ἐνέγγει 6:2 *m*; 9:3 *m*; ἔγκιστα 7:2 *r*; ἀνάγκειλον 14:3 *d k a*; 31:2 *b i*; ἀνάγγης 25:2 *e*; ἔνεγγε 40:1 *k*; but also προσενέκγω 29:3 *b*. The spelling ἐνέγγκατε 40:2 *z* with double γγ may be a reaction to the agma's tendency to be elided.[22]

22. Before χ the agma is not pronounced.[23] This explains spellings such as συχώρησον 2:2 *z*; τυχάνεις 9:2 *z*; σπλαχνισθῇ 9:3 *e*; but perhaps also hypercorrect ἔνχοντες 3:3 *e*.

23. In the following situations, θ loses its aspiration.

a. Directly following [s], θ is pronounced [t]; this is reflected in the orthography in, e.g., ἐστίειν 7:1 *c*; ἀποθανεῖστε 17:5 *c*; φάγεστε 18:4 *c*; ὀργιστῇ 21:4 *b*; ἠδέστην 23:2 *v*; σπλαγχνιστείς 27:2 *b*; σπλαγχνιστῇ 27:2 *r*; ἀναστήσεστε 41:2 *m*; hypercorrect: ἐσθέ 18:3 *m*; see also †ανεσθεσε† 42:8 *b*, possibly to be restored as ἀνέστησεν.

b. Directly following [f], θ is pronounced [t]; this is occasionally reflected in the orthography; see, for instance ἐνταῦτα (= [entafta]) 17:3 *c*. This may also have been the case in the word underlying †ωσηλευτης† 5:2 *b*: the ending -ευτης is pronounced [eftis] and phonetically identical to -ευθεις. If, moreover, it is assumed that the copyist of *b* skipped an initial ν, his reading can be reconstructed as

---

[22] Mussies, *The Morphology*, p. 31.
[23] Cf. Thumb and Kalitsunakis, *Grammatik*, § 16.

reflecting νοσηλευθείς, "when he had fallen ill," a variant corresponding to the other manuscripts' περιπεσὼν εἰς νόσον.[24]

c. In 22:3 b the form ἐξήνθησαν is spelled ἐξέντησαν; see also ἐκατετέτησαν (= ἐκατετέθησαν) 40:7 m; εὐφραντήσεται 43:3 m. The loss of aspiration in θ in this position is unusual, but attested elsewhere.[25]

24. In New Greek the combinations μβ and μπ in certain positions are often pronounced as [mb]. There are indications that in earlier stages of the Greek language, this [m] could be virtually realized, probably as the nasalization of the preceding vowel.[26] This explains:

a. the omission of μ in κάπτης (from κάμπτειν, "to bend") 13:2 m; ἔπροσθεν 22:3 b; before [f], μ is omitted in ἀφότεροι 40:6 b;

b. the addition of μ in forms such as παρεκύμψεν 17:2 s and μεταλαμβάνων 33:4 h (instead of μετὰ λίβανον; the μ was dropped again in μετελά βανον e). The form ἐλαμ βανομένων 27:2 q (instead of ἐλαυνομένων) can sufficiently be explained by the graphic similarity of β and υ (cf. § 12, footnote), but the supposed nasalization of μ before β renders the corruption even better understandable.[27]

25. With regard to the behaviour of ν in consonant clusters, the following observations can be made.

a. The recomposition as testified in συνζευγμένοι 5:3 e is not unusual in the case of prefixed συν-.[28]

b. Before π [n] is assimilated to [m]. This is graphically undone in ἔνπροσθεν 34:1 s.

c. Occasionally, ν appears (or disappears) in the middle of a word, usually before -το or -τα: μεντά 15:1 q (revised text); ἔθεντο 15:2 h (revised text); 17:3 c; 19:3 c; ἠδύναντο addition to 26:2 c; but see also ἐξεβλήθηνμεν 16:3 p; εὑρισκόμενθα 23:2 h; νάνδρον 29:6 e (see on this form further § 26); σιδόνα 40:1 b. This is best explained as the result of the nasalization of ν before another consonant (cf. §

---

[24] For the verb νοσηλεύειν in this meaning, cf. Josephus, *De bello judaico* IV 68; *Antiquitates judaicae* XV 246.

[25] Radermacher, *Neutestamentliche Grammatik*, p. 40.

[26] Radermacher, *Neutestamentliche Grammatik*, p. 48.

[27] Compare also ἐγκαταλιμπάνειν 30:1 l; in compounds, -λιμπάνειν has become a by-form of λείπειν; see Mandilaras, *The Verb*, § 164, and cf. Blaß *et al.*, *Grammatik*, § 101, nr. 49.

[28] Robertson, *Grammar*, p. 216.

24).²⁹ These examples show that it should be considered undecided whether εἰδότες and ἰδόντες in 38:4 *h* and *e*, respectively, represent real variants or only an orthographical difference.

26. Metathesis of ρ occurs in νάδρον (= νάρδον) 29:6 *ef*; πορσώπον 30:1 *m*.³⁰

27. The word κλαυθμός is in various instances spelled (and apparently pronounced) as κλαθμός; see 11:1 *b ik h c*; 27:3 *k*. The spelling ἀτός for αὐτός is well attested for Hellenistic Greek;³¹ in the Greek *Life of Adam and Eve* one finds the form ἡματήν (= ἐμαυτῇ) 20:5 *c*, in which the ἡ- may have been influenced by ἡμᾶς.

28. The forms πάλιν 19:2 *k* (for πλήν) and ἀχάριστον 26:1 *s ni alc* (for ἄχρηστον)³² may perhaps be explained from anaptyxis, that is, the insertion of a vowel to facilitate, within a cluster of consonants, the pronunciation of each consonant.

29. The epenthesis of [t] in Ἰστραήλ 29:4 *z* and 33:5 *z* (Ἰστρωήλ) is usual.

30. In 11:2 *qz* a χ seems to have been dropped before θ: μετηλλάθησαν; this is phonetically irregular (the cluster is usually pronounced as [χt]), and may be a simple scribal error.

(vii) *Consonants in sandhi*

31. The phenomena described in section (vi) can also be supposed to occur in sandhi, that is, when the final sound(s) of a word and the initial sound(s) of the next word come to form a pronunciational unit (nicely illustrated by ἐξοῦ = ἐκ σοῦ 11:1 *c*).

a. The uncertainty with regard to the gemination of consonants also occurs in sandhi: πόνοσου 6:2 *b e* = πόνος σου (very often with enclitic σου); and conversely: ἕως σοῦ = ἕως οὗ 42:1 *d*; 42:3 *d*;

---

²⁹ Mussies, *The Morphology*, p. 29.
³⁰ Schwyzer, *Griechische Grammatik* I, p. 267.
³¹ Robertson, *Grammar*, p. 185.
³² Perhaps the phonetical similarity of both words has been exploited in Luke 6:35, χρηστός ἐστιν ἐπὶ τοὺς ἀχαρίστους, if a pun is intended.

ἐποίσσε = ἐπί σε 28:4 c. In 26:1, it can hardly be decided what to read: ἐπικατάρατος εἶ or ἐπικατάρατος σύ.[33]

b. Proclitic final ν indicates agma (see § 21), as is illustrated by ἐγ γαστρί 1:3 ν; ἐγ καμάτοις 9:2 ν; 24:2 s.

c. The nasalization of ν (cf. §§ 24-25) seems attested by the seemingly nonsensical reading εἶμι (manuscript's accent) 23:4 k instead of the intended ἦν μοι, as in p.

II. MORPHOLOGY

(i) *Nouns: phonetics and the cases*

32. Throughout its history, the declensional system of the Greek language has tended towards simplification.

a. On the one hand, the number of its cases has been reduced: it is supposed to have known eight cases in prehistoric times; in New Greek only three of these remain (nominative, genitive, accusative). It is clear that already in Hellenistic Greek the dative's position is somewhat weakening. On the other hand, the third declension (of stems ending in a consonant, or in vowels other than α or ο), although still very much alive in Hellenistic Greek, shows traces of its fusion with the first and second declensions (of stems ending in -α and -ο). The Attic declension is extinct in Hellenistic Greek.

b. The dative forms of the first and second declensions in -ῃ and -ῳ exist in writing only; phonetically they are indistinguishable from the accusative forms in -ην, -ον, and -ο, as well as from the nominative forms in -η and -ο. In the manuscripts of the Greek *Life of Adam and Eve* all these endings are arbitrarily used to indicate any of the cases mentioned (see above, §§ 9, 16-17).

---

[33] Cf. Nagel, *La Vie grecque* I, p. 3, on πῶς σοι or πόσοι in 6:3, the latter in *d k e c*: "la variante ne marque aucune dépendance entre ces textes, mais reflète une licence de copiste souvent rencontrée"; the remark that πῶς σοι would be "erleichternd" (Merk, "Das Leben Adams und Evas," p. 813; contrast Knittel, *Das griechische 'Leben Adams und Evas,'* p. 206), is a misjudgement of the orthography in these manuscripts: there really is no difference between both readings. Cf. Mussies, *The Morphology*, pp. 30-31. In this connection it may be noted that the apparatus of the edition will ignore such quasi-variants; even ἐποίησα σοι 21:6 *b* is given as ἐποίησας σύ. However, no attempt has been made to be perfectly consistent: it could be argued, for instance, that καὶ ἔσει 26:4 *lc* is identical to καὶ σύ (both = [kesi]); nonetheless, the variant has been recorded in the apparatus.

c. Separate forms for the vocative are well in use,[34] as is shown by forms such as ἄνθρωπε 13:2; θεέ 42:5 and elsewhere. Other separate vocative forms (besides the article with the nominative) include δέσποτα, κύριε, πάτερ, υἱέ. In 29:4 βασιλεῦ is found in most manuscripts, but βασιλεύς (without the article) in g ac.

(ii) *The third declension*

33. The third declension is in full use, but occasionally shows signs of its decline.

a. Genitive forms occurs such as τείχου 17:1 *k* (but τείχους 17:2 in the same manuscript); 17:2 *l*; ὄφη (so the New Greek ending of the genitive form of masculine nouns in -ης)[35] 17:1 *p*; 17:4 *c*; 21:2 *qz*; perhaps μέρης 20:4 *v*, if this last form is not to be regarded as a simple scribal error.

b. Instead of σινδόνα the form σινδόνον is used in 40:2 *b*; for σφραγίδα the form σφραγίδον occurs in 42:1 *qz*. The substantivized adjective τὸ ἥμισυ receives a second declension-ending in τὸ ἥμισον 9:2 *m*.[36]

c. Neuter nouns in -μα tend to lose their dative ending in -τι and adapt themselves to the first declension; so τῷ σῶμα 8:2 (first instance) *ds he c r*; 8:2 (second instance) *ds*.[37] A simple lapse may be seen in σπέρματας 29:5 *h* (instead of σπέρματα). In 8:2 βόημος *z* and βόημοι *q* are second declension formations, contrasting to the older form βόαμα or βόημα.[38]

d. The accusative form of the third declension in -α often receives an additional -ν. In this way these accusative forms are adapted to those of the first declension; the weakness of final ν furthered this development (see above, § 15).

e. A word of the third declension, συκῆ, "fig-tree," is avoided by using σῦκον, "fig," in 20:4 (but note that συκῆ is used in *v f m* and 20:5 *m*).

---

[34] Radermacher, *Neutestamentliche Grammatik*, p. 52.
[35] Thumb and Kalitsunakis, *Grammatik*, § 28.
[36] For ἥμισον, see Gignac, *Grammar* II, p. 128.
[37] Gignac, *Grammar* II, p. 89; cf. Radermacher, *Neutestamentliche Grammatik*, pp. 59-60. The phenomenon is attested since the second century CE. Perhaps one should accentuate τῷ σώμα.
[38] Cf. Schwyzer, *Griechische Grammatik* I, p. 492.

f. The noun ἱδρώς is made regular by the ending -ότης:[39] ἱδρότητι 9:2 *d*; ἱδρότητι 24:2; contrast ἱδρῶτι 24:2 *q* (cf. Genesis 3:19; but this form may of course be a simple haplography of τι).

g. An adaptation of a third declension word to the first declension seems to be attested by εἰς τὸ μέρη 40:6 *g*; in the addition to 26:2 *c* δαίμονος is treated as a nominative (unless we are to understand δαίμων ὅς). A neuter accusative form μεγάλον occurs in 21:1 *p*.

(iii) *Gender*

34. The following instances suggest uncertainty with regard to the gender of nouns.[40]

a. The gender of the noun νόσος is taken to be masculine in 5:3 *b*; 8:2 *he*; 9:3 *d*; in 9:2 *l*, νόσου has the masculine article τοῦ, but later on in the sentence, the anaphoric pronoun αὐτήν is used.

b. In 15:2 *ds p ac rm* μέρος is qualified by the masculine participle form λαχόντα. However, it is remarkable that, notwithstanding the common confusion of final -o and -ov, none of these manuscripts offer the article in the form of τόν—they all read (with minor variation in other respects) τὸ λαχόντα αὐτῷ μέρος. Other manuscripts have the probably correct reading τὸ λαχόν τι αὐτῷ μέρος (*k l*; τὸν λάχον κτλ. *g*), in which the particle τι may in a vague way express some reservation with regard to what part exactly was allotted to whom (in paraphrase: "the part that happened to have been allotted to him"). Unfamiliarity with this use of τι may have contributed to the corruption of the text into λαχόντα.[41]

c. For "smoke," the Greek language knows ἡ ἀτμίς, ὁ ἀτμός, as well as ἡ ἀτμή (Hesiod, *Theogony* 862). The last form is also found in 33:4 *q*; compare further ὁ ἀτμής (= ἀτμίς ?) 33:4 *v*, which may have been influenced by the idea of ὁ καπνός (compare the variant ἡ ἀτμὶς τοῦ καπνοῦ in *g*, and Revelation 8:4).

d. In 40:1 *rm* σινδόνας (from ἡ σινδών) is qualified by the masculine adjective βυσσίνους; in *ij* it is constructed with both βυσσίνους and σηρικάς.

---

[39] Cf. Palmer, *A Grammar*, pp. 115-116.

[40] The nominative φωνός 40:4 *g* instead of φωνή is best considered a scribal error.

[41] Cf. the use of τι in 2:4 μήποτε ὁ ἐχθρὸς πολεμῇ τι πρὸς αὐτούς, "if perhaps the enemy is waging some kind of war against them."

e. The noun ἄνθρωπον is treated as of neuter gender in πᾶν ἄνθρωπον ἀποθνῆσκον in 43:2 b. Conversely, αὐτός refers *ad sensum* to σπέρμα, "offspring," in 26:4.[42] In θηρίον πολεμοῦντα 10:1 the animal is strongly personified and is qualified by a masculine participle.[43]

f. τό determining δόξα in 33:2 g is a simple scribal error, anticipating the almost immediately following τὸ πρόσωπον. The neuter form in πᾶν ἁμαρτία 19:3 p is probably caused by the copyist's anticipation of ἁμάρτημα. In 23:1 b αὐτήν refers back to οἶκος; the copyist was probably thinking of οἰκία. A simple scribal error is τῆς παραδείσου 28:4 b.

g. Remarkably often, the feminine relative ἧς is used, where a masculine or neuter form would be expected: (φυτὸν) δι' ἧς 7:1 ds; τοῦ δένδρου ἐν ᾗ 9:3; (τὸ σῶμα) ἐξ ἧς 42:5 s kg l (probably archetypal). Also archetypal may be τὸν χοῦν ἐξ ἧς ἐλήφθη 40:5; in this the gender of the relative referring to χοῦν may have been influenced by the idea of γῆν.

(iv) *Exotic words*

35. The use of words of foreign extraction is limited to a few specific cases.

a. The Hebrew personal names Ἀδάμ, Ἄβελ, Κάϊν, Σήθ are not declined. However, the name Εὕα, which is easily adapted to the Greek first declension, is found in all possible case forms. On one occasion, Κάϊς is used as the nominative form of Κάϊν (4:2 c).

b. The word χερουβίμ is treated as a singular in τῷ χερουβίμ 28:3 s v a (τῷ σεραφίμ kp); contrast τὰ χερουβὶμ ἐπέχοντα 38:3. The Seraphim are probably regarded as of neuter gender, as is suggested by the phrase ἓν τῶν σεραφίμ 37:3.

(v) *Adjectives*

36. The compound adjective ἐπικατάρατος is provided with a feminine ending in ἐπικαταράτη 10:2 e. The feminine compound form

---

[42] Bertrand, *La Vie grecque*, pp. 130-131.
[43] So Bertrand, *La Vie grecque*, p. 118; differently Knittel, *Das griechische 'Leben Adams und Evas,'* pp. 103, 107.

ἀναξία 42:6, however, is old.[44] In 42:6, *k b* use the traditional form ἁμαρτωλόν, all other manuscripts have ἁμαρτωλήν.

(vi) *Numerals*

37. On the forms of the numerals, no particularities need to be mentioned, except that ἕξ often appears in the New Greek form ἔξι (consistently spelled as ἔξη):[45] 1:2 *z*; 42:1 *g z m*.

(vii) *Pronouns*

38. The adjective possessive pronoun (ἐμός κτλ.) is not often used; see, e.g., τοῦ ἐμοῦ μέρους 20:4; τὸν τόπον τὸν ἐμόν 31:3; as variants: ἡ σὴ νόσος 5:3 *e*; ἡ ἐμὴ φύσις 11:2 *e*; τῆς ἐμῆς ἐντολῆς 25:1 *h*; τῆς ἐμῆς φωνῆς 25:1 *e*; τὴν δὲ σὴν λύπην 39:2 *b l*. There is no difference in meaning with the genitives of the first and second personal pronouns (μου and σου).

39. Occasionally, New Greek forms of the (possessive) personal pronoun occur: enclitic μας "our" 4:2 *r*; εἰς ἐμᾶς "to us" 21:6 *m*; σᾶς "you" (plural) 29:3 *r*; enclitic σας "your" (plural) 21:5 *m*; 31:1 *p*.[46]

40. For the second person singular reflexive pronoun, the third person ἑαυτοῦ is used in φυλάξεις ἑαυτόν 28:4 (σεαυτόν in *ni*); for the first person it is used in ἐποίησα ἑαυτῇ περιζώματα 20:5 *s*; ἑαυτῆς in *z* is an error.

(viii) *Adverbs*

41. Adverbs ending in -ως are difficult to distinguish from adjectives in -ος (see above, § 9). Vernacular Greek tends to replace them by neuter forms of the adjective, singular or plural. So the adverbial use of μόνον 9:3 *c*; 13:5 *c*; 16:5 *b c*; 20:4 *l* (in this instance, adverbial μόνον is a variant of adjectival μόνου); πρῶτον and δεύτερον 8:2 (with much textual corruption in the manuscripts); τρίτον 37:3 ("thrice");[47] πολλά 40:4. Compare also μέγα 9:1 (μεγάλως *b al rm*). All these instances have precedents in classical Greek. In the

---

[44] Robertson, *Grammar*, p. 273.
[45] Thumb and Kalitsunakis, *Grammatik*, § 72.
[46] Thumb and Kalitsunakis, *Grammatik*, § 82.
[47] Cf. 1 Corinthians 12:28.

manuscripts, variation exists between ἴσα and ἴσον; see, e.g., 31:3. In this instance, another variant is the adverbially used genitive form ὁμοῦ in c.[48]

(ix) *New words and meanings*

42. The following new words, word-formations and meanings may be noted.

a. In 1:3 *qz* the word διδυμάρια is used, probably a diminutive form, "twin children."[49] Instead of περίζωμα the substantive noun περίζωσμα is used in 20:5 *k r*.[50]

b. The variants for the verb κρύβειν (see § 51) include the aorist infinitive ἐκρυβᾶσαι 8:1 *uw* from κρυβάζειν.[51] The New Greek word for φυλάσσειν is φυλά(γ)ω, attested in ἐφύλαγεν 3:3 *m*. A new denominative verb in -ευω[52] seems to be represented by ἐχωρεύθη in the phrase οὐδὲ ἐχωρεύθη ἐν τῇ κοιλίᾳ αὐτοῦ 2:3 *b*, where it is a variant for ἔμεινεν. "To be or make immortal" is expressed with the verbs ἀθανατίζειν 28:3, 4 *p* and ἀθανατοῦν 28:3 *ni* (perhaps also *l*, if ἀθάνατος εἶ is to be read as ἀθανατώσει).[53] The New Greek word for "to be" is εἶμαι; of this verb, the following forms occur: ἤμουν, "I was" 20:1 *he r*; ἤσουν "you were" 11:1 *m* (in a corrupt context); perhaps εἶμαι (see § 7).

c. As in New Greek, χρόνους in ἦσαν πενωοῦντες χρόνους λ' 1:2 *b* probably means "years." In δός μοι κἂν ἐκ τοῦ φυτοῦ 28:2 *e* the word κἂν may mean "at least."

(x) *Augment and reduplication*

43. Unaugmented past tense verb forms occur throughout the manuscript tradition of the Greek *Life of Adam and Eve*.

a. Past tense forms without augment are common with verbs beginning with αυ, ευ or οι. It may be noted that the augmented prefix ηυ- is often used.

b. The augment may be missing in compounds, e.g., ἀνάστησεν

---

[48] Robertson, *Grammar*, p. 295.
[49] Cf. Moulton and Howard, *Grammar* II, pp. 346-347.
[50] Cf. Moulton and Howard, *Grammar* II, p. 354. No linguistic reason seems to lie behind the form ἐσχάστη 41:2 *b*, which must be a simple scribal error for ἐσχάτη.
[51] Cf. Schwyzer, *Grammatik* I, p. 736; Palmer, *A Grammar*, pp. 137-140.
[52] Cf. Moulton and Howard, *Grammar* II, pp. 398-400; Palmer, *A Grammar*, pp. 134-137.
[53] See Sophocles, *Greek Lexicon*, p. 86b; cf. Palmer, *A Grammar*, pp. 131-134.

32:3 b; ἀπαλλοτριώσας 21:6 q (contrast the subjunctive form μὴ ἀπηλλοτρίωσης 42:5 qz e); ἀπόστειλεν 13:2 r; ἀποστάλη 13:1 b; εἰσέρχετο addition to 5:3 lc; ἐκβλήθημεν 16:3 b; ἐπένεγκας 14:2 qz ni h; ἐπέχον 38:3 kg q; ἐξένθησαν 22:3 b; ὑποστράφησαν 11:2 r.

c. Moreover, the augment may be missing in verbs beginning with the phoneme [e], and sometimes in verbs beginning with α,[54] e.g., ἀκούσαμεν 22:1 b; ἔνεγκαν 29:6 m; 40:6 z; ἔσθιες 26:2 z; ἐδέσθην (= ἠδέσθην) 23:2 s al; ἐλέησεν 37:2 k n l; ἐπατήθην revision of 14:3-16:2, line 1 e; ἐπάτησεν 23:5 k.

d. An augment is also absent in the following instances: (καὶ) θάπτον 40:7 d; (μακρόθεν) θεώρησεν 10:1 b. In these cases, the absence of the augment may be caused by the immediately preceding [e]-sound.

44. An extra augment is found in the following cases.

a. In compound verbs, e.g., ἐπαρεκάλει 2:2 e; 27:2 m; ἐσυνέλαβεν 4:1 m; ἐπαρέκυψα 17:2 a m; ἐδιώδευσεν 19:1 kp e a; ἐμετεμελήθην 19:1 c; ἐκατήγαγον 21:2 s; ἐπροσεύχονται 35:3 m; ἐκατετέθησαν 40:7 m; ἐπαρέβημεν 42:7 l.[55]

b. An extra augment has always been normal in passive aorist forms of ἀνοίγειν (ἠνεῴχθη-), but here forms with ἀν- sometimes occur: ἀνεῴχθησαν 20:1 kp b. It should be noted that in the case of the aorist stem of ἀνοίγειν, the ε often seems to be regarded as part of the stem, as is suggested by the future tense forms ἀνεῳχθήσονται and ἀνεοιχθήσονται 18:3 (all manuscripts except f ac r).

c. The past tense form ἠδυνήθη 40:4 is common, but ἐδυνήθη is used in d. Unusual is the extra augment in ἤφυγεν 12:2 r; ἤσχεν 31:1 s.

d. Occasionally, aorist participles seem to receive an augment:[56] ἐνοήσας 19:2 e; ἤλθών 19:3 b; ἐπλημμελήσας 27:2 p; ἀνεστήσας 32:3 c; ἀπηνέγκαντες 43:1 ni. In 8:1 e, the augment in καὶ ἐφαγόντες may have been influenced by the [e] in the immediately preceding καί and the personal form ἐφάγομεν. For an aorist infinitive form with augment, see ἐξηπατῆσαι 17:2 c. The form ἀπεκριθέν 41:1 b is a variant of ἀπεκρίθη, and may be the result of the copyist's belated

---

[54] Mandilaras, *The Verb*, §§ 237-238 (cf. 241-242), 255.
[55] Radermacher, *Neutestamentliche Grammatik*, p. 85.
[56] Mandilaras, *The Verb*, p. 273.

decision to use a participle instead of the personal form. For ἐλαμβανομένων see § 24b.

e. What seems an augment in the future tense κατηράσονται 10:2 *lc r* must be a copyist's slip of the pen, possibly influenced by the preceding ἁμαρτήσαντες.

45. Reduplication was eventually lost in New Greek;[57] it is absent in διαμερισμένοι 5:3 *euwf* (corrected in *x*); γεννημένους 38:4 *b*.

(xi) *Athematic verbs*

46. Athematic verb-endings occur with a number of stems in the present tense and the second aorist, but throughout the history of the Greek language they have been under pressure of the more common thematic paradigm. In agreement with Hellenistic usage, the present tenses of verbs in -νύναι are avoided. In the following instances, thematic verb-endings replace the traditional athematic forms.

a. In 19:1 the second person singular form of the present tense indicative is δίδεις, as from the verb δίδειν.[58] In 4:2, the form δώσωμεν is a subjunctive belonging to the aorist ἔδωσα; all other aorist forms of this verb, however, reflect the more common ἔδωκα-paradigm.

b. Next to δύνασθαι the thematic verb δύνεσθαι is emerging, as appears from the forms δύνεται 8:1 *m*; δύνονται 36:3 *d a*.[59]

c. The form ἀφεῖς, occurring in Revelation 2:20, has been explained by some as an orthographic variant of the regular form ἀφίεις of the verb ἀφιέναι.[60] Others posit a conjugation based on ἀφέω.[61] Into the latter would fit the form ἀφῶ 28:1 *k*;[62] αφηω in 28:1 *p* may reflect either ἀφιῶ (the regular subjunctive form), ἀφίω,[63] or ἀφέω.

d. The third person plural of the imperfect of τιθέναι is ἐτίθουν in 40:7 *b*.

e. As in Hellenistic Greek, the aorist imperative of ἀνιστάναι is

---

[57] Jannaris, *Historical Greek Grammar*, §§ 736-737.
[58] Mandilaras, *The Verb*, § 87.
[59] The form δυνασει 11:2 *d* is presumably a slip of the pen for δυνήσῃ.
[60] Mussies, *Morphology*, p. 43; see further Mandilaras, *The Verb*, § 122.
[61] Robertson, *Grammar*, p. 315; Radermacher, *Neutestamentliche Grammatik*, pp. 13-14.
[62] Nagel's transcription ἀφ ῶ (*La Vie grecque* III, p. 199) suggests that we understand ἀφ' ᾧ, but this is unwarranted.
[63] Cf. Radermacher, *Neutestamentliche Grammatik*, pp. 96, 100.

ἀνάστα, rarely ἀνάστηθι; for the latter see 34:2 *rm*; cf. διανάστηθι 16:3 *b*. In contrast, the aorist imperative of ἀφιστάναι is ἀπόστηθι 12:1 in all manuscripts (except for the variant in *e*).

47. The athematic aorist infinitive ending in –ῆναι is occasionally found with thematic verbs: ἀγνοῆναι 18:1 *e* (first hand; cf. *uwf*); ἐλθῆναι 21:3 *p*; 29:3 *s v*; 29:5 *a*; λαβῆναι 29:4 *c*; 29:5 *l*.[64]

(xii) *Confusions of verb-endings*

48. Verbs with stems ending in α occasionally receive the ending normally characteristic of stems in ο/ε; thus ἐβόουν 21:1 *r*; ἐνεφύσουν 33:4; 33:5 *he*.

49. The following cases of confusion of conjugation involve the aorist or aorist-endings.

a. Infection of the sigmatic aorist in thematic aorists occurs in εἶπα 21:4 *p*; ἐγκατέλιπας 8:2 (variant ἐγκατέλειπες); 23:3 (same variant); εἶπαν 27:5 *c*; 37:3 *s*; προσέπεσαν 33:5 (but προσέπεσον *g z*); ἦλθαν 37:3 *e*; 43:1 *ds g v l*. Compare in the perfect tense: γέγοναν instead of γεγόνασιν 36:2 *g*. The imperative form ἔλθατε is common usage in Hellenistic Greek; however, the form ἔλθετε occurs in 22:2 *v qz ni h r*. Sigmatic -σαν is used in ἤλθοσαν 5:3 *l*.[65]

b. The opposite phenomenon occurs in ἦρες 42:5 *ds kg l*,[66] and in the imperative forms ἀναγγείλετε 3:2 *v*; κλαύσετε 9:3 *a r*; καταλείψετε 31:3 *c*; στρώσετε 40:2 *ds g*; compare also λάλησε instead of λάλησον 14:3 *k*, and εὖξου instead of εὖξαι 31:4 *b rm*.

c. The verb-ending -ον of the second person singular aorist imperative occurs in the present tense imperative θέλον 31:3 *h*. Conversely, a thematic imperative form is used for pseudo-sigmatic ἆρον in ἆρε 37:5 *kg rm*.

d. The aorist participle γενάμενος occasionally appears instead of γενόμενος, so γεναμένης 28:4 *p v l*. The masculine plural nominative form of the participle ἐνεγκών is ἐνεγκόντες in 40:2, but ἐνέγκαντες in 40:3 (with both forms present as variants in the manuscripts).

---

[64] For λαβῆναι, see Mandilaras, *The Verb*, § 306.

[65] Contrast ἤλθασιν 37:3 *m*. The exact form ἤλθασιν is attested in 1117 CE, according to Jannaris, *Historical Greek Grammar*, § 793.

[66] Alternatively, one may read of course the imperfect form ᾖρες.

III. GRAMMATICAL NOTES 51

e. There are two kinds of active aorists for -λείπειν, in -σα and in -ν; see, e.g., ἐγκατέλιπας 23:3; ἐγκαταλιπεῖν 30:1 and κατάλειψον 31:3.

f. The third person plural of the active aorist subjunctive is ἐκβάλουν (instead of ἐκβάλωσι) 29:1 s, as in New Greek.

g. In the imperfect tense, the weak aorist ending -αν occurs in ἐθυμίαζαν 33:4 m;[67] in 19:1 b, an aorist ending occurs in the imperfect tense form ἔφησεν.

h. The curious form ἐφύλασα 15:2 ds v l is probably archetypal; to my knowledge, however, it is unattested in any stage or dialect of the Greek language, and to be regarded as a scribal error.

50. Conversely, the strong forms of the passive aorist expand into the territory of the weak aorists, a well-known tendency in Hellenistic Greek. Strong passive aorists include ἠλλάγην (μετηλλάγησαν 11:2); ἐκρύβην (κρυβῆναι 8:1; ἐκρύβημεν 22:2; ἐκρύβης 23:1; ἐκρύβην 36:3), ἠνοίγην (ἠνοίγη 10:3; 11:2; but the third person plural is ἠνεώχθησαν 20:1, 5); ὠρύγην (ὀρυγῆναι 40:6); ἐτάγην (ὑπετάγης 10:3); ἐτάφην (ἐτάφη 40:5; ταφῇ 42:4).

51. In the middle voice of the present tense of verbs with thematic conjugation, the second person singular ending can be -εσαι, formed analogously after -ομαι and -εται: κρύβεσαι 8:1 v ni a; κρύπτεσαι 8:1 ds; φροντίζεσαι 31:3 b; compare the future tense φάγεσαι 21:4 v (see § 53); compare also the middle voice aorist subjunctive δύνησαι 8:1 qz; 16:5 ac; κρύβησαι 8:1 b e lc.

(xiii) *Tenses*

52. As a new present tense stem κρύβειν has emerged,[68] as in κρύβεσαι 8:1 v ni al (on -εσαι, see § 51); κρυβόμεθα 23:2.[69] The aorist of δύνασθαι is regularly ἐδυνήθη in 40:4, but in 8:1 the aorist subjunctive is δυνήσηται as from ἐδυνησάμην, a middle form occurring in Homer, but also attested in the post-classical to Byzantine periods.[70]

---

[67] Moulton and Howard, *A Grammar*, II, p. 194
[68] Jannaris, *Historical Greek Grammar*, § 875.
[69] In 23:2 k v he l the form κρυβοῦμεθα occurs, as if from κρυβεῖν occurs.
[70] Jannaris, *Historical Greek Grammar*, §§ 996, 1478.

53. The suppletive future tenses ἔδομαι (with ἐσθίειν) and οἴσω (with φέρειν) are in disuse; in their stead, future tenses built on the aorist are formed: φάγομαι and ἐνέγκω.[71] This may also be the case with εἴπεις 25:3; perhaps εἴπω 19:2 *b*.[72]

54. Attic future tense forms are certainly in use in the case of ἀγγέλλειν and its compounds, where variation with the aorist subjunctive is standard (e.g., 15:1).[73] They have possibly been used in κρινῶ 22:2 and βραδυνεῖς 31:3,[74] although it is equally possible that these are present tense forms (κρίνω and βραδύνεις). A future tense κρινῶ is likely to have been intended in 25:4.

55. Periphrastic constructions are rare.
a. For the past tense, e.g., ἠρξάμην κἀγὼ προσφέρειν 21:2 *qz*; ἠρξάμην νουθετεῖν 21:3.
b. The future tense can also be indicated by periphrastic constructions of the aorist infinitive with the auxiliary verbs ἔχειν and μέλλειν, but rarely so: ἔχεις θεάσασθαι 13:6 *m* (μέλλεις in the other manuscripts); ἔχεις ὠφεληθῆναι 16:1 *r* (also *m*, according to Nagel's transcript; see chapter II; μέλο<ι>ς = μέλλεις *c*); ἔχω ποιῆσαι 31:2; μέλλομεν ἀπαντῆσαι 31:4 *c*; μέλλει ἐλεῆσαι 31:4 *b*.
c. In a later stage of the Greek language, θέλειν competed with ἔχειν in this function.[75] Instead of ἔχω ποιῆσαι, *b* reads θέλω ζῆσαι in 31:2; *p* contains both readings: ἔχω θέλω ποιῆσαι, probably as a result of either verb having been added to clarify the other.
d. In 37:5, the copyist of *b* began to replace ποιήσω by a periphrastic construction, but then wrote ποιήσω after all, so that his text reads μέλλω ποιήσω. Compare the equally confused reading θεάσητε ἔχεις 13:6 *m* and perhaps μέλλεις ὠφεληθεῖς 16:1 *m* (according to Sharpe's transcription; see chapter II).

---

[71] For ἐνέγκω (since the second century CE), see Gignac, *Grammar* II, pp. 287-288. Gignac accentuates ἐνεγκῶ; but contrast Mandilaras, *The Verb*, § 541.

[72] Note that Jannaris, *Historical Greek Grammar* § 915 attributes the development of a futural subjunctive εἴπω to the New Greek period.

[73] It would seem far-fetched, however, to accept the variant φροντιεῖν for φροντίζειν 31:3 *v* as an Attic future tense form, instead of a simple scribal error.

[74] Cf. Knittel, *Das griechische 'Leben Adams und Evas,'* p. 281.

[75] Psaltes, *Grammatik*, § 333.

III. GRAMMATICAL NOTES

(xiv) Participle

56. The participle tends to lose its capacity of being declined.[76] In many instances, no distinction is made with regard to gender, and the participle may take the masculine form when a feminine ending is expected. A few examples from many more: ἔκλαυσεν Εὔα λέγων 10:2 q (cf. 20:2 m; 21:1 c); στραφεὶς ἡ Εὔα εἶπεν 10:3 e; παρακύψας 17:2; προσελθών 18:5 c; στραφείς 25:4; εἰπών 31:1 pg h; εἰπών ... καὶ μνησθείς 31:1 e; φροντίζων 31:3 pg; ἐξελθών 32:1 r; πεσών 32:1 v; θέλων 42:3 z; ἀναβλέψας 42:8 k b. An interesting case is 42:4 he: ἀναστὰς προσηύξατο κλαίουσα καὶ λέγουσα. Compare, finally, λυπηθεὶς αὐτοί 3:1 m.

57. In New Greek only one form of the active participle is preserved, ending in -ντα(ς).[77] According to Jannaris, this form occurred frequently in the Transitional and Byzantine periods;[78] see λέγοντας 22:1 v; λέγοντα 35:2 m; cf. πλανηθέντα 42:7 e.

III. SYNTAX

(i) Article

58. The use of the article is optional and depends to a large extent on an individual copyist's preference. It can be used to determine substantives and personal names. It can also substantivize adjectives, adverbs, infinitives and clauses; see, e.g., τὸ πρότερον in the addition to 9:3 alc rm ("in the past" or perhaps "last time," as in classical Greek; so also in the addition to 26:2 c, continued by the relative pronoun ὅ or ᾧ); τὸ πῶς inscr. g; 15:2 qz; 30:1 q ("the way in which"); νόησον τὸ τί ἐστιν τὸ ξύλον 18:1 p ("learn what kind of tree this is"); τὸ μέν ... τὸ δέ in the revision of 21:1-4 z ("in the first place ... in the second"); τὸ ὅπερ 7:1 m ("and for this reason"). The article before ἀλληλούϊά in 43:4 b seems to have turned the phrase λέγων τὸ

---

[76] Mandilaras, *The Verb*, § 877. Cf. Blaß and Debrunner, *Grammatik*, § 136, who treat this problem under the heading of incongruencies. Radermacher, *Neutestamentliche Grammatik*, p. 82, mentions the phenomenon under the heading of morphology, but does not allow it for the early second century other than as a "syntactical imprecision."

[77] Thumb and Kalitsunakis, *Grammatik*, § 164.

[78] Jannaris, *Historical Greek Grammar*, § 823.

ἀλληλουϊά into a designation of a perhaps liturgical formula: "saying the Halleluja" (cf. τὸ ἀμήν 1 Corinthians 14:16).

(ii) *Congruence*

59. Commenting on Hellenistic Greek authors in general, Radermacher notes their reduced capability of sustaining some consistency when constructing a longer sentence.[79] The Greek *Life of Adam and Eve* forms no exception. It contains the usual incongruencies in number and case even in brief sentences, e.g., Ἀδὰμ καὶ Εὕα ἐφύλαξεν 3:3 *v*; ἐπορεύθη δὲ Σὴθ καὶ ἡ Εὕα 10:1 (cf. the variant Σὴθ καὶ ἡ μήτηρ αὐτοῦ ἀναστάντος ἐπορεύθησαν *qz*); πορευθεὶς ἦλθον οἱ ἄγγελοι 22:3 *e*; πορευθέντος δὲ τοῦ φιλανθρώπου θεοῦ καὶ τῶν ἁγίων ἀγγέλων αὐτοῦ 42:2 *b*.[80]

60. When a substantive noun in an oblique case is constructed with more than one attribute, the attributes coming second or third in line tend to be in the nominative case.

a. In 22:1, the archetypal reading can be reconstructed as follows: ἠκούσαμεν τοῦ ἀρχαγγέλου Μιχαὴλ σαλπίζοντος καὶ καλοῦντος τοὺς ἀγγέλους καὶ λέγων; but several manuscripts have returned to the nominative already at καλῶν (so *s b al*); it should be noted that in other manuscripts λέγων has been corrected into λέγοντος (so *k qz ni h*; for λέγοντας *v*, see § 57).[81]

b. The following constructions also attest to this tendency: τῷ θεράποντι αὐτοῦ τὸν δεξάμενον[82] ... διδαχθείς inscr. *s*; ὡρίσθη γὰρ τῷ χερουβίμ ... καὶ ἡ φλογίνη ῥομφαία ἡ στρεφομένη 28:3 *kp ni he* (instead of τῇ φλογίνῃ ῥομφαίᾳ κτλ.) ; (ἴδε) τοὺς ἀγγέλους πάντας εὐχόμενοι ... καὶ λέγοντες 35:2 *z* (cf. *e*).

c. A crass example seems to be found in 7:2, where the archetype must have read: ἡ ὥρα τῶν ἀγγέλων τοὺς διατηροῦντας τὴν μητέρα ὑμῶν τοῦ ἀναβῆναι. It is likely that this construction is the result of the contamination of two constructions, in which, on the one hand, both τῶν ἀγγέλων and τοῦ ἀναβῆναι depend on ἡ ὥρα, and, on the

---

[79] Radermacher, *Neutestamentliche Grammatik*, p. 215: "...die verminderte Fähigkeit, die Konstruktion einer längere Periode bis zum Schluß bestimmt durchzuführen."

[80] A simple scribal error is τίνες δέ ἐστιν 35:4 b.

[81] Knittel, *Das griechische 'Leben Adams und Evas,'* p. 239, rejects the nominatives as "grammatically wrong."

[82] Possibly = τῷ δεξαμένῳ; see § 32b.

other hand, the accusative τοὺς διατηροῦντας is influenced by the infinitive, which needs an accusative as its subject-complement. In several manuscripts attempts have been made to repair the construction.[83] For ὥρα with the genitive in this function, compare ὁ καίρος τῶν νεκρῶν κριθῆναι Revelation 11:18.

61. There are a considerable number of constructions *ad sensum*. In 31:4 *z* the relative pronoun ὅς refers to πλάσμα; πλάσμα here stands for Adam. So also in 26:4, where αὐτός refers to σπέρμα, that is, Adam and Eve's offspring. If in 32:4 *s vb qz i l rm* αὐτόν is to be read (which is, however, phonetically practically identical to αὐτό; see § 17c), it refers to τὸ πνεῦμα αὐτοῦ, but, as far as the meaning is concerned, to Adam. In 40:4 *s k qz ni l* ἀκήδευτος refers to σῶμα Ἄβελ, that is, to Abel. In 31:4 *l* αὐτήν refers back to πνεῦμα. Without doubt, the copyist was thinking of ψυχή. In ἐμνήσθης .... τοῦ παραδείσου, ἐξ ὧν ἤσθιες 6:1, the plural ὧν refers to the fruits of paradise (cf. the variant τῶν τοῦ παραδείσου *v* and the addition καὶ τῶν αὐτοῦ καρπῶν *qz ni*, with minor variation). The addition of ἕν in ἓν πτέρυξ 26:3 *a* may anticipate the immediately following phrase οὔτε ἓν μέλος. Finally, in the phrase τὸν χοῦν ἐξ ἧς ἐλήφθη 40:5 the feminine relative pronoun refers back to the notion of τὴν γῆν (cf. § 34).

(iii) *Accusative*

62. The accusative denotes the object of a verb, or the subject-complement of infinitives. In later stages of the Greek language, it tends to expand into the territory of the dative, partly because of phonetical reasons (see § 32b). It should be noted that this general rule does not imply that in reconstructing the oldest stage of the *Life of Adam and Eve* a dative should always be preferred to an accusative. Linguistically speaking, the accusative tends to replace the dative (and to a lesser extent, the genitive), but this insight has no bearing on the history of the literary transmission of this writing, simply because a later copyist may have felt that a dative (or a genitive) would be more

---

[83] Knittel, *Das griechische 'Leben Adams und Evas,'* p. 206, rejects the reading τοὺς διατηροῦντας as "grammatically wrong"; even if these terms would be appropriate to describe the phenomenon, they still would not have any text-critical value.

"correct" as compared to his model's accusative. Some examples of this (text-critically meaningless) variation may suffice:

a. The complement of αἰδεῖσθαι is denoted by the accusative in ἠδέσθην τὸ κράτος σου 23:2, but the genitive in τοῦ κράτους σου in *k he*, and the dative in τῷ κράτει σου in *al*.

b. Extent in time is regularly denoted by the accusative, but in πάσαις ταῖς ἡμέραις 26:2 *q* the dative is used; cf. τρεῖς ὥραις 36:4 *k*.

(iv) *Genitive*

63. With substantive nouns, the genitive is first of all used to specify the noun to which it is apposed.[84]

a. The partitive genitive is occasionally used (e.g., τὸ ἥμισυ τῆς νόσου σου 9:2; μηδέν ... ὧν ἔπραξα revision of 21:1-2 *q*), but on the whole, a construction with a preposition (ἀπό or ἐκ) is preferred to denote this relationship;[85] see below, § 65a.

b. Biblicizing style[86] is represented by ὀργῆς υἱός 3:2;[87] ξύλον τῆς ζωῆς 19:2; ἁμαρτίαν τῆς σαρκός 25:3.

c. A prepositional phrase is often preferred to the objective genitive, but the latter is still commonly used. A remarkable instance is προσευχὴν τοῦ πατρός σου 35:4, which must mean "the prayer on behalf of your father" (usually expressed with the preposition ὑπέρ, as in 35:2; so indeed 35:4 *m*); this phrase can be compared with λυπὴν τοῦ υἱοῦ, "the sadness for their son" 3:3 *b qz c* (with περί in most other manuscripts), συγχώρησις τοῦ Ἀδάμ 37:6, "the pardon granted to Adam," and χαρά τοῦ Ἀδάμ 38:1, "the joy with regard to Adam."

d. An appositive genitive, explicating the concrete contents of an abstract noun, is found in the phrase τὸ ἔλεος τοῦ ἐλαίου, "the mercy consisting in granting the oil" 13:1 (see for the confusion in the manuscripts § 4b above).

e. A predicative genitive[88] perhaps is used in the phrase ἐπιθυμία γάρ ἐστιν πάσης ἁμαρτίας 19:3: "for desire belongs to every sin,"

---

[84] Robertson, *A Grammar*, p. 493.
[85] Radermacher, *Neutestamentliche Grammatik*, p. 110.
[86] Cf. Moule, *An Idiom-Book*, pp. 174-175.
[87] In his paraphrase of this expression as "irate person," Bertrand, *La Vie grecque*, p. 113 (cf. also Robertson, *A Grammar*, pp. 496-497), downplays its intended solemnity; in my opinion, ὀργῆς υἱός is to be understood analogously to such biblical expressions as "son of death," i.e., someone destined to die (compare, e.g., υἱὸν γεέννης Matthew 23:15); in our passage, ὀργή should then be understood as the common word for God's anger.
[88] Cf. Robertson, *A Grammar*, pp. 497-498.

that is, "for every sin involves desire." Alternatively, the genitive may here be interpreted as objective ("the desire for every sin"), but the presence of εἶναι is an obstacle to that interpretation. The phrase may be a gloss, and perhaps a word has fallen out; *alc* add the word κεφαλή before πάσης ἁμαρτίας, *b* adds in the same place ῥίζα καὶ ἀρχή (cf. 1 Tim. 6:10).

f. The notion of "forgetting" may have inspired the variant μου for με in κατάλειψόν με in 31:3 *v*. A separative notion lies behind the expressions χωρισθέντες ἀλλήλων 42:6 *qz* (a variant of the construction with ἀπ') and ὅπως ... θεραπευθῇ τοῦ πόνου καὶ τῆς λύπης in the addition to 13:1 *qz* (cf. the construction of θεραπεύειν with ἀπό in the New Testament).

g. The person from whom a favour is asked is set in the genitive in the case of δεῖσθαι with τοῦ θεοῦ 9:3 (with a prepositional phrase *qz*; with τὸν θεόν *a r*); 13:1 (with τὸν θεόν *r*); ὑμῶν 29:3 (ὑμᾶς *b*; σας *r*; cf. § 39).

h. The genitive with which ἀπαντᾶν is constructed, τοῦ ποιήσαντος ἡμᾶς 31:4 (dative in *p b qz*; accusative in *v*), may be explained as a genitive of direction; contrast the ἀπαντῆσαι αὐτῷ 32:4, but compare ἔρχεσθαι with μου 22:2 *v e* (cf. below, § 65g).

(v) *Dative*

64. The dative has eventually disappeared from New Greek, where its functions are taken over by the accusative and genitive cases. However, in spite of some foreshadowings of this outcome in Hellenistic Greek, the dative is still far from extinction. It should be noted that in many cases, it cannot be decided whether the complement of a verb is in the dative or accusative. For instance, the complement of συνετιζομένη, "having received insight," in 13:5 seems to be τὸ ἀγαθόν in *a*, but τῷ ἀγαθῷ in *l*. However, neither of these forms may be what they seem, because of their phonetical identity (see § 32b); compare, in the same instance, τω αγαθων *c*.

a. The commonest use of the dative is to denote the indirect object of a verb, but this is also the domain of the dative in which it is most often superseded by the accusative or, to a lesser extent, the genitive.[89] For instance, the verb διδόναι usually has the indirect object in the dative, but the accusative is not rarely used; e.g., τὰ ἀρσενικά

---

[89] Thumb and Kalitsunakis, *Grammatik*, § 23.

πάντα δέδωκεν τὸν πατέρα 15:3 *ds a*; τὰ θηλυκὰ πάντα δέδωκεν ἐμέ 15:3 *ds kp a* (with minor variation); δοθῆναι με 28:2 *z*.[90] The verb ὀμνύναι is constructed with the regular dative for the indirect object in 19:1, but with the genitive in *p a*, and with the accusative in *e c*. Sometimes the genitive is used for the person addressed, e.g., λέγει ὁ θεὸς Μιχαὴλ τοῦ ἀρχαγγέλου 3:2 *r*; ᾿Αδὰμ δὲ εἶπεν τῆς Εὔας 9:3 *ni*; λέγει αὐτῆς 14:3 *c*; 36:1 *i*; ὀμόσῃς μου 19:1 *p a*; ἐλάλησεν αὐτοῦ 23:4 *p*.

b. The dative occurs as a variant for the accusative in ἐάσατέ μοι 27:2 *p c m*.

c. καταρᾶσθαι has the dative in 10:2, but the accusative in *s b qz niH e a r*. Other verbs expressing a strong emotion of the agent are mostly constructed with the dative to denote the person to whom the emotion is directed: ὀργίζεσθαι 8:1 and elsewhere (but with the accusative 8:1 *m*; with the genitive 16:4 *p*; 21:4 *p v*); φθονεῖν 18:4 (but with the accusative 18:3 *r*). In 23:2 αἰδεῖσθαι is constructed with the accusative, but with the genitive in *k he*, and the dative in *al*.

d. The dative can be used to express dissociation, e.g., μὴ δυνήσηται κρυβῆναι οἰκία τῷ οἰκοδομήσαντι αὐτήν 8:1 (constructed with ἐν and dative *r*, and with ἀπό and accusative *m*); so also ἀφίσταμαι τῇ εἰκόνι τοῦ θεοῦ 12:2 *b* (variant of a construction with ἀπό).

e. The dative is used to denote an extent of time in πάσαις ταῖς ἡμέραις 26:2 *q* (as opposed to the more usual accusative as found in the other manuscripts).

f. The compound verb ὑποτάσσειν, in the passive ("to be subjugated to"), is constructed with the dative in 10:3, but with the accusative in *b c*.

g. Occasionally, a dative ungrammatically survives in a secondary reading, indirectly attesting to the reading in the copyist's model; so in the variant μὴ δύναται κρυβῆναι οἶκος ἀπὸ προσώπου τῷ οἰκοδομήσαντι αὐτήν 23:1 *b* (*b*'s model must have contained the phrase μὴ κρυβήσεται τῷ οἰκοδομήσαντι; for αὐτήν, see § 34f).

(vi) *Prepositions*

65. Almost all syntactical functions of the oblique cases can also be performed by prepositional phrases. The most important prepositions

---

[90] Contrast, however, 31:4 *p*, where the idea of the dative was strong enough to replace the expected genitive: ἀποδώσω τὸ πνεῦμά μου εἰς τὰς χεῖρας τῷ δεδωκότι αὐτό.

III. GRAMMATICAL NOTES

are ἀπό, διά, εἰς, ἐκ, ἐν, ἐπί, μετά, and πρός. In several functions, there is great variance among these prepositions, also with regard to the case with which the prepositions are constructed.

a. ἀπό is usually constructed with the genitive, but a construction with the accusative is not unusual, e.g., ἀπὸ τὸν παράδεισον inscr. *g*; ἀπὸ τὸν καρπόν 7:2 *m*; ἀπὸ τὸν οἰκοδομήσαντα 8:1 *m*; ἀπὸ τὸ δένδρον 9:3 *m*; ἀπὸ τὴν εἰκόνα 12:1 *ds*; ἀπ' αὐτούς 14:1 *e*; ἀπὸ τὰ φυτά 20:4 *al*; ἀπ' αὐτό 20:5 *e*. It competes with ἐκ when indicating a separative or partitive notion, e.g., ἀπὸ τοῦ παραδείσου 6:2 (variant ἐκ); or a partitive notion, e.g., λαβοῦσα δὲ φύλλα ἀπ' αὐτοῦ 20:5 (variant ἐξ). It competes with several other prepositions to denote the agent of passive verbs, e.g., πεφονευμένον ἀπὸ χειρὸς Κάϊν 3:1 (variants: διά, ἐκ, ὑπό); εὐλογημένη ἡ δόξα κυρίου ἀπὸ ποιημάτων αὐτοῦ 37:2 (variants διά, ἐπί).

b. διά is constructed with the genitive or the accusative, e.g., δι' ἐμὲ (variant δι' ἐμοῦ) τοῦτο ἐγένετο 9:2. When it denotes a cause, variants may include ἀπό and ἐκ, e.g., δι' αὐτοῦ 16:3 (variants ἀπ' αὐτοῦ and ἐξ αὐτοῦ).

c. εἰς competes with other prepositions that involve the notion of place or direction, e.g. εἰς τὴν ἀνατολήν 1:2 (variants πρός and κατά); εἰς τὴν σκηνήν 14:1 (variants ἐν, ἐπί and πρός); εἰς τὸν παράδεισον 22:2, first instance (variant ἐν); τεθήσει εἰς τὸν τόπον τὸν ἐμόν 31:3 (variant ἐν); ἐπέβαλεν τὴν χεῖρα αὐτῆς εἰς τὸ πρόσωπον 33:1 (variant ἐπί); καθίσω σε εἰς τὸν θρόνον 39:2 (variant ἐπί). It is constructed with the dative in εἰς τῷ ποιήσαντι 32:4 *a*; εἰς τῷ σώματι 42:1 *m*.

d. ἐκ is occasionally constructed with the accusative, e.g., ἐξ αὐτόν 2:2 *c*; ἐκ τὸ δένδρον 9:3 *c*. It competes with ἀπό in particular, and with the partitive genitive, e.g., ἐξελθεῖν ... ἐκ τοῦ παραδείσου 1:1 (variant ἀπό; so also 32:4, and cf. 29:6, with the variant of a genitive only); ἐξ ὧν ἤσθιες 6:1 (variant ἀπό), and often with ἐσθίειν; ἀπηλλοτριώθην ἐκ τῆς δόξης μου 20:2 (variants: genitive, and ἀπό); cf. 21:6 (same variants); ἀπολέσεις τὴν ζωήν σου ἐκ τῆς ἀνάγκης σου 25:2 (variants: ἀπό and ἐν); ἀπεκρίθη τὸ σῶμα ἐκ τῆς γῆς 41:1 (variant ἀπό).

e. ἐν only occasionally varies with εἰς, e.g., ὑπέστρεψεν ... εν τῇ σκήνῃ 14:1 *b*; τί κατειργάσω ἐν ἡμῖν 14:2 (variant εἰς ἡμᾶς); τί ποιεῖς εἰς τὸν παράδεισον 17:2 *e*.

f. ἐπί is constructed with the genitive, the dative, or the accusative, and competes with other prepositions of space and direction (cf. § 65c); see, e.g., κλίνας τὸν κλάδον ἐπὶ τὴν γῆν 19:3 (variant ἐπὶ τῆς γῆς); καὶ ἐγενόμεθα ἐπὶ τῆς γῆς 29:6 (variants ἐπὶ τὴν γῆν and ἐν τῇ γῇ); ἐπὶ τὴν πέτραν 40:5 (variant ἐν τῇ πέτρᾳ);

g. μετά is constructed with a genitive or an accusative.[91] With regard to its meaning, it may be noted that it can be used to indicate direction, e.g., ἔλθατε μετ' ἐμοῦ, "come to me!" 22:2 (variants: genitive and dative without preposition). A complicated case is presented by μετὰ δὲ τὴν ἐσομένην χαρὰν τοῦ Ἀδάμ 38:1; in this phrase, τὴν ἐσομένην χαράν, "the future joy," is perhaps to be taken as an elliptical reference to the preceding scene, of which the outcome was that Adam is pardoned, even if he has to wait for the day of resurrection to receive joy;[92] for an alternative solution, see chapter V.

h. The variants for πρός include the dative for the person who is addressed, and, with an infinitive of purpose, the infinitive alone or εἰς with the infinitive, e.g., λαλήσω ... ῥήματα πρὸς τὸ ἐξαπατῆσαι αὐτούς 16:5 (variant for πρὸς τό: τοῦ with infinitive of purpose b); ἐν τῷ ἐλθεῖν τὸν κύριον ... πρὸς τὸ κηδεῦσαι τὸν Ἀδάμ 42:3 (compare, however, εἰς τὸ φυλάσσειν 17:3 p).

66. Other prepositions are less often used, and the variation is predictably great. The following examples may be noted:

a. παρά: ἀποκαλυφθεῖσα παρὰ θεοῦ inscr. (variants ἐκ and ἐκ προστάξεως); the serpent is hanging down from the wall: ἐκρεμάσθη παρὰ τοῦ τείχους 17:1 (variants ἀπό, διά, ἐκ, ἐπί); the person against whom protection is needed: ἀκίνδυνόν σε ποιήσω παρὰ τοῦ θεοῦ 23:4 (variant ἀπό); παρ' ἓξ ἡμερῶν μὴ πενθήσετε 43:3 (with the obvious variant παρέξ). Compare παρέκ, with the variants παρεκτός 17:5 and παρά 20:4.

---

[91] Bertrand, *La Vie grecque*, p. 137, regards the phrase μετὰ λιβάνων καὶ τὰ θυμιατήρια 33:4 as corrupt; however, if the use of the accusative with μετά is accepted, the difficulty disappears, since the phrase can without problem be read as: μετὰ λίβανον καὶ τὰ θυμιατήρια, "with frankincense and the censers"; see also Knittel, *Das griechische 'Leben Adams und Evas,'* p. 130.

[92] Cf. Bertrand, *La Vie grecque*, p. 101: "Après que la joie future ait été ainsi promise à Adam"; Knittel, *Das griechische 'Leben Adams und Evas,'* p. 132: "nach der (Ankündigung der) künftigen Freude über Adam" (but the genitive is more likely to be subjective).

III. GRAMMATICAL NOTES

b. περί: περὶ ἑνὸς δὲ ἐνετείλατο ἡμῖν 7:1 (variant: genitive); εὐχόμενος ἐπὶ τῇ ἱκεσίᾳ ταύτῃ περὶ τοῦ ξύλου 13:2 (variants ἐπί and ὑπό); φροντίζειν περὶ πραγμάτων 31:3 (variant διά).

c. ὑπέρ: φρονιμώτερος εἶ ὑπὲρ πάντα τὰ θηρία 16:2 (variants: ἀπό and παρά); δέονται ὑπὲρ τοῦ πατρός σου 34:2 (variant ὑπό); cf. 35:2 and 36:1 (with the variants ἐπάνω and περί).

d. ὑπό: διδαχθεὶς ὑπὸ τοῦ ἀρχαγγέλου inscr. (variants παρά and διά); εὑρισκόμεθα ὑπό σου 23:2 (variant παρά).

e. ἅμα, as an adverb meaning "at once," can be used as a preposition with an infinitive, meaning "as soon as"; so, e.g., ἅμα γὰρ τοῦ φαγεῖν σε, "as soon as you will have eaten" 18:3 b (with accusative: ἅμα τὸ ἐλθεῖν 38:4 l, unless τό stands for τῷ here); this construction competes with that of ἅμα as a conjunction; see § 74.

67. The prepositions πρό and σύν are not used, except in πρὸ τούτου 3:3 b and in the addition to 26:2 c; and ἀκολούθει σύν μοι in the revision of 16:1 v (for σύν in this meaning, compare μετά, § 65g).

(vii) Pronouns

68. The personal pronouns ἐγώ, σύ etc. are abundantly used; this emphatic way of speaking is part of a more popular style. If additional emphasis is intended, οὗτος can be used, e.g., οὗτος δηλώσει 3:2; οὗτοί εἰσιν ὁ ἥλιος καὶ ἡ σελήνη 36:1; or ἐκεῖνος, e.g., ἐκεῖνος δὲ κατῆλθεν 20:3.[93] Alternatively, the emphasis is expressed by a marked word-order, e.g., εἶδον ἐγώ 2:2; κλεῖσαί σου τὸ στόμα 12:1; ἀνοιχθήσονταί σου οἱ ὀφθαλμοί 18:3; ἐπήκουσας σύ 25:1; εἶδον ἐγὼ Εὕα 34:1.[94] The equally abundant anaphoric use of the pronouns may lead to stylistically less felicitous formulations, but the clearness of their meaning is rarely impaired; e.g., παρεκάλει δὲ αὐτὸν συγχωρῆσαι αὐτῷ ὀλίγον ἐξ αὐτοῦ. αὐτὸς δὲ οὐκ ἤκουσεν αὐτοῦ, ἀλλ᾽ ὅλον κατέπιεν αὐτό 2:2-3.

(viii) Middle voice

69. In agreement with Hellenistic usage, the usage to express subtle nuances in meaning by the middle voice is being abandoned. The use of the middle voice in the genitive absolute construction ἐλαυνομέ-

---
[93] Cf. τοιοῦτοι 36:2 z, but contrast ὁ δὲ αὐτός 2:3 e.
[94] Cf. Schwyzer, *Griechische Grammatik* II, pp. 186-188.

νων δὲ ἡμῶν 27:2 indicates a passive meaning ("while we were being driven out"), but is interpreted actively in ἐλαυνομένων δὲ ἡμᾶς *r* ("while they were driving us out").

(ix) *Historical tenses*

70. In the indicative use of either the past tense of the present stem, or the narrative aorist, there is quite some variation in the manuscripts. The narrative aorist can be regarded as the unmarked tense, serving the purpose of narrating any action in the past, under whatever aspect it is observed. In contrast, the imperfect is used to denote the durative aspect of an action, or, with verbs meaning "to ask for something," the uncertainty with regard to the response. In other words: the imperfect may be used, but does not have to be used; the decision to use it depends entirely on the individual speaker or writer.[95] The variation between imperfect and narrative aorist in the manuscripts appears to have no text-critical value. In addition to the imperfect tense and the aorist, the historical present tense can be used, especially in the introduction of direct speech with λέγει (cf. λέγω 20:2 *b e*), and to evoke a scene in a lively manner, e.g., ἰδού, ἐξέρχεται ἡ ψυχὴ αὐτοῦ 13:6 *qz*. Other instances of the historical present tense include γεννᾷ 1:3 *h*; κελεύει 27:1. On one occasion the indicative present tense seems to be used in a prohibition; μὴ φροντί-ζεσαι 31:3 *b* (for the form ending in -εσαι, see § 51).

(x) *Subjunctive in main clauses*

71. The subjunctive in main clauses can be used in a wish, an exhortation, a prohibition, and to express hesitation. The subjunctive is usually, but not always, that of the aorist.[96]

a. A wish is expressed in ἄφετέ με ἄρω εὐωδίας 29:3 *rm* (ἔπαρω *m*; variants of ἆραι), although it can be argued that this is a case of hypotaxis without conjunction (see § 78a).

b. As a deliberative subjunctive may be counted μὴ δυνήσηται κρυβῆναι (variant δυνήσεται; for the form, see § 52) 8:1, even if this

---

[95] Cf. Radermacher, *Neutestamentliche Grammatik*, p. 152, where he also warns against making overly forced distinctions in meaning between the various past tenses. Knittel's objection to the use of the aorist where the imperfect would have been "grammatically better" (*Das griechische 'Leben Adams und Evas,'* p. 151) is off the mark.

[96] Radermacher, *Neutestamentliche Grammatik*, p. 169: "Wirkliche Bedeutung als Coniunctivus im unabhängigen Satze hat in der Volkssprache nur der des Aorists."

question is obviously rhetorical;[97] cf. also the variant πῶς σοι γένηται 6:3 e. Deliberative subjunctives are also present in τί ποιήσω 9:1; τί θέλεις ποιήσωμέν σοι 29:2 (for the construction, see § 78a).

c. If εἴπεις 25:3 is not accepted as a future tense form (see § 53), it must be concluded that the subjunctive εἴπῃς can be used to indicate, in main clauses, the future tense.[98]

(xi) *Imperative*

72. The imperative is used in requests, instructions, and commands.

a. The aorist is preferred, but not exclusively used, for all functions. A few verbs prefer the present tense imperative: πορεύου 9:3; ἀκολούθει 18:5. The sharp sound of the command σίγα 12:1 may explain the preference for the present tense imperative (cf. Tobit 10:6, 7; Amos 6:11).

b. The construction μὴ θέλε with an infinitive in 31:3, μὴ θέλε φροντίζειν, "do not let yourself be bothered," occurs rarely in Hellenistic Greek, e.g., *Didache* 3:4 μηδὲ θέλε αὐτὰ βλέπειν. The construction may be a Latinism (*noli* with infinitive), prepared by the common Greek warning expression μὴ θέλεις with infinitive (type: "take care, you do not want to be hurt"). In the same phrase, μὴ θέλε is continued by a participle (φροντίζων *pg*), or even an imperative (φροντίζε *a*).

(xii) *Subordinating conjunctions*

73. There is some variation in the manuscripts with regard to the conjunctions introducing subordinate clauses.

a. The copyist of *b* or its model in particular appears to have had a certain preference for the conjunction ὡς ἵνα, which replaces ἵνα in 42:4, and ὅπως in 5:2; 28:3. For ὅπως ἴδῃς 34:2 *a* the variants ὅπως ἂν ἴδῃς *l*; and ἵνα ἴδῃς *m* occur.

b. Variants for μήποτε include μήπως 16:4 *k b*; 18:2 *b e*; 21:4 *b*; and μή 16:4 *p*; 18:2 *p l*; 21:4 *k*.

---

[97] Cf. Robertson, *Grammar*, p. 934.
[98] Another instance may be στραφῇς 25:4; cf. Knittel, *Das griechische 'Leben Adams und Evas,'* p. 245. Note that this "prospective subjunctive" is rare in post-Homeric Greek, especially in the second person (Schwyzer, *Griechische Grammatik* II, p. 310). For a more plausible explanation of this form, see § 56.

74. The adverb ἅμα functions as a temporal conjunction (compare § 66e): ἅμα γὰρ φάγῃς ἀνοιχθήσονται 18:3; in this instance, there is some overlap between the temporal and the conditional.[99] Without this conditional aspect, the verb is in the indicative in ἅμα γὰρ ἦλθεν 21:3 (variant infinitive; cf. ἅμα τὸ ἐλθεῖν 38:4 *l*).

75. A consecutive subordinate clause, introduced by ἕως ("to such an extent, that") occurs in ἐγένου σκεῦος ἀχάριστον, ἕως ἂν πλανήσῃς 26:1, "you have been such an ungrateful being, that you have even seduced etc." This consecutive use of ἕως, unattested in, for instance, the New Testament,[100] may perhaps be explained by the overlap of final and consecutive clauses; for ἕως ἂν as the introduction of a final subordinate clause, see, e.g., 3 Ezra 5:2 καὶ Δαρεῖος συναπέστειλεν μετ' αὐτῶν ἱππεῖς χιλίους ἕως τοῦ ἀποκαταστῆσαι αὐτοὺς εἰς Ἰερουσαλὴμ μετ' εἰρήνης; T. Job 22:3 οὐκ ἐφείδετο ἐξελθεῖν ... ἕως ἂν προσενέγκῃ μοι καὶ φάγομαι;[101] for the consecutive meaning of ὡς with participle, see § 77a below.

(xiii) *Infinitive*

76. The subject complement of an infinitive is practically always the accusative; occasionally a subjective genitive is used, e.g., μετὰ δὲ τὸ εὔξασθαι αὐτῆς 42:8 *g*. In 28:4 βουλόμενος ἀποθανεῖν the infinitive is the complement of participle, but has attracted the accusative in *p*, which reads βουλόμενόν σε ἀποθανεῖν. The nominative form in ἐν τῷ εἰσελθεῖν ὁ θεός 22:3 *kp* is a remnant of the primitive reading ἐν ᾧ δὲ εἰσῆλθεν ὁ θεός.

(xiv) *Participle*

77. The participle is widely used. A few instances call for some comment.

a. The participle seems to have been used consecutively with ὡς in ἐὰν φυλάξεις ἑαυτὸν ἀπὸ παντὸς κακοῦ ὡς βουλόμενος ἀποθανεῖν

---

[99] In 25:2 the phrase ἐν μιᾷ ὥρᾳ seems to be equivalent to ἅμα in this function; this would explain the use of the subjunctive ἔλθῃς.

[100] A related usage may be περίλυπός ἐστιν ἡ ψυχή μου ἕως θανάτου Matthew 26:38; Mark 14:34.

[101] Radermacher, *Neutestamentliche Grammatik*, p. 195, and, commenting on the phrase ὥστε ἄν p. 198, footnote 2: "Ich halte wohl für möglich, daß sich auch konsekutives ὡς ἄν wird nachweisen lassen." Cf. perhaps also the analogous use of τέως in 10:3 *e*.

28:4; see also above, § 75.

b. The participles used in, e.g., ἀποκριθεὶς Σὴθ λέγει 6:1; ἔκλαυσεν ... λέγουσα 9:2 could be classified as modal, but these participles are entirely formulaic. Of a similar nature is the use of the participle in, e.g., ἀναστάντες πορευθῶμεν 2:4; ἀναστὰς δός μοι 9:2 (and elsewhere, also in the imperative form ἀνάστα καὶ πορεύου, e.g., 9:3) which is equivalent to δεῦρο, "come on!" (cf. ἀνάστα καὶ δεῦρο 16:3).

(xv) *Anacolouthons and changes of subject within a sentence*

78. In accordance with the unpretentious style of the Greek *Life of Adam and Eve*, which consists mainly of brief, straightforward sentences, anacolouthons are rare.

a. A formal anacolouthon arises when parataxis is used where a hypotactical complement clause might appear to have been more natural, e.g., τί θέλεις ποιήσωμέν σοι 29:2.

b. An instance of *casus pendens*, in which a part of the sentence is isolated from it and placed at its beginning, occurs in ἅπαντα γὰρ τὰ φυτὰ τοῦ ἐμοῦ μέρους κατερρύη τὰ φύλλα 20:4, that is, "concerning all plants in my section: all leaves had fallen off" (the variant readings offer normalized constructions with genitive forms); cf. ὁ ἀνήρ σου Ἀδὰμ ἐξῆλθεν ἡ ψυχὴ 32:4 *m*. To this one may compare 25:4, where the participle belonging to the second σοῦ is placed at the beginning of the sentence, and has a nominative form: στραφεὶς δὲ πάλιν πρὸς τὸν ἄνδρα σου καὶ αὐτός σου κυριεύσει (for the masculine form of στραφείς, see § 56), i.e., "your husband will rule over you after you will have returned to him."

c. Related to this is the use of the nominative in parenthesis, as in 15:2: ἐν τῷ φυλάσσειν ἡμᾶς τὸν παράδεισον, ἕκαστος ἡμῶν τὸ λάχον τι αὐτῷ μέρος ἀπὸ τοῦ θεοῦ, κτλ., i.e., "As we were guarding paradise, each of us the part that happened to have been allotted to him by God, etc." (cf. § 34b).

79. If the participle denotes another agent than that of the main clause, it and its subject complement are usually constructed in genitive absolute constructions.[102]

a. The genitive absolute construction is occasionally also used if

---

[102] Possibly ἐκδυσωποῦντα τὸν θεόν 35:2 *m* is functionally equivalent, although it is not introduced by ὡς; cf. Humbert, *Syntaxe*, § 225.

both subjects are the same: ἔτι δὲ ζώσης αὐτῆς ἔκλαυσεν 42:3 (contrast 32:3); cf. ταῦτα εἰπούσης line 2 of the revision of 14:3-16:3 *qz niH*. In contrast, there are different subjects in φαγόντες ὠργίσθη 8:1 *he*; πείσασα αὐτὸν ἔφαγεν 21:5 (variants: πεισθείς and other corrections; see § 6e).

b. A change of (logical) subject occurs within the phrase κελεύει τοῖς ἀγγέλοις αὐτοῦ ἐκβληθῆναι ἡμᾶς 27:1; (cf. 29:1): "he commanded his angels that we should be cast out"; the passive infinitive is changed into the stylistically more satisfying ἐκβάλειν ("he commanded his angels to cast us out") in several manuscripts: 27:1 *qz ni*; 29:1 *qz*; or into ἵνα ἐκβάλουν 29:1 *s* (for the form ἐκβάλουν, see § 49f).

CHAPTER FOUR

THE HISTORY OF THE TRANSMISSION
OF THE GREEK TEXT OF THE LIFE OF ADAM AND EVE

This chapter contains a reconstruction of the genealogical relationships between the extant manuscripts and the texts they represent. The method used is the classic, stemmatical method. The presuppositions underlying this procedure are contested for various reasons, and I therefore feel obliged to devote a few lines to the justification of this method.

Texts reconstructed on the basis of stemmatic criticism are occasionally depreciated as "eclectic," that is, as phantoms springing from their editors' fantasy. Such editors are accused of selecting from the manuscripts those readings which they like best, and thus producing an entirely new text which has never actually existed in the manuscripts.

Related to this objection is the view (in itself correct) that it belongs to the essence of "apocryphal" or "hagiographical" literature that no fixed texts of the writings so designated exist. The stories as they are told in the various manuscripts serve a particular goal: they are not intended as authoritative books from which some absolute truth can be quoted, but as narrative answers to the ethical and existential questions of a certain audience. Since people's questions change in the concrete circumstances of time and place, so too the narratives addressing those questions are in constant development. A reconstruction of the "original" form of such a narrative would be completely off the mark, a misjudgement of the very nature of this literature, which is defined by its "variance." The makers of such editions are accused of being obsessed by an ideologically inspired notion of "originality" that associates it with "purity" and "genuineness," and regards development and diversity as "deterioration" and "aberration."

It is true that overly optimistic expectations of the results textual criticism can obtain, should be adjusted, and the ideological preference for what is "original," if such a thing could be reached or even believed to have ever existed, is to a certain extent naïve. However, the *risks* involved in this method, when it comes into the wrong hands, should not be presented as *facts*. The study of the interrelationships of the manuscripts containing the *Life of Adam and Eve* reveals that the variations between them are not random, but follow crooked, yet clearly distinct paths. It is possible to arrange the many stages of development chronologically and genealogically, and if it can be done, it should be done, in the interest of providing a solid basis for the reconstruction of history.

In the following sections, an attempt will be made to reconstruct the history of transmission of the Greek text of the *Life of Adam and Eve* on the basis of the available manuscripts. This reconstruction will be based on the investigation of the genealogical relationships of the manuscripts to each other. These can be uncovered by paying attention to those readings which are highly likely to have been introduced into the text during the process of copying, and which can plausibly be connected to the activity of one copyist in particular, on which extant manuscripts can then be concluded to depend.

The starting point of this procedure is the assumption that when a writing is being transcribed by a copyist, the transcription will be different from the model. In our own age, it is possible to "clone" writings by printing or photocopying them, but in earlier times, the only way to reproduce texts was to copy them by hand, and it is easy to see that a copyist could have a great influence on the extent to which the transcription equals the model. However, whereas each copyist can contribute to the further development of a written text, no copyist can on his own accord undo alterations that had been introduced into the model by his predecessor, unless by chance.

This leads to the conclusion that we must look for those readings that manuscripts have in common, that are certainly secondary as compared to readings found in the other manuscripts, and that cannot have arisen independently or by chance. If such readings are shared by two (or more) manuscripts, this indicates that these manuscripts derive from one model. One should note that these considerations are made on a somewhat abstract level: these two manuscripts may not actually have been copied from the same manuscript—intermediate stages are well possible and often likely, but that does not invalidate the principle.

IV. HISTORY OF TRANSMISSION

The following categories *cannot* be used as secondary readings that constitute the so-called genealogical "conjunction" and "separation" of manuscripts.

(1) As has extensively been shown in the preceding chapter, the way in which Greek copyists spelled their language varied enormously and the manuscripts contain many curiosities which our own teachers would have designated as errors. In fact, these varieties reflect the language the copyists spoke, and knew better than we. If the model contained, for instance, the word ἥμισυ, they read [imisi], and that is what they wrote, in whatever way it is possible to render that word in the letters of the Greek alphabet.

(2) Some copyists did their work somewhat thoughtlessly, often word-by-word and without paying attention to the meaning of the sentence in which they occur. In our dictionaries, the verbs ἐπιφέρειν and ὑποφέρειν differ greatly in meaning. However, if in a certain context variation is observed between, for instance, ἐπήνεγκα and ὑπήνεγκα, the difference is text-historically meaningless: in minuscule writing, initial ε and υ are often very similar.

(3) The Greek language knows a large variety of conjunctions, but the extent to which use is made of this variety may be different in various copyists' work. If one copyist uses καί, another may change that into δέ; but a third may well change that into ἀλλά, ὅμου—or καί.

(4) Similarly, in many contexts the prepositions used in Greek often express subtle nuances in meaning. However, a copyist's personal taste may also be an important factor, and no genealogical relevance can be attached to the observation that copyists, when writing, for instance, that something is larger "than" something else, used either παρά or ὑπέρ.

(5) In the case of the *Life of Adam and Eve* (and possibly other apocryphal writings), text-critically irrelevant differences include other matters of style and synonymy: word-order; the use of a participle, a genitive absolute construction, or a subordinate clause with conjunction; the use of φαγεῖν or ἐσθίειν, or of θεός, κύριος or δεσπότης; all these kinds of differences and variation must not lead to the conclusion that manuscripts are related. To be sure, once manuscripts are on other grounds certain to be related to each other, they often appear to agree on such matters—but sometimes they do not.

What is more, differences of this nature are not necessarily indicative of the secondary character of one reading as compared to another.

(6) A special category is formed by "biblical" readings: presumably all copyists transcribing the *Life of Adam and Eve* also knew the story as it is told in Genesis. There are numerous examples of influence from the Genesis-story on that of the *Life of Adam and Eve*. For instance, in *Life of Adam and Eve* 4:1, most manuscripts contain the phrase ἐν γαστρὶ ἔσχεν καὶ ἐγέννησεν; some manuscripts, however, read συλλαβοῦσα ἔτεκεν. This variant is due to the influence of Genesis 4:1. Once a "biblicized" reading has been introduced into the text of the *Life of Adam and Eve*, it is less likely to be "de-biblicized" again. However, the influence of Genesis is effective on all copyists, so that the use of this phraseology does not indicate that copyists using it were using the same model for the *Life of Adam and Eve*—their common model was the bible. An interesting example of this is found in 42:8, where the manuscripts reveal various reactions to a phrase in their model: after it is said that Eve ended her prayer with the words "God of all, receive my spirit," all kinds of variants of the phrase "and she gave up her spirit" follow, all of them inspired on John 19:30. The rule of thumb in such cases is that biblicized readings are always secondary, but never conjunctive.

(7) The most important category of secondary readings excluded from the sections below is that of omission and addition. In studying the texts of the manuscripts of the Greek *Life of Adam and Eve*, it has become clear that almost all copyists intentionally left out for various reasons phrases, sentences and entire passages. This may be surprising to a New Testament or classical textual critic, but it is a fact. Additions are also made, but in subsequent stages of the transmission a passage that was an addition can just as easily be left out again. This is characteristic of its apocryphal or hagiographical nature as discussed above. It has also become clear that arguments for or against the secondary character of additions or omissions are never conclusive: it should be acknowledged that the *Life of Adam and Eve* in all its versions contains inconsistencies, curious transitions, and other literary imperfections. This is as true for the earliest attainable text of this writing as for its many stages of later development: the *Life of Adam and Eve* was never "accomplished" in the literary sense, not when it was first written, nor in its last revision.

A final restriction I imposed on myself when selecting readings that indicate the conjunction of manuscripts was that I have attempted to list only those readings which do not presuppose conclusions reached earlier in my argument. If within a "family" of manuscripts sub-groups can be distinguished, the arguments for the coherence of these sub-groups were as a rule not taken from those passages that had already been designated as secondary for the family as a whole. In other words: secondary readings have been identified as much as possible in comparison with the evidence from the manuscript tradition as a whole. The reason for this has been the desirability to avoid as much as possible the accumulation of hypotheses. It has not been possible to be perfectly consistent in this respect, but I believe that my transgressions of this rule are well within the acceptable.

The reader of the following pages will note that the exclusion of the (possibly) secondary readings as discussed so far greatly reduces the number of valid, text-historically meaningful cases. I readily admit that I have come across examples in which it was tempting to appeal to the reader's benevolence, when a conjunction seemed evident, even if it was suggested by a secondary reading from one of the above categories. However, I have not ceded to the temptation and tried to be as strict as possible. Unless explicitly noted otherwise, the following sections describe conjunctions of manuscripts, solely on the basis of certainly secondary readings. The ultimate criterion has been that a number of manuscripts contain identical secondary readings for which there is no better explanation than that they result from having been copied from the same model.

ONE ARCHETYPE

All available manuscripts contain a number of certainly secondary readings which show that a single copy of the Greek *Life of Adam and Eve* is at the fountainhead of the entire manuscript tradition. The most significant is the following. In 25:1-2 the entire manuscript tradition reflects a phrase which in the archetypal text must have read: ἔσει ἐν ματαίοις καὶ ἐν πόνοις ἀφορήτοις τέξει τέκνα ἐν πολλοῖς τρόποις. There have been several attempts in the manuscripts to remedy this corrupt reading, but they are certain to be secondary corrections. It has been argued that manuscript *l* might reflect the primitive reading at least of the nonsensical word ματαίοις, namely καμάτοις. It is true that καμάτοις makes sense, but if manuscript *l* would indeed have retained the primitive reading here, the reading ματαίοις would have to be acknowledged as conjunctive for the rest of the manuscript tradition. Moreover, *l* agrees with the rest of the manuscript tradition (except in those instances where equally secondary emendations are introduced) in reading the nonsensical ἐν πολλοῖς τρόποις. This means that καμάτοις in *l* originated as a (felicitous) conjecture, that is, as a secondary reading.

It is true, as emphasized by Eldridge, *Dying Adam*, p. 87, that the reconstruction of this archetype common to all Greek manuscripts may not lead to a text that can be dated earlier than the ninth century CE. However, Eldridge seems to attach too much importance to the fact that the archetype of the Latin translation may be much older (eighth century or even before). Unfortunately, there exist hardly any autographs of ancient writings: all that has been transmitted to us, are copies of copies. As long as there is no clarity with regard to the genealogical interrelationships between the manuscripts and the versions, the greater antiquity of the Latin manuscripts means nothing with regard to the date of the text they represent. It is not the date at which a copy was made that is relevant, but the (relative) date of the text from which they were copied (cf. Maas, *Textkritik*, pp. 31-32). The presence of common errors (or their traces) in all Greek manuscripts shows that they eventually descend from one copy. If it could be shown that the Latin version also descends from this copy (see below, § 44), the greater antiquity of the Latin version as compared to the extant Greek manuscript tradition only proves that the text of the Greek archetype must have been older than the Latin manuscripts and their archetype.

HYPARCHETYPE α
ds

1. Manuscripts *d* and *s* contain readings which are certainly secondary in comparison with those in the rest of the manuscript tradition; moreover, it is highly unlikely that in the following instances, these secondary readings were introduced into the text of these manuscripts independently:

(a) the unintentional omission of ἀγγέλου in the phrase τότε ὁ Σατανᾶς ἐγένετο ἐν εἴδει ἀγγέλου in 17:1 (ἀγγέλου is present in all other extant manuscripts, except *qz*, which omit the entire phrase);

(b) the unintentional omission of ἑνός in the phrase παρὲξ ἑνὸς μόνου in 17:5 (the omitted word is present in all other manuscripts, except *b*, which reads παρὲξ μόνου τοῦ ξύλου).

The following instances of readings particular to *d* and *s* do not themselves prove their conjunction, either because it is not certain that they are secondary, or because, if they are, they may not have arisen independently; however, they are perfectly consistent with the idea of a

IV. HISTORY OF TRANSMISSION 73

common ancestor of *d* and *s*: ἔγνω 1:2 (with Genesis 4:1, opposed to ἔλαβεν in the rest of the tradition, except παρέλαβεν *v*; *b* omits); διεφύλαξεν 3:3 (opposed to δὲ ἐφύλαξεν [or ἐφύλαξεν] elsewhere, except ἐφύλαξαν *qz*; ἔγνω *r*); δι' ἧς 7:1 (opposed to the grammatically correct δι' οὗ in the rest of the tradition); κρύπτεσαι 8:1 (opposed to κρύβεσαι in the rest of the tradition, except various forms of the same word in *qz heuwf rm*); ἐπεί 8:2 (opposed to ἐπειδή in all other manuscripts); omission of εἰς τὸν παράδεισον 9:3; γενησομένην 38:1 (opposed to ἐσομένην in *nij l*; the other witnesses omit or replace the clause); omission of κιθάρας 38:2 (the entire clause is omitted in *heuwf rm*); κραταιός 38:3 (opposed to στρατιῶν and similar readings in the rest of the extant tradition; *heuwf rm* omit); φύλλα 38:4 (opposed to φυτά elsewhere; φῶτα *k*; *rm* omit); omission of εἶπεν ὁ θεός—'Ραφαήλ 40:1-2; εἰς δύο τὸν τόπον 40:6 (opposed to τῶν δύο τὸν τόπον with variants elsewhere; *b heuwf rm* omit). For more elaborate lists, including less certain and more complicated cases, see Nagel, *La Vie grecque* I, p. 10; II, p. 18.

For discussions involving the secondary character of *ds* in 17:1, see further Tromp, "Zur Edition," p. 204; contrast Merk, "Das Leben Adams und Evas," p. 827, who supposes that ἀγγέλου is an addition in all other manuscripts (which would strongly argue for the conjunction of all other manuscripts, which is unlikely); cf. Knittel, *Das griechische "Leben Adams und Evas,"* pp. 154, 162.

2. It is excluded that manuscript *d* is a copy of manuscript *s*, for it is generally agreed that *d* is considerably older than *s*. Moreover, *s* contains some errors which the model for *d* is unlikely to have contained (e.g., υἱῷ 13:3, whereas the doubtlessly correct reading νῦν occurs in *d* and all other manuscripts except *v* and *m*, which omit the entire phrase). It may be noted that singular readings in *s* are extremely rare.

Cf. Nagel, *La Vie grecque* I, p. 11; II, pp. 14-15.

There are several instances in sections 18-35 (lacking in *d*), in which *s* stands alone against the rest of the manuscript tradition (cf. Nagel, *La Vie grecque* I, pp. 12-13), but it is of course impossible to establish whether these singular readings are characteristic of manuscript *s*, or of the text of the common ancestor of *ds*.

Nagel subtly distinguishes between various points in the history of transmission, at which secondary readings may have arisen. However, for establishing genealogical relationships between manuscripts and their texts, only two kinds of secondary readings are relevant: errors that show that two (or more) manuscripts are descended from one another or from a common model (whether directly or through intermediate stages is a question of no importance); and singular readings, that is, secondary readings that show that a manuscript cannot have been the model for others. Cf. Maas, *Textkritik*, pp. 26-27.

3. *s* is not dependent on *d* either, because *s* retains readings attested in the rest of the manuscript tradition, but not in *d*. This would be impossible, if *d* had been the model for *s*. The following examples suffice to prove this point.

(a) There are several phrases omitted in the text of *d*, which are present in *s* as well as in other branches of the tradition (for example: σὺ δὲ μὴ εἴπῃς αὐτῷ μηδέν 3:2, also omitted in *v heuwxf qz m*, but present in *b atlc r*; μὴ δυνήσηται κρυβῆναι οἰκία τῷ οἰκοδομήσαντι αὐτήν 8:1, present, with minor variants, in all manuscripts, except *f* —*d* adds a phrase inspired by Genesis 3:11-12 instead; κάλεσον πάντα τὰ τέκνα ἡμῶν 14:3).

(b) As examples of singular readings in *d* may be cited: δοξάσωμεν τῷ θεῷ καὶ δώσωμεν λατρείαν αὐτῷ 4:2 (opposed to δώσωμεν δόξαν καὶ θυσίαν τῷ θεῷ in *s* and, with variants, all other manuscripts); ἀνάγκη 9:1 (opposed to λύπη in *s* and all other manuscripts, except *c*, which reads ἀνάγκη καὶ θλίψει); ἀρχῆς 42:5 (opposed to ἀρετῆς in the rest of the manuscript tradition, except ἄνω Σιών *qz*).

Cf. Nagel, *La Vie grecque* I, p. 6; II, pp. 10-11.

In all cases of secondary readings cited here, Merk, "Das Leben Adams und Evas," follows *d* against *s* and the rest of the tradition, citing *s* and the others as "secondary manuscripts" that contain additions or alterations (e.g., pp. 805, 816, 825). In view of the fact that manuscript *d* not only lacks sections 18-35 of the *Life of Adam and Eve*, but obviously also contains more secondary readings than *s* (as has explicitly been noted by Nagel), it is remarkable how some scholars persistently prefer *d* to *s* as the "best" manuscript (cf. also Knittel, *Das griechische 'Leben Adams und Evas,'* pp. 83, 97, who, however, in obvious cases is prepared to prefer *s* to *d*).

These points show that manuscripts *d* and *s* had a common ancestor. They are the sole representatives of this ancestor, for the characteristic secondary readings common to *d* and *s* (see § 1) occur in none of the other extant manuscripts. Since the text to which these two manuscripts bear witness contains none of the certainly secondary readings which characterize the rest of the manuscript tradition, as will be argued in the following sections, it can be concluded that this ancestor of *d* and *s* may be regarded as deriving from the archetype of the Greek *Life of Adam and Eve* independently from the whole rest of the tradition. This in itself is no reason to favour the readings of this text to those of other manuscripts, for those other manuscripts, too, are descended from hyparchetypes, copies of the earliest traceable text.

Nagel, *La Vie grecque* I, p. 37.

The fact that the readings cited in §§ 1-3 are certainly secondary, does not imply that all other readings in *ds* are certainly primitive. The secondary readings listed in these and all following sections are not intended to discover the "best" and the "secondary" manuscripts, but the genealogical relationships between the manuscripts and the texts they represent. Only after these relationships have been established and described, is it possible to decide between primitive and secondary readings in all the other cases in which decisions are otherwise far from obvious and often impossible. In other words: the procedure followed in this chapter is to avoid both the utter subjectivity of "eclectic" editions (eclectic in the bad sense), and the baseless arbitrariness of editions in which one particular manuscript is for one reason or another designated as the "best."

Hyparchetype β
vb kpg qz nijKH heuwxf

Sixteen manuscripts probably represent a second hyparchetype. For two of these manuscripts (*k* and *h*), two models were used, both representing the same hyparchetype. The large number of manuscripts involved and the fact that there exists great variety among them, make the argument for this hyparchetype β complex and perhaps not entirely conclusive. On the one hand, there is solid evidence for the genealogical coherence of the various sub-groups of which this family of manuscripts consists. On the other hand, establishing the direct relationships between these sub-groups is complicated by the fact that many of them represent texts into which copyists have drastically intervened, so as to thoroughly transform the texts they transmitted. Nonetheless, I believe that a plausible case for this hyparchetype can be made.

4. The first sub-group representing hyparchetype β is formed by the texts of *k*, *p*, and *g*. This text-form is extant for the following passages: 14:3-16:2 (*kpg*); 16:3-28:3 (*kp*); 28:4-29:4 (*p*); 29:4-31:3 (*pg*); 31:3-32:2 (*p*); 33:1-5 (*g*); 34:1-43:3 (*kg*).

The italic letter *k* refers to pages 55-76 of the Ankara-codex, for which the scribe of this copy switched to another model than the one he had been using before. This copyist was aware that the text he intended to copy (*k*) was incomplete: it only began at 14:3 ἐξεῖπεν Ἀδὰμ τῇ Εὔᾳ. To restore the full text, he prefixed it, on pp. 40-54 of the codex, with the text of 1:1-17:2 taken from another model (here designated as *K*; on this witness see further below, § 16)—as a result, the passage 14:3-17:2 occurs twice in this manuscript. In principle, it is conceivable that the copyist of the Ankara-manuscript had begun copying model *K*, discovered that it lacked most of the text following 17:2, and then took another model, *k*, to complete the story, not bothered by some overlap. However, whereas it cannot be established to which point *K* extended beyond 17:2, it is certain that *k* began only at 14:3, because there are two more manuscripts that bear witness to the existence of such a copy of the *Life of Adam and Eve*: *p* and *g*, which immediately after their inscription start at exactly the same point.

The text to which *kpg* jointly bear witness contains many secondary readings. From the small passage for which all three witnesses are extant (14:3-16:2), the following instance can be quoted: λάλησον in *pg*, λάλησε in *k* 14:3 (opposed to κάλεσον in *s vb atlc rm*; *d* omits; the other manuscripts reflect a different redaction of the text).

In the passage for which *kp* are extant, but *g* is not (16:3-28:3), the following secondary readings occur: ἐνταῦθα 17:2 (opposed to ἐν τῷ παραδείσῳ with minor variants in all other manuscripts); δένδρων 20:4 (opposed to φυτῶν or φυτά in all other manuscripts, except *l*, which has the related reading φύλλα).

In the passage for which *pg* are extant, but *k* is not (29:3-31:3), the following secondary readings occur: ἀλλά 31:1 (opposed to ἄλλην in *s v alc*; *b* rephrases; *t* omits the entire sentence; the other extant manuscripts reflect a different redaction of the text).

In the passage for which *kg* are extant, but *p* is not (34:1-43:3), the following secondary readings occur: μετὰ στρατιᾶς ἀγγέλων 38:3 (opposed to στρατιῶν in *vb nij l*; *qz* read ἐπὶ τῶν στρατιῶν τοῦ οὐρανοῦ; *heuwf rm* omit the entire sentence; on κραταιός in *ds*, see § 1); ἄγγελοι 38:3 (opposed to ἄνεμοι in the rest of the extant manuscript tradition; *heuwf rm* omit the entire sentence).

On the composite character of the Ankara-manuscript and the resulting conjunction of *kpg*, see Nagel, *La Vie grecque* I, pp. 21-26; II, pp. 37-38.

Nagel, *La Vie grecque* I, pp. 22-23, suggests that the text represented by *kpg* is the remnant of a copy of the *Life of Adam and Eve* from which 1:1-14:2 were physically detached, possibly to be used in connection with other stories about Adam and Eve. The history of the literary development of this writing, especially in other than the Greek versions, shows an increasing interest in the first sections of the story, to the detriment of the final parts (this tendency is also observable within the Greek tradition, in which the final sections are often abridged or entirely left out in various ways; cf. Tromp, "The Role of Omissions," pp. 264-265).

Further examples of singular readings in *kp* (*g* not extant), not in themselves conclusive, but concurring with the assumption of a common ancestor, include the following: τί τοῦτο τὸ ξύλον in *k* and τὸ τί ἐστιν τὸ ξύλον in *p* 18:1 (opposed to τὴν τιμὴν τοῦ ξύλου in all other manuscripts except *qz*, which have an entirely different sentence, inspired by Genesis 3:6; *rm* omit the entire sentence); ἐπήκουσας τῷ διαβόλῳ 26:1 (opposed to ἐποίησας τοῦτο in all other manuscripts, except *z* which reads ἐπήκου τοῦτο, probably to be understood as ἐπήκου<σας> τούτῳ); φρουρεῖν 28:3 (opposed to φυλάσσειν in the rest of the manuscript tradition except *qz* and *rm*, which omit the entire sentence).

An additional singular reading in *kg* (*p* not extant) is πατεῖ in *k* and πατήσῃ in *g* 42:1 (opposed to τί ποιήσῃ in the other manuscripts except ἐγγίσῃ *r*; ἴδῃ *m*; *heuwf* omit the entire sentence); as a singular reading of *kg* (*p* not extant) may also be considered the variant καὶ ἀπέδωκεν τὴν ψυχὴν αὐτῆς ἐν εἰρήνῃ 42:8 (opposed to the various comparable formulae in *b nij heuwf qz rm*; no equivalent in *ds v l*).

5. It is excluded that *k* is a copy of either *p* or *g*. To prove this, one could point to such secondary readings as τραχήλου *p* in 17:1 (opposed to τείχου in *k* [see chapter III, § 33a] and, with minor variants,

IV. HISTORY OF TRANSMISSION   77

in all other manuscripts; *qz* have a revised text; *m* omits the entire sentence).

More important, however, is the fact that the text of *k* was copied from a defective exemplar. The text of *k* is presented in the following order: 14:3-28:3; 37:4b-42:3a; 34:1-37:4a; 42:3b-43:3. Apparently, a leaf containing 34:1-37:4a had fallen out of the manuscript containing the model for the present Ankara-manuscript, and was misplaced on being returned to the manuscript. Also, the text of 28:4-33:5 was missing, possibly because of a similar accident (the loss of two leaves from the model—the passage 28:4-33:5 is approximately twice as large as 34:1-37:4a). This proves that neither *p* nor *g*, which both contain parts of the text missing from *k* (*p* contains 14:3-32:2; *g* contains 14:3-16:3; 29:3-31:3 and 38:1-43:3), whereas *g* retains the proper order in the final part of the writing (not extant in *p*), can have been the damaged exemplar used by the copyist of *k*.

It is obvious that *p* and *g* are not copies of the present Ankara-manuscript, which is itself intact but into which the defects of another manuscript have been copied; moreover, the truncated text of 14:3-43:3, represented by all three witnesses under discussion, is preceded in the Ankara-manuscript alone by 1:1-17:2 from another model (see above, § 4): these obviously secondary characteristics of *k* are not shared by *p* or *g*. Therefore, the physical state of *k*'s model not only excludes the possibility that *p* or *g* was the model for *k*, but also the possibility that *k* has been the model for either *p* or *g*. Supporting this conclusion is the omission of the phrase ἀνάστα—παραδείσου in 16:3 *k*.

On the disorder of the pages in the model for *k*, see Nagel, *La Vie grecque* I, pp. 23-24; II, pp. 33-35. For secondary readings in *k* as compared to *pg*, see further Nagel, *La Vie grecque* I, p. 26.

One might argue that it is necessary to take the possibility into account that either *p* or *g* was copied from the model for *k* when it was still intact (except for the removal of 1:1-14:2), but that the other of both was not. A secondary reading common to *kp* or *kg* opposed to a primitive reading in *g* or *p* respectively would suggest this. However, as has been noted in § 4, the only passage for which all three witnesses are extant, is 14:3-16:3, and in this brief passage no such instances can be found.

The same conclusion is valid with regard to the question if the passage 14:3-16:3 contains instances in which *pg* share a secondary reading against a primitive reading in *k*, which would suggest that *pg* jointly depend on another model that was not the common ancestor of *kpg*. There are some readings in which the text of *k* probably retains readings that are preferable to those in *pg*: the reading κἀγώ in *k* 15:1 is probably more primitive than καί in *pg*; and *pg* both lack πάντα in 15:3 (opposed to *k* and *ds al m*). These instances, however, cannot be considered as conjunctive, because they can easily have arisen independently. Perhaps the omission of ἕκαστος ἡμῶν *pg* 15:2 (opposed to *k* and *ds l*) is more significant, but hardly sufficiently convincing to conclude to the conjunction of *pg*. Cf. Nagel, *La Vie grecque* I, pp. 31-32; II, p. 47.

A secondary reading in *k* alone, opposed to a primitive reading in either *p* or *g* cannot prove anything in this respect, because it need not have been present in the model for *k*. Therefore, a comparison of *k* on the one hand, with either *p* or *g* on the other, as conducted by Nagel, *La Vie grecque* I, p. 26, is superfluous. The only questions that remain to be answered with regard to this sub-group, is whether *p* depends on *g*, and whether *g* depends on *p*.

6. *p* does not depend on *g*, as is shown by the fact that *g* contains secondary readings that cannot have been the source of the more primitive readings in *p*. The instances include the following: in 15:3 the text of *g* is much briefer, but certainly secondary as compared to *kp* and *ds b alc m* (*v* omits the entire sentence); in 16:1 the text of *g* has deteriorated because of a haplography (the copyist has jumped from one ἀναστάς to the other, in 16:2).

Nagel, *La Vie grecque* I, p. 35-36; II, pp. 52-55.

7. *g* does not depend on *p*. The latter contains secondary readings which exclude that the copyist of *g* used *p* as his model. In 29:4, the angels are said to address God with the name Ἰαήλ αἰώνιε βασιλεῦ (so, with minor variants, the manuscript tradition as a whole). The reading in *g* is a corruption of this primitive text: †αυλετ† αἰώνιε βασιλεύς, and cannot have been copied from the text of *p*: βασιλεῦ αἰώνιε; see also the secondary reading of *p* in 31:1 ἐν μέσῳ σας (opposed to ἐν μέσῳ τῶν υἱῶν αὐτῆς in *g* and practically all other manuscripts).

Nagel, *La Vie grecque* I, p. 31; II, p. 46.

8. The second sub-group representing hyparchetype β is formed by manuscripts *v* and *b*. They have the following secondary readings in common, which makes it highly likely that they were copied from the same exemplar:

(a) in 5:1, both *v* and *b* read υἱοὺς καὶ θυγατέρας ἑξήκοντα. Almost all other manuscripts read υἱοὺς τριάκοντα καὶ θυγατέρας τριάκοντα; exception is made only by *atl*: their reading υἱοὺς τριάκοντα, however, indirectly supports the majority reading;

(b) in 27:5 both *v* and *b* compress the phrase πεσόντες ἐπὶ τὴν γῆν προσεκύνησαν (thus *s kp nijK qz*; omitted in *heuwf*; προσεκύνησαν alone is read in *rm*) into one meaningful word: προσέπεσαν.

Nagel, *La Vie grecque* I, p. 19; II, p. 29, has noted the agreements between *v* and *b*, and even some more than those here cited; see especially the relocation of the phrase καὶ δώσω σοι in 18:5; the addition of πάντα τοῦ παραδείσου in *v* and ὅλα τοῦ παραδείσου in *b* after τὰ φυτά in 22:3; see also the omission of καὶ διὰ τί γεγόνασιν μελανοειδεῖς 36:2. These examples may not be decisive in themselves, but they do add weight to the assumption of a conjunction of *v* and *b*. However, Nagel did not draw this conclusion, not just because he apparently found the evidence insufficient, but also, and perhaps more importantly, because he saw agreements between *vb* and another manuscript group, *atlc* (Nagel, *ibidem*). However, the agreements between *vb* and *atlc* listed by Nagel carry no conviction with regard to the reconstruction of the transmission history (as he himself admits!; see *La Vie grecque* II, p. 29), because they concern readings that are not necessarily secondary (thus βοήσας 5:2; ἐν τῷ γινώσκειν τί ἀγαθὸν καὶ τί πονηρόν 18:3; γεναμένης 28:4), or can easily have arisen independently (thus αὐτήν 7:2; σου instead of αὐτῶν after σπερματός 26:4; again γεναμένης 28:4). In these and other instances, Nagel's basic mistake has been that he allowed himself to be guided by any kind of agreement between manuscripts, and tended to be overly reluctant to acknowledge the possibility that many secondary readings may arise independently (such as practically all the variation discussed in the preceding chapter), or that an agreement may be due to the fact that the readings involved are not secondary at all.

9. Manuscript *v* does not depend on *b*. The latter contains passages in which the text is seriously disfigured, whereas *v* in those instances contains the same text as the rest of the manuscript tradition. As an example, the following instance from the text of *b* may be cited: ἀπὸ πάντων γὰρ τῶν φυτῶν τοῦ ἐμοῦ μέρους τὰ φύλλα καταρυέντα οὐκ ἦν φύλλα ἐποίησα δὲ περιζώματα 20:4.

Cf. Nagel, *La Vie grecque* I, p. 39; II, pp. 61-62.

10. Manuscript *b* does not depend on manuscript *v*, because *v* contains certainly secondary readings that do not occur in *b*. The following instances are the most significant among many more: μυστήριον 3:3 (opposed to ῥῆμα in *b* and all other manuscripts except *qz*, which read ταῦτα); καὶ εὐθύς 14:1 (opposed to εἰπὼν δὲ ταῦτα ὁ ἀρχάγγελος in *b* and, with minor variants, all other manuscripts; *fm* omit); Χριστοῦ 21:6 (opposed to θεοῦ in *b* and all other manuscripts); ἐν τῷ τόπῳ ἐν ᾧ θάψεις με 31:3 (opposed to εἰς τὸν τόπον τὸν ἐμόν in *b* and the rest of the manuscript tradition, except μετ' ἐμοῦ *qz*; *rm* omit); κύριε 35:2 (opposed to πατὴρ τῶν ὅλων in *b* and, with minor variants, all other manuscripts; cf. 37:4). Occasionally, the text of *v*, when compared to *b* and the rest of the manuscript tradition, is seen to be the result of an editor's drastic rewriting of the traditional text; the most spectacular instance of this is found in 15:2.

Nagel, *La Vie grecque* I, pp. 17-18. A long list of singular readings in *v* is given by Nagel, *La Vie grecque* II, pp. 26-28.

The conjunction of *v* and *b* is important, because it shows that the many passages in which the text of *v* is considerably shorter than that of *ds* (and the manuscript tradition as a whole) are the result of intentional omission—in most of these instances the text of manuscript *b* retains, although often in an edited form, the passages omitted from the text of *v*.

The conjunction of *vb* also proves that the text of *b*, which differs greatly from *v* in matters of style and word-choice, is the result of an intentional and thorough editorial revision. This renders it impossible to reconstruct the text of the common ancestor of these two manuscripts. However, a comparison of the text of *v* with that of hyparchetype α (see above, § 1) suggests that its model (including the passages omitted from *v*, but indirectly attested by *b*) was very similar to that of *ds*.

For the omissions of *v*, see Nagel, *La Vie grecque* I, p. 16. On *b* as a "methodically revised text," see Nagel, *La Vie grecque* I, pp. 39-44.

11. The third sub-group representing hyparchetype β is formed by manuscripts *q* and *z*. The following readings are certainly secondary.

(a) In 5:3, the reading ἡμέρας γ' is caused by a misreading of τρία μέρη (as in all other manuscripts)

(b) In 31:3 *q* and *z* share the curious reading αληται μου (= ἀλῆ-ται μου?; ἄληταί μου?; in any event a nonsensical reading, contrasting with μου ἄψηται in all other manuscripts; omitted as part of larger omissions in *g f c rm*), which is certainly secondary, and cannot have arisen independently.

Cf. Nagel, *La Vie grecque* II, p. 274.

In 9:3 *qz* the reading νῦν is certainly secondary (opposed to γῆν in all other manuscripts except *d rm* which read χοῦν); it must be admitted, however, that the error in *qz* is so obvious, that it cannot be excluded that γῆν or χοῦν are corrections of it. Similar remarks could be made with regard to μετηλλά<χ>θησαν 11:2 (opposed to μετηλλάγησαν with minor variants in all other manuscripts; *c* omits the entire phrase); κλῖνον 12:1 (opposed to forms of κλείειν in all other manuscripts); μέρη 29:6 (opposed to γένη in all other manuscripts except εἴδη *b r*; *v* omits the entire phrase).

12. Perhaps the only instance in which *q* contains a certainly more primitive reading than *z* is 32:4. There, *q* reads, together with the rest of the manuscript tradition ἀνάστα καὶ ἴδε τὸ πνεῦμα αὐτοῦ, words

IV. HISTORY OF TRANSMISSION

which are lacking in *z* (as well as in *g f*, which omit a larger passage). This case sufficiently justifies the conclusion that *q* is not a copy of *z*.

Cf. Nagel, *La Vie grecque* I, p. 267; II, pp. 280-282.

A further, less secure instance is 40:7, where *z* has the secondary reading κατέθεντο (opposed to ἔθαψαν in *q* as well as *s vb nij l*, variants in *kg*; *d* reads ἔθηκαν; a form of κατατιθέναι is also read in *m*; *heuwf r* omit the entire sentence).

13. Manuscript *z* is not a copy of *q*, as appears from the following instances, in which the reading of *z* is certainly more primitive than that of *q*: μεγάλη in 8:1 *q* (opposed to φοβερᾷ in *z* and the other manuscripts; *f m* omit the entire phrase); in 26:3, *z* retains (with all other manuscripts; *v ef* omit the entire phrase) the words ἐν τῇ κακίᾳ σου καὶ ἐποίησας αὐτούς, left out in *q* (in Nagel's transcript the words σου καὶ ἐποίησας αὐτούς are also omitted from the text of *z*, but wrongly so).

Cf. Nagel, *La Vie grecque* I, pp. 264-265; II, pp. 274-276; III, p. 190.

14. The fourth sub-group of manuscripts representing hyparchetype β is formed by *nijK*. That these manuscripts have an ancestor in common, can be concluded from the following instance: in 2:2 *nijK* have the reading †τελει μονος† in common (†τελεις μονος†, with later added ς in *n*; all other manuscripts read ἀνελεημόνως or the minor variant ἀνίλεως; *f* omits this word). Another certain indication is 1:1, where the genitive construction Ἀδὰμ καὶ Εὔας τῶν πρωτοπλάστων shows that the preceding words (αὕτη ἡ διήγησις, as in all other manuscripts, except *b m*, which leave the entire phrase out) must have been omitted in the common ancestor of these manuscripts.

Cf. Nagel, *La Vie grecque* I, pp. 222-224.

To these decisive instances, one may add ἵνα in 13:6 (opposed to εἴσω in *ds v alc*; εἰς in *euw*; ὑπὸ δέ in *r*; the phrase is omitted in *qzfm*).

To judge from the *incipit* of *y*, as recorded in Papadopoulos-Kerameus' catalogue, this manuscript, too, belonged to this group: it contains the words ἐκ παραστάσεως (*nij*: προστάξεως) θεοῦ in the inscription, and lacks the words αὕτη ἡ διήγησις before Ἀδὰμ καὶ Εὔας; see further Nagel, *La Vie grecque* II, pp. 240-241.

15. Manuscript *n* was not the model for the text of *ijK*. It contains several secondary readings in instances where *ijK* retain more primitive readings. In 7:1, the phrase καὶ ἐρῶ σοι is present in both *ijK* and *h*, but absent in *n*. In 35:2 the words καὶ ἰδέ were also omitted from *n*, whereas they are present in *ij* as well as *s vb kg qz heuw atl rm* (*f* omits the entire phrase; *K* not extant).

Nagel, *La Vie grecque* I, pp. 226-227.

16. Manuscript *K* is extant for 1:1-17:2 only: the scribe responsible for this text left the model he used for this passage and continued with another (see above, § 4). It is therefore excluded that *nij* are copies of *K*. This conclusion is corroborated by the occurrence of some secondary readings in *K* as compared to *nij*: the latter group testifies to the reading προελθὼν ἐλάλησεν αὐτῷ οὕτως· οἶδα σε φρόνιμον ὄντα ὑπὲρ πάντα τὰ θηρία 16:1-2, which is missing in *K* (in detail, these phrases in *nij* are at variance with the rest of the manuscript tradition, but agree with it in outline; this could not have been the case if *nij* had been copies of *K*).

The text of *K* is practically identical to that of *nij*. From the brief passage for which *K* can be compared to these three witnesses it can only with cautiousness be concluded that *K* is not a copy of *n* (see § 15 above), nor of *j*. In 3:2 *j* reads οὐδέν, against μηδέν in *K* as well as *s b atlc r* (the other manuscripts omit the phrase); in 7:2 *j* is alone in reading ἐρχομένων, whereas *K*, along with *ni heuwf*, reads ἀνερχομένων (the other manuscripts represent a different form of the text). Although the evidence is not spectacular, it warrants the conclusion that *j* was not the model for *K*.

There are no instances in which *K* contains readings that exclude that it was copied from *i*. However, because the passage for which *K* can be compared to *ij* is too brief to justify the positive conclusion that it was indeed copied from *i*, it must suffice to say that the text of the models of *i* and *K*, at least in 1:1-17:2, was identical. In combination with the fact that *K* does contain inferior readings compared to *i*, this conclusion allows the elimination of *K* from the list of witnesses to the text of the Greek *Life of Adam and Eve*.

Cf. Nagel, *La Vie grecque* I, p. 235. An additional instance which makes *K*'s dependence on *n* less likely, although it is not in itself conclusive, is the absence from *n* of Εὕαν 7:1 (as opposed to *ijK*). Nagel, *La Vie grecque* I, p. 234, claims that *K* contains three superior readings; however, the absence of ἅγιοι 7:2 is meaningless in this respect, and so are the absence of ὄντα, and the use of the genitive after ὑπέρ in 16:1.

17. Manuscript *i* was the model from which *j* was copied. The texts of manuscripts *i* and *j* is virtually identical. All secondary readings in *i* are also present in *j*. Moreover, a secondary reading in *j* as compared to *i*, in 7:2, has already been mentioned in § 16. Therefore,

IV. HISTORY OF TRANSMISSION   83

manuscript *j* can safely be eliminated from the list of witnesses to the text of the Greek *Life of Adam and Eve*.

Nagel, *La Vie grecque* I, pp. 230-234; II, pp. 238-239.

18. Manuscript *n* does not depend on *i*. The latter contains the secondary reading ἦλθον 38:3 (opposed to εἷλκον in *n* and the rest of the manuscript tradition; *heuwf rm* omit the entire phrase).

A less conclusive instance is the omission of διότι in 31:4 *i* (opposed to *n* and *s vb p atc*; γάρ in *qz*; ὅτι in *l*; *g heuwf rm* omit the entire phrase; *K* is not extant). Nagel, *La Vie grecque* I, pp. 228-229.

19. At this point, an excursus concerning fol. 139-140 of manuscript *h* is needed. It will be argued below that *h* forms a separate sub-group of hyparchetype β, together with *euwxf* (§ 20). However, fol. 139-140 of this codex (containing 9:3-15:2) are written in another, much later handwriting than the rest of the text. Apparently, one or two leaves of the original manuscript were damaged or missing. It may be that a copyist replaced a damaged leaf with a copy of that same leaf. Alternatively, he may have noticed that a leaf was missing or so much damaged that it had become illegible, and decided to copy the missing passage from another exemplar. The latter possibility is recommended by the fact that in 13:6 this manuscript agrees with *ni* (instead of *euw*) in the omission of πορεύου; as well as by the reading, in 15:1, of ἐστέρησεν with *nijK* instead of ἐξώρισεν with *euw*. I propose to designate the text of these two leaves as *H*, and to regard it as a witness of the *ni*-text. It is impossible to establish its position more precisely.

20. The fifth sub-group representing hyparchetype β is formed by *heuwxf*. These manuscripts contain several secondary readings that can only be explained by assuming that they have been transcribed from a common ancestor. It should be noted that *x* is extant for 1:1-7:1 only.

(a) In 4:2 *heuwxf* read, with minor variation, αἶνον καὶ δόξαν instead of δόξαν καὶ θυσίαν (so the rest of the manuscript tradition, except *d* which reads λατρείαν; *b t* which omit καὶ θυσίαν; and *m*, which omits δόξαν καί); in Christian manuscripts, the reading "hymn" is certainly secondary to "sacrifice." Cf. the variant αἰνῆσαι *heuwf* in 7:2.

(b) In 7:2 *heuwf* have a text in which ἡμέρα accidentally replaces the primitive reading ὥρα (in all other manuscripts, except *b*, which rephrases).

(c) In 32:3 *heuwf* read ἐξομολογουμένης (opposed to εὐχομένης in all other manuscripts; *g* omits the entire phrase), which appears to be secondary when compared with the next sentence in 32:4, where *heuwf* read ἐξομολογήσεως (instead of μετανοίας in all other manuscripts, except *m*, which reads δεήσεως ; *v* and *g* omit the entire phrase).

(d) Also in 32:3, the reading ἀρχάγγελος Μιχαήλ in *heuwf* (ἄγγελος Μιχαήλ *uw*) is secondary as compared to ἄγγελος τῆς ἀνθρωπότητος (in *s b ni atlc m*; the words τῆς ἀνθρωπότητος are omitted in *v qz r*; *g* omits the entire phrase).

(e) *heuw* (*f* omits the entire phrase) contain the reading μεταλαμβάνων, μετελάμβανον or μετελαβανον in 33:4, obviously interrelated corruptions of μετὰ λίβανον (in all other manuscripts except *r*, which reads θυμιαμάτων; *m* omits the entire phrase).

Nagel, *La Vie grecque* I, pp. 286-287; III, p. 248.

21. *h* does not depend on the text of *euwxf*, which include the following secondary readings not occurring in *h*:

(a) διαμερισμένοι *euwxf* in 5:3 (with the corrected form διαμεμερισμένοι in *x*; opposed to οἰκισθεῖσα in *h* and the rest of the manuscript tradition except *c*, which reads ηκησα [= οἰκι<σθεῖ>σα] and *m*, which perhaps reads ἐσχίσθη [see chapter II]);

(b) καὶ ἔδειξα αὐτῷ τοῦτο τὸ μέγα μυστήριον *euwf* in 21:1 (opposed to καὶ δείξω σοι μέγα μυστήριον in *h* and the rest of the manuscript tradition except *qz*, which represent a revised text, and *t*, which leaves the entire passage out);

(c) ἠκούσατε *euwf* in 27:4 (ἐπαύσασθε in *h* and, with minor variants, the rest of the manuscript tradition; *b* rephrases).

Cf. Nagel, *La Vie grecque* I, pp. 279-280. On fol. 139-140 of codex *h*, see § 19.

22. *h* was not the model for the text of *euwxf*, either. In 9:2 *euwf* the phrase ὅτι δι' ἐμοῦ σοὶ γέγονεν τοῦτο corresponds to very similar words in the rest of the manuscript tradition, but it is absent in *h*. Also 42:6a is omitted from the text of *h*, but present in *euwf* (for *x*, see § 29).

IV. HISTORY OF TRANSMISSION 85

Nagel, *La Vie grecque* I, pp. 276-277; II, pp. 287-288.

23. Manuscripts *euw* all descend from one model. All three of them contain several identical *marginalia* (e.g., ὀπτασία τῆς Εὔας at 2:1; πῶς ὁμιλεῖ ὁ διάβολος μετὰ τῆς Εὔας at 17:3; ὦ κακὲ καὶ ἐπίβουλε διάβολε at 19:2; θρῆνος τοῦ Ἀδάμ at 27:3), as well as numerous common errors. As conjunctive errors may be listed: the omission of ὅσα ποιήσῃς *euw* in 3:2 (present in all other manuscripts except *qz*, which rephrase the entire sentence); πονηράν *euw* in 13:6 (opposed to φοβεράν in all other manuscripts); ἐκάλεσεν in 15:2 (opposed to ἐκέλευσεν in *qz ni h*; the other manuscripts represent an altogether different version of the text).

24. Manuscripts *uw* have a common ancestor, which was not the model for *e*.

The following conjunctive readings are certainly secondary in *uw* as compared to the text of *e*: ἐγκρυβᾶσαι 8:1 *uw* (cf. chapter III, § 42b; opposed to various uncompounded forms of the verb κρύβειν in *e* and all other manuscripts); τώρα *uw* 16:2 (New Greek for "now") is best explained as a corruption of δευτ' ὅρα (= δευθ' ὅρα) in *e*; θύω *uw* in 26:4 (a corruption of θύσω = θήσω as in all other manuscripts). In 17:1 κεβεις in *u* and σεβεις in *w* bear witness to a common ancestor in which the reading σκευασθείς (no longer present in any manuscript, but cf. σεβασθεις in *ef*) was already mutilated, presumably into σκεβεις (for the β, see chapter III, § 12). Possibly, this ancestor contained the reading αχροστον in 26:1, as in *w*, and maybe in *u*—it seems that there the copyist himself wrote ϊ over another letter, perhaps o.

Nagel, *La Vie grecque* I, p. 290; II, p. 302.

25. The text underlying *u* and *w* was not copied from *e*. In 43:1 κατέθηκαν τὸ σῶμα αὐτῆς is found in *h* and *uw* (cf. the various readings in the rest of the manuscript tradition), but is absent from *e*. Somewhat less significant is 25:1, where *e* and *uw* both read καὶ εὐθὺς ἐστράφη, but *e* omits the following πρός με, present in *uw* and all other manuscripts.

Nagel, *La Vie grecque* I, p. 290; II, p. 302.

26. *u* does not depend on *w*: in 22:3 the phrase τὰ φυτὰ τοῦ κλήρου τοῦ 'Αδάμ ἀλλὰ μὴν καὶ τὰ φυτὰ πάντα is complete in *u* (its text agrees with that of *ni*; cf. the variant readings in the rest of the manuscripts except *qz*, which omit the entire sentence), but abridged into τὰ φυτὰ πάντα in *w* (so also *f*). Moreover, several *marginalia* are included into the text of *w* (24:1; 25:4; 27:3; 31:1), but not in *u*.

27. The only reading that really excludes that *w* depends on *u* is found in 42:5, where *u* seems to read ἤγειρας (opposed to ἦρας in *w* and all other manuscripts except *qz rm*, which omit the entire passage).

28. The text represented by *euw* is not a copy of *f*. Firstly, the *marginalia* of *euw* are absent from *f* (see § 23). More importantly, *f* is characterized by many drastic omissions as compared to *euw* and the rest of the manuscript tradition. Secondary readings in *f* include αἰτίας 9:2 (opposed to νόσου in *euw* and all other manuscripts except *ds b*, which read πόνου); αἰνῆσαι 17:1 (opposed to προσκυνῆσαι in *euw* and the rest of the manuscript tradition except *m*, which omits the entire passage); δι' ἐμοῦ 20:4 (opposed to διὰ τοῦ ἐμοῦ μέρους in *euw*; cf. τοῦ ἐμοῦ μέρους in the rest of the manuscript tradition, with minor variations; *qz* and *t* omit).

The text of *f*, where it has not been abbreviated, corresponds exactly to that of *euw*.

f is not a copy of *w*, from which the words καὶ ἰδὼν αὐτούς in 14:2 are lacking. Since these words are present in *e* and *u*, as well as *f*, they are unlikely to be an invention of the copyist responsible for manuscript *f*.

Manuscript *f* is not a copy of *u*, which lacks the extensive phrase in 22:3 cited above (§ 26).

Whether *f* is an abridgement of *e* is difficult to ascertain. However, from a text-critical point of view, *f* has nothing to contribute to the establishment of the text-form of this sub-group, and it can be eliminated from the list of witnesses.

Cf. Nagel, *La Vie grecque* I 296-298; II, pp. 315-317.

29. Only three pages of manuscript *x* are extant (1:1-7:1). They represent exactly the same text as *euw*, with some additional deteriorations, such as the omission of ἔλαβεν καί in 1:3; the omission of ἐν νυκτί in 2:2; of καὶ πορευθῶμεν in 2:4; the reading εἰσεώρακας in 3:2 (instead of οἶδας); εἴπῃς in 3:2 (instead of ἀναγγελεῖς and ἀναγγείλῃς); πέμψει in 6:2 (instead of ἀποστελεῖ); the omission of ἀπολαβεῖν πάντων in 7:1. It contains none of the secondary readings characteristic of either *e*, *u*, *w*, or *f*. Because *x* contains no readings which may be preferred to that of the text of *euw*, it can nonetheless be eliminated from the list of witnesses.

Cf. Nagel, *La Vie grecque* I, pp. 292-293. Nagel mentions three readings in which he regards the text of *x* as possibly superior to that of *euw*: ὅδε Κάϊν in 2:3; δηλήσει πάντα in 3:2; and ἦσαν γὰρ διαμεμερισμένοι in 5:3; but these instances are really meaningless.

In the preceding sections, the evidence has been presented for the assumption that five groups of manuscripts, representing as many text-forms (see especially §§ 4, 8, 11, 14 and 20), have to be distinguished. These sub-groups had to be established before we can proceed to argue that all manuscripts discussed here are representatives of one major witness to the earliest attainable text of the Greek *Life of Adam and Eve*, hyparchetype β. Many of these sixteen manuscripts are fragmentary, having been copied from a damaged model, or having suffered damage themselves; or they result from a copyist's wish to abbreviate the text; or again from a copyist's wish to ameliorate his text stylistically. Grouping these witnesses together in their five sub-groups has the advantage that it is now possible to discern, within this confusing variation, the individual from the collective. In other words, it is now possible to compare five text-forms instead of sixteen.

This comparison will be conducted in the next sections. The five sub-groups will be indicated by the sigla of their representatives, that is: *vb*, *kpg*, *qz*, *ni* (implicitly including *H*) and *heuw* (henceforth *K*, *j*, *f* and *x* will be ignored; see above, §§ 17, 18, 28, 29).

30. It is clear that *qz*, *ni* and *heuw* jointly descend from a common ancestor which in many details deviates considerably from the text to which the rest of the manuscript tradition bears witness—Nagel, *La Vie grecque* I, pp. 213-217, offers a long list of instances. Many of these are mere differences, of which it cannot be established with certainty that the *qz ni heuw*-readings are secondary. However, some of them are so evidently intended to ameliorate the text represented by all other manuscripts, that it would be foolish to maintain that they might still be primitive readings, deteriorated in the rest of the manuscripts. These examples include the following.

(a) In 2:1 ἐν μίᾳ τῶν ἡμέρων *ni heuw* (ἐν μίᾳ οὖν τῶν ἡμέρων *qz*) replaces the reading ἐγένοντο μετ' ἀλλήλων Ἀδὰμ καὶ Εὕα represented, with minor and characteristic variations, by the rest of the manuscript tradition;

(b) In 25:1, an instance in which the archetype must have contained the error ἐν ματαίοις (thus *s b at rm*; *kp* and *l* reflect individual scribal emendations; *v* omits), *qz ni heuw* bear witness to a common effort to repair this reading by adding κόποις. The addition "troubles" is in itself sensible, but the resulting combination with ματαίοις still makes no sense.

(c) In 33:1 *qz ni heuw* clearly offer a rationalized reading. *s* and *atlc* (with minor variations) relate that Eve put her hand on Adam's face: ἐπέβαλεν τὴν χεῖρα αὐτῆς εἰς τὸ πρόσωπον αὐτοῦ. In the context, this is a nonsensical reading; it is likely that αὐτοῦ is a corruption for something like αὐτῆς (so the restored reading in *c*, not in *a*, where Nagel, *La Vie grecque* III, p. 242, is in error): in view of what follows, it is likely that Eve put her hand above her eyes to be able to look at the chariot of light which descends from heaven (33:2). This point was lost by the erroneous reading αὐτοῦ. The text of *qz ni heuw* represents an attempt to emend the text by not only secondarily replacing αὐτοῦ with αὐτῆς, but also adding, as an explanation of what Eve's hand was doing on her face, καὶ ἀπέμαξεν αὐτό, ἦν γὰρ ἀπὸ τῶν πολλῶν δακρύων κατάβροχον καὶ οἱ ὀφθαλμοὶ αὐτῆς πεφυσιωμένοι.

(d) In 33:2 the archetypal text is also likely to have been corrupt. *s vb g atl* (*rm* omit) read, with minor variations, ὃ οὐκ ἦν δυνατὸν γεννηθῆναι ἀπὸ κοιλίας ἢ εἰπεῖν τὴν δόξαν αὐτῶν. It is implausible that this text is the result of misreading that of *qz ni heuw*: ὧν τὸ κάλλος καὶ τὴν δόξαν ἀδυνατεῖ γλῶσσα ἀνθρώπου ἐξειπεῖν, whereas this latter text is very well conceivable as a secondary emendation of a corrupt reading not unlike the one represented in the rest of the manuscript tradition.

The most conspicuous deviation of the text-form of *qz ni heuw* from the rest of the manuscript tradition is its version of 14:3-16:3 (and, cohering with this, 31:4). It is difficult to see why the editor of either text-form would have revised his model so thoroughly as these differences show he has (cf. Nagel, *La Vie grecque* I, p. 218). Nagel suggested that in the model for *qz ni heuw* major parts of the primitive text were accidentally lost, and that 15:2-16:2a and 16:3a in particular were perhaps invented to fill the gaps (*La Vie grecque* I, p. 215). Alternatively, it may be suggested that in these sentences the text of *qz ni heuw* simply wished to add to the story the reason why the devil seduced the serpent (namely, the devil's envy of the honour bestowed on humankind; no such reason is given in the other manuscripts), and took the occasion to revise the overly complicated and partially corrupt text to which the rest of the manuscript tradition bears witness.

In 5:2 *qz ni heuw* contain the remark that Adam fell "a bit" ill: νοσήσας μικρόν *qz ni*; ἠσθένησεν μικρόν *heuw*. This is a curious reading, which perhaps reflects a more primitive reading πικρόν, "bitterly." The instance is not conclusive, because it cannot in principle be excluded that the absence of the strange adverb from the rest of the manuscript tradition is the result of deliberate omission. The Christianizing reading ἐν πυρί γεέννης in 39:3 *qz ni heuw* (cf. 2 Clem. 5:4) may strictly speaking not be conjunctive.

31. If it is accepted that *qz ni heuw* descend from a common ancestor, it also appears that within this group, *qz* are separated from *ni heuw* because the latter have reversed the order of sections 25 and 26 of the Greek *Life of Adam and Eve*, i.e., the curse of the serpent and Eve, respectively (following Adam's curse as related in section 24). *qz* maintains the order of the rest of the manuscript tradition: Adam, the serpent, and Eve, whereas *ni heuw* present the curses in the order Adam, Eve, and the serpent. In Genesis 3:14-19 the order is: the serpent, Eve, and Adam, so that influence from this passage can be excluded. Therefore, it can be concluded that *qz* and *ni heuw* represent two separate descendants of a common ancestor.

32. In the following instances, *vb* and *qz ni heuw* have readings in common which differ from those of the rest of the manuscript tradition. It should be noted beforehand that these shared readings are probably secondary, but not necessarily conjunctive.

(a) In 3:3 the phrase ταῦτα εἶπεν ὁ θεὸς τῷ ἀγγέλῳ αὐτοῦ, attested by most manuscripts (*v* and *m* omit the entire sentence), receives the complement καὶ ὁ ἀρχάγγελος τῷ Ἀδάμ in *qz ni heuw* (with some variation). This complement is necessary for a logical connection to what follows, and probably secondary. The reading of *b* might be taken to reflect the complement attested by *qz ni heuw* (but not the phrase which it was intended to clarify, which is absent from *b*): καὶ ταῦτα πρὸς τὸν Ἀδάμ λαλήσας ὁ ἀρχάγγελος. However, it is also possible that the copyist of *b* made the amelioration to his text himself; compare the text of *d*, which independently contains the reading ταῦτα εἰπὼν ὁ ἄγγελος πρὸς τὸν Ἀδάμ.

(b) In 7:2 the following reading occurs: ἡ ὥρα τῶν ἀγγέλων τοὺς διατηροῦντας τὴν μητέρα ὑμῶν τοῦ ἀναβῆναι. The genitive τῶν ἀγγέλων qualifies ἡ ὥρα, the accusative τοὺς διατηροῦντας is that of the subject-complement of the infinitive (see above, chapter III, § 60c). The syntax is confused, but the reading is probably archetypal: its occurrence in *ds* is supported by *r*. In *atlc* the confusion was noted and the words under discussion were substituted by τῶν ἀγγέλων τῶν φυλασσόντων. *b* and *qz* offer separate revisions of the text, but *v*, together with *ni heuw* (cf. *m*), reads τῶν ἀγγέλων τῶν διατηρούντων. Again, it hardly needs to be said that such corrections can easily be made by any copyist.

(c) In 8:2, a passage which may have suffered some damage in the archetype, mention is made of the diseases which will affect Adam (and presumably his posterity). The second of these is indicated as δεύτερον πληγῆς ἀκοῆς in *ds* and, with variants for πληγῆς ἀκοῆς, but not for δεύτερον, *atlc rm*. It is likely that these witnesses reflect the primitive text insofar as δεύτερον is concerned, and that it was used in the archetype as an adverb: "in the second place." This impression is reinforced by the variants which occur somewhat previously: the first disease is designated as πρώτη νόσος in *ds v ni* (with added μέν in *ni*; πρῶτος πόνος in *b at*), and as πρῶτος μὲν νόσος in *h* and πρώτου μὲν νόσου in *euw* (further variants in *c rm*); but in *l* and *qz* πρῶτον is also adverbially used, as is δεύτερον. For δεύτερον πληγῆς, however, *vb qz ni heuw* all read (with minor variants) δευτέρα πληγή. This is a secondary reading, but it is conceivable that it has arisen independently in different branches of the manuscript tradition.

(d) A more significant example is found in 16:2-3, a case which is again complicated by the fact that the text was possibly damaged in the archetype, or at least felt by many copyists to be incomplete.

This passage begins with the devil's words addressed to the serpent, saying that he has heard that it was the most cunning of all animals. After that, *ds* continue with καὶ ὁμιλῶ σοι, which makes a rather abrupt impression. *vb*, perhaps to remedy the abruptness, or perhaps reflecting the archetype, read διὰ τοῦτο λέγω σοι (*v*; διὰ τοῦτο is erroneously not adopted in Nagel's transcript of *v* in *La Vie grecque* III, p. 108) and καὶ διὰ τοῦτο συμβουλεύομαί σοι (*b*; the presence of διὰ τοῦτο in *c* might be taken to support the assumption that these words are archetypal; however, in all other particularities, the reading in *c* agrees with the independent reading in *al rm*; see below).

IV. HISTORY OF TRANSMISSION 91

At first sight, the word-choice of *b* appears as a characteristic stylistic change: συμβουλεύομαι, "I want to ask you for advice," is in agreement with the supposed cunning of the serpent. However, in what follows the devil does not ask the serpent for advice, but "advises" it instead. In *qz ni h* (*euw* omit the entire passage) the following reading appears: καὶ βούλομαί σοι θαρρῆσαι πρᾶγμα καὶ συμβουλεύσασθαι, in which the meaning of συμβουλεύεσθαι seems to be made more precise by the addition: "I want to entrust a matter to you and (I want you) to be advised."

In any case, the presence of συμβουλεύομαι in *b* and συμβουλεύσασθαι in *qz ni h* is secondary, as is shown by the text of *alc rm*, which equally aims at smoothing the abruptness by providing a secondary addition (with minor variants), but an entirely different one, and nonetheless retaining ὁμιλῶ as in *ds*: ἐγὼ δὲ ἦλθον τοῦ κατανοῆσαι σε· ηὗρον δέ σε μείζονα πάντων τῶν θηρίων, καὶ ὁμιλῶ σοι. Another solution is found in *kpg* which expand as follows: καὶ ἄκουσόν μου καὶ λαλήσω σοι.

In summary, *b* and *qz ni h* may reflect a common secondary reading in 16:2, namely when they use the verb συμβουλεύεσθαι (as opposed to ὁμιλῶ in both *ds* and *atl r*); if it was present in the text of *vb*, the copyist of *v* may have chosen the simpler word λέγω. That the reading commonly attested by *vb qz ni h* is secondary is a valid conclusion only when it can be established that the *atlc rm*-group is independent of *ds* (see below, § 34).

(e) In 18:5, according to *s kp atlc*, it is told that Eve was afraid to take from the fruit, and that the devil exhorted her with the words δεῦρο, δώσω σοι, ἀκολούθει μοι. After these words, Eve opened the gates of paradise for him. A more logical sequence (although not necessarily more lively) is offered in *vb*, where the devil's words seem to have been rearranged as follows: δεῦρο, ἀκολούθει μοι καὶ δώσω σοι. In *qz ni heuw* Eve's reticence has been omitted: as soon as the devil has lied to her that eating from the fruit would yield great honor, she opens the gates of paradise for him. Only after the devil has entered paradise, he says to her: δεῦρο, ἀκολούθει μοι καὶ δώσω σοι —by far the most logical sequence, and certainly secondary. The word order, however, is the same as in *vb*.

The examples quoted in this section are not decisive in themselves, nor by their accumulation. Example (d) may have some force, the others much less (Nagel lists several more agreements between *b* and *qz ni heuw*, but these are text-critically meaningless). These examples are, however, the only possible instances of secondary readings in the text of *vb* which it shares with another group of manuscripts or even single manuscripts: all other certainly or even possibly secondary readings in manuscript *v* or *b* occur in either of these witnesses alone.

Cf. Nagel, *La Vie grecque* I, p. 45; II, pp. 29-30, 67-68.

33. With regard to *kpg*, proof of its appurtenance to one or another branch of the tradition is extremely difficult to provide, mainly due to the fragmentary nature of each of these three witnesses.

This text contains numerous secondary readings of its own, but shares characteristic secondary readings with neither *ds*, nor *vb qz niH heuw*, nor *atlc rm* (see below, § 34). There may be two slight indications that this text is affiliated to hyparchetype β.

(a) 31:2 contains the phrase πόσον χρόνον ἔχω ποιῆσαι μετὰ θάνατόν σου. This reading is found, with minor variations, in all manuscripts (including *g*; *k* is not extant; *rm* omit the entire phrase), except *b* which reads θέλω ζῆσαι instead of ἔχω ποιῆσαι, and *p* which for the same words reads ἔχω θέλω ποιῆσαι. The curious double reading in *p* might perhaps have been caused by a correction in the text from which *kp* and *vb qz ni heuw* would jointly descend, and in which either term was corrected or clarified by adding the other (on θέλειν as an auxiliary verb, see chapter III, § 55c). The copyist of *p* may then have adopted both forms, that of *b* may have chosen θέλω, and the others ἔχω.

(b) In 34:2 it is related how Eve expresses her amazement at the angels' prayer for Adam, saying "Look at what nobody's eye has ever seen," καὶ δέονται ὑπὲρ τοῦ πατρός σου. The second phrase, in the form quoted (from *s atl*; *vb* as well as *rm* and *e* omit the entire sentence), is an exclamation with no more syntactical connection to what precedes than the word καί. It is more neatly tied up in both *kg* (*p* is not extant) and *qz h*: πῶς δέονται κτλ. (with some minor variations); the reading of *ni* (ὅπως δέονται κτλ.) is clearly related.

If any significance is to be attributed to these two instances, they would suggest that the text of *kpg* descends from the same ancestor that also underlies *vb* and *qz ni heuw*. If the affiliation of *kpg* to these manuscripts is rejected, its position in the manuscript tradition as a

IV. HISTORY OF TRANSMISSION 93

whole must remain undecided. Then, hyparchetype β can be said to be represented by *vb qz niH heuw* only.

Cf. Nagel, *La Vie grecque* I, pp. 25-26; II, pp. 39-40. It may be noted that in 33:4, *g* agrees with *vb* in reading θυμιατήριον or θυμιατήριων instead of θυμιατήρια (second instance; *kp* are not extant), and that in the same sentence, *g* agrees with *b* in reading ἐφύσουν instead of ἐνεφύσουν (again, *kp* are not extant). However, it would be imprudent to draw conclusions from these observations. Again in 33:4, *g vb qz ni* all agree on the words ἐν σπουδῇ, absent in all other manuscripts. However, in this case the Georgian version also supports this reading. Since the Georgian version is almost certainly independent of the manuscripts presently under discussion, ἐν σπουδῇ must be an archetypal reading.

This survey concludes the review of *kpg vb qz nijKH heuwxf*. I have tried to make a reasonable case for the assumption of a hyparchetype β jointly represented by these manuscripts.

HYPARCHETYPE γ
atlc rm

34. A third copy of the archetype is represented by six manuscripts, *atlc rm*. Their text contains none of the characteristic readings of hyparchetypes α or β (see above, §§ 1 and 32-33), or of the five subhyparchetypes presumably descending from the β-text. Their common ancestor cannot have been the model for the α- or β-text, because it contains the following secondary reading: in 21:1 Eve is said to cry φωνῇ μεγάλῃ *alc rm* (with minor variations; *t* omits the entire phrase), which is the more usual expression as compared to αὐτῇ τῇ ὥρᾳ in all other manuscripts (except *qz* which omit the phrase).

Mention may also be made of 6:3, where *atlc m* (*r* omits the entire phrase) read πόνον, as opposed to πόνους in all other manuscripts (except *euw*, which omit the phrase). In the passage 5:2-6:3 much mention is made of νόσος and πόνος; the instance in 6:3 is the only one in which the manuscripts read the plural πόνους; the singular in *atlc m* then is best regarded as the more usual, and therefore secondary expression.

Cf. Tromp, "Zur Edition." The long list of common deviations in Nagel, *La Vie grecque* I, pp. 48-50, mainly consists of readings which Nagel designates as "additions." That they are secondary additions, however, can only be concluded (see below, in the final section of this chapter) and must not be assumed beforehand. See further Nagel, *La Vie grecque* I, pp. 72-76.

35. The following secondary readings show that manuscripts *atlc* cannot have been copied from the text jointly represented by *rm*.

(a) In 15:2, a passage for which *qz niH heuw* have an altogether different text (see above, note to § 30), it is told in *ds kp vb* as well as in *alc* (*t* has a lacuna) that Eve guarded, ἐν τῷ κλήρῳ μου, the South and the West. The words ἐν τῷ κλήρῳ μου are missing in *rm*.

(b) In 18:1, the devil feigns to have compassion with Eve; his motivation, in *s kp vb ni heuw*, but also *atlc*, is phrased as οὐ γὰρ θέλω ὑμᾶς ἀγνοεῖν. In *atlc* alone, this phrase is preceded by the words ὅτι ὡς κτήνη ἐστε (instead of κτήνη, *c* has the reading σκοτεινοί). This phrase, proper to *atlc*, has an equivalent in *rm*: διότι ἀνοήτως ἐστέ in *r*, and ὡς ἀνόητοί ἐστε in *m*; however, the words οὐ γὰρ θέλω ὑμᾶς ἀγνοεῖν are absent from *rm*. Therefore, the version of *rm* is secondary: it is explicable from the *atlc*-text, but the *atlc*-text (including the phrase οὐ γὰρ θέλω ὑμᾶς ἀγνοεῖν) cannot be explained from the abbreviated text of *rm*.

(c) In the common ancestor of *rm*, one of the "four" spices mentioned in 29:6 (κρόκον καὶ νάρδον καὶ κάλαμον καὶ κινάμωμον; thus, with minor variations, *s kg b qz ni heuw*, and also *atlc*) must have fallen out: *r* only knows κρόκον, νάρδον καὶ κινάμωμον, and the copyist of this text consequently changed the number "four" into "three," γ'; in *m* another solution has been chosen: the number four is complemented by adding another spice: λίβανον, κρόκον, νάρδον καὶ κινάμωμον.

Nagel, *La Vie grecque* I, pp. 72; Tromp, "The Role of Omissions."

36. With regard to the incomplete manuscript *c*, it can on the one hand be observed that it is so full of singular secondary readings, including omissions and nonsensical readings, that it is impossible that either *a*, *t* or *l* is a copy of it. On the other hand, *c* contains no instances in which its text is more primitive than that of *atl* taken jointly or separately, except in 5:1. There, the mention of Adam's thirty daughters (cf. § 8 above) is deleted from the *atl*-text, but it is retained in *c*. It cannot be excluded that the omissions were independently made in *a*, *t* and *l*, so that no more can be concluded than that *c* is not a copy of either *a*, *t* or *l*. There is therefore no evidence for the assumption that *a*, *t* and *l* jointly represent an ancestor other than the *atlc*-text.

IV. HISTORY OF TRANSMISSION

37. *l* is not a copy of *c* (see § 36), nor of *at*. The text of *a* and *t* suddenly ends in 36:3. There the reading τοῦ πατρός, in the middle of a sentence, occasioned the copyist responsible for the text jointly represented by *at* to finish his task with the doxology καὶ τοῦ υἱοῦ καὶ τοῦ ἁγίου πνεύματος, νῦν καὶ ἀεὶ καὶ εἰς τοὺς αἰῶνας τῶν αἰώνων, ἀμήν (the last word is absent from *t*). In *l*, however, the text is continued along the lines of the rest of the manuscript tradition.

38. The text of *at* was not copied from *l*. In 10:3 the phrase οὐ φοβεῖ σὺ τὴν εἰκόνα τοῦ θεοῦ πολεμῆσαι, present in *at* and, with minor variations, all other manuscripts, is absent from *l*. In 12:2 this manuscript reads ἀπό σου, which is a simplification of the phrase ἀπὸ τῆς εἰκόνος τοῦ θεοῦ, found, with minor variations, in *at* and all other manuscripts (except *f c m*, which omit the entire sentence). In 17:4-5, too, a simplified reading occurs in *l*, possibly caused by homoioarcton: the words παντὸς φυτοῦ κἀγὼ λέγω αὐτῷ· ναὶ ἀπό have fallen out in *l*, but not in *at* or, with minor variations, the rest of the manuscript tradition. These examples suffice to prove the independence of *at* from *l*.

39. *a* is not a copy of *t*. In the text-historically adventurous passage 1:3, the text of *t* has resulted in nonsense: καὶ ἔτεκεν ἕνα τὸν διάφωτον Κάϊν καλούμενον Ἄβελ; in this instance *a* offers a text which is much closer to the manuscript tradition as a whole: τὸν διάφωτον Κάϊν τὸν καλούμενον καὶ τὸν †αμιλαβες† τὸν καλούμενον Ἄβελ. In 2:4 the phrase μήποτε πολεμῇ ὁ ἐχθρός τι πρὸς αὐτούς in *a* is only a minor variation of the rest of the manuscript tradition, except *t*, from which it is entirely lacking. In 17:1 another phrase is missing from *t*: καὶ ὑμνεῖ τὸν θεόν, attested by *a* and all other manuscripts (except *qz*, which omit the entire sentence). These examples, which could easily be multiplied, suffice to show that *a* was not copied from *t*.

To exclude the possibility that *t* was transcribed from *a*, instances should be given which indicate that *t* has retained readings that preserve a better text than *a*; in other words, it should be shown that *a* contains secondary readings as compared to *t*. Such instances do not exist. Combined with the fact that *t* contains a large number of instances in which its text is secondary to that of *a*, this leads to the conclusion that *t* can be eliminated from the list of witnesses, since it is probably a copy of *a*.

Cf. Nagel, *La Vie grecque* I, pp. 55-58; II, pp. 82-85.

40. The text represented by *rm* was not modeled on that of *alc*. Mention has already been made above, in § 32 (b), of 7:2, where all representatives of the *alc*-group have the smooth reading τῶν φυλασσόν-των; if the *alc*-text had been used by the copyist of *rm*, the latter text would certainly not have written τοὺς διατηροῦντας (*r*; τῶν διατη-ρούντων *m*).

41. Manuscript *r* is not a copy of *m*. This is evident from the fact that *r* contains much text which it shares with *atlc* and the rest of the manuscript tradition, but which is altered in *m* or entirely omitted from it. A few instances may suffice: entire sentences and passages are omitted by *m*, but present in *r* and the manuscript tradition as a whole, e.g., in 12:1-2; 16:3-17:1.

Nagel, *La Vie grecque* I, pp. 88-90; II, pp. 121-124.

42. The situation is no different with regard to the question of whether manuscript *m* is a copy of *r*. There are many instances in *r*, too, where this copy contains omissions and alterations as compared to *m* and the manuscript tradition as a whole, e.g., in 15:3; 32:2; 40:2; 41:1.

Nagel, *La Vie grecque* I, pp. 81-84; II, pp. 115-118.

The secondary readings that characterize *alc rm* as descendants of a single hyparchetype of their own make it clear that the passages present in these manuscripts, but absent from all others, are additions made to the text of this hyparchetype γ. Although it must constantly be borne in mind that almost all copyists of the Greek *Life of Adam and Eve* were as happy to omit passages as to make additions, it is extremely unlikely that exactly these extra passages of hyparchetype γ would independently have been omitted from both hyparchetypes α and β.

THE VERSIONS

There exist five versions of the *Life of Adam and Eve* which are relevant to the history of its transmission as a separate literary work. In the next sections it will be argued that these versions, namely two different Armenian versions, a Georgian, a Latin, and a Slavonic version, can be seen to reflect Greek texts that have a place within the history of transmission as reconstructed so far. In other words: they do not represent an archetype other than the one that can be reconstructed on the basis of the extant Greek manuscripts.

The outlines of the versions can be seen to reflect Greek texts in sufficient detail to allow conclusions with regard to the text-form they represent. However, it is not possible to establish their relationships to the individual Greek manuscripts more exactly. Since they are translations, a detailed reconstruction of their Greek model is practically impossible. Translating a text involves much more consciousness of its contents and their interpretation than simply transcribing it in the same language. As a result, the secondary readings which reveal the genealogical lines connecting the copies of the *Life of Adam and Eve* have usually become unrecognizable in the versions, or disappeared from them altogether.

Consequently, if in the following sections reference is made of the Greek texts underlying the versions, this is done with some reservation.

The few Coptic fragments that exist are far too small to allow conclusions with regard to their position in the genealogical network of text-forms and versions. On these fragments, see De Jonge and Tromp, *The Life of Adam and Eve*, pp. 40-41.

43. One Armenian version has been translated from a Greek text representing hyparchetype β: Armen. This text shares conjunctive secondary readings with *qz ni heuw* in particular. Armen attests to their reading κόποις in 25:1, and to the secondary revision of 33:1-2 (see § 30). However, Armen has not changed the order of God's curses, as in *ni heuw* (see § 31). Furthermore, numerous secondary readings in *qz ni heuw* are absent from Armen; thus the addition of ἐν μίᾳ τῶν ἡμερῶν 2:1 is not present in Armen.

Finally, Armen bears witness to a text that is unlikely to have been the model for *qz ni heuw*, as may be seen, for instance, from its revision of 3:2; its abridgement of 10:3; its clarifying note at 19:1; the angel's command that Eve continue her prayer in 32:4; its reading reflecting ἀχειροποίητος instead of Ἀχερουσίαν in 37:3.

Nagel, *La Vie grecque*, I, pp. 212-254; Stone, *A History*, pp. 12-13. Armen also bears witness to the revisions of 7:2; 14:3-16:3; 31:4; and in 5:2 it contains the idea that Adam fell "a little" sick (see note to § 30 above).

Edition: Yovsēp'ianc', *Ankanon Girk' Hin Ktakaranac'*; translations: Issaverdens, *The Uncanonical Writings* (non vidi); Preuschen, *Die apokryphen gnostischen Adamschriften*.

As a further witness to hyparchetype β may be mentioned *Descent into Hades* 3 (= *Gospel of Nicodemus* 19), where the text that underlies *Life of Adam and Eve* 13:6 *qz* is quoted. Tromp, "The Story of our Lives," pp. 212-213.

44. The Slavonic (Slav), the second Armenian (Arm), the Georgian (Geo), and the Latin (Lat) versions are closely related to hyparchetype γ of the Greek text.

(a) The text from which they are jointly descended must have corresponded in 21:1 with *alc rm* in reading "in a loud voice" instead of "on that moment" (cf. § 34); so Arm Slav 44(21):1 (Geo omits, but is closely related to Arm, see below, §§ 50-51; Lat^{Pr} abbreviates).

(b) In those instances in which readings of *alc rm* stand opposed to the rest of the Greek manuscript tradition, ArmGeo Lat Slav are as a rule seen to side with *alc rm*. Thus 10:3 καὶ εἶπεν *ds b qz niH euw* (with minor variations; *v* leaves the entire sentence out) contrasts with ἐβόησεν δὲ ἡ Εὕα *alc rm* and "Eve called out" in ArmGeo Lat Slav.

(c) In the following instances, the case is clear for ArmGeo only. In 16:2 *ds kp b* read καὶ ἀνάστας, as opposed to τότε in *alc rm* and "Then" in ArmGeo (*qz ni heuw* have a different redaction of the text; *v* omits the entire sentence; also different are Lat^{Pr} [*itaque*] and the condensed text of Slav). In 19:1 the devil tricks Eve into swearing to him that she will give from the fruit to her husband: in *s kp v ni heuw* (*b* rephrases; *qz* and also *rm* leave the entire sentence out) he does this through a conditional sentence: ἐὰν μὴ ὁμόσῃς μοι; in contrast *alc* read the imperative ὄμοσόν μοι, to which one may compare "swear to me truly" in ArmGeo (for this passage Lat^{Pr} and Slav offer strongly condensed texts).

The editions and translations of Arm, Geo and Slav are: Stone, *The Penitence*; K'urc'ikidze, "Adamis apokrip'uli c'xovrebis k'art'uli versia"; Mahé, "Le livre d'Adam géorgien"; Jagić, "Slavische Beiträge." In what follows, the numbering of chapters and verses of the versions are those used in Anderson and Stone, *Synopsis*.

A critical edition of Lat is being prepared by J.-P. Pettorelli. With regard to the various text forms of Lat, he has concluded to the following branches (cf. Pettorelli, "Vie latine," *Apocrypha* 10): lat1 (manuscripts Ma and Pr, and sub-group E 1-12); lat2, sub-grouped into: A (Southern German text); E (British text); R (Rhinelandish texts); B (Bohemian text); T1 (late textform); T2 (second late text-form). For editions of the texts of these groups, see: (1) lat1: Pettorelli, "La vie latine," *Archivum* 56, pp. 68-104 and *id.*, "Vie latine," *Archivum* 57, pp. 5-52; (2)

IV. HISTORY OF TRANSMISSION

A: Pettorelli, "La Vie latine," *Archivum* 56, pp. 18-67 (this edition supersedes that by Meyer, "Vitae"); (3) E: Mozley, "The 'Vita Adae'"; (4) R (first part only): Pettorelli, "Vie latine," *Archivum* 59, pp. 5-73.

Most of the Latin tradition reflects a text in which Eve's speech (15-30) is omitted; lat1, however, here represented by manuscript Pr only, has preserved substantial parts of it.

45. Possibly, *rm*Slav and ArmGeo Lat share an ancestor that is not an ancestor of *alc*. In 18:1 the common ancestor of *alc rm*Slav ArmGeo Lat included the words ὅτι ὡς κτήνη ἐστέ (not present in the rest of the Greek tradition). In *alc* these words have been preserved as such; *rm* offer a reading that clearly seems to be secondary (see § 35 [b]): διότι (ὡς *m*) ἀνόητοι (ἀνοήτως *r*) ἐστέ (add. γάρ *m*), and to which the following phrase is added: ἐφθόνησεν γὰρ ὑμῖν (ὑμᾶς *r*) ὁ θεός, καὶ διὰ τοῦτο εἶπεν οὐ (οὐ μή *m*) φάγεσθαι ἀπ' αὐτοῦ. To this one may compare Geo 44(18):1: "for you are like the animals. God was jealous of you and he has not permitted you," and the slightly abbreviated reading in Arm: "for you are like beasts, since God has withheld it from you." The reading in Lat^{Pr} is adapted to Genesis 3:5, but still reflects the expanded reading: *Sicut enim bruta animalia estis sine sensu. Verumtamen si manducaueritis de hoc ligno, eritis sicut dii scientes bonum et malum. Ideo noluit deus uos cognoscere bonum et malum.* Slav, finally, seems to be based on *rm*'s secondary ἀνόητοι: "because you don't understand" (see further below, § 47).

This case rests on the assumption that it is less likely that the editor of *alc* has left out the explanatory note on God's jealousy, than that the editor of the *rm* Slav ArmGeo Lat-text has added it. This assumption is in conflict with the rules set up in the beginning of this chapter, and is partly based on the observation that of all text-forms, *alc* is the least prone to omit parts of the text (in fact, I am unaware of any instance in which *alc* is likely to have purposely omitted something). Moreover, the study of this instance in a wider context, above, § 35 (b), has resulted in the same conclusion for *alc* and *rm* only.

If this case is not accepted, the conjunction of *rm* Slav ArmGeo Lat cannot be proven, and the position of ArmGeo Lat within the stemma as a whole must remain somewhat vague; the conjunction of *rm* and Slav, however, is certain; see below, § 47.

Cf. Tromp, "The Textual History," pp. 36-37.

46. It can be excluded that the text of *alc* has been the model for that of *rm*Slav ArmGeo Lat (for the separation of *alc* and *rm*, see already § 35). In *alc* 9:3 the words ἀπὸ τῆς νόσου μου have fallen out (opposed to, with minor variations, *ds vb qz ni he*). They are also absent in *r*, but the text of this manuscript has been altered for the entire passage; moreover, they are present in *m*, so that it is certain that the common ancestor of *rm* contained this phrase, and so do Slav 11-

15:3; ArmGeo 36(9):4 and Lat 36:2 (with some variation for νόσου, such as "pain" and "sufferings").

47. The ancestor that can be supposed for *rm* (see § 35), has also been the model for Slav, but not for ArmGeo Lat. The secondary readings proper to *rm* are also found in Slav: ἐν τῷ κλήρῳ μου in Gr 15:2; ArmGeo 44(15):2 (cf. Lat^{Pr} 15) has no equivalent in the corresponding passage 18-20:3 Slav; in 25-27:12, the Slavonic version mentions three spices only, "incense, laudanum and libanum." These are partly different spices than those mentioned in *rm*, but they agree in number with the text to which *rm* jointly bear witness (as opposed to Gr 29:6; Geo 44[29]:6; Lat 29; the *two* spices mentioned in Arm are specific for this version).

Nagel, *La Vie grecque* I, pp. 90-112.
The number three also occurs in Slav 16-17:3, where it is related that Seth received three branches from paradise, from the spruce, the cedar and the cyprus (there is no equivalent for this in another text-form of the *Life of Adam and Eve*).

48. Slav has not been modeled on *rm*, since it can be seen to contain, in 27-27:5, the words "furnish me with nourishment, that I might live," corresponding to δός μοι ἐκ τοῦ φυτοῦ τῆς ζωῆς ἵνα φάγω as represented by the entire tradition (Gr 28:2; ArmGeo 44[28]:2) except *rm* (which leaves out all of 28:1-29:1; Lat^{Pr} omits 25-28). Also Eve's prayer 42:5-6 is left out from *rm*, but a fragment of it is preserved in Slav 48:1.

Nagel, *La Vie grecque* I, pp. 107-108.

49. It is excluded that *rm* depends on Slav. The Slavonic version is a secondary revision of a Greek text, as can be concluded on the basis of such readings as in 5:3, Slav 4-5:6 "And his children gathered around and stood on three sides," without doubt a simplification of the reading in the Greek manuscript tradition, including *rm* (a comparable simplification is found in the Latin tradition, but contrast Arm and Geo). Christianizations are found in, e.g., Slav 11-15:6 "until the second coming."

Nagel, *La Vie grecque* I, pp. 99-102, has suggested that Slav is connected to *r* in particular, but his arguments are mainly based on common omissions. His other examples are complex and fail to take the individuality of these three witnesses, Slav, *r*, and *m*, into account.

50. ArmGeo Lat have an ancestor in common, which was not an ancestor of *rm*Slav. Regardless of the question whether 13:3b-5 formed part of the earliest stage of the *Life of Adam and Eve* (cf. above, note to § 34), it is certain that it belonged to the common ancestor of *alc rm*Slav ArmGeo Lat; the presence of the passage in *r* proves that it must also have been part of the text of *rm*Slav (although *m* and Slav omit). However, ArmGeo Lat^{Pr} represent this passage in a form that is heavily Christianized, and therefore certainly secondary to 13:3b-5 as preserved in *alc r*.

Furthermore, it is easily observed that ArmGeo Lat often represent the same text, opposed to *rm*Slav and the Greek tradition in general, or *alc* in particular; see, for instance, the introduction of the detail that Seth would be in the image of God, 23(3):2; the omission in ArmGeo Lat of the summons to praise God and sacrifice to him, 24(4):2; and the revisions of 34(8):1 and 44(17):1-2. Provided that it is accepted that *rm*Slav on the one hand, and ArmGeo Lat on the other, are representatives of one specific text, directly related to that of *alc*, these instances can only be explained by assuming that the agreements of ArmGeo Lat against *alc rm*Slav represent a single copy, different from any ancestor of *rm*Slav.

Nagel, *La Vie grecque* I, pp. 122-159, on the interrelationships of Gr (and *alc* in particular), lat2, and Geo.

For the reasons of *m* and Slav to omit 13:3b-5, see Tromp, "The Role of Omissions," pp. 267-270.

51. Probably, ArmGeo jointly depend on a text that was not the model for Lat. In 40(13):1 ArmGeo remark that Seth and Eve supplicated God to send them an angel. This phrase is, with minor variations, supplemented in the entire Latin tradition by the phrase *eis dare oleum misericordie sue*; this phrase more or less corresponds to καὶ δώσει αὐτοῖς τὸ ἔλεος τοῦ ἐλαίου, which is found in the Greek tradition as a whole, but has no equivalent in ArmGeo.

52. Arm was not the model for Geo. Passages that are absent in Arm, but present in the rest of the tradition, are also represented by Geo; see, e.g., 30(5):4-5; 44(28):1; 45(33):1-47(38):1. In 44(29):6, Geo retains the traditional names of the four spices of Adam, whereas Arm has only two kinds, "iris and balsam." In 39(12):3 Geo contains a phrase which reflects a Greek text as extant, with minor variations, in *ds b al rm*, καὶ ἐπορεύθη εἰς τὴν σκηνὴν αὐτοῦ, in *al r* preceded by the phrase τότε ἔφυγεν τὸ θηρίον καὶ ἀφῆκεν αὐτὸν πεπληγμένον;

the Georgian version is somewhat different, "and the wounded man went to the hut of Adam his father," but presupposes something like the Greek version (in particular the one represented here by *al r*), because none of this is present in Arm. Also, Geo tells the story of the angelic liturgy in 45(33):1-47(38):1, none of which is retained in Arm. Compare further the omissions in Arm 51(43):3.

53. Omissions in Geo, accidental or intended, also prove that Arm does not depend on Geo; see, e.g., 44(19):3; 44(21):1. In 44(19):2 Arm it is related how Eve tells the devil that she does not know how to swear, and immediately continues with a terrific oath. A comparable scene is depicted in *s kp vb ni heuw alc* (*qz* and *rm* leave the passage out). In Geo, however, the oath is suggested to Eve by the devil. It is highly unlikely that those responsible for Arm would of their own accord have turned the version as found in Geo into agreement with the Greek text. Compare further the simplified reading of Geo in 48(42):7-8.

I cannot establish whether the mutual independence of Arm and Geo already existed in the Greek stage of the text(s) represented by them. For that, instances would have to be found, which can only be explained by the assumption of an error in the Greek model for either of them. That of course requires a thorough knowledge of both the Armenian and the Georgian languages. It should be noted that experts observe that the Georgian translation was modeled on an Armenian text (Mahé, "Le livre d'Adam," p. 229).

54. The overall lay-out of Lat, with its numerous and lengthy omissions in Eve's speech (15-30), excludes the possibility that Lat was the model for ArmGeo. Furthermore, the witnesses to Lat are unanimous in reading the number of "six days" in 43(13):6, whereas ArmGeo and the Greek tradition agree in reading "three days." The assumption that the Latin number of days is secondary, is supported by 45(31):1, where the Latin tradition repeats these six days, except in manuscript *Pr*, which reads *alia uero die*, "but on the next day," as in ArmGeo and the Greek tradition.

Cf. Stone, *The Penitence* (trans.), pp. XI-XVII.

IV. HISTORY OF TRANSMISSION 103

The History of Transmission
of the Greek Life of Adam and Eve

We are now in a position to describe the outlines of the ways in which the numerous different text-forms of the Greek *Life of Adam and Eve* have developed.

It has been argued in the preceding pages that all extant manuscripts and versions derive from a single manuscript, the archetype. This archetype itself was a copy of an earlier version, since it must be assumed to have contained a number of scribal errors. In chapter V an attempt will be made to make some plausible suggestions concerning the possible text from which these secondary readings in the archetype may have arisen. Even so, it cannot credibly be claimed that the conjecturally emended archetype is the "original."

Of the archetype, at least three copies were made, which I have designated as hyparchetypes α, β and γ. The texts of these three copies were basically identical, with the possible exception of γ.

Hyparchetype α was characterized by a number of minor errors and alterations, mainly accidental omission of some words, and the occasional replacement of others by synonyms (§ 1).

Hyparchetype β was characterized by different deviations from the archetype, but of a similar character: an occasional clarification of a scene, a few grammatical corrections, possibly some scribal lapses (§ 33).

Hyparchetype γ contained a text similar to α and β, no doubt with its own minor errors (§ 34), but it already may have contained the additions to the text which characterize *alc rm*. However, if one disregards these additions, the text of γ is essentially identical to that of α and β.

In the next stages of the text's transmission, it took on a great variety of forms.

The development remained within certain limits in those copies of α and β which are represented by manuscripts *ds* (§§ 1-3), *kpg* (§ 4), and *vb* (§ 8). Manuscripts *kpg* may be mentioned as representatives of a text from which 1:1-14:3 was removed (possibly intentionally as well as physically; cf. the notes to § 4); in what remained, their text seems to have contained many additional scribal errors, but hardly any editorial intervention.

The same conclusion is probably valid for the text-form jointly represented by *vb*, but it should be noted that its individual representatives separately underwent great changes. In the text of *v* (§ 10), many cuts were made, especially in the later parts of the story; also a number of unclear passages were removed and replaced by clearer presentations. The text of *b* is a revision of the *vb*-text, mainly characterized by the replacement of words by synonyms, for no other apparent reason than the copyist's pastime; the story itself is hardly affected.

The probable conjunction of *vb* and *qz nijK heuwxf* (§ 32) suggests that the copy from which all these manuscripts derive was still very similar to hyparchetype β. However, in the copy that was the ancestor of *qz nijK heuwxf* only (§ 30), several drastic changes were made. The most notable of these was the revision of 14:3-16:3 (and, consequently, 31:4) and 33:1-2. It must have been from a copy similar to this one, that an Armenian translation was made, which, apart from being a translation, contains no further changes to the essence of the text (§ 43).

The case is somewhat different with regard to a Greek copy that was made of it, and from which *qz* derive (§ 11). This text-form is a thorough revision, especially in the domain of style and word-choice, but also in the domain of the tendency of the story in which, on the one hand, Eve's narration of the fall is brought in stricter alignment with the biblical version, and to which, on the other hand, some eschatological passages are added.

Another Greek copy of the same model as that of *qz* is represented by *nijK heuwxf* (§ 31). It contained none of the drastic editorial changes found in *qz*, but the order of sections 25 and 26 was reversed. Other changes are superficial. The text to which *nijK* attest (§ 14) can be regarded as a rather faithful representative of it. However, in another representative of this particular copy, the common ancestor of *heuwxf* (§ 20), many cuts were made, especially in the later parts of the writing. Nonetheless, in this text-form, too, a small number of additions containing apocryphal details were made. The tendency to abbreviate was brought to a climax in *f*, an abridgement in which the text (possibly that of *e*; § 28) is stripped to its bare outline.

Finally, two copies derive from hyparchetype γ. Four manuscripts, *atlc*, represent one of these copies, and two, *rm*, the other. Both copies contain numerous additions to the archetypal text. Some of these additions must have been present already in their common ancestor, e.g., the additions to 5:3; 9:3; 12:1; 18:5; 20:4; 23:5, and the addition of 13:3b-5. Others are found only in *atlc* (e.g., 19:1; 33:1), but these may have been omitted from the common ancestor of *rm*.

The addition of 29:7-13 is characteristic of *rm* alone; it is not impossible, but less likely that this addition was present in hyparchetype γ, but omitted from *atlc*, since the additional passage is quite large and might have been expected to have left at least some traces if it had ever been present in an ancestor of *atlc*. Moreover, *atlc* represent a text-form in which the tendency to abbreviate is less noticeable than in any other text-form, or, to be more precise: it contains no omissions whatsoever in comparison to the text of hyparchetypes α and β.

A separate development of the Greek text represented by *atlc* underlies the Armenian, Georgian, and Latin translations. The Slavonic translation was made of a Greek text closely related to that represented by *rm*.

GRAPHIC REPRESENTATION OF THE GENEALOGICAL RELATIONSHIPS OF THE GREEK TEXTS AND THE VERSIONS

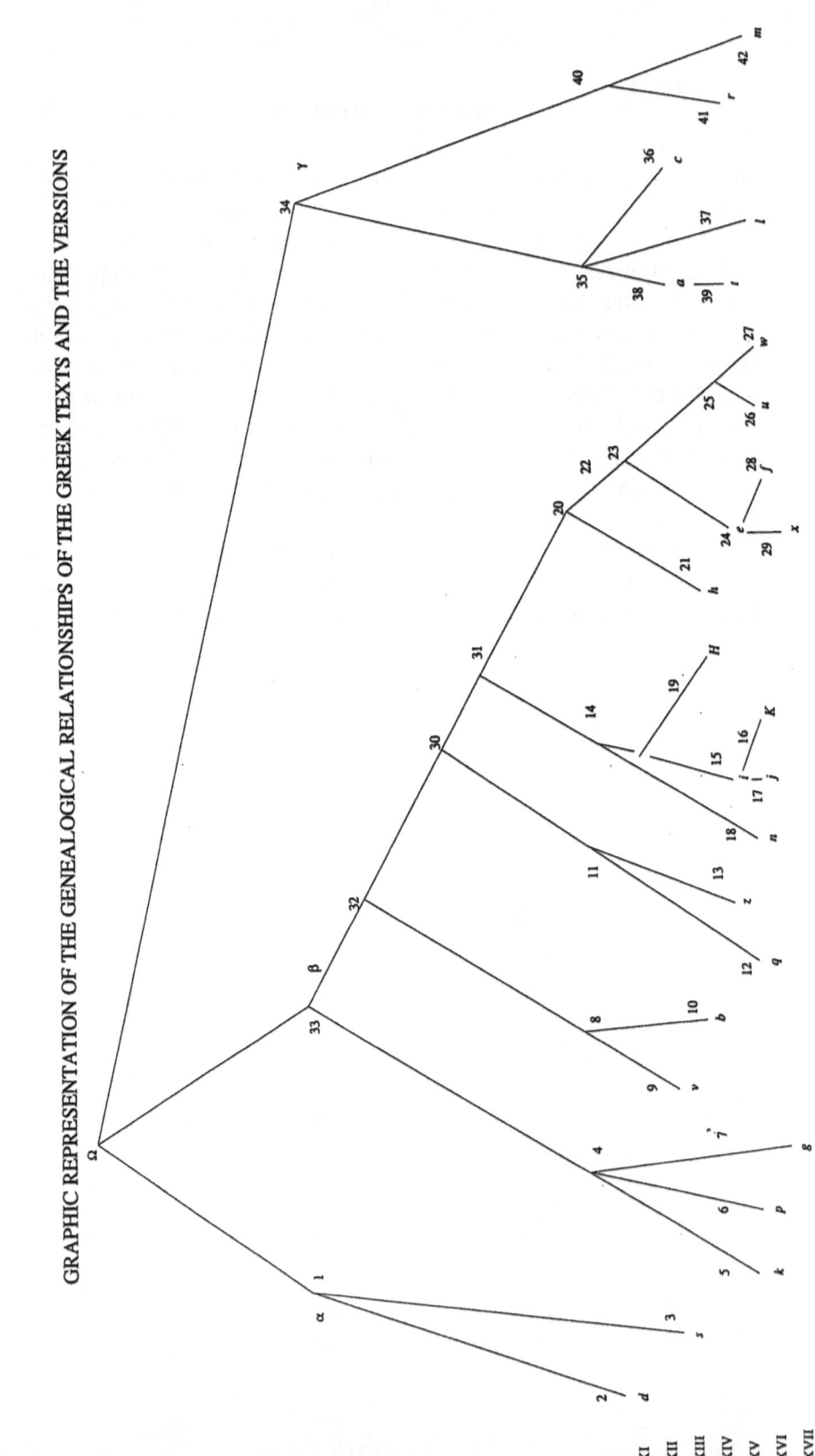

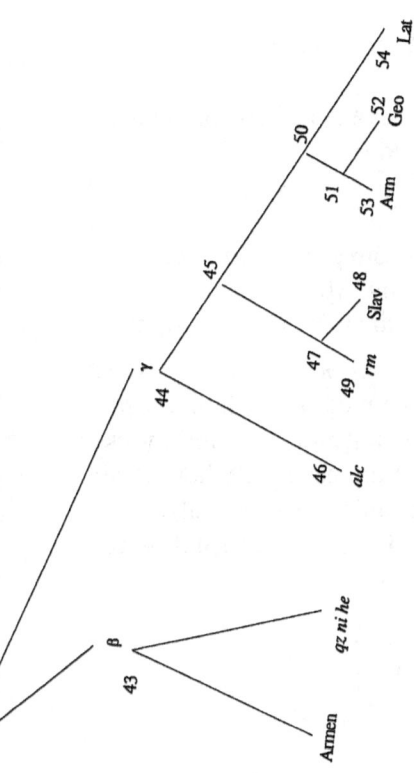

CHAPTER FIVE

LIST OF CONJECTURAL EMENDATIONS

In this chapter the conjectural emendations suggested for the text of the archetype's model are listed and accounted for.

1:3 (lines 5-6)
Archetype: καὶ ἐγέννησεν δύο υἱούς, τὸν ἀδιάφωτον τὸν καλούμενον Κάϊν, καὶ τὸν †αμιλαβες† τὸν καλούμενον Ἀβελ
Proposed reading: καὶ ἐγέννησεν δύο υἱούς, τὸν Κάϊν καὶ τὸν Ἀβελ.

The word αμιλαβες is nonsensical, and does not occur in other Greek texts, except here and in 2:2 below. It is assumed that it is the result of an error in 2:2 (see below), where it was taken as an exotic nickname for Abel, and subsequently added in this instance, where Abel is introduced. For the sake of symmetry, Cain's name was also provided with a nickname, ἀδιάφωτον, which is also an unusual word, but at least has a meaning ("the lightless one").
J. Tromp, "Cain and Abel."

2:2 (lines 9-10)
Archetype: τὸ αἷμα τοῦ υἱοῦ μου †αμιλαβες† τοῦ ἐπιλεγομένου Ἀβελ βαλλόμενον
Proposed reading: τὸ αἷμα Ἀβελ τοῦ υἱοῦ μου βαλλόμενον.

This suggestion is based on the assumption that original αἷμα αἷμα Ἀβελ (*sic*) was misread as αἷμα αμιλαβες, which was subsequently taken as an exotic nickname for Abel and resulted in a copyist's reconstruction as found in the archetype. See also above, 1:3.
J. Tromp, "Cain and Abel."

15:2 (line 114)
Archetype: ἐφύλασα
Proposed reading: ἐφύλαξα.

See chapter III, § 49h.

16:2 (line 121-122)

Archetype: <...> καὶ ὁμιλῶ σοι
Proposed reading: ἐπάκουσόν μου καὶ ὁμιλῶ σοι

Each and every group and sub-group of the manuscripts offers a different reading in this instance, totally obscuring which words preceding καὶ ὁμιλῶ σοι the archetype may have contained (see chapter IV, § 32d). The conjecture proposed here is based on καὶ ἄκουσόν μου *kpg*, and the presence of ἐπάκουσόν μου in the revised text of *qz ni he*.

19:3 (lines 162-163)

Archetype: τοῦτ' ἐστιν τῆς ἐπιθυμίας. ἐπιθυμία γάρ ἐστιν πάσης ἁμαρτίας
Proposed reading: delete.

It is here proposed to regard these words as a gloss specifying the nature of the devil's κακία, the "poison" of which he had placed on the fruit according to the preceding sentence. Two characteristics of glosses can be taken as signaling these words as such: the introductory phrase τοῦτ' ἐστιν, and the overly concise syntax of the phrase ἐπιθυμία γάρ ἐστιν πάσης ἁμαρτίας (cf. chapter III, § 63e).

25:1-2 (lines 219-221)

Archetype: ἔσει ἐν ματαίοις καὶ ἐν πόνοις ἀφορήτοις, τέξει τέκνα ἐν πολλοῖς τρόποις
Proposed reading: ἔσει ἐν καμάτοις πολυτρόποις, καὶ ἐν πόνοις ἀφορήτοις τέξει τέκνα.

The basic assumption underlying this conjecture is that the archetype's ἐν πολλοῖς τρόποις (which makes no sense in this context) is the result of the misplacement of πολυτρόποις (with which [ἐν] πολλοῖς τρόποις is phonetically almost identical). Part of the process through which this confusion took place may also have been the corruption of καμάτοις into the equally nonsensical ματαίοις. The conjectured phrase ἔσει ἐν καμάτοις πολυτρόποις has its exact counterpart in Adam's curse in 24:2 (the spelling of πολυτρόποις in 24:2 *k* may in passing be noted: πολλοιτρόποις).

33:1 (line 306)
Archetype: αὐτοῦ
Proposed reading: αὐτῆς.

It is assumed here that the original text pictured Eve as looking up to heaven from where a chariot of blinding light is descending, so that Eve is necessitated to shade her eyes by placing her hand on her brow. Cf. Sophocles, *Oedipus at Colonus* 1647-1652, from the description of Oedipus' heroization, as witnessed by king Theseus:

> ... after a short while we turned around, and could see that the man was no longer there, and the king was holding his hand before his face to shade his eyes, as though some terrifying sight, which he could not bear to look on, had been presented (trans. Lloyd-Jones, *Sophocles*).

38:1 (line 357)
Archetype: μετὰ δὲ τὴν ἐσομένην χαρὰν τοῦ 'Αδάμ
Proposed reading: μετὰ δὲ τὴν χαρὰν τοῦ 'Αδάμ

This phrase is difficult to understand: "After the future joy of Adam." (see chapter III, § 65g).

The joy refers to the preceding scene, depicted in 37:6: "all the angels sang an angelic hymn being amazed at the pardoning of Adam," which concludes the story of Adam's assumption into heaven. Curiously, the story continues in 38:1 with Michael's praying on behalf of Adam, and Adam's burial. Obviously, two different stories (31-37 and 38:1-42:2) have been placed side by side, and no effort has been made to harmonize them. In the second story, God is described as speaking to Adam (who has already deceased): he promises him that he will restore him to his former glorious position: "your grief will I turn to joy" (39:2) It his here conjectured that the copyist of the archetype, having noticed that joy was promised to Adam for the future in 39:2, added ἐσομένην before χαράν in 38:1, in a (not very felicitous) attempt to bring more consistency into the narrative.

38:4-39:1 (lines 365-369)
Archetype: καὶ ἦλθον εἰς τὸν παράδεισον, καὶ ἐκινήθησαν πάντα τὰ φυτὰ τοῦ παραδείσου ὡς πάντας ἀνθρώπους γεγεννημένους ἐκ τοῦ 'Αδὰμ νυστάξαι ἀπὸ τῆς εὐωδίας, χωρὶς τοῦ Σὴθ μόνου ὅτι ἐγένετο καθ' ὅρον τοῦ θεοῦ ἐκεῖθεν πρὸς τὸ σῶμα τοῦ 'Αδάμ
Proposed reading: delete.

Within the wider context of 38:4-39:1, these lines stand syntactically unconnected, especially towards the end, where the words ὅτι ἐγένετο καθ' ὅρον τοῦ θεοῦ ἐκεῖθεν πρὸς τὸ σῶμα τοῦ 'Αδάμ appear to be isolated and meaningless. The conjectural deletion of these lines is based upon the following reconstruction of the textual history.

In 42:3 it is said that nobody had witnessed the entire preceding scene, except Seth: ἐν τῷ ἐλθεῖν τὸν κύριον ἐπὶ τὸν παράδεισον πρὸς τὸ κηδεῦσαι τὸν 'Αδὰμ ἐκοιμήθησαν ἅπαντες ἕως ἐκέλευσεν τοῦ κηδεῦσαι τὸν 'Αδὰμ πλὴν τοῦ Σὴθ μόνου, καὶ οὐδεὶς ἐγίνωσκεν ἐπὶ τῆς γῆς πλὴν τοῦ υἱοῦ αὐτοῦ Σήθ (for the idea, cf. again Sophocles, *Oedipus at Colonus*, 1643-1644, 1656-1657). It is well conceivable that a copyist deemed that this information came too late, and inserted it at 38:3-39:1, *before* the description of the scene witnessed by Seth only. If the corresponding information is removed, it is observed that what remains of 38:3-39:1 forms a doublet of the preceding sentence, as a presentation in parallel lines shows:

38:3   καὶ ἐλθόντες ἐπὶ τὴν γῆν ὅπου ἦν τὸ σῶμα τοῦ 'Αδάμ
38:4   καὶ ἦλθον εἰς τὸν παράδεισον 〚...〛 πρὸς τὸ σῶμα τοῦ 'Αδάμ

My suggestion, then, is that the copyist who wished to anticipate the information given in 42:3, resumed the final phrase of 38:3 to use it as the cause of the plants' movements that made the humans present fall asleep (except Seth), and at the end of his intervention repeated πρὸς τὸ σῶμα τοῦ 'Αδάμ to continue with the text of his model.

THE LIFE OF ADAM AND EVE
IN GREEK

EDITORIAL CONVENTIONS AND ABBREVIATIONS

Both the text and the apparatus are written in normalized orthography, and the manuscripts' idiosyncracies in this respect are ignored, even if an aberrant way of spelling a certain word makes it possible to suppose that another word is intended. The study of this matter (see above, chapter III) has led me to conclude that in the case of this writing, the orthography of the manuscripts is of no help whatsoever in determining whether the archetype contained, e.g., ἐστί or ἔστην, because from a copyist's point of view, these are simply two ways of writing the same sound, [esti] with optional final [n]. The choice for, e.g., βαλλόμενος or βαλόμενος, both in the reconstructed main text, and in the record of manuscript readings in the *apparatus criticus*, has been entirely mine, irrespective of whether a certain copyist has written λ or λλ.

Accordingly, it is not explicitly recorded in the critical notes that a manuscript contains, e.g., αὐτῷ where the archetype is believed to have contained αὐτόν. However, if a variant consists of an entire phrase containing such a difference (e.g., λέγω αὐτὸν ὦ Σήθ instead of λέγω τῷ Σήθ) I have not rendered αὐτόν as αὐτῷ, but as it stands in the manuscript, to do justice to the common wavering between the accusative and dative cases. Frankly speaking, I think that even this may be an overly cautious approach—perhaps the only fair way to transcribe either form would be something like *afto*. Be this as it may, the concrete choices I have made in this respect are open to discussion and rejection, but hardly on the authority of the manuscripts' orthography.

Other characteristics of particular manuscripts that have not been recorded include *marginalia* (unless they are obviously intended to be inserted into the text because their text was at first accidentally skipped), as well as dittographies of the type πιπικρῶς (a type of dittography that occurs particularly often at the turn of a page: πι/πικρῶς). If there exist textual differences within a dittography, these different readings are recorded, with a superscribed [1] or [2] accompanying the siglum of the manuscript.

If a word is canceled by a copyist and replaced with another word, this is not recorded if the word written in the second instance is apparently that of his model. However, if the canceled word is apparently that of his model, and the replacement something of the copyist's invention, this is recorded, again with superscribed [1] or [2] accompanying the siglum of the manuscript. No attempt has been made to determine whether the correction was made by a second hand, since that is text-historically irrelevant.

I have decided not to include the variants of manuscripts *u* and *w* into the apparatus. The reason for this is of an entirely practical nature: the text of these manuscripts is quasi-identical to that of *e*. The user is therefore requested to understand that wherever *e* is quoted, *uw* support its text, excepting only those cases mentioned in chapter IV of the Introduction (§ 25), and very few instances of minute variation. Similarly, the readings of *codices descripti* (*j, K, f, t*) are not recorded, either, as is selfevident.

Every effort has been made to organize the apparatus in the most transparent manner. The need for a clear and readable apparatus has been one of the reasons to sacrifice spiritus and accents: printing them in the apparatus would not only require even more interpretative interventions in the manuscripts' texts from my part, but also lead to a typographically particularly unsatisfactory result. Furthermore, no other abbreviations than "add.", "om." and "ms." are used, obviously meaning "addit" or "addunt," "omittit" or "omittunt," and "manuscriptus" respectively. Even "add." is used sparingly, and only when it seemed convenient, that is, when there appeared no great risk that the user would have to look twice or three times to know what has been "added" to what.

The apparatus is organized as follows. There are four parts.

(1) A list of the witnesses available for a certain passage, e.g.,

142-177 περι υμων—το στομα *s vb kp ni he qz alc rm*

This indicates that from περὶ ὑμῶν in line 142, up to and including τὸ στόμα in line 177 the manuscripts listed are available; the other manuscripts (i.e., *d g H*) are *physically* defective.

(2) Lists of omissions and revisions, e.g.,

Omission: **177-185** λεγουσα—ταχεως *rm*
Revision: **173-184** και εβοησα—πονηρον *qz*

meaning that the passage from λέγουσα in line 178, up to and including πονηρόν in line 184 is omitted (accidentally or intentionally) in the text represented by manuscripts *rm*, and that the passage from καὶ ἐβόησα in line 173, up to and including πονηρόν in line 184 has been revised in the text represented by manuscripts *qz* in such a manner that it proved practically impossible to include it in the list of variants in the third part of the apparatus. The revision (together with its own variants in the manuscripts representing it) is placed at the bottom of the right hand page (the fourth part of the apparatus).

(3) The third part of the apparatus contains all real variants to the reconstructed archetype. The basic organization is as follows: (a) line number; (b) word(s) from the main text for which a variant exists; (c) a square bracket that separates the main text's lemma from the variant; (d) the variant reading; and (e) a list of the manuscripts in which the variant reading occurs. E.g.,

170 καλυψω] σκεπασω *qz r*

This means that all available manuscripts are evidence that the archetype in line 170 must have contained the word καλύψω, except manuscripts *qz r*, which read σκεπάσω.

The next lemma quoted from the main text is separated from the preceding one by a line number or, if it is taken from the same line, by a bullet. E.g.,

170 καλυψω] σκεπασω *qz r* • την αισχυνην μου] πασαν την αισχυνην μου *c*

If there are more than one variants to the main reading, these are separated by a semicolon. E.g.,

174 δειξω σοι] εδειξα αυτω *e*; ειπω σοι *rm*

Note that in this case the variants in *qz* are not recorded in this part of the apparatus: in the second part it has already been noted that these manuscripts contain a revised text for a large passage stretching from lines 173 to 184.

It often occurs that a number of manuscripts jointly bear witness to a single variant, but that there is further variation within that particular group. In such cases, these sub-variants are often recorded immediately following the main variant, and placed between braces. E.g.,

199 τον αδαμ] του αδαμ *k*; τον πατερα υμων αδαμ *qz ni h* {αδαμ] om. *qz*}; τον αδαμ εκ δευτερου *e*; add. φωνη φοβερα *r*

This means that for the main reading τὸν Ἀδάμ in line 199, the following variants exist:

τοῦ Ἀδάμ in *k*;
τὸν πατέρα ὑμῶν in *qz*;
τὸν πατέρα ὑμῶν Ἀδάμ in *ni h*;
τὸν Ἀδάμ ἐκ δευτέρου in *e*;
τὸν Ἀδάμ φωνῇ φοβερᾷ in *r*.

It should be stressed that this way of recording sub-variants is used only if it is useful for the readability of the apparatus.

If within one variant there are several words for which sub-variants exist, these records are separated from each other by a full stop. E.g.,

170-171 απαντα γαρ τα φυτα] των δενδρων γαρ παντων *kp*; απο παντων γαρ των φυτων *b*; παντα γαρ τα φυτα *qz*; επειδη αμα εφαγον παντων των φυτων *alc rm* {επειδη αμα] αμα δε εγω *r*; επειδη *m*. εφαγον] εφυγον *c*; φαγων απο του ξυλου *r*. παντων των φυτων] παντων των *c*; παντελως *r*; παντων *m*}

Written out, this stands for the following list of variants for the main reading ἅπαντα γὰρ τὰ φυτά (for which *s v ni he* bear witness):

τῶν δένδρων γὰρ πάντων *kp*;
ἀπὸ πάντων γὰρ τῶν φυτῶν *b*;
πάντα γὰρ τὰ φυτά *qz*;
ἐπειδὴ ἅμα ἔφαγον πάντων τῶν φυτῶν *al*;
ἐπειδὴ ἅμα ἔφυγον πάντων τῶν *c*;
ἅμα δὲ ἐγὼ φαγὼν ἀπὸ τοῦ ξύλου παντελῶς *r*;
ἐπειδὴ ἔφαγον πάντων *m*.

Very often, a variant exists for a relatively large passage, whereas there are variants for parts of that passage in other manuscripts. In such cases the variant for the larger passage is given first. Next come the variants for the smaller parts, separated by a vertical stroke. These variants (which are not sub-variants, but variants to the main text) are separated from each other by a full stop. E.g.,

175 ειπον αυτω λογους παρανομιας] om. *m* | ειπον] και ειπον *k*; και ειπεν *p*; ελαλησα *b*. αυτω] om. *b*. λογους παρανομιας] λογον εν παρανομιας *k*; λογον παρανομιας *p*; λογους πονηρους *r*

This means that in *m* there are no words corresponding to the main text's εἶπον αὐτῷ λόγους παρανομίας. Other than that, the following variants for the main text exist:

καὶ εἶπον αὐτῷ λόγον ἓν παρανομίας *k*;
καὶ εἶπεν αὐτῷ λόγον παρανομίας *p*;
ἐλάλησα λόγους παρανομίας *b*;
εἶπον αὐτῷ λόγους πονηρούς *r*.

Sub-variants (within braces) may occur on either side of the vertical stroke.

Finally, it occurs that a manuscript or a group of manuscripts contains a relatively large addition to the main text. These additions are signalled by a full stop that concludes the list of variants to a particular lemma from the main text, and by the word "Addition" with a colon. Again, sub-variants are recorded within braces. E.g.,

172 περιζωματα] περιζωσματα *k r*; περιζωματα εκ των φυλλων *z*. Addition: και εστιν παρα το φυτον εξ ου εφαγον *alc rm* {και εστιν] om. *r*; και ησθαμην *m*. παρα το φυτον] παρ αυτων των φυτων *a*; εκ του φυτου *r*. εξ ου] εξ ων *a m*; ον *r*. εφαγον] ησθιον *r*}

From this entry, it may be concluded that *r* contains the following reading: περιζώσματα ἐκ τοῦ φυτοῦ ὃν ἤσθιον. In one instance, an addition was so large that its sub-variants had to be recorded in a separate appendix to the edition (see pp. 180-181).

(4) If passages of the text are so extensively or drastically revised that these variants could not be included in the third part of the apparatus, the revisions (and their sub-variants) are to be found in the fourth part of the apparatus. In one case, a particularly extensive revision is included in this fourth part, but its sub-variants are recorded in an appendix to the edition (see pp. 178-179).

For conjectural emendations the following signs are being used.

⟦Double square brackets⟧ indicate that the letters or words included should be deleted.

<Pointed brackets> indicate that these letters or words are to be inserted.

Asterisks indicate that the word included is an emendation.

†Daggers† indicate that the archetype's text is incomprehensible and that no emendation is being proposed.

These signs are occasionally used also in the critical apparatus (in the case of readings of individual manuscripts).

The numbers of sections and verses agree with those used for Nagel's provisional text in Denis' *Concordance grecque*, even where I have chosen for a different punctuation.

CONCORDANCES OF THE MANUSCRIPTS' SIGLA

this edition	Nagel		Nagel	this edition
a	A		A	a
b	B		AC	t
c	C		AD	x
d	D		AH	g
e	E^1		Aθ	l
f	E^2		Aν'	K
g	AH		Aν"	k
h	J^1		AV	v
H	J^1 (fol. 139-140)		B	b
i	J^2		Bρ	q
j	J^3		C	c
k	Aν"		D	d
K	Aν'		E^1	e
l	Aθ		E^2	f
m	P^1		Is	y
n	P^2		J^1	h
p	Pα		J^1 (fol. 139-140)	H
q	Bρ		J^2	i
r	Vα		J^3	j
s	Sτ		P^1	m
t	AC		P^2	n
u	S^2		Pα	p
v	AV		S^1	z
w	S^3		S^2	u
x	AD		S^3	w
y	Is		Sτ	s
z	S^1		Vα	r

ΔΙΗΓΗΣΙΣ ΚΑΙ ΠΟΛΙΤΕΙΑ
ΑΔΑΜ ΚΑΙ ΕΥΑΣ ΤΩΝ ΠΡΩΤΟΠΛΑΣΤΩΝ
ΑΠΟΚΑΛΥΦΘΕΙΣΑ ΠΑΡΑ ΘΕΟΥ
ΜΩΥΣΗΙ ΤΩΙ ΘΕΡΑΠΟΝΤΙ ΑΥΤΟΥ
ΟΤΕ ΤΑΣ ΠΛΑΚΑΣ ΤΟΥ ΝΟΜΟΥ ΕΔΕΞΑΤΟ ΕΚ ΧΕΙΡΟΣ ΑΥΤΟΥ
ΔΙΔΑΧΘΕΙΣ ΥΠΟ ΤΟΥ ΑΡΧΑΓΓΕΛΟΥ ΜΙΧΑΗΛ
κύριε εὐλόγησον

I Αὕτη ἡ διήγησις Ἀδὰμ καὶ Εὔας.
Μετὰ τὸ ἐξελθεῖν αὐτοὺς ἐκ τοῦ παραδείσου, ₂ ἔλαβεν Ἀδὰμ Εὔαν τὴν γυναῖκα αὐτοῦ καὶ ἀνῆλθεν εἰς τὴν ἀνατολήν, καὶ ἔμεινεν ἐκεῖ ἔτη δέκα καὶ ὀκτὼ καὶ μῆνας δύο. ₃ καὶ ἐν γαστρὶ εἴληφεν ἡ Εὔα καὶ ἐγέννησεν δύο υἱούς, τὸν ⟦ἀδιάφωτον τὸν καλούμενον⟧ Κάϊν καὶ τὸν ⟦†αμιλαβες† τὸν καλούμενον⟧ Ἄβελ.

II καὶ μετὰ ταῦτα ἐγένοντο μετ' ἀλλήλων Ἀδὰμ καὶ Εὔα. κοιμωμένων δὲ αὐτῶν εἶπεν Εὔα τῷ κυρίῳ αὐτῆς Ἀδάμ· ₂ κύριέ μου,

inscription: *ds kpg vb qz ni he alc rm*; **1-70** αυτη—ε(π εμοι) *ds vb qz ni he alc rm*
Alternative inscriptions: *k*; *p*; *g*; *q*; *z*; *ni h*; *e*; *m*

inscr. διηγησις και πολιτεια] διηγησις του μεγαλου θεοπτου μωυσεως περι της πολιτειας *b*; αυτη η διηγησις *r* • αδαμ και ευας] αδαμ *ds*; του αδαμ και της ευας *l* • των πρωτοπλαστων] om. *ds v c*; και αποκαλυψις των πρωτοπλαστων *r* • αποκαλυφθεισα] αποκαλυφθεν *a* • παρα θεου] om. *v l*; παρα του θεου *b*; υπο θεου *c*; εκ θεου *r* • μωση τω θεραποντι αυτου] τω θεραποντι αυτου μωση *s*; τω μωση *v*; om. *b*; μωση τω θεραποντι του θεου υπο του αρχαγγελου μιχαηλ *l* • οτε τας πλακας του νομου εδεξατο εκ χειρος αυτου] om. *d v c*; τον δεξαμενον τας πλακας του νομου εκ χειρος αυτου *s* | του νομου] του νομου της διαθηκης *a*; της διαθηκης *r*. εδεξατο εκ χειρος αυτου] εκ χειρος κυριου εδεξατο *a*; εδεξατο εκ χειρος κυριου *l*; εκ χειρος θεου εδεξατο *r* • διδαχθεις υπο του αρχαγγελου μιχαηλ] om. *l* | διδαχθεις] om. *v*; διδαχθεισα *c*. υπο] παρα *ds* • κυριε ευλογησον] τα υποτεταγμενα κυριε ευλογησον *s*; δεσποτα ευλογησον *vb c*; om. *a*; ευλογησον δεσποτα *r*   **1**   αυτη η διηγησις] om. *b ni m*; add. του βιου *qz* • αδαμ και ευας] om. *b m*; αδαμ και ευας των πρωτοπλαστων *qz ni h*; των πρωτοπλαστων αδαμ και της ευας εστιν *e*   **2**   μετα το] μεθ ου *z*; μετα δε το *m* • αυτους] τον αδαμ *b*; αυτον *m* • εκ] απο *b*   **2-3** ελαβεν αδαμ ευαν την γυναικα αυτου] om. *b* | ελαβεν] εγνω δε *ds*; παρελαβεν *v*; ελαβεν δε *e*; λαβων δε *m*. αδαμ] ο αδαμ *e*; om. *m*. ευαν] την ευαν *d v m*; om. *qz e c*. την γυναικα αυτου] om. *ds v l rm*   **3**   και ανηλθεν] και εξηλθαν *ds*; απηλθον δε οι δυο αμφοτεροι *b*; και κατωκησεν *qz*; και κατηλθεν *he*; και ηλθεν *c*; ηλθεν *r*; και ηλθον *m* • εις την ανατολην] προς ανατολην *ds*; κατα την ανατολην *b*; εις ανατολην *h r*; κατα ανατολας *m*   **3-4**   και εμεινεν εκει ετη δεκα και οκτω και μηνας δυο] και ησαν πενθουντες χρονους λ' *b* | και εμεινεν εκει] και εμειναν εκει *ds m*; και εμενον εκει *v l*; μετα δε *qz*. δεκα και οκτω] δεκα οκτω *d i a*; ι' και η' *z*; ιη' *n*; οκτω και δεκα *m*. δυο] εξ *q*; εξι *z*. Addition: εγνω δε αδαμ ευαν την γυναικα αυτου *qz ni he* {εγνω δε] εγνω *qz*; και εγνω *e*. ευαν] om. *qz e*} **4** και[3]] και μετα ταυτα *b* • ειληφεν] ελαβεν *v e* **4-5** η ευα] om. *v qz ni h e*; ευα *al r* **5** και εγεννησεν δυο υιους] om. *a* | εγεννησεν] γεννα *h*; ετεκεν *e*. δυο υιους] υιους δυο *vb h*; διδυμαρια *qz* **5-6** τον ⟦αδιαφωτον τον καλουμενον⟧ καιν] τον αδιαφωτον τον λεγομενον καιν *ds*; ον μεν *αδιαφορον* τον καλουμενον καιν *b* {*αδιαφορον*] ον διαφορον ms.}; τον αμιλαβες τον καλουμενον καιν και την αδελφην αυτου *qz*; τον αδιαφωνον καιν *ni*; τον αδιαφατον καλουμενον καιν *he*; τον διαφωτον καιν τον καλουμενον *a*; τον αδιαφωτον τον καλουμενον καιν *l*; τον διαφατον καλουμενον καιν *c*; τον καιν *r*; τον διαβατον καλουμενον καιν *m* **6** και τον ⟦†αμιλαβες† τον καλουμενον⟧ αβελ] τον δε αμιλαβες τον καλουμενον αβελ *b*; και παλιν συλλαβουσα ετεκεν τον διαφωτον τον καλουμενον αβελ και την αδελφην αυτου *qz*; και αμιλαβες τον καλουμενον αβελ *e*; και τον αμιλαβεστατον τον καλουμενον αβελ *c*; και τον αβελ *r*. Addition: και ην αβελ ποιμην προβατων και καιν επεργαζομενος την γην *qz* **7** και μετα ταυτα εγενοντο μετ αλληλων] και μετ αλληλων γενομενοι *v*; μετα ουν ταυτα *b*; εν μια ουν των ημερων *qz*; και μετα ταυτα εν μια των ημερων *ni he* {και] om. *e*}; και μετα ταυτα εγενετο μετ αλληλων *c r*; om. *m* • αδαμ και ευα] ο αδαμ και η ευα *s*; om. *b qz ni he r*; εκει δε *m* **8** κοιμωμενων δε αυτων] om. *v e*; κοιμωμενων απ αλληλων *b*; κοιμωμενων αυτων *qz ni h*; κοιμωμενων δε αυτοις *c*; κοιμωμενων *r*; κοιμωμενων οτε αδαμ και ευα εν μια νυκτι οραμα γαρ ειδεν η ευα και ανισταμενων δε αυτων *m* • ειπεν] ελαλησεν *b*; λεγει *m* • ευα] η ευα *e l*; om. *a* • τω κυριω αυτης αδαμ κυριε μου] τω κυριω αυτης αδαμ κυριε μου αδαμ *d*; τω αδαμ κυριε μου *v qz ni he* {μου] εμου *q*}; αδαμ κυριε μου *r*; προς τον αδαμ κυριε μου *m* | μου] εμου *b l*

Alternative inscriptions: περι της παραβασεως του αδαμ και ευας *k*; λογος εις την εξοριαν του αδαμ του εν αγιοις πατρος ημων ιωαννου του χρυσοστομου δεσποτα ευλογησον *p*; λογος εις την εξοριαν του αδαμ το πως εξωρισθη απο τον παραδεισον ευλογησον δεσποτα *g*; λογος ανεπιγραφος και διαθεσις αδαμ και ευας των πρωτοπλαστων *q*; αντιγραφος διαθεσις αδαμ και εκβασις των πρωτοπλαστων ευλογησον δεσποτα *z*; βιος και πολιτεια αδαμ και ευας των πρωτοπλαστων αποκαλυφθεισα εκ προσταξεως θεου δια του αρχαγγελου τω μωση τω θεραποντι αυτου οτε και τας πλακας της διαθηκης εδεξατο ευλογησον δεσποτα *ni h* {πολιτεια] πολιτεια και διαθηκη *h*. αποκαλυφθεισα] αποκαλυφθεις *ni*. αρχαγγελου τω μωση] αρχαγγελου μιχαηλ και μωση *h*. οτε] οτι *n*. δεσποτα] πατερ *ni*}; εξηγησις περι της εξοριας του αδαμ πως δε εξεβληθη εκ του παραδεισου και περι της μεταστασεως αυτου του αδαμ και ευας δεσποτα ευλογησον *e*; διηγησις παλαια περι της πλασεως του αδαμ της εξοριας και του θανατου αυτου *m*

εἶδον ἐγὼ κατ' ὄναρ τῇ νυκτὶ ταύτῃ τὸ αἷμα <"Αβελ> τοῦ υἱοῦ μου
10 ⟦†αμιλαβες†⟧ τοῦ ἐπιλεγομένου "Αβελ⟧ βαλλόμενον εἰς τὸ στόμα
Κάϊν τοῦ ἀδελφοῦ αὐτοῦ, καὶ ἔπιεν αὐτὸ ἀνελεημόνως. παρεκάλει δὲ
αὐτὸν συγχωρῆσαι αὐτῷ ὀλίγον ἐξ αὐτοῦ. ₃ αὐτὸς δὲ οὐκ ἤκουσεν
αὐτοῦ, ἀλλ' ὅλον κατέπιεν αὐτό. καὶ οὐκ ἔμεινεν ἐπὶ τὴν κοιλίαν
αὐτοῦ, ἀλλ' ἐξῆλθεν ἔξω τοῦ στόματος αὐτοῦ.
15 ₄ εἶπεν δὲ 'Αδάμ· ἀναστάντες πορευθῶμεν καὶ ἴδωμεν τί ἐστιν τὸ
γεγονὸς αὐτοῖς, μήποτε ὁ ἐχθρὸς πολεμῇ τι πρὸς αὐτούς.

III πορευθέντες δὲ ἀμφότεροι ηὗρον πεφονευμένον τὸν "Αβελ ἀπὸ
χειρὸς Κάϊν τοῦ ἀδελφοῦ αὐτοῦ. ₂ καὶ λέγει ὁ θεὸς Μιχαὴλ τῷ ἀρχ-
αγγέλῳ· εἰπὲ τῷ 'Αδὰμ ὅτι τὸ μυστήριον ὃ οἶδας μὴ ἀναγγείλῃς Κάϊν
20 τῷ υἱῷ σου, ὅτι ὀργῆς υἱός ἐστιν. ἀλλὰ μὴ λυποῦ· δώσω σοι γὰρ ἀντ'
αὐτοῦ ἕτερον υἱόν. οὗτος δηλώσει πάντα ὅσα ποιήσεις. σὺ δὲ μὴ εἴ-
πῃς αὐτῷ μηδέν.
₃ ταῦτα εἶπεν ὁ θεὸς τῷ ἀρχαγγέλῳ αὐτοῦ. 'Αδὰμ δὲ ἐφύλαξεν τὸ
ῥῆμα ἐν τῇ καρδίᾳ αὐτοῦ, μετ' αὐτοῦ δὲ καὶ ἡ Εὖα, ἔχοντες τὴν λύ-
25 πην περὶ "Αβελ τοῦ υἱοῦ αὐτῶν.

1-70 αυτη—ε(π εμοι) ds vb qz ni he alc rm
9   ειδον εγω κατ οναρ τη νυκτι ταυτη] ειδον εγω τη νυκτι ταυτη κατ οναρ d; ειδον κατ οναρ τη νυκτι ταυτη b qz; ειδον κατ οναρ εν τη νυκτι h; ειδον κατ οναρ εν νυκτι e; ειδον κατ οναρ εγω τη νυκτι ταυτη r; ειδον γαρ κατ οναρ m   9-10   το αιμα <αβελ> του υιου μου ⟦†αμιλαβες†⟧ του επιλεγομενου αβελ⟧ βαλλομενον] το αιμα του υιου μου αμιλαβες του επιλεγομενου αβελ βαλλομενον ds ni he al r {μου} ημων ni. αμιλαβες] του αμιλαβες h; om. r. επιλεγομενου] καλουμενου he; επικαλουμενου l; λεγομενου r. βαλλομενον] ανιλεως βαλλομενον r}; το αιμα του υιου μου αμιλαβες βαλλομενον v; βαλλομενον το αιμα του υιου ημων αμιλαβες του επικαλουμενου αβελ b; το αιμα του υιου ημων βαλλομενον qz c; οτι το αιμα αβελ του υιου ημων m   10-11   εις το στομα καιν του αδελφου αυτου] εις το στομα του αδελφου αυτου r; om. m   11   και επιεν αυτο ανελεημονως] ανελεημονως c; καιν επινεν ανιλεως m | επιεν] επινεν b e r; επινον qz. αυτο] το αιμα αυτου b. ανελεημονως] †τελεις μονος† n; †τελει μονος† i   •   παρεκαλει δε] ο δε αβελ επαρεκαλει e; παρεκαλεσα δε r; και παρεκαλει m   12   αυτον] αβελ qz; αυτον αβελ ni h m; αυτον λεγων e; om. r   •   συγχωρησαι αυτω] συγχωρησαι d; σπλαγχνισθηναι και συγχωρησαι b; συγχωρησον μοι αυτο qz; συγχωρησον αδελφε μου e; οπως συγχωρησει αυτω m   •   ολιγον εξ αυτου] εξ αυτου ολιγον b; ολιγον e; ολιγον εξ αυτον c; om. r; μικρον m   12-13   αυτος δε ουκ ηκουσεν αυτου] om. r; και ουκ ηθελεν m | αυτος δε] και αυτος qz; ο δε αυτος e. ηκουσεν] ηκουεν d b; εισηκουσεν l c. αυτου] αυτον b h c   13   αλλ ολον κατεπιεν αυτο] om. rm | αλλ ολον] αλληλων c. κατεπιεν αυτο] κατεπιεν αυτου d; αυτο κατεπιεν v; αυτο κατεπιεν ανελεημονως b; κατεπιεν qz l   13-14   και ουκ εμεινεν επι την κοιλιαν αυτου] ωστε ουδε εχωρευθη εν τη κοιλια αυτου b; om. qz r; και ουκ εμεινεν εκ του αιματος του αβελ εις την κοιλιαν αυτου m | εμεινεν] εμενεν v e. επι] εις v   14   αλλ εξηλθεν εξω του στοματος αυτου] om. qz | αλλ] αλλα και b. εξηλθεν] εξεχεεν αυτο m. εξω] εκ ac m; εξωθεν r   15   ειπεν δε] ειπεν ουν b; και ει–

πεν *e l* • αδαμ] ο αδαμ *qz e*; αδαμ τη ευα *alc*; τη ευα αδαμ *r*; αδαμ προς την ευαν *m* • αναστάντες πορευθωμεν] αναστάντες πορευσομεθα *qz*; αναστωμεν και πορευθωμεν *he*; αναστάντες δε πορευθωμεν *c*; πορευθωμεν *m* **15-16** τι εστιν το γεγονος αυτοις] τι γεγονεν επ αυτοις *b*; τι το γεγονος αυτοις *qz*; το γεγονος αυτοις *e*; τι εστι το οραμα τουτο περι των υιων ημων *c*; τι εστι το γεγονος εν αυτοις *r* **16** μηποτε] μηπως *b* • ο εχθρος πολεμη τι] ο εχθρος πολεμη *ds b e*; ο εχθρος τι πολεμη *qz*; εχθρος πολεμη *h*; πολεμη ο εχθρος τι *a*; ο εχθρος ελθων πολεμη *c*; πολεμιος εχθρος *r*; πολεμηση εχθρος *m* • προς] om. *b q m*; περι *ni* **17** πορευθεντες δε] και πορευθεντες *b*; πορευθεντες ουν *qz*; πορευθεντες *h* • ηυρον] και ηυρον *b* • πεφονευμενον τον αβελ] τον αβελ πεφονευμενον *m* **17-18** απο χειρος] εκ χειρος *v qz e c*; υπο χειρος *i*; δια χειρος *r*; εκ των χειρων *m* **18** καιν του αδελφου αυτου] του αδελφου αυτου καιν και λυπηθεις αυτοι σφοδρα *m* **18-19** και λεγει ο θεος μιχαηλ τω αρχαγγελω ειπε τω αδαμ] και απεστειλεν ο θεος μιχαηλ τον αρχαγγελον και ειπεν τω αδαμ *qz*; λεγει κυριος ο θεος προς αυτους *m* | και λεγει] ειπεν δε *r*. τω αρχαγγελω] τω αρχαγγελω αυτου *i c*; του αρχαγγελου *r*. ειπε] απελθε και ειπε *l*; ειπειν *c* **19** οτι το μυστηριον ο οιδας] om. *b*; μη κλαιετε το γαρ μυστηριον ο εωρακατε *m* | οτι] om. *v qz e r*. το] om. *r*. οιδας] οιδατε *v*; οιδας εις τον αβελ *qz*; ουκ οιδας *c* **19-21** μη αναγγειλης καιν τω υιω σου οτι οργης υιος εστιν αλλα μη λυπου δωσω σοι γαρ αντ αυτου ετερον υιον] μη λυπου δωσω σοι ετερον υιον αντ αυτου †και δε το† υιος σου οργης υιος εστι αλλα μη λυπου *r* | αναγγειλης] αναγγειλετε *v*; αναγγελεις *q e c*; αναγγειλατε *m*. καιν τω υιω σου] καιν *v*; τω υιω σου καιν *qz*; τω καιν τω υιω σου *a*; και τω υιω σου *c*; καιν του υιου υμων *m*. οτι οργης υιος εστιν] οτι υιος οργης εστιν *qz*; οτι οργης εστιν *a*; οτι οργισθη ο αδελφος αυτου *c*; διοτι οργης υιος εστιν *m*. αλλα μη λυπου] μη λυπου δε *b*; συ δε μη λυπου *q*; συ δε λυπου *z*; και μη λυπεισθαι *m*. δωσω σοι γαρ αντ αυτου ετερον υιον] δωσω σοι γαρ ετερον υιον αντ αυτου *b*; δωσει σοι γαρ ο θεος αντ αυτου ετερον υιον *qz*; δωσω σοι αντ αυτου ετερον υιον *e*; δωσω σοι γαρ αντ αυτου υιον *c*; οτι αντι αβελ δωσω σοι ετερον υιον [ον] *m* **21** ουτος δηλωσει παντα οσα ποιησης] εν ω και παρακληθησει *qz* | ουτος] ουτος γαρ *d*; ος *v ni he*; ουτος δε *b*; οστις *c*; αυτος *m*. δηλωσει] δηλωσει σοι *b ni c rm*; δηλησει *he*. παντα οσα] παντα οσα αν *n*; παντα *e*; οσα αν *l*; παντα οσα α *c*. ποιησης] om. *e*; ποιησης αυτω *alc*; εποιησας *r* **21-22** συ δε μη ειπης αυτω μηδεν] om. *d v qz he m* **23-24** ταυτα ειπεν ο θεος τω αρχαγγελω αυτου αδαμ δε εφυλαξεν το ρημα] ταυτα ειπων ο αγγελος προς τον αδαμ διεφυλαξεν το ρημα *d*; ταυτα ειπων ο θεος τω αρχαγελω αυτου αδαμ διεφυλαξεν το ρημα *s*; αδαμ και ευα εφυλαξαν το μυστηριον *v*; και ταυτα προς τον αδαμ λαλησας ο αρχαγγελος εφυλαξεν το ρημα *b*; ταυτα ειπεν ο αρχαγγελος μιχαηλ αποσταλεις εκ θεου και αδαμ και ευα εφυλαξαν ταυτα *qz*; ταυτα ειπεν ο θεος τω αρχαγγελω αυτου μιχαηλ και ο αρχαγγελος τω αδαμ αδαμ δε εφυλαξεν το ρημα *ni he* {ειπεν} ειπων *he*. τω αρχαγγελω αυτου μιχαηλ] μιχαηλ τω αρχαγγελου αυτου *e*}; ο γαρ αδαμ εφυλαγεν το ρημα του θεου *m* | ειπεν ο θεος] ο θεος ειπεν *a*. τω αρχαγγελω] τω αγγελω *al*; μιχαηλ τω αρχαγγελω *r*. αδαμ δε εφυλαξεν] αδαμ δε εγνω *r* **24** αυτου[1]] αυτων *v qz* • μετ αυτου δε και η ευα] μετα ταυτα και η ευα *d*; μετ αυτου και η ευα *s r*; om. *v qz m*; συν αυτω δε και η ευα *b*; ομοιως δε και η ευα μετ αυτου *n i h e* {δε} om. *he*}; μετ αυτου και ευα *l*; η δε ευα μετ αυτον *c* **24-25** εχοντες την λυπην περι αβελ του υιου αυτων] om. *m* | εχοντες] ειχεν *d c*; δια παντος εχοντες *qz*. την] om. *e*. λυπην] λυπην εν τη καρδια αυτων *r*. περι αβελ του υιου αυτων] του υιου αυτων *b*; του υιου αυτων αβελ *qz* {αυτων} αυτου *z*}; περι του υιου αυτων *l*; του υιου αυτης *c*; om. *r*

IV μετὰ δὲ ταῦτα ἔγνω Ἀδὰμ τὴν γυναῖκα αὐτοῦ, καὶ ἐν γαστρὶ ἔσχεν καὶ ἐγέννησεν τὸν Σήθ. ₂ καὶ λέγει Ἀδὰμ τῇ Εὔᾳ· ἰδοὺ ἐγεννήσαμεν υἱὸν ἀντὶ Ἄβελ ὃν ἀπέκτεινεν Κάϊν· δώσωμεν δόξαν καὶ θυσίαν τῷ θεῷ.

V ἐποίησεν δὲ Ἀδὰμ υἱοὺς τριάκοντα καὶ θυγατέρας τριάκοντα. ἔζησεν δὲ Ἀδὰμ ἔτη ἐνακόσια τριάκοντα, ₂ καὶ περιπεσὼν εἰς νόσον βοήσας φωνῇ μεγάλῃ λέγει· ἐλθέτωσαν πρός με οἱ υἱοί μου πάντες, ὅπως ὄψομαι αὐτοὺς πρὶν ἀποθανεῖν με.

₃ καὶ συνήχθησαν πάντες (ἦν γὰρ οἰκισθεῖσα ἡ γῆ εἰς τρία μέρη). ₄ εἶπεν δὲ αὐτῷ Σὴθ ὁ υἱὸς αὐτοῦ· πάτερ Ἀδάμ, τί σοί ἐστιν νόσος; ₅ καὶ λέγει· τεκνία μου, πόνος πολὺς συνέχει με.

καὶ λέγουσιν αὐτῷ· τί ἐστιν πόνος καὶ νόσος;

VI καὶ ἀποκριθεὶς Σὴθ λέγει αὐτῷ· μὴ ἐμνήσθης, πάτερ, τοῦ παραδείσου ἐξ ὧν ἤσθιες καὶ ἐλυπήθης; ₂ ἐὰν οὕτως ἐστίν, ἀνάγγειλόν μοι, καὶ ἐγὼ πορεύσομαι καὶ ἐνέγκω σοι καρπὸν ἀπὸ τοῦ παραδείσου. ἐπιθήσω γὰρ κόπρον ἐπὶ τὴν κεφαλήν μου καὶ κλαύσομαι

1-70 αυτη—ε(π εμοι) *ds vb qz ni he alc rm*
Omission: 36-38 και—αυτω *he*

26 μετα δε ταυτα εγνω αδαμ την γυναικα αυτου] om. *ni* | μετα δε ταυτα] και μετα ταυτα *d r*; μετα ταυτα *s v*; μετα ουν ταυτα *b*. αδαμ] ο αδαμ *c*; την γυναικα αυτου] ευαν την γυναικα αυτου *s b c* **26-27** και εν γαστρι εσχεν και εγεννησεν] και εγεννησεν *v*; και συλλαβουσα ετεκεν *b qz*; και εν γαστρι ελαβεν και ετεκεν *e*; και εν γαστρι εσχεν και ετεκεν *c*; οτι εσυνελαβεν και εγεννησεν *m* **27** τον σηθ] υιον και επωνομασεν το ονομα αυτου σηθ *he m* • λεγει] ειπεν *qz ni he m* • αδαμ] ο αδαμ *b ni alc rm* • τη ευα] τη γυναικι αυτου ευα *qz*; om. *m* **27-28** ιδου εγεννησαμεν υιον αντι αβελ] εξανεστησεν γαρ μοι ο θεος σπερμα ετερον αντι αβελ του υιου μας *r* | εγεννησαμεν] γεννησαντες *b*; εγεννησα *q*; εγεννημαι *z* **28** καιν] καις *c* **28-29** δωσωμεν δοξαν και θυσιαν τω θεω] δοξασωμεν τω θεω και δωσωμεν λατρειαν αυτω *d*; δωσωμεν δοξαν τω θεω *b*; δωσωμεν αινον τω θεω και δοξασωμεν αυτω *h*; δωσωμεν αινον και δοξαν τω θεω *e*; λεγει δε αδαμ προς την ευαν ανασταντες δε δωσωμεν θυσιαν κυριω τω θεω ημων επει εγεννησας ημιν υιον τον σηθ κατα προσταξιν θεου και εποιησαν ουτως *m* **30-31** εποιησεν δε αδαμ υιους τριακοντα και θυγατερας τριακοντα εζησεν δε αδαμ ετη ενακοσια τριακοντα] εζησεν δε αδαμ ετη ενακοσια τριακοντα και εγεννησαν υιους τριακοντα και θυγατερας τριακοντα *m* | εποιησεν δε αδαμ] εγεννησεν δε αδαμ *v*; εποιησεν ουν αδαμ *b*; ειθ ουτως εγεννησεν αδαμ *qz*; εποιησεν δε ο αδαμ *h*; εποιησεν γαρ αδαμ *c*; και εποιησεν αδαμ *l*. υιους τριακοντα και θυγατερας τριακοντα] υιους και θυγατερας εξηκοντα *vb*; υιους τριακοντα *al*. εζησεν δε αδαμ ετη εννακοσια τριακοντα] εζησεν δε ετη εννακοσια τριακοντα *ni*; om. *he ac*; εζησεν δε αδαμ ετη πεντακοσια *r* **31** και περιπεσων εις νοσον] και περιεπεσεν εις νοσον *ds*; προς δε το τελος αυτου <ν>οσηλευθεις *b*; και νοσησας μικρον *qz ni*; και ησθενησεν μικρον *he*; περιπεσων εις νοσον μεγαλην *c*; περιπεσων ενοσει *r* **32** βοησας φωνη μεγαλη λεγει] φωνη μεγαλη εβοησεν λεγων *l*;

βοησας ειπεν c | βοησας] και εβοησεν *ds he*; εβοησεν *b qz ni*; και βοησας *a*; βοησας δε *r*; εβοησεν ο αδαμ *m*. λεγει] λεγων *ds b m*; και ειπεν *qz ni h*; λεγων και ειπεν *e*; ειπεν *a r* • προς με οι υιοι μου παντες] προς με οι ολοι μου παιδες *b*; παντες οι υιοι μου προς με *qz* {με} εμε *z*}; με προς με υιοι μου παντες *h*; προς με παντες οι υιοι μου *e*; οι υιοι μου παντες *l*; παντες υιοι ⟦οι⟧ μου προς με *c*; οι υιοι ημων και αι θυγατερας ημων ενωπιον μου *m* | οι] om. *s v r* **33** οπως] ως ινα *b*; και *e r* • αυτους] om. *qz* • πριν] πριν η *ds a* • αποθανειν με] αποθανουμαι *ds c r*; αποθανω *b*; του αποθανειν με *m*. Addition: και απεστειλεν τον υιον αυτου σηθ επι παντας του λαλησαι αυτοις *c* **34** και συνηχθησαν παντες] και συναχθεντων παντων *b*; om. *e*; και συνηχθησαν παντες υιοι οι αυτω *c*; και ακουσαντες ηλθον ενωπιον του πατρος αυτων αδαμ και συναχθεντων αυτων εμπροσθεν του πατρος αυτων *m* • ην γαρ οικισθεισα η γη εις τρια μερη] ην γαρ διαμερισμενοι εις τρια μερη της γης και συνζευγμενοι αλληλων *e*; ιδων οτι εσχισθη η γη εις μερη τρια *m* | οικισθεισα] οικειωθεισα *l*; οικισ⟨θεισ⟩α *c*. η γη] om. *h*. εις τρια μερη] εις ημερας γ' *qz*; εις τριτον μερος *r*. Addition: και ηλθον παντες επι την θυραν του οικου εν ω εισηρχετο ευξασθαι τω θεω *alc r* {και ηλθον παντες] και ηλθοσαν παντες *l*; και ανελθοντες παντες *c*; κατηλθον παντες *r*. επι την θυραν του οικου] εμπροσθεν αυτου *c*; εις την θυραν του οικου *r*. ευξασθαι] προσευχεσθαι *c*} **35** ειπεν δε αυτω σηθ ο υιος αυτου] ειπεν δε σηθ αυτω ο υιος αυτου *v*; λεγει προς αυτον σηθ ο υιος αυτου *b*; ειπεν αυτω ο υι⟨ο⟩ς αυτου ο σηθ *c*; και ο σηθ λεγει προς τον πατερα αυτου *m* | αυτω] om. *he a r* • αδαμ] om. *c m* • τι σοι εστιν νοσος] τι εστιν ο νοσος *b*; τι σοι νοσος *qz*; om. *ni*; τις η νοσος *h*; τι εστιν η ση νοσος *e*; τι σοι εστιν η νοσος *a m* **36** και λεγει] και λεγει αδαμ *v*; ο δε ειπεν αυτω *qz*; αποκριθεις λεγει αυτω *n*; και αποκριθεις λεγει αυτω *i*; και λεγει αυτω ο αδαμ *c*; ειπεν δε αυτω *r*; και λεγει ο αδαμ *m* • τεκνια μου] τεκνια *v*; τεκνα μου *b*; om. *qz ni*; τεκνον μου *r* • πονος πολυς] φοβος πολυς *ni*; πολυς πονος *c*; πολυς νοσος *m* • συνεχει με] με συνεχει *ds*; add. τεκνον *qz ni* **37** και λεγουσιν αυτω τι εστιν πονος και νοσος] και λεγουσιν αυτω τι εστιν πονος τι εστι νοσος *d*; και λεγουσιν αυτω τι εστιν πονος και τι εστιν νοσος *s*; και λεγουσιν αυτω τι εστιν νοσος και πονος *v*; λεγουσιν αυτω εκεινοι και τι εστιν πονος πατερ *b*; om. *qz ni c*; και λεγουσιν τι εστιν πονος και νοσος *a*; και λεγει αυτω τι εστιν πονος και νοσος *r*; και λεγουσιν αυτω τι εστιν ο πονος και η νοσος *m* **38** και αποκριθεις σηθ λεγει αυτω] αποκριθεις ουν σηθ λεγει αυτω *b*; και λεγει αυτω σηθ τω πατρι αυτου *c*; om. *m* | αυτω] om. *r* **38-39** μη εμνησθης πατερ του παραδεισου] μη εμνησθης πατερ των του παραδεισου *v*; μη του παραδεισου εμνησθης και ασθενεις πατερ *e*; μη γαρ εμνησθης του παραδεισου *m*. Addition: και των εν αυτω καρπημων φυτων *qz ni* {εν αυτω] αυτου *q*; εαυτου *z*. καρπημων φυτων] καρπων *qz*} **39-40** εξ ων ησθιες και ελυπηθης εαν ουτως εστιν αναγγειλον μοι] om. *qz*; και ειπεν αδαμ ναι τεκνον ο δε ειπεν *he* {αδαμ] ο αδαμ προς αυτον *e*}; αφ ου εξενωθης και επεθυμησας αυτον και ελυπηθης εαν ουτως εστιν αναγγειλον μοι πατερ *m* | εξ] αφ *b*. ελυπηθης] ελυπηθης επιθυμησαι αυτον *a*; ελυπηθης αυτω *l*; και λυπηθεις επεθυμησας αυτω *r*. εαν ουτως εστιν] εαν ουτως εχει *b*; ερωτω σε πατερ *c*; εαν εστιν ουτως *r* **40** και εγω] εγω *d*; εγω δε *s*; καγω *b qz ni*; εγω πατερ *he*; και *c*; οπως *m* • πορευσομαι] πορευομαι *a r*; ελευσομαι *l*; πορευθωμεν *m*[1]; πορευθω *m*[2] **40-41** και ενεγκω σοι καρπον απο του παραδεισου] om. *e* | ενεγκω] ενεγκωμεν *m*[1]. απο] εκ *d qz rm* **41** επιθησω γαρ κοπρον επι την κεφαλην μου] επι την κεφαλην μου γαρ επιθησομαι κοπρον *v* | επιθησω γαρ] και επιθησω *e*; επιθησω *m*. κοπρον] κοπριαν *b*; χουν *r*; κοπον *m*. επι] om. *z* • κλαυσομαι] κλαυσομαι και βοησω *qz* {κλαυσομαι] κλαυσω *z*} καὶ προσεύξομαι, καὶ εἰσακούσεταί μου κύριος καὶ ἀποστελεῖ τὸν ἄγγελον αὐτοῦ, καὶ ἐνέγκω σοι ἵνα καταπαύση ὁ πόνος ἀπὸ σοῦ.

₃ λέγει αὐτῷ ὁ Ἀδάμ· οὐχί, υἱέ μου Σήθ, ἀλλὰ νόσον καὶ πόνους ἔχω.

λέγει αὐτῷ Σήθ· καὶ πῶς σοι ἐγένοντο;

VII εἶπεν δὲ αὐτῷ ὁ Ἀδάμ· ὅτε ἐποίησεν ἡμᾶς ὁ θεός, ἐμέ τε καὶ τὴν μητέρα ὑμῶν, δι' ἧς καὶ ἀποθνήσκω, ἔδωκεν ἡμῖν πᾶν φυτὸν ἐν τῷ παραδείσῳ. περὶ ἑνὸς δὲ ἐνετείλατο ἡμῖν μὴ ἐσθίειν ἐξ αὐτοῦ, δι' οὗ καὶ ἀποθνήσκομεν. ₂ ἤγγισεν δὲ ἡ ὥρα τῶν ἀγγέλων τοὺς διατηροῦντας τὴν μητέρα ὑμῶν τοῦ ἀναβῆναι καὶ προσκυνῆσαι τὸν κύριον. ἔδωκεν δὲ αὐτῇ ὁ ἐχθρὸς καὶ ἔφαγεν ἀπὸ τοῦ ξύλου, ἐγνωκὼς ὅτι οὐκ ἤμην ἔγγιστα αὐτῆς, οὔτε οἱ ἅγιοι ἄγγελοι. ₃ ἔπειτα ἔδωκεν κἀμοὶ φαγεῖν, VIII καὶ ὠργίσθη ἡμῖν ὁ θεός. καὶ ἐλθὼν ἐν τῷ παραδείσῳ ὁ δεσπότης ἐκάλεσέν με φωνῇ φοβερᾷ λέγων· Ἀδάμ, ποῦ

1-70 αυτη—ε(π εμοι) *ds vb qz ni he alc rm*
Omission: **44-47** λεγει—αδαμ *r*
Revisions: **50-53** ηγγισεν—αγγελοι *b*; *qz*; *ni he*

42 και¹] om. *b* • εισακουσεται] παντως εισακουσεται *m* • αποστελει] αποστειλη *ds b z ni h al*; αυτος στειλη *m* • τον] om. *b* **43** αυτου] αυτου και επιδωσει μοι βρωσιν *qz*; αυτου και ενεγκω μοι φυτον *h*; αυτου και ενεγκει μοι φυτον εκ του παραδεισου *e*; αυτου και ενεγκει μοι απο του ξυλου εν ω ρεει το ελεος *c*; αυτου και ενεγκει σοι καρπον *m* • και ενεγκω σοι] και φερω σοι *he*; add. βρωσιν τινα *ni*; om. *c m* • ινα καταπαυση] ινα αποπαυση *a*; ινα παυση *l*; και καταπαυσει *c m*; καταπαυσει *r* • απο σου] απ αυτου *d*; σου *vb e r* **44** λεγει] και λεγει *ds e a*; λεγει δε *m* • αυτω ο αδαμ] αυτω αδαμ *v qz ni he*; αδαμ τω υιω αυτου σηθ *m* • ουχι] ακουσον *m* • σηθ] om. *v* **44-45** αλλα νοσον και πονους εχω] αλλα πονους δεινους και νοσον *qz*; αλλα νοσους και πονους εχω *h*; om. *e*; αλλα νοσον και πονον εχω *al*; αλλα νοσον και πονον εχω πολυν *c*; εγω πονον και νοσον εχω *m* **46** λεγει αυτω σηθ] και φησιν προς αυτον σηθ *b*; λεγει αυτω σηθ ο υιος αυτου *qz*; om. *e c*; και λεγει αυτω σηθ πατερ *m* • εγενοντο] εγενετο ω πατερ *qz*; εγενετο *h l*; γενηται τουτο *e*; εγενετο ο νοσος *m* **47** ειπεν δε αυτω ο αδαμ] ειπεν δε αδαμ προς αυτον *b*; om. *q e*; ειπεν δε αδαμ του υιου αυτου σηθ *m* | δε] om. *z*. αυτω] om. *c*. ο] om. *v z ni h*. Addition: ακουσον τεκνον συνετως και ερω σοι *qz ni he* {ακουσον] ακουσον μου *h*; αλλ ακουσον *e*. τεκνον] τεκνον ειπεν *q*. και ερω σοι] om. *qz n e*} • οτε εποιησεν] οτι εποιησεν *vb*; εποιησεν γαρ *qz*; εποιησεν *ni he r*, οταν εποιησεν *l* • ημας ο θεος] ο θεος ημας εκ χοος *qz*; ο θεος *r*; μοι ο θεος *m* • εμε τε και] εμε και *vb qz alc r*; και *m* **48** υμων] υμων ευαν *i*; σου *e r* • δι ης και αποθνησκω] και εθετο ημας εν τη τρυφη του παραδεισου παση τιμη τιμησας ημας *qz*; om. *he* | δι ης] δι αυτης *r*; δια τουτο *m*. αποθνησκω] αποθνησκομεν *lc* • εδωκεν ημιν] και εδωκεν ημιν εξουσιαν *b*; και παραγγειλας και εντειλαμενος *qz*; και εδωκεν ημιν *ni h*; και εδωκεν ημας *e*; το οπερ μοι εδωκεν ο θεος *m* **48-49** παν φυτον εν τω παραδεισω] παν φυτον εν παραδεισω *d*; εσθειν απο παντος ξυλου του εν τω παραδεισω *b*; εχεσθαι και μεταλαμβανειν παντα των εν τω παραδεισω φυτων *qz* {παντα] παντων *q*}; παν φυτον εν τω παραδεισω εχεσθαι μεν και απολαβειν παντων

ni; παντα τα εν τω παραδεισω αρχεσθαι και απολαβειν παντων *he* {τα] om. *h*. και] om.
e}; φυλασσειν και εσθιειν απο παντος φυτου *c*; παν φυτον τον εν τω παραδεισω εις τελειαν πολιτειαν και απολαυσιν ημων *m*   **49**   περι ενος δε] πλην ενος εκεινου γαρ του ενος και μονου φυτου *b*; ενος δε μονου *qz*; περι δε ενος *a*; ενος δε *c*; περι ενος δε μονου *r*; ενος δε ξυλου ου *m*   •   ενετειλατο] παρηγγειλεν *b*   •   ημιν] om. *e c*   •   μη εσθιειν] μη αψησθε *b*; του μη εσθιειν *qz*   •   εξ αυτου] om. *b*; απ αυτου *qz*   **49-50**   δι ου και αποθνησκομεν] δι ης και αποθνησκομεν *ds*; om. *b*; ινα μη φαγοντες εξ αυτου και θανατω <θανα>θωμεν *qz* {μη] om. *z*}; δι ου και εαν αυτο αψομεθα αυτη τη ωρα αποθνησκομεν *e*; και ουτως παρεβημεν την εντολην αυτου δια τουτο αποθνησκομεν *m*. Addition: και εδωκεν ημιν και δυο αγγελους παραφυλασσοντες ημας *e*   **50-51**   τους διατηρουντας] των διατηρουντων *v*; των φυλασσοντων *alc*; του θεου των διατηρουντων *m*   **51**   και] om. *c*   **51-52**   τον κυριον] αυτον *m*. Additions: και ηυρεν αυτην μονην *d*; και ευρων αδειαν ο εχθρος εξεπατησεν αυτην *m*   **52**   εδωκεν δε] και εδωκεν *d c*; τοτε εδωκεν *v*; εδωκεν *r*   •   απο του ξυλου] απο του ξυλου ου ενετειλατο ημιν ο θεος *c*; απο τον καρπον του ξυλου *m*   **53**   ημην] ειμι *d l*   •   εγγιστα] εγγυς *a*; †εγνοσθεν† *c*; εγγυθεν Tischendorf's conjecture for *c*   •   ουτε οι αγιοι αγγελοι] om. *c*   •   επειτα] κακεινη δε παλιν *b*; και *qz m*; επειτα ελθουσα *ni h*; επειτα ελθουσα εκεινη *e*; επειτα δε *r*   **53-54**   εδωκεν καμοι φαγειν] om. *r* | εδωκεν] μετεδωκεν *b*. καμοι] ημιν *b a*; καμοι η μητηρ υμων απο του ξυλου *qz*; και εμοι *m*. φαγειν] και εφαγον *s b qz e m*; εις φαγειν *c*   **54**   και ωργισθη] εκ τουτου οργισθεις *qz*; και φαγοντες ωργισθη *he*; οτε δε εφαγομεν αμφοτεροι ωργισθη *alc m*; εφαγομεν αμφοτεροι ωργισθη *r*   •   ημιν ο θεος] ημιν κυριος ο θεος *s b*; ημας ο κυριος *m*. Addition: καταραν επηγαγεν ημιν δι ης και αποθνησκομεν *qz*   •   και ελθων] παρουσιασθεις *b*; ελθων δε *q*; ελθων γαρ *z*   **54-55**   εν τω παραδεισω ο δεσποτης] εν τω παραδεισω *vb m*; ο δεσποτης εν τω παραδεισω *e*; εν τω παραδεισω ο θεος *m*. Addition: εθηκεν τον θρονον αυτου και *alc r*   **55**   εκαλεσεν] ελαλησεν *b*; εφωνησεν δε *m*   •   με] om. *vb al m*; ημας *c*   •   φωνη φοβερα] εν φωνη μεγαλη *q*; εν φωνη φοβερα *z*; om. *m*

50-53 ηγγισεν—αγγελοι revisions
και οτε ανεβησαν οι αγγελοι οι προσμενοντες μετα της μητρος υμων προσκυνησαι τον κυριον καθως ην αυτοις τυπος ημην δε εγω μακραν απ αυτης γνους δε ο εχθρος οτι μονη υπαρχει δεδωκεν αυτη και εφαγεν απο του ξυλου ου παρηγγελθη μονον μη εσθιειν *b*; ηγγισεν δε η ωρα καθ ην ενεβαινον εγω και οι αγγελοι του απενεγκειν την οφειλομενην δοξολογιαν και προσκυνησιν τω κυριω ηλθον δε και οι αγγελοι οι τηρουντες την μητερα υμων η δε μητηρ υμων ουκ ανηλθεν συν αυτοις εγνωκως δε τουτο ο εχθρος και καταμονας ευρων αυτην προσομιλησεν αυτην απατησας και δελεασας εδωκεν αυτη απο του ξυλου και εφαγεν *qz* {απενεγκειν] απενεγκαι *z*}; ηγγισεν δε η ωρα των αγγελων των διατηρουντων την μητερα υμων του αναβηναι και προσκυνησαι τω κυριω και ανερχομενων αυτων εγνωκως ο εχθρος οτι ουκ ημην εγγυς αυτης ουδε οι αγιοι αγγελοι προσελθων και προσομιλησας αυτη εξηπατησεν αυτην και εδωκεν αυτη απο του ξυλου και εφαγεν *ni he* {η ωρα] ημερα *h*; η ημερα *e*. την μητερα υμων] ημας *e*. του αναβηναι και προσκυνησαι τω κυριω] του εισελθειν του αινησαι τον κυριον και προσκυνησαι *h*; του αινησαι και προσκυνησαι τω κυριω *e*. και ανερχομενων αυτων] και ανερχομενων αυτων εις<ς> τους ουρανους του προσευξασθαι τω θεω αυτων ωσπερ ησαν διατεταγμενοι *e*. εγνωκως] και εγνωκως *h*; εγνω *e*. εχθρος] παμπονηρος εχθρος *e*. οτι ουκ ημην εγγυς αυτης] οτι ουκ εισιν μετ αυτης *h*; οτι ουκ εισιν μετα την μητερα υμων ευαν *e*. ουδε οι αγιοι αγγελοι] om. *he*. προσομιλησας αυτη] προσομιλησας αυτης *e*. εξηπατησεν αυτην και] om. *e*}

εἶ; καὶ ἵνα τί κρύβεσαι ἀπὸ προσώπου μου; μὴ δυνήσηται κρυβῆναι οἰκία τῷ οἰκοδομήσαντι αὐτήν;

₂ καὶ λέγει· ἐπειδὴ ἐγκατέλιπας τὴν διαθήκην μου καὶ τὴν ἐντολήν μου παρήκουσας, ἐπήνεγκα τῷ σώματί σου ἑβδομήκοντα πληγάς· πρῶτον νόσος πληγῆς ὁ βιασμὸς τῶν ὀφθαλμῶν, δεύτερον πληγῆς ἀκοῆς καὶ οὕτως καθεξῆς πᾶσαι αἱ πληγαὶ παρακολουθοῦσαι τῷ σώματι.

IX ταῦτα δὲ λέγων ὁ Ἀδὰμ τοῖς υἱοῖς αὐτοῦ ἀνεστέναξεν μέγα, καὶ εἶπεν· τί ποιήσω ὅτι ἐν μεγάλη λύπη εἰμί.

₂ ἔκλαυσεν δὲ ἡ Εὔα λέγουσα· κύριέ μου Ἀδάμ, ἀναστὰς δός μοι τὸ ἥμισυ τῆς νόσου σου, καὶ ὑπενέγκω αὐτό, ὅτι δι' ἐμὲ τοῦτό σοι γέγονεν, δι' ἐμὲ ἐν καμάτοις τυγχάνεις.

₃ εἶπεν δὲ Ἀδὰμ τῇ Εὔᾳ· ἀνάστα καὶ πορεύου μετὰ τοῦ υἱοῦ ἡμῶν Σὴθ πλησίον τοῦ παραδείσου, καὶ ἐπίθετε γῆν ἐπὶ τὰς κεφαλὰς ὑμῶν καὶ κλαύσατε δεόμενοι τοῦ θεοῦ ὅπως σπλαγχνισθῇ ἐπ' ἐμοί, καὶ ἀποστείλη τὸν ἄγγελον αὐτοῦ εἰς τὸν παράδεισον, καὶ δώση μοι ἐκ τοῦ δένδρου ἐν ᾧ ῥέει τὸ ἔλαιον ἐξ αὐτοῦ. καὶ ἐνέγκης μοι καὶ ἀλείψωμαι καὶ ἀναπαύσωμαι ἀπὸ τῆς νόσου μου.

1-70 αυτη—ε(π εμοι) *ds vb qz ni he alc rm*; 70-106 (ε)π εμοι—ημων *ds vb qz niH e alc rm*

56 ει] ει συ *e*. Addition: εγω δε δειλιασας και κρυβηθεις ειπεν *b* • και] om. *b* • κρυβεσαι] κρυπτεσαι *ds*; κρυβησαι *b e lc*; εκρυβης *qz rm*; κρυβεσθαι *h* • απο προσωπου μου] απο του προσωπου μου *d i h c m*; απ εμου *qz* 56-57 μη δυνησηται κρυβηναι οικια τω οικοδομησαντι αυτην] ουκ ειπον σοι εκ του ξυλου μη φαγης και ειπον εγω προς τον κυριον η γυνη ην δεδωκας μοι αυτη με εδωκεν απο του ξυλου και εφαγον *d*; μη δυνησηται οικια κρυβηναι τω οικοδομησαντι αυτην *v*; μη ουν δυνησηται κρυβηναι οικια τω οικοδομησαντι αυτην *b*; μη δυνησαι οικια κρυβηναι τω οικοδομησαντι αυτην *qz*; μη κρυβηναι δυνησεται οικια τω οικοδομησαντι αυτης *i*; μη δυνησηται οικια τω οικοδομησαντι αυτην κρυβηναι *h ac* {αυτην] αυτου *c*}; δυναται δε η οικια κρυβηναι τω οικοδομησαντι αυτην *e*; μη δυναται κρυβηναι οικια τω οικοδομησαντι αυτην *l*; ου δυνησεται οικια κρυβηναι εν τω οικοδομησαντι αυτην *r*; ουκ οιδας οτι ου δυνεται κρυβηναι η οικια απο τον οικοδομησαντα αυτην *m* | αυτην] αυτης *n* 58 και λεγει] και λεγει μοι ο κυριος *d*; om. *b rm*; και ταυτα ειπων παλιν εφη μοι *qz ni he*; και λεγει μοι *c* • επειδη] επει *ds*; αλλ επειδη *b m* • εγκατελιπας] εγκατελειπες *v qz he m*; παρεβης *b*; κατελιπας *l* 58-59 την διαθηκην μου και την εντολην μου παρηκουσας] την διαθηκην μου και τω εχθρω ηκουσας *d*; την διαθηκην μου *s v alc r*; την εντολην μου *b*; με και την διαθηκην μου παρηκουσας *h* | μου¹] om. *ni*. την εντολην] τας εντολας *m*. παρηκουσας] παρακουσας *q* 59 επηνεγκα] υπηνεγκα *d v a r*; προσαξω *b*; επενεγκω *qz ni he*; υπενεγκω *l*; υπηνεγκας *c*; υπενεγκω σοι *m* • σωματι] σωμα *ds he c r* 59-60 εβδομηκοντα πληγας] εβδομηκοντα δυο πληγας *d*; πληγας ō' *b*; εβδομηκοντα δυο ημισυ πληγας *e* 60 πρωτον νοσος πληγης ο βιασμος των

οφθαλμων] αφ ου α̅' ο πονος των οφ<θ>αλμων b; το πρωτον μεν ως η οδυνη των οφθαλμων qz {το} και z}; προστασσω σοι οδοντας και βιασμους των οφθαλμων πονειν c; πρωτον πλειστοις πονοις βιασμον των οφθαλμων m | πρωτον νοσος πληγης] πρωτη νοσος πληγης ds v; πρωτη μεν νοσος πληγης ni; και πρωτος μεν νοσος πληγης h; και πρωτου μεν νοσου πληγης e; πρωτος πονος πληγης a; πρωτην πληγην ο πονος r. ο βιασμος] οι βιασμοι he • δευτερον] δευτερα vb qz h; δευτερα δε ni e **60-61** πληγης ακοης] πληγη ακοη v; της ακοης b; πληγη ακοης ειτα των οδοντων επειτα της κεφαλης και λοιμος του σωματος και βοημος και αι λυπαι οσαι επαγονται σοι qz {ακοης} της ακοης q. ειτα] η z. βοημος] βοημοι q}; πληγη ακοης ni; διακοης h; ακοης e; πληγης της ακοης ο πονος al; πληγας και της ακοης τον πονον c; πληγην ακοης r; κωφησις των ωτιων υμων m **61** και ουτως] και b q; om. z **61-62** πασαι αι πληγαι παρακολουθουσαι τω σωματι] ετεραι πληγαι του σωματος b; εως του αποστρεψαι σε εις γην εξ ης εληφθης qz | παρακολουθουσαι] παρακολουθουσιν s; παρακολουθησαι v e m; παρακολουθησουσιν ni c; παρακολουθησασαι h; παρακολουθωσιν al. τω σωματι] τω σωμα ds; τω σωματι σου ni he; om. al r; σοι c; σοι τω σωματι υμων m **63** δε] om. ds b c • ο αδαμ] om. z • τοις υιοις] τους υιους r; add. και των θυγατερων m **63-64** ανεστεναξεν μεγα και] om. c | μεγα] μεγαλως b al rm; om. qz **64** ειπεν] λεγει b; ειπεν τοις υιοις αυτου qz • οτι] om. vb alc r • λυπη] αναγκη d; αναγκη και θλιψει c • ειμι] ειμαι qz; ειμι καγω m **65** δε η ευα] δε και η ευα h alc rm; και ευα v • λεγουσα] και ειπεν b • μου] εμου b; om. e c • αδαμ] om. h • αναστας] αναστα ni ac; αναστα και m **66** της νοσου] του πονου ds b; του νοσου l • σου] om. z e • και υπενεγκω αυτο] om. v c; και υπομενω ενεγκαι αυτην qz; οτι εγνωκα εγω κυριε e | υπενεγκω] επενεγκω a. αυτο] αυτην al m; αυτα r **66-67** δι εμε τουτο σοι γεγονεν] δι εμε τουτο γεγονεν σοι v; om. h; δι εμου σοι γεγονεν τουτο e | εμε] εμου z ni. τουτο] ταυτα qz r. γεγονεν] εγενετο c; γεγοναν r **67** δι εμε εν καματοις τυγχανεις] δι εμε εν πονοις και καματοις τυγχανεις b; και δι εμου εν λυπη τυγχανεις qz {λυπη} λυπαις z}; και δι εμε εν καματοις τυγχανεις ni; om. e; και δι εμε εν καματω και πονω τυγχανεις και εις γην κατεκριθης m | δι εμε] οτι δι εμε r. τυγχανεις] τυγχανεις και πονεις c. Addition: δι εμε εν ιδροτητι του προσωπου σου τον αρτον εσθιεις δι εμε παντα υπομενεις d **68** ειπεν δε] και ειπεν qz • αδαμ] ο αδαμ r • τη ευα] της ευας ni • αναστα] add. μονον c • ημων] μου v **69** επιθετε] επιθεσθε v lc; επιθησατε b; πασατε m • γην] χουν d rm; νυν qz; την γην a **70** κλαυσατε δεομενοι] βοησατε και κλαυσατε qz; κλαυσατε δεομενων e; κλαυσετε δεομενοι a r; κλαυσατε πικρως δεομενοι m • του θεου] ενωπιον του θεου qz; τον θεον a r • σπλαγχνισθη επ εμοι] σπλαγχνισθη επ εμε b e alc; δι εμε σπλαγχνισθη m **71** αποστειλη] πεμψη qz; αποστελει e r • εις τον παραδεισον] om. ds • δωση] ενεγκη qz ni he • μοι] υμιν b; σοι c m **71-72** εκ του δενδρου εν ω ρεει το ελαιον εξ αυτου] καρπον και αιτησασθε αυτον ελεος του ελαιου qz | εκ του δενδρου] κλαδον εκ του δενδρου e; εκ το δενδρον c; απο το δενδρον m. εν ω ρεει το ελαιον εξ αυτου] ου το ελαιον ρεει απ αυτου b; εν ω εχει χαριν και ρεει το ελαιον αυτου e; εν ω ρεει το ελεος c; εν η ρεει το ελαιον r **72** και ενεγκης μοι] om. qz niH e; add. εξ αυτου m **72-73** και αλειψωμαι] οπως αλειψωμαι qz; και νιψωμαι e; add. εξ αυτου c; om. r **73** αναπαυσωμαι] λυτρωθω b; αναστησωμαι c; καταπαυσωμαι r • απο της νοσου μου] εκ του νοσου μου d; εκ του πονου b; απο της νοσου z; om. alc r. Addition: και δηλωσω σοι τον τροπον εν ω ηπατηθημεν το προτερον alc rm {δηλωσω} δηλωσει l. τον τροπον] τω τοπω c. εν ω ηπατηθημεν το προτερον] om. l; ον ηπατηθημεν το προτερον r; ου ημεις ουτως ηπατηθημεν m}

X ἐπορεύθη δὲ Σὴθ καὶ ἡ Εὕα εἰς τὰ μέρη τοῦ παραδείσου. καὶ εἶδεν ἡ Εὕα τὸν υἱὸν αὐτῆς καὶ θηρίον πολεμοῦντα αὐτόν. ₂ ἔκλαυσεν δὲ Εὕα λέγουσα· οἴμοι οἴμοι· ὅτι ἐὰν ἔλθω εἰς τὴν ἡμέραν τῆς ἀναστάσεως πάντες οἱ ἁμαρτήσαντες καταράσονταί μοι λέγοντες ὅτι οὐκ ἐφύλαξεν Εὕα τὴν ἐντολὴν τοῦ θεοῦ.

₃ καὶ εἶπεν πρὸς τὸ θηρίον· ὦ σὺ θηρίον πονηρόν, οὐ φοβεῖ σὺ τὴν εἰκόνα τοῦ θεοῦ πολεμῆσαι; πῶς ἠνοίγη τὸ στόμα σου; πῶς ἐνίσχυσαν οἱ ὀδόντες σου; πῶς οὐκ ἐμνήσθης τῆς ὑποταγῆς σου ὅτι πρότερον ὑπετάγης τῇ εἰκόνι τοῦ θεοῦ;

XI τότε τὸ θηρίον ἐβόησεν λέγων· ὦ Εὕα, οὐ πρὸς ἡμᾶς ἡ πλεονεξία σου, οὔτε ὁ κλαυθμός, ἀλλὰ πρὸς σέ, ἐπειδὴ ἡ ἀρχὴ τῶν θηρίων ἐκ σοῦ ἐγένετο. ₂ πῶς ἠνοίγη τὸ στόμα σου φαγεῖν ἀπὸ τοῦ ξύλου, περὶ οὗ ἐνετείλατό σοι ὁ θεὸς μὴ φαγεῖν ἐξ αὐτοῦ; διὰ τοῦτο καὶ ἡμῶν αἱ φύσεις μετηλλάγησαν. νῦν οὖν οὐ δυνήσει ὑπενεγκεῖν ἐὰν ἀπάρξωμαι ἐλέγχειν σε.

XII λέγει ὁ Σὴθ πρὸς τὸ θηρίον· κλεῖσαί σου τὸ στόμα καὶ σίγα, καὶ ἀπόστηθι ἀπὸ τῆς εἰκόνος τοῦ θεοῦ ἕως ἡμέρας τῆς κρίσεως.

70-106 (ε)π εμοι—ημων *ds vb qz niH e alc rm*
Omissions: **76-79** οτι—προς το θηριον *v*; **80-82** πως ηνοιγη—θεου *qz*

74 επορευθη δε σηθ και η ευα] ταυτα ακουσαντες οτε σηθ και η μητηρ αυτου αναstantος επορευθησαν *qz* | επορευθη] επορευθησαν *b*. δε] ουν *b*; om. *c*. η ευα] ευα *v lc r*; η ευα η μητηρ αυτου *m* • εις] επι *e* • παραδεισου] παραδεισου και πορευομενων αυτων εξηλθεν εις αυτους θηριον και εξεπηδησεν επι τον σηθ *qz*; παραδεισου εισερχομενων εν τη οδω υπηντησεν αυτου θηριον αγριωδες και ανημερον ηγουν ο αντικειμενος διαβολος πολεμων μετα του υιου αυτης σηθ ως ιδεας θηριου *e*; παραδεισου και πορευομενων αυτων *al m*; πορευομενων δε αυτων *c r* **74-75** και ειδεν η ευα τον υιον αυτης και θηριον πολεμουντα αυτον] και ειδεν ευα θηριον πολεμουντα μετα του υιου αυτης σηθ *v*; και μακροθεν θεωρησεν η ευα τον υιον αυτης πολεμουμενον υπο θηριου *b*; το θηριον *q*; και ειδεν η ευα πολεμουν<τα> τον σηθ το θηριον *z* | και ειδεν] ειδεν *alc rm*. η ευα] ευα *alc r*. τον υιον αυτης] τον υιον αυτης σηθ *n*; σηθ τον υιον αυτης *iH e c*; τον υιον αυτης τον σηθ *m*. και θηριον πολεμουντα αυτον] πολεμουντα μετα του θηριου *e*; θηριον πολεμουντα αυτον *c*; θηριον πολεμουμενον *r*; πολεμουντα μετα θηριου *m* **75-76** εκλαυσεν δε ευα λεγουσα] εκλαυσεν και στεναξασα ειπεν *b* | εκλαυσεν δε] και εκλαυσεν *qz niH e c m*. ευα] η ευα *ds r*; om. *z niH e c m*. λεγουσα] λεγων *q* **76** οιμοι²] om. *v c* • οτι εαν ελθω] οτι αν ελθω *qz e lc m*; οταν ελθω *r* **77** αναστασεως] κρισεως *c* • παντες οι αμαρτησαντες] παντες οι αμαρτωλοι οι αμαρτησαντες *e*; παντες *c r*; παντες γαρ οι αμαρτωλοι *m* • καταρασονται] καταροντες *qz*; καταρασσοντες *niH e*; κατηρασονται *lc r* • μοι] με *s b qz niH e a r*. Addition: επικαταρατος η ευα *qz niH e m* {επικαταρατος επικαταρατη *e*} **78** οτι] om. *b*; ητις *q* • ουκ εφυλαξεν ευα] ουκ εφυλαξεν *qz niH e l*; ουκ εφυλαξεν η ευα *a*; η ευα ουκ εφυλαξεν *c r* **79** και ειπεν] και ελαλησεν b; και στραφεις η ευα ειπεν e; εβοησεν δε η ευα alc rm {δε] om. m. η] om. l} • προς] om. e • θηριον¹] θηριον λεγουσα alc rm • ω συ] ω ν qz niH e lc m; ουαι σοι b • πονηρον] om. b m **79-80** ου φοβει συ την εικονα του θεου πολεμησαι] πως ου φοβει συ πολεμων την εικονα του θεου qz {φοβει συ] φοβησαι z}; ου φοβει συ του πολεμειν την εικονα του θεου niH; ου φοβει συ τον θεον και πολεμεις την εικονα του θεου e; om. l | ου] ουδεν c. φοβει συ] φοβησαι ν c rm. πολεμησαι] πολεμησαι αυτην ds r; πολεμεις c; πολεμουσαι αυτην m **80-81** πως ηνοιγη το στομα σου πως ενισχυσαν οι οδοντες σου] om. ν | ηνοιγη] ηνικα b; ηνοιγης m. πως ενισχυσαν οι οδοντες σου] om. b; πως ηνοιχθησαν οι οφθαλμοι σου e; πως ηνοιχθησαν οι οδοντες l; πως ενισχυσεν το σωμα σου c; πως ενισχυουσιν οι οδοντες σου m **81** πως] τεως e • της υποταγης σου] της υποταγης b; πως υποτακτης e; της προτερας σου υπακοης c **81-82** οτι προτερον υπεταγης τη εικονι του θεου] και εξεπεσες της εικονος του θεου e | οτι προτερον] ης b; ης προτερον niH. υπεταγης] υπ<ετ>αγης c. τη εικονι] την εικονα b c **83** τοτε το θηριον] και qz • εβοησεν λεγων] ειπεν ν qz; εβοησεν τη ευα ειπεν b; εβοησεν φωνη μεγαλη λεγων m • ω ευα ου προς ημας] ω ευα η προς ημας ν; ου παρ ημων b **84** σου] om. b • ουτε ο κλαυθμος] om. r | ουτε] ουδε a. κλαυθμος] κλαυθμος σου qz e alc m • προς σε] παρα σου b **84-85** επειδη η αρχη των θηριων εκ σου εγενετο] η αρχη γαρ των θηριων εκ σου γεγονεν b; επειδη αρχη εκ σου των θηριων εγενετο l; επειδη των θηριων ησουν η αρχη και εγενετο m | επειδη η αρχη] επειδη ανατροπη qz; επειδη η αρχη της ανατροπης niH; επειδη αρα πρωτης ανατροπης e; επει δε η αρχη c. εκ] απο ν **85** πως ηνοιγη] πως ουν ηνοιξας m • το στομα σου] σου το στομα b • φαγειν] και εφαγες m **85-86** απο του ξυλου περι ου ενετειλατο σοι ο θεος μη φαγειν εξ αυτου] απ αυτου niH | απο του ξυλου] om. a. περι] om. b qz e m. σοι] σου b; om. m. ο θεος] κυριος ο θεος e m. μη φαγειν εξ αυτου] μη εσθιειν εξ αυτου ds; μη εσθιειν απ αυτου b; μη φαγειν απ αυτου qz e; μη φαγειν c; απο τουτου μη φαγειν r; μη φαγειν απ αυτου εφαγες m **86-87** δια τουτο και ημων αι φυσεις μετηλλαγησαν] δια ταυτην σου την παραβασιν η φυσις ημων μετηλλαγη b; επειδη ουν συ την εντολην του θεου παρεβης δια τουτο και ημων αι φυσεις μετηλλαγησαν qz niH e {ουν] om. qz e. ημων αι φυσεις] η εμη φυσις e. μετηλλαγησαν] μετηλλα<χ>θησαν qz; μετηλλαγη e}; om. c | και ημων αι φυσεις μετηλλαγησαν] αι φυσεις ημων μετηλλαγησαν ds; και ημιν αι φυσεις μετηλλαγησαν a m; και ημων η φυσις μετηλλαγη l; και ημων αι φυσεις υποστραφησαν r. Addition: ει ουν ακουεις μου ησυχασον niH e {ουν] ουκ e} **87-88** νυν ουν ου δυνησει υπενεγκειν εαν απαρξωμαι ελεγχειν σε] εαν απαρξωμαι ελεγχειν σε ουκ ισχυσεις υπενεγκειν b; om. qz niH; επει ουν δυνασαι υπενεγκειν σοι απαρξωμαι και ελεγχειν σε e; σκοτισθησει και ου δυνησει υπενεγκειν εαν απαρξωμαι λεγειν ου δυνασαι βασταζειν c; ου δυνησει γαρ επενεγκειν ει μην αρξωμαι ελεγχειν σοι r; εαν αρξωμαι του λεγειν σοι ου δυνασαι υπενεγκειν m | ουν] om. s. ου] ω ν. δυνησει] δυνασει d; δυνη s. υπενεγκειν] επενεγκειν ν a. απαρξωμαι] αρξωμαι ν. ελεγχειν] λεγειν s; σε] σοι d ν **89** λεγει] τοτε λεγει b r; λεγει δε qz al; και λεγει m • ο σηθ] σηθ ν qz e l • προς το θηριον] τω θηριω s ν qz r; του θηριου m • κλεισαι] κλινον qz; κλεισον niH e; κλειση c; κλειον r • σου το στομα] το στομα σου b qz niH e rm • και σιγα] om. qz; και σιγησατω c **90** αποστηθι] απο<στη>θι e • απο] om. niH. της εικονος] την εικονα ds • εως ημερας της κρισεως] om. c m | ημερας] ημερα d; της ημερας b qz niH e l r

₂ τότε λέγει τὸ θηρίον τῷ Σήθ· ἰδοὺ ἀφίσταμαι ἀπὸ τῆς εἰκόνος τοῦ θεοῦ.

καὶ ἐπορεύθη εἰς τὴν σκηνὴν αὐτοῦ. XIII ἐπορεύθη δὲ Σὴθ μετὰ τῆς μητρὸς αὐτοῦ Εὔας πλησίον τοῦ παραδείσου. καὶ ἔκλαυσαν δεόμενοι τοῦ θεοῦ ὅπως ἀποστείλῃ τὸν ἄγγελον αὐτοῦ καὶ δώσῃ αὐτοῖς τὸ ἔλεος τοῦ ἐλαίου. ₂ καὶ ἀπέστειλεν ὁ θεὸς Μιχαὴλ τὸν ἀρχάγγελον καὶ εἶπεν αὐτῷ· Σήθ, ἄνθρωπε τοῦ θεοῦ, μὴ κάμῃς εὐχόμενος ἐπὶ τῇ ἱκεσίᾳ ταύτῃ περὶ τοῦ ξύλου ἐν ᾧ ῥέει τὸ ἔλαιον ἀλεῖψαι τὸν πατέρα σου Ἀδάμ· ₃ οὐ γενήσεταί σοι νῦν. ₆ σὺ δὲ πάλιν πορεύου πρὸς τὸν πατέρα σου, ἐπειδὴ ἐπληρώθη τὸ μέτρον τῆς ζωῆς αὐτοῦ εἴσω τριῶν ἡμερῶν. ἐξερχομένης δὲ τῆς ψυχῆς αὐτοῦ μέλλεις θεάσασθαι τὴν ἄνοδον αὐτῆς φοβεράν.

70-106 (ε)π εμοι—ημων ds vb qz niH e alc rm
Omission: **93-95** και επορευθη—δεομενοι του θεου v

91-92 τοτε λεγει το θηριον τω σηθ ιδου αφισταμαι απο της εικονος του θεου] om. c m | τοτε λεγει] και φησιν b; λεγει qz. τω σηθ] προς σηθ ds; προς τον σηθ b; om. qz. αφισταμαι] αφισταμαι σηθ a. απο της εικονος του θεου] τη εικονι του θεου b; απο της εικονος του αορατου θεου qz r; απο της εικονος του θεου του αορατου niH; απο σου l. Additions: τοτε εφυγεν το θηριον και αφηκεν αυτον πεπληγμενον al; εως της ηφυγεν το θηριον r **93** και επορευθη εις την σκηνην αυτου] και απεστη εξ αυτου qz; om. niH e | επορευθη] επορευθη το θηριον c; απηλθεν m. σκηνην] κοιτην b • επορευθη δε] και επορευθη d e m; ηγγισαν δε qz **93-94** σηθ μετα της μητρος αυτου ευας] σηθ μετα ευας ds; σηθ μετα της ευας b r; om. qz; σηθ μετα ευας της μητρος αυτου niH **94** πλησιον του] εις τον qz • και εκλαυσαν] και εκλαυσεν b; και εκλαιον e; και εκλαυσαν εκει al; και εκλαυσεν εκει c; και εκλαυσαν προς κυριον m **95** του θεου] τον θεον r; om. m • οπως αποστειλη] οπως αποσταλη b; οπως ελεηση τον δουλον του θεου αδαμ και αποστειλη qz {του θεου} αυτου q²}; του ξαποστειλαι e **95-96** τον αγγελον αυτου και δωση αυτοις] αυτω qz | τον] om. ds. αυτοις] αυτους e r **96** το ελεος του ελαιου] add. αυτου s; το ελαιον του ελαιου b z al; το ελεος ελαιου e; του ελαιου το ελεος r; το ελαιον αυτου m. Addition: οπως αλειψωσιν αυτον και θεραπευθη του πονου και της λυπης αυτου qz • απεστειλεν] αποστειλεν r • ο θεος] ο θεος προς αυτους a; κυριος ο θεος m **96-97** μιχαηλ τον αρχαγγελον] add. αυτου v niH c; τον αρχαγγελον μιχαηλ b; τον αρχαγγελον αυτου μιχαηλ qz; μιχαηλ τον αγγελον αυτου e; τον αγγελον αυτου μιχαηλ m **97** και ειπεν] και ελαλησεν b; και λεγει m • αυτω σηθ] τω σηθ vb qz e m; αυτοις τους λογους τουτους σηθ al r; αυτοις σηθ c • ανθρωπε του θεου] ανθρωπε qz; om. m • μη καμης] μη καμνε b; μη ανακαμης H; μη αποκαμης r; μη καμπτης γονυ m **97-98** ευχομενος] om. b; ευχομενον z; μηδε κλαιων m **98** επι τη ικεσια ταυτη] om. v; υπο τη ικεσια ταυτη e; απο τη ικεσια ταυτη r; μηδε ικετευεις m • περι του ξυλου εν ω ρεει το ελαιον] αιτουμενος το ελεος του ελαιου η αλλον τι εκ του παραδεισου qz | περι του ξυλου] δεομενος περι του ξυλου b; υπο του ξυλου e; επι του ξυλου r; περι του ξυλου της ζωης m. εν ω ρεει το ελαιον] εξ ου ρεει το ελεος v; του ρεοντος το ελαιον *b*; εν ω ρεει το ελεος *r*; ινα λαβης ελαιον *m* **99** αλειψαι τον πατερα σου αδαμ ου γενησεται σοι νυν] απερ ζητεις ου γενησεται αυτω νυν *qz* {ζητεις] ζητων *q*; νυν] τανυν *z*}; om. *m* | αλειψαι] εις το αλειψαι *b*; προς το αλειψαι *niH*; του αλειψαι *e l*. τον] om. *c*. αδαμ] om. *r*. ου γενησεται σοι νυν] ου γενησεται σοι υιω *s*; om. *v*; ου γαρ γενησεται νυν *b*; ου γενησεται νυν *e*; ου γαρ γενηται σοι νυν *c*. Addition: ₃ᵦ αλλ επ εσχατων των καιρων οτε αναστησεται πασα σαρξ απο αδαμ εως της ημερας εκεινης της μεγαλης οσοι εσονται λαος αγιος ₄ τοτε αυτοις δοθησεται πασα ευφροσυνη του παραδεισου και εσται ο θεος εν μεσω αυτων ₅ και ουκ εσονται ετι εξαμαρτανοντες ενωπιον αυτου οτι αρθησεται απ αυτων η καρδια η πονηρα και δοθησεται αυτοις καρδια συνετιζομενη το αγαθον και λατρευειν θεω μονω *alc r* {καιρων] ημερων *l r*. οτε] τοτε *ac*. εκεινης της μεγαλης] της συντελει<α>ς *c*; εκεινης *r*. οσοι] οσοι αυτοις *c*; τοτε *r*. αυτοις δοθησεται] δοθησεται *l*. εν μεσω] ανα μεσον *r*. και ουκ εσονται ετι] οτι αυτοι εσονται *c*; και ουκετι εσονται *r*. απ αυτων η καρδια η πονηρα] απ αυτων η καρδια πονηρα *l*; η καρδια αυτων *c*; η καρδια αυτων η πονηρα απ αυτων *r*. και δοθησεται αυτοις καρδια συνετιζομενη το αγαθον] συνετιζομενη το αγαθον *c*; και δοθησεται *r*. λατρευειν θεω μονω] λατρευειν μονον θεω *c*; θεω λατρευειν μονω *r*} **99-100** συ δε παλιν πορευου] πορευου δε *v*; αλλ επιστρεψον *b*; αλλα μαλλον πορευου *qz e*; αλλα μαλλον *niH*; συ παλιν πορευου *al*; συ ουν πορευου *c*; αλλα πορευου *m* **100** προς τον πατερα σου] προς αυτον *b* | σου] om. *r* • επειδη] οτι *b m*; και ειπε αυτω οτι *qz* • επληρωθη το μετρον] επληρωθησαν αι ημεραι *b*; επληρωθη ο χρονος *qz*; ηγγικεν το μετρον *m* **101** εισω τριων ημερων] εισω ημερων τριων *v*; και ζησει απο την σημερον γ' ημερας και αποθανειται *b*; om. *qz m*; ινα τριων ημερων *ni*; τριων ημερων *H*; εις τρεις ημερας *e*; υπο δε τριων ημερων *r* • εξερχομενης δε της ψυχης αυτου] και ιδου εξερχεται η ψυχη αυτου εκ του σωματος *qz* {σωματος] σωματος αυτου *q*}; εξερχομενος του σωματος αυτου *r*; εν γαρ εξερχομενης της ψυχης αυτου *m* | εξερχομενης δε] και εξερχομενης δε *l*. αυτου] αυτης *e* **102** μελλεις θεασασθαι] και μελλει θεασασθαι *qz*; μελλει θεασασθαι *e*; μετα τρεις ημερας θεασητε εχεις *m* • την ανοδον αυτης φοβεραν] την ανοδον αυτου φοβεραν *b*; την ανοδον αυτης πονηραν *e*; την ανοδον την φοβεραν *r*; το ονειδος αυτου φοβερον *m*. Addition: μετα δε ταυτα εισω πεντε ημερων και ημισυ καταβησομαι επ αυτω δωρουμενος αυτω το ελεος του ελαιου και τον καρπον του παραδεισου *qz* {μετα δε ταυτα] μετα ταυτα δε *z*. πεντε ημερων και ημισυ] πεντε ημισυ ημερων *z*}

XIV εἰπὼν δὲ ταῦτα ὁ ἄγγελος ἀπῆλθεν ἀπ' αὐτῶν. ἦλθεν δὲ Σὴθ καὶ ἡ Εὖα εἰς τὴν σκηνὴν ὅπου ἔκειτο ὁ Ἀδάμ. ₂ λέγει δὲ Ἀδὰμ τῇ Εὖᾳ· ὦ Εὖα, τί κατειργάσω ἐν ἡμῖν; ἐπήνεγκας ἐφ' ἡμᾶς ὀργὴν μεγάλην ἥτις ἐστὶν θάνατος κατακυριεύων παντὸς τοῦ γένους ἡμῶν.

₃ λέγει Ἀδὰμ τῇ Εὖᾳ· κάλεσον πάντα τὰ τέκνα ἡμῶν καὶ τὰ τέκνα τῶν τέκνων ἡμῶν, καὶ ἀνάγγειλον αὐτοῖς τὸν τρόπον τῆς παραβάσεως ἡμῶν.

XV τότε λέγει ἡ Εὖα πρὸς αὐτούς· ἀκούσατε, πάντα τὰ τέκνα μου καὶ τὰ τέκνα τῶν τέκνων μου, κἀγὼ ἀναγγελῶ ὑμῖν πῶς ἠπάτησεν ἡμᾶς ὁ ἐχθρός.

70-106 (ε)π εμοι—ημων ds vb qz niH e alc rm; 107-124 λεγει—δι (αυτου) ds kpg vb niH he qz alc rm
Omissions: 104-106 λεγει—ημων m; 110-112 ακουσατε—εχθρος b
Revisions: 107-124 λεγει—δι αυτου qz niH he

103   ειπων δε ταυτα ο αγγελος απηλθεν απ αυτων] και ευθυς απηλθεν απ αυτων ο αγγελος v; om. m | ειπων δε ταυτα ο αγγελος] ειπων δε ταυτα ο αρχαγγελος b; ειπων δε ταυτα αυτοις ο αγγελος qz {αγγελος} αγγελος κυριου z}; ειπων δε ταυτα ο αγγελος του θεου niH e; ειπων δε ο αγγελος ταυτα l; ειπων δε αυτα ο αγγελος c; ταυτ ειπων δε ο αγγελος r. απ αυτων] απ αυτους e; απ αυτου c   103-104   ηλθεν δε σηθ και η ευα] υπεστρεψεν δε σηθ μετα της ευας b; κατεβησαν δε σηθ και η μητηρ αυτου λυπουμενοι qz; ο δε σηθ και η ευα ηλθον e; ηλθεν δε ευα και σηθ l; και ηλθεν σηθ και η ευα m | ηλθεν] ηλθον s c. δε] om. a. η] om. d v c   104   εις την σκηνην οπου εκειτο ο αδαμ] εν τη σκηνη η εκειτο ο αδαμ b; προς τον αδαμ qz; επι τον αδαμ m. Addition: λυπουμενοι μεν οτι ουδεν εκομιζοντο αδαμ χαιρομενοι δε επι τας ελπιδας αυτων εν τω λεγειν αυτοις ο θεος οτι εγω καταβησομαι και οψομαι αυτον διηγησαντο ουν παντα τω αδαμ οτι τελος ειληφεν η ζωη αυτου και οτι προς τον θανατον πορευσεται τας δε πεντε ημερας εκρινεν ο αδαμ ειναι χιλιαδας πεντε και πεντακοσια ετη εν οις ο θεος σπλαγχνισθεις ελεησει το γενος των ανθρωπων επ εσχατου των ημερων την γαρ ημεραν κυριου φησιν χιλια ετη qz {εκομιζοντο αδαμ} εκομιζοντο. τας ελπιδας] την ελπιδα z. παντα] ταυτα z. τελος] το τελος q. πορευσεται] πορευεται z. εκρινεν] εκεινας q} •   λεγει δε αδαμ] λεγει αδαμ d; και φησιν αδαμ b; και λεγει αδαμ qz; και λεγει ο αδαμ niH c; και ιδων αυτους ο αδαμ λεγει e; λεγει δε ο αδαμ a r   104-105   τη ευα] προς την ευαν b   105   ω ευα] om. vb e •   κατειργασω] κατειργασας niH • εν ημιν] εις ημας b; εν εμοι r •   επηνεγκας] επηνεγκασα v; και επηνεγκας b e alc; επενεγκας H; και υπηνεγκας r   105-106   εφ ημας οργην μεγαλην ητις εστιν θανατος] οργην εφ ημας οτι θανατος qz; μοι τον θανατον r | εφ ημας] om. b. ητις] οτι c   106   κατακυριευων] και κατακυριευων v; om. b; κυριευει qz; κυριευων c • παντος του γενους ημων] ημων v; του γενους ημων b; του γενους των ανθρωπων και χωρισμος πικρος γενησεται τουτου πασιν ανθρωποις qz {τουτου} τουτος z}; παντος γενους ημων lc; το γενος ημων r   107   λεγει αδαμ τη ευα καλεσον παντα τα τεκνα ημων] om. d | λεγει] και λεγει vb c; εξειπεν kpg; λεγει παλιν r. αδαμ] om. vb c; ο αδαμ a rm. τη ευα] αυτη v; προς αυτην b; αυτης c; προς την ευαν m. καλεσον] λαλησε k; λαλησον pg; καλεσον μοι r. παντα τα τεκνα] τα τεκνα kpg v r; απαντας τους

παιδας b **107-108** και τα τεκνα των τεκνων ημων] om. *kpg lc rm*; και τους παιδας αυτων b **108** αναγγειλον] αναγγειλω ν *c*; απαγγειλω *r*; αναγγελω *m* • αυτοις] υμιν *r*; om. *m* • τροπον] τοπον *g* **110** τοτε λεγει η ευα προς αυτους] και καλεσας αυτους ηρξατο λεγει<ν> προς αυτους ουτως *b*; και συνηγαγεν απαντα προς τον αδαμ και ανοιξας το στομα η μητηρ αυτων ευα λεγει *m* | τοτε] om. *l*. προς αυτους] om. *ν r* **110-111** παντα τα τεκνα μου και τα τεκνα των τεκνων μου] παντα τα τεκνα ημων *kpg ν*; παντες οι παιδες ημων *r*; μου τους λογους *m* | μου¹] ημων *s*. τα τεκνα²] παν τεκνον *c*. μου²] om. *d*; ημων *s* **111** καγω] και *pg ν r* • αναγγελω υμιν] αναγγειλω *k l*; απαγγελω υμας *r* **111-112** πως ηπατησεν ημας ο εχθρος] om. *c*; add. ημων *al* | ηπατησεν] υπαντησεν *l*

107-124 λεγει—δι αυτου revision

απεκριθη αυτω η ευα και ειπεν οιμοι κυριε μου οτι ηπατηθην πιστευσασα τοις δολιοις ρημασι του οφεως ταυτα δε ειπουσης προς αυτον ηρξαντο οι αμφοτεροι κλαιειν πικρως και μετα το παυσασθαι αυτους του θρηνου υπο της λυπης της πολλης κινηθεις ο αδαμ υπνω κατηνεχθη καθεζομενων δε των υιων αυτων κυκλω της κοιτης του πατρος αυτων και θρηνουντων ειπεν αυτοις η ευα τεκνια μου ο πατηρ υμων ως ορατε ηδη εκλειπει ισως καγω μετ αυτου δευτε ουν ακουσατε και διηγησομαι υμιν τον φθονον και την κακιαν του πονηρου και ποιω τροπω δελεασας εστερησεν ημας του παραδεισου και της αιωνιου ζωης και ηρξατο λεγειν αυτοις ουτως πλασας ο φιλανθρωπος και ελεημων θεος εμε τε και τον πατερα υμων εθετο ημας εν τω παραδεισω δεσποζειν και απολαβειν παντων των εν αυτω φυτων ενος δε μονου φυτου εκελευσεν απεχεσθαι ο ουν διαβολος ιδων ης ετυχομεν τιμης παρα του πλασαντος ημας θεου εφθονησεν ημιν και ευρων τον οφιν φρονιμωτατον οντα υπερ παντα τα θηρια προσελθων ελαλησεν αυτω ουτως οιδα σε φρονιμον οντα υπερ παντα τα θηρια και βουλομαι σοι θαρρησαι πραγμα και συμβουλευσασθαι βλεπεις παντος οιας τιμης ετυχεν παρα του θεου ο ανθρωπος ημεις δε ατιμιας επακουσον μου και δευρο ποιησωμεν αυτον εκλβηθηναι εκ του παραδεισου ως και ημεις εξεβληθημεν δι αυτου *qz niH he*; for subvariants, see p. 178-179

₂ ἐγένετο δὲ ἐν τῷ φυλάσσειν ἡμᾶς τὸν παράδεισον, ἕκαστος ἡμῶν τὸ λάχον τι αὐτῷ μέρος ἀπὸ τοῦ θεοῦ, ἐγὼ δὲ *ἐφύλαξα* ἐν τῷ κλήρῳ μου νότον καὶ δύσιν. ₃ ἐπορεύθη δὲ ὁ διάβολος εἰς τὸν κλῆρον τοῦ Ἀδάμ, ὅπου ἦν τὰ θηρία (ἐπειδὴ τὰ θηρία ἐμέρισεν ὁ θεός· τὰ ἀρσενικὰ πάντα δέδωκεν τῷ πατρὶ ὑμῶν, καὶ τὰ θηλυκὰ πάντα δέδωκεν ἐμοί). XVI καὶ ἐλάλησεν τῷ ὄφει ὁ διάβολος λέγων· ἀνάστα, ἐλθὲ πρός με.

₂ καὶ ἀναστὰς ἦλθεν πρὸς αὐτόν. καὶ λέγει αὐτῷ ὁ διάβολος· ἀκούω ὅτι φρονιμώτερος εἶ ὑπὲρ πάντα τὰ θηρία. <ἐπάκουσόν μου> καὶ ὁμιλῶ σοι. ₃ διὰ τί ἐσθίεις ἐκ τῶν ζιζανίων τοῦ Ἀδὰμ καὶ οὐχὶ ἐκ τοῦ παραδείσου; ἀνάστα καὶ δεῦρο, καὶ ποιήσωμεν αὐτὸν ἐκβληθῆναι ἐκ τοῦ παραδείσου ὡς καὶ ἡμεῖς ἐξεβλήθημεν δι' αὐτοῦ.

₄ λέγει αὐτῷ ὁ ὄφις· φοβοῦμαι μήποτε ὀργισθῇ μοι ὁ κύριος.

107-124 λεγει—δι (αυτου) *ds kpg vb niH he qz alc rm*; **124-142** (δι) αυτου—λυπουμαι *ds kp vb qz ni he alc rm*
Omissions: **115-118** εις τον κληρον—εμοι *r*; **123-129** αναστα—προσκυνησαι *m*
Revisions: **107-124** λεγει—δι αυτου *qz niH he* (see p. 137); **113-120** εγενετο— προς αυτον *v*

113 εγενετο δε εν τω φυλασσειν ημας τον παραδεισον] εν τω ειναι ημας τεκνα μου εις τον παραδεισον και εν τω φυλαττειν *b*; om. *m* | δε] om. *kpg ac r*. ημας] ημων *kpg*. τον παραδεισον] εν τω παραδεισω *k* • εκαστος ημων] εκαστος *p b*; om. *g*; εφυλαττομεν εκαστος *alc rm* {εφυλαττομεν} εφυλαττομεν δε *m*} **114** το λαχον τι] το λαχοντα *ds p ac rm*; το λαχον *b* • αυτω] αυτου *b a rm* • εγω δε] εγω γαρ ημην και *b*; εγω *r* • *εφυλαξα*] εφυλασα *ds l*; om. *kpg*; εφυλαττον *b ac rm* **114-115** εν τω κληρω μου] εν τω καιρω μου *a*; om. *rm* • δυσιν] add. και ο πατηρ υμων ανατολην *l* **115** επορευθη δε ο διαβολος] επορευθη ο δε διαβολος *k*; και επορευθη δε ο διαβολος *p*; και πορευθεις διαβολος *b*; και επορευθη ο διαβολος *m* **116** αδαμ] πατρος σου *m* • ην] ησαν *b c* • θηρια¹] αρρενικα θηρια *b* • επειδη τα θηρια εμερισεν ο θεος] εμερισεν ο θεος *d*; ευμερισεν γαρ ημας ο θεος *k*; εμερισεν γαρ ο θεος ημας *pg*; om. *b m*; εμερισεν ημας ο θεος *c* | ο θεος] ο θεος ημιν *a*; ημιν ο θεος *l* **116-117** τα αρσενικα παντα] και τα αρσενικα παντα *k*; και τα αρσενικα *pg*; τα μεν αρρενικα θηρια *b*; και τα μεν αρρενικα *c*; τα αρσενικα τα παντα *m* **117** δεδωκεν] δεδωκεν ο θεος *b*; εδωκεν *lc m* • τω πατρι υμων] τον πατερα *ds a*; ημιν *g*; τω πατρι υμων αδαμ *m* **117-118** και τα θηλυκα παντα δεδωκεν εμοι] om. *g* | και τα θηλυκα παντα] τα δε θηλυ *k*; τα δε θηλυκα *p*; και τα θηλυ *b m*; και τα θηλυκα *c*. δεδωκεν] εδωκεν *k alc m*. εμοι] εμε *d kp a*; καμε *s*; ημιν *m*. Additions: και εκαστος ημων το εαυτου ετηρει *alc* {το] τα *c*}; και εφυλαττομεν αυτο *m* **118** και ελαλησεν τω οφει ο διαβολος λεγων] add. αυτω ουτως {αυτω} om. *k*; αυτου *g*}; και ελαλησεν ο διαβολος τω οφει λεγων *b*; και ελθων ο διαβολος ελαλησεν τω οφει λεγων *c*; λεγων τω οφει *r*; ο δε διαβολος εκαλεσεν τον οφιν λεγων *m* **118-119** αναστα ελθε προς με] αναστας ελθε προς με *kp r*; om. *g*; αναστα και ελθε προς με *b*; δευρο προς με *m*. Addition: και ειπω σοι ρημα εν ω ωφεληθης *alc rm* {και] οπως *c*. ρημα] ρηματα *l*. ω] om. *r*.

ωφεληθης] μελλο<ι>ς ωφεληθηναι c; εχεις ωφεληθηναι rm} **120** και αναστας] και αναστας ο οφις *kp*; αναστας ο οφις *g*; τοτε *alc rm* • προς αυτον] add. ο οφις *alc r* • και λεγει αυτω] και φησιν προς αυτον *b*; λεγει αυτω *c*; και λεγει προς αυτον *r*; om. *m* • ο διαβολος] om. *v* **121** ακουω] μανθανω *b*; ακουων *m* • οτι] om. *c* • φρονιμωτερος] φρονιμος *kpg* • υπερ παντα τα θηρια] παρα παντα τα θηρια *s*; απο παντων των θηριων *kpg*; υπερ παντων των θηριων *b a*; παρα παντα τα θηρια της γης *r* **121-122** <επακουσον μου> και ομιλω σοι] και ομιλω σοι *ds*; και ακουσον μου και λαλησω σοι *kpg*; δια τουτο λεγω σοι *v*; και δια τουτο συμβουλευομαι σοι *b*; εγω δε ηλθον κατανοησαι σε ηυρον δε σε μειζονα παντων των θηριων και ομιλω σοι ομως προσκυνεις τον ελαχιστοτερον *alc rm* {εγω δε ηλθον] και δια τουτο ηλθον προς σε *c*; και ηλθον *m*. κατανοησαι] του κατανοησαι *lc*. σε] σοι *m*. ηυρον δε] ηυρον *l*. μειζονα] μειζων *r*. παντων των θηριων] υπερ παντα τα θηρια *l*; παρα παντων *m*. και ομιλω σοι] ομιλουσιν †συνον† *c*; ομιλω σοι *r*; λεγων *m*. ομως] οπως *r*; om. *m*. προσκυνεις] προσκυνησεις *a r*; δια τι προσκυνεις *c*; om. *m*. τον ελαχιστοτερον] add. σου *c*; om. *m*} **122** δια τι] δια τι ουν *b*; και δια τι *c m* • εσθιεις] εστησεν *c* • εκ των ζιζανιων] το ζιζανιον *c* • αδαμ] αδαμ και της γυναικος αυτου *alc* {και] αλλα και *l*} **122-123** ουχι εκ] ουχι *l*; ουκ εχεις εκ *c* **123** του] του καρπου του *ac* • αναστα και δευρο] αναστα *ds pg*; om. *k*; δευρο *v*; ει θελεις διαναστηθι *b*; αλλα δευρο επακουσον μου *c*; αναστας δευρο *r* **123-124** και ποιησωμεν αυτον εκβληθηναι εκ του παραδεισου] om. *k* | αυτον εκβληθηναι] αυτους εξελθειν *pg*. εκ του παραδεισου] απο του παραδεισου *b*; δια της γυναικος αυτου εκ του παραδεισου *alc*; εκ του παραδεισου δια της γυναικος αυτου *r* **124** ως και ημεις] αναστα και ως και ημεις *g*. εξεβληθημεν] εκβληθημεν *b*. δι αυτου] εξ αυτου *kp*; απ αυτου *b l* **125** λεγει αυτω ο οφις φοβουμαι μηποτε οργισθη μοι ο κυριος] om. *he* | λεγει] λεγει ουν *b*; και λεγει *r*. αυτω ο οφις] ο οφις προς τον διαβολον *b*. φοβουμαι] φοβουμαι τουτο πραξαι *qz ni*. μηποτε] μηπως *k b*; μη *p* • οργισθη μοι] οργισθη ημων *p*; μοι οργισθη *a*; ημιν οργισθη *r*. ο κυριος] ο θεος *ds kp r*; κυριος *b ac*

113-120 εγενετο—προς αυτον revision

εμερησεν ημιν ο θεος τον παραδεισον φυλασσειν αυτον και τον μεν αδαμ ελεγχεν ανατολη και αρκτος ελεγχον δε μετ αυτου και παντα τα αρσενικα θηρια εγω δε εφυλασα επι τον κληρον μου νοτον και δυσιν και παντα ελεγχον μετ εμου τα θηρια τα θηλυκα επορευθη δε ο διαβολος εν τω κληρω του αδαμ και ελαλησεν τω οφει λεγων αναστας ακολουθει συν μοι *v*

₅ λέγει αὐτῷ ὁ διάβολος· μὴ φοβοῦ· γενοῦ μοι σκεῦος κἀγὼ λαλήσω διὰ στόματός σου ῥῆμα ἓν πρὸς τὸ ἐξαπατῆσαι αὐτούς.

XVII καὶ εὐθέως ἐκρεμάσθη παρὰ τῶν τειχέων τοῦ παραδείσου. καὶ ὅτε ἀνῆλθον οἱ ἄγγελοι τοῦ θεοῦ προσκυνῆσαι, τότε ὁ Σατανᾶς ἐγένετο ἐν εἴδει ἀγγέλου καὶ ὕμνει τὸν θεὸν καθάπερ οἱ ἄγγελοι. ₂ καὶ παρακύψας ἐκ τοῦ τείχους εἶδον αὐτὸν ὅμοιον ἀγγέλου. καὶ λέγει μοι· σὺ εἶ ἡ Εὔα;

καὶ εἶπον αὐτῷ· ἐγώ εἰμι.

καὶ λέγει μοι· τί ποιεῖς ἐν τῷ παραδείσῳ;

₃ καὶ εἶπον αὐτῷ· ὁ θεὸς ἔθετο ἡμᾶς ὥστε φυλάσσειν καὶ ἐσθίειν ἐξ αὐτοῦ.

₄ ἀπεκρίθη ὁ διάβολος διὰ στόματος τοῦ ὄφεως· καλῶς ποιεῖτε. ἀλλ' οὐκ ἐσθίετε ἀπὸ παντὸς φυτοῦ;

₅ κἀγὼ εἶπον· ναί, ἀπὸ πάντων ἐσθίομεν, παρὲξ ἑνὸς μόνου ὅ ἐστιν μέσον τοῦ παραδείσου, περὶ οὗ ἐνετείλατο ἡμῖν ὁ θεὸς μὴ ἐσθίειν ἐξ αὐτοῦ, ἐπεὶ θανάτῳ ἀποθανεῖσθε.

XVIII τότε λέγει μοι ὁ ὄφις· ζῇ ὁ θεός, ὅτι λυποῦμαι περὶ ὑμῶν.

124-142 (δι) αυτου—λυπουμαι ds kp vb qz ni he alc rm; **142-177** περι υμων—το στομα s vb kp ni he qz alc rm
Omissions: **123-129** αναστα—προσκυνησαι m; **129-133** τοτε—εγω ειμι qz; **132-134** συ—μοι d

126 λεγει αυτω ο διαβολος] λεγει ο διαβολος προς αυτον b; λεγει αυτω ο διαβολος τω οφει h; δια τουτο λεγει αυτον τον οφιν ο διαβολος e • μη φοβου] μη φοβου περι τουτου qz h; μη φοβου περι αυτου ni; om. e • γενου μοι] γινου μοι μονον b; συ γενου μοι q ni he; συ γενου z; μονον γενου μοι c; αλλα γενου μοι r • καγω] και εγω b; και e **126-127** λαλησω] λαλησω αυτη c; λαλησω αυτω r **127** δια στοματος σου ρημα εν] δια στοματος σου ρηματα ds k b al; δια του στοματος σου ρηματα p; δια στοματος σου ρημα v; δια του στοματος σου ρημα εν he; εν ρημα δια στοματος σου c; δι αυτου του στοματος σου ρηματα r • προς το] του b; εν ω δυνησαι alc {δυνησαι} δυνησει l}; εις το r • εξαπατησαι] απατησαι k c; εξαποστησαι r • αυτους] αυτον al; αυτην c r **128** και ευθεως εκρεμασθη] και ευθεως εκρεμασθη ο οφις v h; ευθεως ουν ο οφις εκρεμασθη b; και ευθεως ηλθεν προς εμε qz; σ<κ>ευασθεις δε εντος του οφεως και της κοιλιας αυτου ο διαβολος ευθυς εκρεμασθη ο οφις e; και εκρεμασθη ευθυς al; και κρεμασθεις ευθεως c • παρα των τειχεων του παραδεισου] επι του τειχου του παραδεισου k; επι του τραχηλου του οφη και επηγαν εις τον παραδεισον p; εκ των τειχεων του παραδεισω εξελθων v; απο του τειχους του παραδεισου b; εν τω παραδεισω qz; δια των τειχεων του παραδεισου he a r; δια των τειχεων του παραδεισου c **129** και οτε ανηλθον οι αγγελοι του θεου προσκυνησαι] ο δε αδαμ ο πατηρ υμων ου παρην αλλα συν τοις αγγελοις ανηλθεν προσκυνησαι τω κυριω qz {ου} ον z}; και εν τη ωρα οταν οι αγγελοι ηλθον εν τω ουρανω προσκυνησαι τω κυριω καθως εθος εστιν αυτοις e; περι ωραν οταν ανηλθον οι αγγελοι του θεου προσκυνησαι alc r {οταν} εναιην c. ανηλθον] ηλθον c r. του θεου προσκυνησαι] του θεου του προσκυνησαι *a*; του θεου προσκυνησαι αυτω *lc*; προσκυνησαι τον θεον *r*} | και οτε] οτε *k*; οτε δε *vb*. ανηλθον] ηλθον *b*. του θεου προσκυνησαι] προσκυνησαι τον θεον *k*; του προσκυνησαι τον θεον *p*; του θεου προσκυνησαι τω κυριω *ni h*   **129-130**   ο σατανας εγενετο] ο διαβολος εγενετο *kp*; γεγονεν και ο σατανας *b*   **130**   εν ειδει] εν ιδεα *p e*; ομοιος *c*; ως εν ειδει *r*; ως εν μορφη *m*   •   αγγελου] om. *ds*   •   καθαπερ οι αγγελοι] καθαπερ αγγελοι *d*; καθαπερ και οι αγγελοι *kp*; καθαπερ οι αγιοι αγγελοι *ni*; καθαπερ υμνουσιν οι αγγελοι *e*; ως και οι αγγελοι *l*; καθαπερ αγγελος *m*   **131**   και παρακυψας] και παρεκυψεν *ds e l*; και παρεκυψα εγω *kp*; και παρεκυψα *v*; και παρακυψασα *b ni*; και επαρεκυψα *a;* παρακυψασα δε εγω *c*; και παρεγενετο προς με *r*; και επαρεκυψα εγω *m*   •   εκ του τειχους] εκ του τειχου *l*; om. *c rm*.   •   ειδον] και ειδον *ds kp v l rm*; και εγω ειδον *e*; και οιδα *a*   •   ομοιον] και ην ομοιος *kp*; ωσπερ ομοιον *e*   **131-132**   λεγει μοι] λεγει μοι εκεινος *kp*; λεγει *r*; ειπεν μοι *m*   **132**   συ ει η ευα] συ ει ευα *k v l*; συ ευα *p c*; τι ποιεις συ ει ευα *h*; συ λεγω ευα *e*; om. *a*; τις ει η ευα *m*   **133**   και ειπον αυτω εγω ειμι] om. *a*; και εγω αποκριθεις ως νομιζομενη οτι αγγελος θεου εστιν και ειπον *e*; και ειπον αυτω ναι *rm*   **134**   και λεγει μοι] και λεγει μοι εκεινος *k*; εμε δε μονην ευρων λεγει *qz* {λεγει] om. *z*}; και λεγει *ni*; και *h*; om. *a*; και λεγει μοι ο εχθρος θελων εξηπατησαι με *c*; λεγει μοι *r*   •   εν τω παραδεισω] ενταυθα *kp c*; add. εφη μοι *z*; εις τον παραδεισον τουτον *e*   **135**   και ειπον] και αποκριθεις καγω ειπον *r*   •   αυτω] αυτου *p*; om. *e*; αυτω οτι *l*   •   ημας] ημας εν τω παραδεισω *k*; ημιν *p*; με ενθαδε *qz*; με ενταυθα *ni*; με εν τω παραδεισω *h*; με ωδε εν τω παραδεισω *e*; ημας ενταυθα *c*   **135-136**   ωστε φυλασσειν και εσθιειν εξ αυτου] om. *qz ni he* | ωστε φυλασσειν] εις το φυλασσειν *p*; φυλαττειν αυτον *r*; ωστε φυλαττειν τον παραδεισον *m*. εξ αυτου] απ αυτου *b rm*   **137**   απεκριθη ο διαβολος δια στοματος του οφεως] και αποκριθεις ο διαβολος δια του στοματος του οφεως λεγει μοι *kp* {μοι] ημιν *p*}; και λεγει μοι *qz ni h*; και παλιν ειπεν μοι *e* | απεκριθη] απεκριθη δε μοι *v*; απεκριθη μοι *al*; αποκριθεις δε *c rm*. δια στοματος του οφεως] δια του στοματος του οφεως *b*; δια στοματος του οφη λεγει μοι *c*; λεγει μοι *r*; ειπεν μοι *m*   **137-138**   καλως ποιειτε αλλ ουκ εσθιετε απο παντος φυτου] τι οτι ειπεν ο θεος ου μη φαγητε απο παντος ξυλου του εν τω παραδεισω *qz ni he* {τι οτι] μη *e*. ειπεν] ειπεν υμιν *ni*. απο παντος] απαντος *z*. ξυλου] του ξυλου *i e*}; καλως ποιειτε και καλως εργαζεσθε και καλως εσθιατε *c* | καλως ποιειτε] om. *rm*. παντος φυτου] om. *l*   **139**   καγω ειπον] και ειπον αυτω *k*; και ειποντος αυτω *p*; και λεγω *v*; καγω ειπον αυτω *qz*; καγω εφην *he*; και λεγω αυτω *ac r*; om. *l*   •   ναι] om. *ds p qz ni he l*   •   απο παντων] απο παντος *k v ni h*; om. *p rm*; απο παντος φυτου *b c*; απο παντος ξυλου *q*; απαντος *z*; απο παντος του ξυλου του εν τω παραδεισω *e*; παντων *l*   •   εσθιομεν] εφαγομεν *c*; om. *rm*   •   παρεξ] παρεκτος *he*   •   ενος μονου] μονου *ds*; μονου του ξυλου *b*; ενος και μονου *m*   •   ο] οτι *kp*; ου *b*   **140**   μεσον] εν μεσω *q ni he alc m*; εν τω μεσω *z*   •   περι ου ενετειλατο ημιν ο θεος] περι τουτου δε ενετειλατο ημιν ο θεος *b*; εκεινου ενετειλατο μονου *qz* {μονου] μονης *z*}; περι ου ενετειλατο ο θεος ημιν *a* | ημιν] om. *c*   **140-141**   μη εσθιειν εξ αυτου] του μη εσθιειν εξ αυτου *b*; μη φαγειν *qz*; ου μη φαγητε απ αυτου *e*; του μη φαγειν εξ αυτου *c*   **141**   επει] ινα μη *p qz*; επει φησιν *v*; ειπεν γαρ ημιν ην δ αν ημεραν φαγεσθε εξ αυτου *b*; επειδη *l*   •   θανατω αποθανεισθε] θανατω αποθανουμεθα *qz ni h* {θανατω] τω θανατω *z*}   **142**   τοτε λεγει] τοτε ειπεν *h*; τοτε αποκριθεις ειπεν *e*   •   μοι] om. *qz m*; αυτη *h*   •   ο οφις] om. *he r*; ο διαβολος *m*   •   οτι] om. *p qz c m*   •   λυπουμαι] λυπη μοι εστιν *c*   •   υμων] υμων οτι ως κτηνη εστε *alc*; υμων διοτι ανοητως εστε *r*; ως ανοητοι εστε γαρ *m* οὐ γὰρ θέλω ὑμᾶς ἀγνοεῖν. δεῦρο οὖν καὶ φάγε καὶ νόησον τὴν τιμὴν τοῦ ξύλου.

2 ἐγὼ δὲ εἶπον αὐτῷ· φοβοῦμαι μήποτε ὀργισθῇ μοι ὁ θεὸς καθὼς εἶπεν ἡμῖν.

3 καὶ λέγει μοι· μὴ φοβοῦ. ἅμα γὰρ φάγῃς, ἀνοιχθήσονταί σου οἱ ὀφθαλμοί, καὶ ἔσεσθε ὡς θεοὶ γινώσκοντες τί ἀγαθὸν καὶ τί πονηρόν. 4 τοῦτο δὲ γινώσκων ὁ θεὸς ὅτι ἔσεσθε ὅμοιοι αὐτοῦ, ἐφθόνησεν ὑμῖν καὶ εἶπεν οὐ φάγεσθε ἐξ αὐτοῦ. 5 σὺ δὲ πρόσχες τῷ φυτῷ καὶ ὄψει δόξαν μεγάλην.

ἐφοβήθην δὲ λαβεῖν ἀπὸ τοῦ καρποῦ, καὶ λέγει μοι· δεῦρο, δώσω σοι. ἀκολούθει μοι.

XIX ἤνοιξα δὲ καὶ εἰσῆλθεν ἔσω εἰς τὸν παράδεισον. καὶ διώδευσεν ἔμπροσθέν μου. καὶ περιπατήσας ὀλίγον ἐστράφη καὶ λέγει μοι· μεταμεληθεὶς οὐ δώσω σοι φαγεῖν, ἐὰν μὴ ὀμόσῃς μοι ὅτι δίδεις καὶ τῷ ἀνδρί σου.

142-177 περι υμων—το στομα *s vb kp ni he qz alc rm*
Omissions: **143-147** δευρο—φοβου *rm*; **147-149** αμα—πονηρον *qz*; **152-164** εφοβηθην—γην *qz rm*

143 ου γαρ θελω υμας αγνοειν] add. περι τουτου *kp*; ου γαρ θελω υμας αγνοηναι *e* {αγνοηναι] αγνοουσα e^2}; add. αυτο *al*; add. περι του τοιουτου φυτου *c*; om. *rm*. Addition: ου γαρ θανατω αποθανεισθε αλλα μαλλον ζησεσθε και διανοιχθησονται υμων οι οφθαλμοι και εσεσθε ως θεοι γινωσκοντες καλον και πονηρον *qz* {ζησεσθε] ζησησθε *z*} • δευρο ουν] αλλα αναστα και δευρο ουν *a*; αλλ αναστα και δευρο *l*; αλλα αναστα δευρο επακουσον μου *c* • και φαγε] φαγε *b qz he* **143-144** νοησον την τιμην του ξυλου] νοησον τι τουτο το ξυλον *k*; νοησον το τι εστιν το ξυλον *p*; ορα τι ωραιον εις ορασιν και καλον εις βρωσιν γενησεται πειθου ουν τη εμη συμβουλη και φαγε απο του ξυλου *qz*; νοησον του ξυλου την τιμην του ξυλου *h*; νομισον την τιμην του ξυλου *e*; νοησον την τιμην και την γλυκυτητα του ξυλου *c* **145** εγω δε ειπον αυτω] καγω αποκριθει<σ>α ειπον αυτω *kp* | αυτω] αυτου *z*; om. *al* • μηποτε] μη *p l*; μηπως *b e* • οργισθη μοι ο θεος] οργισθη ημιν ο θεος *p b e*; μοι οργισθη ο θεος *v*; οργισθη μοι ο κυριος *l*; οργισθη ο θεος επ εμοι *c* **145-146** καθως ειπεν ημιν] om. *e*; καθως προειπεν ημιν *c* **147** και λεγει μοι] και λεγει μοι ο οφις *kp*; λεγει μοι *v e*; και λεγει ο οφις *qz*; και λεγει ο διαβολος *c* • μη φοβου] μη φοβου περι τουτου *he*; εφθονησεν γαρ υμιν ο θεος και δια τουτο ειπεν ου φαγεσθε απ αυτου *rm* {υμιν] υμας *r*. ου] ου μη *m*} • αμα γαρ φαγης] αμα γαρ του φαγειν σε *b*; αμα γαρ φαγης απ αυτου *c*; αμα γαρ φαγεσθε απ αυτου *r*; εαν γαρ φαγητε απ αυτου *m* **147-148** σου οι οφθαλμοι] οι οφθαλμοι σου *kp*; σοι οι οφθαλμοι *ni*; υμων οι οφθαλμοι *e rm* **148** και εσεσθε ως θεοι γινωσκοντες] και εσεσθε ως θεοι γινωσκετε *k*; και εσεσθε ως θεοι εν τω γινωσκειν *v a*; και εσει γινωσκουσα *ni e*; και *εσει* γινωσκοντα *h* {εσει] εσω ms.}; και εσει ως θεος γινωσκων *l*; και εσει ως θεος γινωσκουσα *c*; γινωσκοντες *r*; και εστε ως θεοι γινωσκοντες *m* **148-149** τι αγαθον και τι πονηρον] καλον και πονηρον *s p he rm*; αγαθον και πονηρον *k c*; το αγαθον και το πονηρον *b*; τι καλον και τι πονηρον *ni*; τι αγαθον και πονηρον *l* **149-150** τουτο δε γινωσκων ο θεος οτι εσεσθε ομοιοι αυτου εφθονησεν υμιν και ειπεν ου φαγεσθε εξ αυτου] om. *rm* | δε] om. *i*; γαρ *c*. γινωσκων] διαγινωσκων *b*; εγνω *c*. οτι εσεσθε] om. *b*; οτι εστε *k*. ομοιοι αυτου] om. *b*; μοι ομοιοι αυτου *e*. εφθονησεν υμιν] om. *b*; εφθονησεν *s*. και ειπεν] παρηγγε<ι>λεν υμιν λεγων *b*; και δια τουτο ειπεν *e c*. ου φαγεσθε] μη φαγειν *b*; ου φαγετε *qz*; ου φαγησθε *h*; μη φαγησθε *e*. εξ αυτου] απ αυτου *b qz ni he c* **150** συ δε] συ ουν *ni h qz*; συ ουν ακουσον μου ευα και *e*; συ μονον *rm* • προσχες τω φυτω] προση τω φυτω *s*; αψαι του φυτου *he*; προσεχε τω φυτω *al*; προσελθων *c* **151** οψει δοξαν μεγαλην] ορα τι ωραιον εις ορασιν εστιν και καλον εις βρωσιν γενησεται *qz* {γενησεται} om. *q*}; οψει δοξαν μεγαλην περι αυτου *al*; οψει την δοξαν αυτου *c*; ιδης δοξαν μεγαλην εν εαυτω απαστραπτουσαν *r*; ιδου δοξα μεγαλη περι αυτου *m*. Additions: πειθουσα ουν εγω τοις λογοις αυτου μαλλον δελεασθεισα και τη επιθυμια χαυνωθεισα λεγω γαρ υμιν τεκνα μου οτι πασα αμαρτια εκ της επιθυμιας τικτεται *qz* {πειθουσα} πιστουσα *q*. αυτου] αυτου εγω *q*}; εγω δε προσεσχον τω φυτω και ειδον δοξαν μεγαλην περι αυτου ειπον δε αυτω οτι ωραιον εστιν τοις οφθαλμοις κατανοησαι *alc* {εγω δε} εγω δε ακουσασα τους απατηλους λογους αυτου *c*. και] om. *a*. δοξαν μεγαλην περι αυτου] δοξαν μεγαλην περι κυκλω αυτου *l*; την δοξαν αυτου *c*. ειπον] ειπεν *l*; και κατανοησας *c*. ωραιον εστιν τοις οφθαλμοις κατανοησαι] ωραιον τοις οφθαλμοις εστιν *l*; ωραιον εστιν τοις οφθαλμοις και διανοηθησει *c*} **152** εφοβηθην δε λαβειν απο του καρπου] om. *ni he* | εφοβηθην δε] εφοβηθην γαρ *kp*; εφοβηθην εγω *v*; φοβηθεισα δε καγω *b*; και εφοβηθην *al*; εφοβηθην *c*. απο] εκ *c*. καρπου] φυτου *p*; καρπου αυτου *c* **152-154** και λεγει μοι δευρο δωσω σοι ακολουθει μοι ηνοιξα δε και εισηλθεν εσω εις τον παραδεισον] ηνοιξα δε και εισηλθεν εσω εις τον παραδεισον και λεγει μοι δευρο ακολουθει μοι και δωσω σοι *ni he* {ηνοιξα δε και εισηλθεν] ηνοιξα δε και εισηλθον *n*; εγω δε εισηλθον *h*; εισελθοντος δε αυτου *e*. εσω εις τον παραδεισον] add. και αυτος μετ εμου *h*; εντος του παραδεισου *e*. και λεγει] και οδευων λεγει *e*. σοι] σοι και ηκολουθουν αυτω *e*} | και[1]] om. *b*. λεγει μοι] λεγει μοι εκεινος *kp*; λεγει μοι ο εχθρος *c*. δευρο δωσω σοι ακολουθει μοι] δευρο δω σοι ακολουθει μοι *s*; δευρο και δωσω σοι *kp*; δευρο ακολουθει μοι και δωσω σοι *vb*; δευρο δωσω σοι *l*; δευρο και δωσω σοι μονον ακολουθει μοι *c*. ηνοιξα δε] ηνοιξεν δε *k*; ανοιξασης μου τον παραδεισον *b*; ηνοιξα δε αυτω *al*; ηνοιξεν δε αυτος *c*. και[2]] om. *b*. εσω εις τον παραδεισον] om. *b*; εις τον παραδεισον *lc* **154-155** διωδευσεν] εδιωδευσεν *kp a*; διωδευεν *e* **155** εμπροσθεν] ομπρος *p*; εμπρος *v* • περιπατησας ολιγον] περιπατησας *s*; περιπατων ολιγον *k*; ολιγον περιπατησας *b* • εστραφη και] και στραφεις *k*; στραφεις *p b c* • λεγει] εφησεν *b* **156** μοι[1]] προς εμε *b* • μεταμεληθεις ου δωσω σοι φαγειν] μετεμελήθην ου δωσω σοι φαγειν εξ αυτου *kp*; μετεμεληθην και ου θελω σοι δουναι φαγειν *b*; om. *he*; εμετεμεληθην του δωσειν σοι φαγειν απο του καρπου τουτου *c*. Addition: ταυτα ειπεν θελων εις τελος δελεασαι με και λεγει μοι *alc* {ταυτα ειπεν} ταυτα δε ειπων *a*; ταυτα μοι ειπεν ο εχθρος *c*. θελων] om. *l*. δελεασαι] δελεασαι και απολεσαι *c*} • εαν μη ομοσης] εως ομοσης *b*; εαν δε μη ομοσης *h*; ομοσον *al*; ομοσαι *c* • μοι[2]] μου *p a*; με *e c* • οτι διδεις] οτι δωσεις *kp*; δουναι *b* **157** ανδρι σου] ανδρι σου αδαμ ουκ ακολουθω σοι ου συνοδευω σοι αλλ ου μετεχεις μου συναυλιας *e*

₂ ἐγὼ δὲ εἶπον αὐτῷ ὅτι οὐ γινώσκω ποίῳ ὅρκῳ ὀμόσω σοι. πλὴν ὃ οἶδα λέγω σοι· μὰ τὸν θρόνον τοῦ δεσπότου καὶ τὰ χερουβὶμ καὶ τὸ ξύλον τῆς ζωῆς ὅτι δώσω καὶ τῷ ἀνδρί μου. ₃ ὅτε δὲ ἔλαβεν ἀπ' ἐμοῦ τὸν ὅρκον, τότε ἦλθεν καὶ ἔθετο ἐπὶ τὸν καρπὸν ὃν ἔδωκέν μοι φαγεῖν τὸν ἰὸν τῆς κακίας αὐτοῦ ⟦τοῦτ' ἐστιν τῆς ἐπιθυμίας. ἐπιθυμία γάρ ἐστιν πάσης ἁμαρτίας⟧. καὶ κλίνας τὸν κλάδον ἐπὶ τὴν γῆν ἔλαβον ἀπὸ τοῦ καρποῦ καὶ ἔφαγον.

XX καὶ ἐν αὐτῇ τῇ ὥρᾳ ἠνεῴχθησαν οἱ ὀφθαλμοί μου, καὶ ἔγνων ὅτι γυμνὴ ἤμην τῆς δικαιοσύνης ἧς ἤμην ἐνδεδυμένη. ₂ καὶ ἔκλαυσα λέγουσα· τί τοῦτο ἐποίησας, ὅτι ἀπηλλοτριώθην ἐκ τῆς δόξης μου. ₃ ἔκλαιον δὲ καὶ περὶ τοῦ ὅρκου. ἐκεῖνος δὲ κατῆλθεν ἐκ τοῦ φυτοῦ καὶ ἄφαντος ἐγένετο. ₄ ἐγὼ δὲ ἐζήτουν ἐν τῷ μέρει μου φύλλα ὅπως καλύψω τὴν αἰσχύνην μου, καὶ οὐχ εὗρον. ἅπαντα γὰρ τὰ φυτὰ τοῦ ἐμοῦ μέρους κατερρύη τὰ φύλλα παρὲξ τοῦ σύκου μόνου. ₅ λαβοῦσα δὲ φύλλα ἀπ' αὐτοῦ ἐποίησα ἐμαυτῇ περιζώματα.

142-177 περι υμων—το στομα *s vb kp ni he qz alc rm*
Omissions: **152-164** εφοβηθην—γην *qz rm*

158 εγω δε] εγω δε μη νοουσα τον δολον αυτου και την απατην *ni h*; εγω δε μη ενοησας τον δολον αυτου οτι ως αγγελον εβλεπον αυτον μηδε την απατην αυτου *e* • ειπον] ελαλησα *b* • αυτω] om. *kp e* • οτι] om. *kp vb he c* • ου γινωσκω ποιω ορκω] ποιω ορκω *kp*; ποιον ορκον *b* • ομοσω] ομοσαι *l* **158-159** πλην ο οιδα λεγω σοι] πλην †ο η η† ευα λεγει σοι *p*; ομως ως επισταμαι ειπω σοι *b* | πλην] παλιν *k*. ο οιδα] ουδ αλλο *e*. σοι] om. *ni h*; σοι ει μη *e* **159** δεσποτου] θεου και δεσποτου *h*; θεου και δεσποτου και ποιητου μου *e* • τα χερουβιμ] χερουβιμ και σεραφιμ *kp*; και τα χερουβιμ τα σεραφιμ τα εξαπτερυγα τα πολυομματα και μα τους αγγελους αυτου *e* **159-160** το ξυλον] του ξυλου *k b*; μα το ξυλον *e* **160** οτι] ο *k*; επει *b*; om. *l* • μου] μου φαγειν *alc* **161** οτε δε ελαβεν] οτε ελαβεν *v*; αμα δε του λαβειν *b*; τοτε ελαβεν *h* • τον ορκον] την πληροφοριαν *b* • τοτε ηλθεν] ηλθων *b*; και ηλθεν *h*; ηλθεν *e*; τοτε ηλθεν και επεβη επ αυτον *alc* **161-163** και εθετο επι τον καρπον ον εδωκεν μοι φαγειν τον ιον της κακιας αυτου ⟦τουτ εστιν της επιθυμιας επιθυμια γαρ εστι πασης αμαρτιας⟧] επεθε<το> τον ιον της κακιας επι τον καρπον ηγουν την επιθυμια επιθυμια γαρ εστιν ριζα και αρχη πασης αμαρτιας *b*; om. *e* | και εθετο] και εθηκεν *kp*; εθετο δε *a c*. επι τον καρπον] επι την χειρα μου τον καρπον *h*; επι τον *l*. ον εδωκεν μοι φαγειν] om. *s*; α δεδωκεν μοι φαγειν *p*; ον δεδωκεν μοι φαγειν *l*; και εδωκεν μοι φαγειν *h*. αυτου] om. *k*. της επιθυμιας] τας επιθυμιας *p*; την επιθυμιαν *ni h*; της επιθυμιας αυτου *alc*. πασης αμαρτιας] πασα αμαρτια *k*; παν αμαρτια *p*; κεφαλη πασης αμαρτιας *alc* **163** κλινας] κλινας μοι *v*; εκλινεν *e*; εκλινα *alc* **164** επι την γην] επι της γης *vb*; om. *e* • ελαβον απο του καρπου] και εγω ελαβον εν τη χειρι μου καρπον και εδωκεν μοι φαγειν τουτ εστιν την επιθυμιαν πασης αμαρτιας *e* | ελαβον] ελαβεν *s*; λαβουσα τοινυν *qz*; και ελαβον *h alc*; καγω λαβουσα *r*; και λαβουσα *m*. του καρπου] του δενδρου *h*; του φυτου *r*; τον καρπον αυτου *m* • και εφαγον] εφαγον *qz rm*; και εφαφον τον καρπον αυτου *e*

165 εν] om. *qz he r* • οι οφθαλμοι μου] μου οι οφθαλμοι *c rm* **165-166** εγνων οτι γυμνη ημην της δικαιοσυνης] ευθυς εγνων της δικαιοσυνης *b*; ειδον ευθυς την εμην γυμνωσιν και τοτε εγνων την χαριν του θεου *qz* | γυμνη] γυμνος *l.* ημην] ημουν *e r* **166** ης ημην ενδεδυμενη] ημην ενδεδυμενη *p*; ημην ενδεδυμενη και εμαθον οτι ηπατηθην *q*; οτι ημην ενδεδυμενη και ευθυς ειδον οτι ηπατηθην *z*; ην ημουν ενδεδυμενη *he* {ην] ω *e*}; om. *rm* • και] om. *qz* • εκλαυσα] εκλαυσεν *p*; κλαυσασα *b*; εκλαυσα ουν πικρως *qz*; εκλαιον *m* **167** λεγουσα] λεγω προς αυτον *b*; και προς τον οφιν ειπον *qz*; λεγουσα προς τον οφιν *ni h*; και λεγω τον οφιν *e*; λεγων *m* • τι τουτο εποιησας οτι απηλλοτριωθην εκ της δοξης μου] πως απηλλοτριωθην εκ της δοξης μου *kp* {πως] ω *p.* εκ] om. *p*}; τι τουτο εποιησας πονηροτατον ζωον οτι ηπατησας με και απηλλοτριωθην της δοξης μου *qz ni he* {μου] του θεου *qz*} | τι τουτο] οιμοι τι *r.* εποιησας] εποιησα *s*; εποιησας μοι πλανε *c*; εποιησας μοι *al*; εποιησα ημιν *r*; εποιησας ημιν *m.* οτι] και *b c m*; συ *r.* απηλλοτριωθην] απηλλοτριωσας με *b c rm.* εκ] απο *s*; om. *b rm.* μου] μου ης ημην ενδεδυμενη *alc rm* {μου] om. *r*} **168** εκλαιον δε και περι του ορκου] επι ταις δακρυσιν δε δακρυα εκαινουν και περι του ορκου ου ωμοσα *b*; om. *qz rm* | δε] om. *p.* ορκου] ορκου μου *s k*; ορκου ον ωμοσα κακως *e* • εκεινος δε] κακεινος δε *b*; εκεινος δε ταυτα ακουσας *qz ni he*; εκεινος *l*; εκεινος δε ως μονην εθεασατο με κλαιουσαν και περιθρηνουμενην *c* **168-169** κατηλθεν εκ του φυτου] κατελθων απο του φυτου *b*; om. *qz*; κατελθων *rm* | κατηλθεν] απηλθεν *p.* εκ] απο *s l* **169** και αφαντος εγενετο] αφαντος εγενετο *b qz r*; και εγενετο αφαντος *ni he*; αφαντος εγενετο απ εμου *m* • εγω δε] εγω δε γυμνωθεισα *b*; και *qz* • εζητουν εν τω μερει μου φυλλα] εν τω μερει μου εζητουν φυλλα *p*; εζητουν φυλλα εν τω μερει μου *m* | εζητουν] εζητησα *qz.* εν τω μερει μου] om. *k qz*; εν τω μερει *v.* φυλλα] φυλλα συκης *v*; σκεπασιν *e* **170** καλυψω] σκεπασω *qz r* • την αισχυνην μου] πασαν την αισχυνην μου *c*; την ασχημοσυνην μου *r* • και ουχ ευρον] παρεξ δε του συκου ουχ ευρον *r*; και ουχ ευρισκον *b e*; και ουχ ευρον απο τα φυτα του παραδεισου *alc* {τα φυτα] τα φυλλα *l*; των φυτων *c*} **170-171** απαντα γαρ τα φυτα] των δενδρων γαρ παντων *kp*; απο παντων γαρ των φυτων *b*; παντα γαρ τα φυτα *qz*; επειδη αμα εφαγον παντων των φυτων *alc rm* {επειδη αμα] αμα δε εγω *r*; επειδη *m.* εφαγον] εφυγον *c*; φαγων απο του ξυλου *r.* παντων των φυτων] παντων των *c*; παντελως *r*; παντων *m*} **171** του εμου μερους] των εμου μερους *p*; εμου μερης *v*; om. *qz*; δια του εμου μερους *e* • κατερρυη τα φυλλα] τα φυλλα καταρυεντα ουκ ην φυλλα *b*; κατερρυη τα φυλλα αυτων *qz ni he* {τα φυλλα] εις τα φυλλα *z*}; και εκαρτερη απαξ τα φυλλα *c* **171-172** παρεξ του συκου μονου] παρεξ τουτου του ξυλου μονου *kp*; om. *b*; παρα του συκου μονου *z*; παρεξ του συκου μονον *l*; του συκου και μονου *c*; om. *r*; παρεξ της συκης μονης *m* **172** λαβουσα δε φυλλα απ αυτου] λαβουσα δε εξ αυτου φυλλα *p*; om. *b*; λαβουσα δε *qz*; λαβουσα δε απ αυτου *ni h*; λαβουσα δε απ αυτο *e*; τα φυλλα λαβουσα εξ αυτων *c*; και λαβουσα εξ αυτου *r*; λαβουσα δε φυλλα της συκης *m* | απ] εξ *k a* • εποιησα] εποιησα δε *b*; εποιησεν *z* • εμαυτη] εαυτην *s*; om. *kp b he rm*; εξ αυτων *q*; εαυτης *z* • περιζωματα] περιζωματα *k r*; περιζωματα εκ των φυλλων *z*. Addition: και εστιν παρα το φυτον εξ ου εφαγον *alc rm* {και εστιν] om. *r*; και ησθαμην *m.* παρα το φυτον] παρ αυτων των φυτων *a*; εκ του φυτου *r.* εξ ου] εξ ων *a m*; ον *r.* εφαγον] ησθιον *r*}

XXI καὶ ἐβόησα αὐτῇ τῇ ὥρᾳ λέγουσα· Ἀδάμ, Ἀδάμ, ποῦ εἶ; ἀνάστα, ἐλθὲ πρός με, καὶ δείξω σοι μέγα μυστήριον. ₂ ὅτε δὲ ἦλθεν ὁ πατὴρ ὑμῶν εἶπον αὐτῷ λόγους παρανομίας οἵτινες κατήγαγον ἡμᾶς ἀπὸ μεγάλης δόξης. ₃ ἅμα γὰρ ἦλθεν, ἤνοιξα τὸ στόμα μου καὶ ὁ διάβολος ἐλάλει, καὶ ἠρξάμην νουθετεῖν αὐτὸν λέγουσα· δεῦρο, κύριέ μου Ἀδάμ, ἐπάκουσόν μου καὶ φάγε ἀπὸ τοῦ καρποῦ τοῦ δένδρου οὗ εἶπεν ἡμῖν ὁ θεὸς τοῦ μὴ φαγεῖν ἀπ' αὐτοῦ, καὶ ἔσει ὡς θεός.

₄ καὶ ἀποκριθεὶς ὁ πατὴρ ὑμῶν εἶπεν· φοβοῦμαι μήποτε ὀργισθῇ μοι ὁ θεός.

ἐγὼ δὲ εἶπον· μὴ φοβοῦ, ἅμα γὰρ φάγῃς, ἔσει γινώσκων καλὸν καὶ πονηρόν.

₅ καὶ τότε ταχέως πείσασα αὐτὸν ἔφαγεν, καὶ ἠνεῴχθησαν αὐτοῦ οἱ ὀφθαλμοί, καὶ ἔγνω τὴν γύμνωσιν αὐτοῦ. ₆ καὶ λέγει μοι· ὦ γύναι πονηρά, τί κατειργάσω ἐν ἡμῖν; ἀπηλλοτρίωσάς με ἐκ τῆς δόξης τοῦ θεοῦ.

XXII καὶ αὐτῇ τῇ ὥρᾳ ἠκούσαμεν τοῦ ἀρχαγγέλου Μιχαὴλ σαλπίζοντος καὶ καλοῦντος τοὺς ἀγγέλους καὶ λέγων· ₂ τάδε λέγει κύριος· ἔλθατε μετ' ἐμοῦ εἰς τὸν παράδεισον καὶ ἀκούσατε τοῦ κρίματος ἐν ᾧ κρινῶ τὸν Ἀδάμ.

142-177 περι υμων—το στομα *s vb kp ni he qz alc rm*; 177-221 μου—ζωην σου *s vb kp qz ni he al rm*
Omissions: 177-185 λεγουσα—ταχεως *rm*; 192-195 εν ω κρινω—εκρυβημεν *he*
Revisions: 173-184 και εβοησα—πονηρον *qz*; 177-182 και ηρξαμην—ο θεος *he*

173   εβοησα] εβοουν *r*   •   αυτη τη ωρα] αυτη τι αρα *k*; αυτη ωρα *h*; φωνη μεγαλη *alc rm*   •   λεγουσα] λεγων *c*   •   αδαμ²] om. *kp lc r*   174   αναστα ελθε προς με] αναστας ελθε προς με *h*; αναστας δε ο αδαμ ηλθεν προς με *e*; δευρο ελθε προς με *c*; αναστας δευρο προς με *rm*   •   δειξω σοι] εδειξα αυτω *e*; ειπω σοι *rm*   •   μεγα μυστηριον] τουτο το μεγα μυστηριον *e*   175   οτε δε] και *kp*; οταν δε *e*; ως δε *rm*   •   ο πατηρ υμων] add. προς με *c*; om. *r*; ο αδαμ *m*   •   ειπον αυτω λογους παρανομιας] om. *m* | ειπον] και ειπον *k*; και ειπεν *p*; ελαλησα *b*. αυτω] om. *b*. λογους παρανομιας] λογον εν παρανομιας *k*; λογον παρανομιας *p*; λογους πονηρους *r*   175-176   οιτινες κατηγαγον ημας απο μεγαλης δοξης] om. *b rm* | κατηγαγον] εκατηγαγον *s*. απο μεγαλης] om. *h*   176   αμα γαρ ηλθεν] αμα γαρ του ελθειν προς με *kp* {ελθειν] ελθηναι *p*}; om. *b m*; αμα γαρ του ελθειν αυτον προς με *c*   •   ηνοιξα] ανοιξασα γαρ *b*   177   και ο διαβολος ελαλει] ο διαβολος *b*; add. αυτω *e*; και ελαλει ο διαβολος δι εμου *r*   •   νουθετειν αυτον] νουθετων αυτον *k*   177-178   λεγουσα] περι του ξυλου και περι φρονησεως ης ειπεν μοι ο διαβολος *rm* {της] om. *m*}   178   κυριε μου] κυριε εμου *b*   •   επακουσον] και επακουσον *k*; και επακουσας *p*   •   και φαγε] φαγε *p*; λεγουσα και φαγε *b*   179   καρπου του] καρπου τουτου του *kp*; om. *v*   •   ειπεν ημιν ο θεος] ειπεν ο θεος ημιν *k*; ειπεν ο θεος *p b*   •   του μη] ου μη *p*; μη *l*

απ αυτου] εξ αυτου *l* **181** και] om. *e* • αποκριθεις] απεκριθη *v* • ειπεν] και ειπεν *v*; ειπεν μοι *e* • φοβουμαι] φοβουμαι φαγειν *e* • μηποτε] μη *k*; μηπως *b* • οργισθη] παροργισθη *k* **182** μοι] ημων *p*; μου *v*; ημιν *he* • θεος] θεος ο πλασας ημας *e* **183** ειπον] ειπα *p*; ειπον αυτω *b al* • φοβου] φοβου επι τουτο ωσπερ ο οφις ελαλησεν μοι το προτερον *e* • φαγης] φαγεσαι *v* • εσει γινωσκων] επιγινωσκων *p* **185** και τοτε ταχεως] και ταχεως *s ni e*; και *b*; και ταυτα λαβουσα *qz*; ταχεως *h* • πεισασα αυτον εφαγεν] επεισα αυτον φαγειν *k*; επεισα τουτο φαγειν *p*; πεισθεις τοις λογοις μου εφαγεν *b*; επεισα αυτον και εφαγεν και αυτος απο του ξυλου *qz* {αυτον} και αυτον *q*}; πεισασα αυτον επεισα και εφαγεν *ni*; επεισα αυτον και εφαγεν *e*; ηπατηθη και εφαγεν και αυτος *r*; οποταν δε εφαγεν και αυτος ο πατηρ σας *m* • και ηνεωχθησαν] και ευθυς ηνεωχθησαν *b*; και παραχρημα ηνεωχθησαν *qz*; ηνεωχθησαν *r*; ηνεωχθησαν δε και *m* **185-186** αυτου οι οφθαλμοι] οι οφθαλμοι *r*; οι οφθαλμοι αυτου *m* **186** και εγνω την γυμνωσιν αυτου] om. *p m*; και ειδεν την γυμνωσιν αυτου και εγνω οτι ηπατηθη παραβας την εντολην του θεου *qz* | εγνω] εγνω και αυτος *b*; εγνω αυτος *he*; γνους *r* • και λεγει] και στραφεις λεγει *qz*; ειπεν *r* • ω] om. *qz* **187** πονηρα τι] τι πονηρα *e* • κατειργασω] εποιησας συ *b* • εν ημιν] ημιν *k*; εμοι *v*; om. *b*; εν ημιν το εργον τουτο *qz*; επ εμοι *h*; εν εμοι *l r*; εις εμας *m* • απηλλοτριωσας] και απηλλοτριωσας *b qz e* • εκ] om. *k b qz ni he rm*; απο *p* **188** θεου] χριστου *v*. Addition: και ηρξατο και αυτος κλαιειν και στεναζειν πικρως και μαχεσθαι και ονειδιζειν με *qz* **189** και] και εν τω λεγειν εμοι *m* • αυτη] εν αυτη *m* • του αρχαγγελου] τον αρχαγγελον *m* **190** σαλπιζοντος] σαλπιζοντος εν τη σαλπιγγι αυτου *al*; om. *rm* • και καλουντος] και καλων *s b*; καλων *al*; καλουντος *rm* • τους αγγελους] τους αγγελους αυτου *p*; του αγγελου *n*; του αρχαγγελου *i*; τους αγγελους του θεου *e* • και λεγων] και λεγοντος ουτως *k*; λεγει ουτως *p*; και λεγοντας *v*; λεγων *b al r*; και λεγοντος *qz ni h*; om. *e* **191** κυριος] ο κυριος *h* • ελθατε μετ εμου] εισελθατε μου *s*; ελθατε παντες *kp*; ελθετε μου *v*; ελθετε μετ εμου *b ni h r*; συναχθητε και ελθετε μετ εμου *qz*; ελθατε μου *e*; ελθατε μοι *m* • εις τον παραδεισον] om. *kp*; εν τω παραδεισω *b* **191-192** και ακουσατε του κριματος] ακουσατε κριματος *k*; και ακουσατε κριματος *p*; και ακουσατε του ρηματος *b h*; om. *e*; και ακουσατε μου την κρισιν *m* **192** εν ω κρινω τον αδαμ] add. οτι παρεβην την εντολην μου *qz* {μου} om. *q*}; εν ω κρινει *r*; om. *m*

173-184 και εβοησα—πονηρον revision
μετα δε ταυτα ηλθεν ο αδαμ μηδεν επισταμενος ων επραξα εγω δε θελουσα και αυτον μεταλαβειν της βρωσεως ινα μη μονη οδυνηθω παρα του θεου ηρξαμην καγω προσφερειν αυτω λογους απατηλους παρανομιας του οφη *qz* {μηδεν] μη *q*. ινα μη μονη οδυνηθω παρα του θεου] το μεν ινα μη μονον οδυνηθω παρα του θεου το δε ινα γνωση και αυτος την *απατην* ταυτην *z* (**απατην** Nagel's conjecture] αγαπην ms.). παρανομιας του οφη] †παρα ομοιους† τω οφει *z*}

177-182 και ηρξαμην—ο θεος revision
δια τι ειπεν ο θεος του μη φαγειν απ αυτου του ξυλου και ο διαβολος γινωσκων εαν φαγομεθα γινομεθα ως θεοι γινωσκοντες καλον και πονηρον δια τουτο ειπεν ημιν ο θεος η δ αν ημερα φαγεισθε θανατω αποθανεισθε *he* {ειπεν] ειπεν ημιν *e*. και ο διαβολος] om. *h*. γινωσκων] om. *e*. οτι η δ αν ημερα η ωρα φαγομεθα απο του ξυλου] εαν φαγομεθα *e*. δια τουτο] και δια τουτο *h*. υμιν ο θεος^2] om. *h*

καὶ ὡς ἠκούσαμεν τοῦ ἀρχαγγέλου σαλπίζοντος εἴπομεν· ἰδοὺ ὁ θεὸς εἰς τὸν παράδεισον ἔρχεται κρῖναι ἡμᾶς. ἐφοβήθημεν δὲ καὶ ἐκρύβημεν. ₃ καὶ ἦλθεν ὁ θεὸς εἰς τὸν παράδεισον ἐπιβεβηκὼς ἐπὶ ἅρματος χερουβικοῦ, καὶ οἱ ἄγγελοι ὑμνοῦντες αὐτόν. ἐν ᾧ δὲ εἰσῆλθεν ὁ θεὸς ἐξήνθησαν τὰ φυτὰ τοῦ κλήρου τοῦ Ἀδὰμ καὶ τὰ ἐμὰ πάντα. ₄ καὶ ὁ θρόνος τοῦ θεοῦ ἐστηρίζετο ὅπου ἦν τὸ ξύλον τῆς ζωῆς. XXIII καὶ ἐκάλεσεν ὁ θεὸς τὸν Ἀδὰμ λέγων· Ἀδάμ, ποῦ ἐκρύβης νομίζων ὅτι οὐχ εὑρίσκω σε; μὴ κρυβήσεται οἶκος τῷ οἰκοδομήσαντι αὐτόν;

₂ τότε ἀποκριθεὶς ὁ πατὴρ ὑμῶν εἶπεν· οὐχί, κύριέ μου, κρυβόμεθά σε ὡς νομίζοντες ὅτι οὐχ εὑρισκόμεθα ὑπό σου, ἀλλὰ φοβοῦμαι ὅτι γυμνός εἰμι, καὶ ᾐδέσθην τὸ κράτος σου, δέσποτα.

₃ λέγει αὐτῷ ὁ θεός· τίς σοι ὑπέδειξεν ὅτι γυμνὸς εἶ, εἰ μὴ ὅτι ἐγκατέλιπας τὴν ἐντολήν μου τοῦ φυλάξαι αὐτήν;

177-221 μου—ζωην σου s kp vb qz ni he al rm
Omissions: 192-195 εν ω κρινω—εκρυβημεν he; 193-195 και ως—εκρυβημεν b rm; 193-194 σαλπιζοντος—ημας qz; 194-196 ερχεται—παραδεισον v; 194-196 κριναι—παραδεισον p; 200-237 εκρυβης—κρισεως m
Revisions: 202-206 τοτε—φυλαξαι αυτην r; 205-209 τοτε—ηπατησεν με qz

193 ως ηκουσαμεν] ηκουσαμεν p; ως ηκουσαμεν ταυτα qz • αρχαγγελου] αρχαγγελου μιχαηλ qz • ιδου] οτι kp 194 εις τον παραδεισον ερχεται] ερχεται ο θεος εις τον παραδεισον kp; ο θεος ερχεται εις τον παραδεισον l • κριναι ημας] om. qz 195 εφοβηθημεν δε] εφοβηθημεν k; εφοβηθημεν σφοδρα qz • εκρυβημεν] εκρυβημεν εις τας γωνιας του παραδεισου qz • και ηλθεν ο θεος] και ελθων ο θεος k h; και παρουσιασαντος του θεου b; και πορευθεις ηλθον οι αγγελοι μετα του θεου e; και ανηλθεν ο θεος a; και ιδου ο κυριος r; και ιδου κυριος ο θεος m 195-196 εις τον παραδεισον επιβεβηκως] εν τω παραδεισω επιβεβηκως b; om. qz; εν τω παραδεισω he; επιβεβηκως επι τον παραδεισον m 196-197 επι αρματος χερουβικου και οι αγγελοι υμνουντες αυτον] επι αρματος χερουβικου προπορευομενων εμπροσθεν αυτου των αγγελων και υμνουντων b; om. he | επι αρματος] αυτου αρματος p; επι αρματων r. χερουβικου] χερουβιμ s kp qz al; χερουβικων m. οι αγγελοι] οι αγγελοι μετ αυτου kp; παντες οι αγγελοι qz; αγγελοι rm. υμνουντες] υμνουν p qz; ανυμνουν rm 197 εν ω δε εισηλθεν ο θεος] εν ω δε ηλθεν ο θεος s; και εν τω ελθειν ο θεος kp; εν δε τη εισοδω v; om. b qz; και ως διηλθεν ο θεος ni; ειπεν αδαμ που ει και ευθεως h; και εκαλεσεν ο θεος τον πατερα υμων και ειπεν αδαμ που ει και ευθεως e; εν ω δε εισηλθεν ο θεος εις τον παραδεισον al {δε} om. a}; αμα του ελθειν τον κυριον εις τον παραδεισον r; εν ω δε ηλθεν ο θεος εις τον παραδεισον m • εξηνθησαν τα φυτα] add. παντα του παραδεισου vb {παντα} ολα b}; και οτε τα φυτα παντα εξηνθησαν qz; εξηνθησαν και εβλαστησαν τα φυτα e; ηυξηνθησαν τα φυλλα r 197-198 του κληρου του αδαμ] επι τον κληρον του αδαμ kp; om. v qz; και του κληρου του πατρος υμων b; τα τε του κληρου του αδαμ a; om. l 198 και τα εμα παντα] om. v qz; και του κληρου του εμου b; αλλα μην και τα εμα παντα ni he {εμα} φυτα e}; και

του κληρου του εμου παντα και εστηριζοντο *a*; τα τε του κληρου του εμου παντα ηυτρεπιζοντο *l*; και του εμου εστερητο *r*; εστηριζοντο *m* **198-199** και ο θρονος του θεου εστηριζετο οπου ην το ξυλον της ζωης] om. *qz rm* | και ο] ο δε *ν*. εστηριζετο οπου ην το ξυλον της ζωης] οπου ην το ξυλον της ζωης ηυτρεπιζετο *a*; ηυτρεπιζετο οπου ην το ξυλον της ζωης *l* **199** και] om. *z* • τον αδαμ] του αδαμ *k*; τον πατερα υμων αδαμ *qz ni h* {αδαμ] om. *qz*}; τον αδαμ εκ δευτερου *e*; τον αδαμ φωνη φοβερα *r* **200** λεγων αδαμ] om. *p*; λεγων αδαμ αδαμ *e*; λεγων *m* • που εκρυβης] που ει και εκρυβης *k*; που ει που εκρυβης *p*; που ει εκρυβης *v*; που ει *b qz rm* **200-201** νομιζων οτι ουχ ευρισκω σε μη κρυβησεται οικος τω οικοδομησαντι αυτον] μη δυναται κρυβηναι οικος απο προσωπου τω οικοδομησαντι αυτην *b*; om. *qz rm* | νομιζων] νομιζεις *s l*; ενομιζες *p*. οτι] om. *p*. κρυβησεται] κρυβησηται *s*; κρυβεται *ni*; κρυβηθησεται *e*. οικος] ο οικος *kp e*; οικια *l*. τω οικοδομησαντι] τον οικοδομησαντα *he*. αυτον] om. *kp*; αυτην *l* **202** τοτε αποκριθεις ο πατηρ υμων ειπεν] τοτε απεκριθη ο πατηρ υμων *b*; και αποκριθεις ειπεν *qz* • ουχι κυριε μου] om. *b*; ουχι κυριε *kp e al* **202-203** κρυβομεθα] ου κρυβομεθα *s ni*; ου κρυβουμεθα *k*; κρυβομεθα *p a*; ουκ αποκρυβουμεθα *b* **203** σε] κυριε *b*; σα<ι> *h* • ως νομιζοντες] νομιζοντες *kp*; om. *v* • οτι ουχ ευρισκομεθα υπο σου] οτι ουχ ευρισκεις ημας *kp*; om. *v*; λαθειν σε *b* | υπο σου] om. *he*; παρα σου *a* **203-204** αλλα φοβουμαι] αλλα φοβουμενος *b*; της φωνης σου ηκουσα κυριε και εκρυβην οτι γυμνος ειμι *qz*; αλλα φοβουμεθα σε *e* **204** το κρατος] του κρατους *k qz he*; τω κρατει *al* • δεσποτα] om. *e* **205** λεγει] και λεγει *s*; και ευθεως ηλθομεν προς αυτον λεγει *e* • τις σοι υπεδειξεν οτι γυμνος ει] τις σοι υπεδειξεν φαγειν απ αυτου του ξυλου ου εφαγες *p*; τις υπεδειξεν σοι γυμνος ειναι *b* | τις] και τις *e* • ει μη οτι] ει μη απο του ξυλου ου ενετειλαμην σοι μη φαγειν απ αυτου εφαγες και *k*; και *p*; ει μη *b*; om. *h*; μη *e* **205-206** εγκατελιπας] κατελειπες *k*; εγκατελειπες *p ni e*; παροργισθεις *b*; ενεγκατελιπας *a* **206** μου] μου ην παρεδωκα σοι *al* {σοι] σε *a*} • του φυλαξαι] του μη φυλαξαι *s kp*; του φυλαξασθαι *v*; om. *b*

202-206 τοτε—φυλαξαι αυτην revision
ο δε ειπεν της φωνης σου ηκουσα περιπατουντος εν τω παραδεισω και εφοβηθην οτι γυμνος ημην και εκρυβην λεγει αυτω ο θεος τις ανηγγειλεν σοι οτι γυμνος ει ει μη απο του ξυλου ου ενετειλαμην σοι μη φαγειν απ αυτου εφαγες *r*

205-209 τοτε—ηπατησεν με revision
λεγει αυτω ο θεος τι τουτο εποιησας παρακουσας την εντολην μου λεγει αυτω ο πατηρ υμων η γυνη ην δεδωκας μετ εμου αυτη με ηπατησεν με καγω ειπον ο οφις ηπατησεν με και εφαγον *qz* {καγω ειπον ο οφις ηπτατησεν με] om. *z*. εφαγον] εφαγεν *q*}

₄ τότε Ἀδὰμ ἐμνήσθη τοῦ λόγου οὗ ἐλάλησα αὐτῷ ὅτι ἀκίνδυνόν σε ποιήσω παρὰ τοῦ θεοῦ. ₅ καὶ στραφεὶς πρός με εἶπεν· τί τοῦτο ἐποίησας; κἀγὼ εἶπον ὅτι ὁ ὄφις ἠπάτησέν με.

XXIV καὶ λέγει ὁ θεὸς τῷ Ἀδάμ· ἐπειδὴ παρήκουσας τὴν ἐντολήν μου καὶ ἤκουσας τῆς γυναικός σου· ἐπικατάρατος ἡ γῆ ἕνεκα σοῦ. ₂ ἐργάσει δὲ αὐτήν, καὶ οὐ δώσει τὴν ἰσχὺν αὐτῆς. ἀκάνθας καὶ τριβόλους ἀνατελεῖ σοι, καὶ ἐν ἱδρότητι τοῦ προσώπου σου φάγει τὸν ἄρτον σου. ἔσει δὲ ἐν καμάτοις πολυτρόποις, θλιβεὶς ἀπὸ πικρίας καὶ μὴ γεύσει γλυκύτητος. ₃ θλιβεὶς ἀπὸ καύματος καὶ στενωθεὶς ἀπὸ ψύξεως. καὶ ὧν ἐκυρίευες θηρίων ἐπαναστήσονταί σοι ἐν ἀκαταστασίᾳ, ὅτι τὴν ἐντολήν μου οὐκ ἐφύλαξας.

XXV στραφεὶς δὲ πρός με ὁ κύριος λέγει· ἐπειδὴ ἐπήκουσας σὺ τοῦ ὄφεως καὶ παρήκουσας τὴν ἐντολήν μου, ἔσει ἐν *καμάτοις πολυτρόποις*, καὶ ἐν πόνοις ἀφορήτοις ₂ τέξει τέκνα ⟦ἐν πολλοῖς τρόποις⟧. καὶ ἐν μιᾷ ὥρᾳ ἔλθῃς τοῦ τεκεῖν καὶ ἀπολέσεις τὴν ζωήν σου ἐκ τῆς ἀνάγκης σου τῆς μεγάλης καὶ τῶν ὠδίνων. ₃ ἐξομολογήσει δὲ καὶ εἴπεις· κύριε, κύριε, σῶσόν με, καὶ οὐ μὴ ἐπιστρέψω εἰς τὴν ἁμαρτίαν τῆς σαρκός. ₄ διὰ τοῦτο ἐκ τῶν λόγων σου κρινῶ σε διὰ τὴν ἔχθραν ἣν ἔθετο ὁ ἐχθρὸς ἐν σοί· στραφεὶς δὲ πάλιν πρὸς τὸν ἄνδρα σου καὶ αὐτός σου κυριεύσει.

177-221 μου—ζωην σου s kp vb qz ni he al rm; **222-257** εκ της αναγκης—αιωνα s vb kp ni he qz alc rm
Omissions: **200-237** εκρυβης—κρισεως m; **207-237** τοτε—κρισεως r; **213-216** και εν—ψυξεως v; **214-217** εσει— εφυλαξας qz ni he; **222-225** εξομολογησει—εν σοι
Revisions: **205-209** λεγει—με qz (see p. 149); section XXVI precedes XXV in ni he

207   αδαμ εμνησθη] ο αδαμ εμνησθη v l; μνησθεις ο αδαμ b; ο πατηρ υμων εμνησθη ni he • ου] o a • ελαλησα] ελαλησεν p b he • αυτω] προς αυτον s b; αυτου p; αυτω ο θεος e; αυτω οτε ηθελον απατησαι αυτον al {ηθελον απατησαι} ηλθον του απατησαι l} • οτι] om. s   **208**   παρα του θεου] απο του θεου k; απ εμου p; παρα τω θεω ni he. Addition: και λεγει η γυνη ην μοι δεδωκας αυτη μοι δεδωκεν και εφαγον kp {δεδωκας αυτη μοι} om. k} • και στραφεις] στραφεις b; και στραφεις ο αδαμ e; στραφεις δε al • προς με ειπεν] λεγει μοι ο κυριος kp; λεγει μοι b; προς με ειπεν μοι e al   **209**   εποιησας] εποιησα b; εποιησας εμνησθην δε καγω του ρηματος του οφεως al • καγω] και al • οτι] om. kp b • με] om. k; μοι b a. Addition: και λεγει τω θεω η γυνη ην μοι εδωκας αυτη με εδωκεν απο του ξυλου και εφαγον και λεγει μοι ο θεος δια τι τουτο εποιησας καγω ειπον e   **210**   και λεγει] λεγει b al; τοτε λεγει qz ni; τοτε ειπεν he • τω αδαμ] τω πατρι υμων qz ni; om. he   **210-211**   παρηκουσας την εντολην μου και] παρηκουσας της εντολης μου και k q ni; om. he   **211**   σου] om. k; σου και ου φυλαξας την εντολην μου e   **211-212**   ενεκα σου] εν τοις εργοις σου kp qz he; εν τοις εργοις σου ηνικα γαρ al {γαρ} om. l}   **212**   εργασει δε αυτην και ου δωσει την ισχυν αυτης] om. kp qz; και ου δωσει την ισχυν αυτης *he* | εργασει] εργαζη *al.* δε] δη *b*; om. *ni al.* και ου δωσει σοι] ου δωσει δε *l* **213** ανατελει] περιπατει *b* • ιδροτητι] ιδρωτι *q* **213-214** φαγει] φαγεις *kp b e* **214** σου] σου εως του αποστρεψαι σε εις γην εξ ης εληφθης *qz* {εληφθης} add. οτι γη ει και εις γην πορευσει *z*} • εν] om. *p* • πολυτροποις] add. καμη και μη αναπαυου *a* **214-215** πικριας] καρδιας *p* **215** και μη γευσει γλυκυτητος] om. *kp* • θλιβεις απο καυματος] om. *kp b* **216** ψυξεως] add. και κοπιασεις πολλα και ου μη πλουτησεις και ταχυνθησει και εις τελος μη υπαρξεις *al* {ου μη] μη *a.* ταχυνθησει] παχυνθησει *a*} • και των εκυριευες θηριων επαναστησονται σοι] και επαναστησονται σοι τα θηρια *ν* | ων] των *s kp al*; εκυριευες] †ενμυριοις† *k*; †ευμιριες† *p* **217** εν ακαταστασια οτι την εντολην μου ουκ εφυλαξας] om. *ν* | μου om. *k* **218** στραφεις δε προς με ο κυριος λεγει] λεγει δε προς με ο κυριος *ν* | στραφεις δε] και στραφεις *kp qz*; και ευθυς εστραφη *e.* προς με ο κυριος] ο κυριος προς με *s l*; προς με *kp*; προς εμε *qz*; ο κυριος *e.* λεγει] λεγει μοι *kp e al* • επηκουσας συ] επηκουσας *kp vb z e*; ηκουσας τοις λογοις *q*; ηκουσας συ *ni h*; ηκουσας *l* **219** του οφεως και παρηκουσας] om. *b* • την εντολην] της εντολης *p ni*; της εμης εντολης *h*; της εμης φωνης *e* **219-220** εσει εν *καματοις πολυτροποις*] εσει εν ματαιοις *s b a*; εσει εν ματαιοτητι *kp*; om. *ν*; εσει εν ματαιοις κοποις *qz ni he* {εσει] ει *qz*}; εσει εν καματοις *l* **220** και εν πονοις αφορητοις] om. *e* | και] om. *ν.* εν] om. *kp.* πονοις] πολλοις *n* • τεξει τεκνα] τεκνα ποιησεις *k*; εν λυπαις τεξει τεκνα *qz*; om. *e* **220-221** 〖εν πολλοις τροποις〗] εν πολλοις †νοισ† *k*; εν πολλοις πολλακις *p*; om. *ν qz e* **221** και εν μια ωρα ελθης του τεκειν και απολεσεις την ζωην σου] και εν μια ωρα απολεσεις την ζωην σου *ν*; om. *qz* | ωρα] ημερα *h.* ελθης] ελθειν *e.* του τεκειν] om. *a.* απολεσεις] απωλεσας *e* **222** εκ της αναγκης σου της μεγαλης και των ωδινων] εκ των ωδινων σου *ν*; και εκ της αναγκης σου της μεγαλης *qz* {σου} om. *q*} | εκ της αναγκης σου της μεγαλης] απο της αναγκης της μεγαλης *kp*; εν της αναγκης σου της μεγαλης *e*; εκ της μεγαλης σου αναγκης *c.* των ωδινων] της οδυνης *kp*; add. σου *he* • εξομολογησει δε] και εξομολογησει *kp* {εξομολογησει] εξομολογησεις *p*} | εξομολογησει] εξομολογησεις *qz e c.* δε] om. *qz* **223** ειπεις] ειπε *b*; ειπεις μοι *q* • κυριε²] om. *l* • με] με τη ωρα ταυτη *e* • ου μη] πλεον ου μη *e* • επιστρεψω] επιστρεψεις *kp*; υποστρεψω *e* **223-224** εις την αμαρτιαν της σαρκος] προς τον ανδρα τεκουσα δε παλιν επιστρεψεις *qz* | εις] επι *s.* σαρκος] σαρκος σου *k b c.* Additions: και παλιν επιθυμεις *e*; αλλα και παλιν επιστρεψεις *al* {και] om. *l*} **224** δια τουτο εκ των λογων σου κρινω σε] δια τουτων των λογων σου κρινω σε *qz*; om. *he* | δια τουτο] και δια τουτο *alc.* εκ των λογων] εκ του λογου *kp*; εις τον λογον *a*; επι τον λογον *c* **224-225** δια την εχθραν ην εθετο ο εχθρος εν σοι] om. *he qz* | την εχθραν] των εχθρων *c.* ο εχθρος] ο διαβολος *kp*; ο θεος *c* **225-226** στραφεις δε παλιν προς τον ανδρα σου και αυτος σου κυριευσει] om. *b qz* | στραφεις] στραφεισα *c.* δε] om. *e.* παλιν προς τον ανδρα σου] προς τον ανδρα σου *p ni e c*; προς τον ανδρα σου παλιν *ν*; παλιν *l.* σου²] σε *a.* κυριευσει] κυριευει *l*

XXVI μετὰ δὲ τὸ εἰπεῖν μοι ταῦτα, εἶπεν τῷ ὄφει ἐν ὀργῇ μεγάλῃ λέγων αὐτῷ· ἐπειδὴ ἐποίησας τοῦτο καὶ ἐγένου σκεῦος ἀχάριστον, ἕως ἂν πλανήσῃς τοὺς παρειμένους τῇ καρδίᾳ· ἐπικατάρατος εἶ ἐκ πάντων τῶν κτηνῶν. ₂ στερηθήσει τῆς τροφῆς σου ἧς ἤσθιες, καὶ χοῦν φάγει πάσας τὰς ἡμέρας τῆς ζωῆς σου. ἐπὶ τῷ στήθει καὶ τῇ κοιλίᾳ σου πορεύσει, ὑστερηθεὶς καὶ χειρῶν καὶ ποδῶν σου. ₃ οὐκ ἀφεθήσεταί σοι ὠτίον οὔτε πτέρυξ οὔτε ἓν μέλος τούτων ὧν σὺ ἐδελέασας ἐν τῇ κακίᾳ σου καὶ ἐποίησας αὐτοὺς ἐκβληθῆναι ἐκ τοῦ παραδείσου. ₄ καὶ θήσω ἔχθραν ἀνὰ μέσον σοῦ καὶ ἀνὰ μέσον τοῦ σπέρματος αὐτῶν· αὐτός σου τηρήσει κεφαλήν, καὶ σὺ ἐκείνου πτέρναν, ἕως τῆς ἡμέρας τῆς κρίσεως.

XXVII ταῦτα εἰπὼν κελεύει τοῖς ἀγγέλοις αὐτοῦ ἐκβληθῆναι ἡμᾶς ἐκ τοῦ παραδείσου. ₂ ἐλαυνομένων δὲ ἡμῶν καὶ ὀδυρομένων παρεκάλεσεν ὁ πατὴρ ὑμῶν Ἀδὰμ τοὺς ἀγγέλους λέγων· ἐάσατέ με μικρόν, ὅπως παρακαλέσω τὸν θεόν, καὶ σπλαγχνισθῇ καὶ ἐλεήσῃ με, ὅτι ἐγὼ μόνος ἥμαρτον.

₃ αὐτοὶ δὲ ἐπαύσαντο τοῦ ἐλαύνειν αὐτόν. ἐβόησεν δὲ Ἀδὰμ μετὰ κλαυθμοῦ λέγων· συγχώρησόν μοι, κύριε, ὃ ἐποίησα.

222-257 εκ της αναγκης—αιωνα *s kp vb qz ni he alc rm*
Omissions: **200-237** εκρυβης—κρισεως *r*; **207-237** τοτε—κρισεως *m*; **232-239** ουκ αφεθησεται—παραδεισου *v*
Revision: section XXVI precedes XXV in *ni he*

227-228 μετα δε το ειπειν μοι ταυτα ειπεν τω οφει εν οργη μεγαλη λεγων αυτω] στραφεις δε προς τον οφιν εν οργη μεγαλη *b*; και προς τον οφιν ειπεν *qz*; και στραφεις προς τον οφιν ειπεν *ni h*; και στραφεις τον οφιν ειπεν *e* | μετα δε το ειπειν μοι ταυτα] μετα δε το ειπειν ταυτα *k*; om. *v*. εν οργη μεγαλη] οργην *c*. λεγων αυτω] λεγων *s*; om. *p*; λεγει *v* **228** εποιησας τουτο] επηκουσας τω διαβολω *kp*; επηκου<σας> τουτω *z* • και εγενου σκευος αχαριστον] om. *v b* | αχαριστον] αχρηστον *kp qz he* **229** εως αν πλανησης τους παρειμενους τη καρδια] om. *v he* | εως αν] εως ου *kp*; και *b c*; om. *qz ni*. πλανησης] επλανησας *kp b c*; πλανησας *qz ni*. παρειμενους] πεπορομενους *p*; παρισταμενους *c* • ει] om. *k*; συ *s v p n h a*; εσει *e* **230** κτηνων] κτηνων και των θηριων *qz ni he* • στερηθησει] στερηθεις *kp b a* • της τροφης] και της τροφης *kp* {της τροφης} την τροφην *p*}; δε και της τροφης *b l*; και της τρυφης *c* • σου] σου ην δε η ευα ιβ΄ ετων οτε αυτην ηπατησεν ο δαιμων ος και εποιησεν αυτου την επιθυμιαν οτι ημερας ειχεν μελετων το σκευος αυτης και νυκτα και ημεραν ουκ επαυετο ζηλω φορουμενος κατ αυτων οτι το προτερον ο ην αυτος εν τω παραδεισω και δια τουτο επτερνισεν αυτους οτι ουκ ηδυνατο θεωρειν αυτους εν τω παραδεισω και δια τουτο επτερνισεν αυτους μαλλον δια των αγγελων την προσκυνησιν και των θηριων την ομιλιαν και δια τουτο ο θεος ειπεν τω οφει οτι επικαταρατος ην εκ παντων των θηριων και των κτηνων και της δοξης ης εσχεν προ τουτου και στερηθησει ποδων και χειρων και της τρυφης *c* • ης] η εκ του παραδεισου *c* **231** χουν γην *kp v qz ni he c* • φαγει] φαγης *kp b q e l* • πασας τας ημερας] πασαις ταις ημεραις *q* **231-232** επι τω στηθει και τη κοιλια σου πορευσει υστερηθεις και χειρων και ποδων σου] om. *kp*; επι τω στηθει και τη κοιλια πορευσει *c* | επι] και επι *e*. σου¹] om. *b qz he alc.* πορευσει] πορευει *l*. υστερηθεις] στερηθεις *b q*; και στερηθησει *z ni h* {και] om. *z*}; στερηθησει δε *e*; και υστερηθησει *a*. και χειρων και ποδων σου] και ποδων σου *s*; χειρων τε και ποδων *b*; των ποδων και των χειρων σου *qz*; των χειρων και των ποδων σου *ni h*; και των χειρων και των ποδων σου *e*; και ποδων και χειρων σου *l* **232** ουκ] ουτε *he* **233** αφεθησεται σοι] αφεθη<σεται> σοι *k*; om. *he* • ουτε¹] ουδε *qz ni* • πτερυξ] εν πτερυξ *a* • ουτε²] ουτε καν *s*; ουδε *qz* • εν] om. *c* • τουτων] εκ τουτων *qz*; των απαντων *al*; om. *c e* **233-234** ων συ εδελεασας εν τη κακια σου] ων νυν κεκτησαι ον τροπον συ εδελεασας τουτους εν τη κακια σου *qz ni he* {νυν] om. *qz h*; συ] om. *qz h*. εν τη κακια σου] om. *q e*} | ων] αφ ων *b*; ως *c*. συ] om. *b* **234** και εποιησας αυτους] om. *q e*; add. παραβηναι την εντολην μου και *qz* • εκβληθηναι] βληθηναι *p* • εκ] om. *p qz* **235** θησω εχθραν] εχθραν θησω *e* • ανα μεσον σου και ανα μεσον] ανα μεσον σου και *e*; ανα μεσον *c* **236** αυτων] σου *p v c*; αυτης *h*; αυτου *qz e a* **236-237** και συ εκεινου πτερναν] και σου εκεινου πτερναν *k*; και συ τηρησεις αυτου πτερναν *b qz h* {τηρησεις] τηρησει *qz*}; και σου πτερναν *e*; και συ εκεινου πτερναν *alc* {συ] εσει *lc*. εκεινου] αυτου *ac*} **237** της¹] om. *c* • κρισεως] ζωης σου *b* **238** ταυτα ειπων] ταυτα ειπων ο κυριος *kp c* {ειπων] ειπεν *p*}; και ταυτα ειπων *vb q lc rm* • κελευει] εκελευσεν *b qz e*; λεγει *c r*; κελευει δε *m* • τοις αγγελοις αυτου] τους αγγελους *p m*; τοις αγιοις αυτου αγγελοις *ni*; τοις αγγελοις τοις αγιοις *h*; τοις αγιοις αγγελοις *e* **238-239** εκβληθηναι ημας εκ του παραδεισου] εκ του παραδεισου εκβληθηναι ημας *a* | εκβληθηναι] εκβαλειν *qz*; του εκβαλειν *ni*; του εκβληθηναι *e*; εκβληθησετε *c*. εκ] εξω *b rm*; εξω εκ *h*. Addition: και εταξεν την φλογινην ρομφαιαν την στρεφομενην φυλαττειν τον παραδεισον *qz* **239** ελαυνομενων δε ημων] ελαβον δε ημας *p*; ελαμβανομενων *q*; add. εξω του παραδεισου *m* | δε] om. *v*. ημων] ημας *r* • και οδυρομενων] om. *v rm* **240** παρεκαλεσεν] παρεκαλεσεν δε *h*; επαρεκαλει δε *m* • ο πατηρ υμων αδαμ τους αγγελους λεγων] ο πατηρ υμων λεγων τους αγγελους *c*; τους αγγελους ο πατηρ υμων λεγων *rm* {λεγων] om. *m*} | ο πατηρ υμων] om. *v*. αδαμ] om. *kp b qz he l* • εασατε] εασασθε *e* • με] μοι *p c m* **241** μικρον] ολιγον *r* • παρακαλεσω τον θεον και] om. *r* | θεον] φιλανθρωπον θεον *qz ni he*. και] και ισως *qz ni h* **241-242** σπλαγχνισθη και ελεηση με] σπλαγχνισθεις ελεηση με *s b h* {με] μοι *s*}; ελεηση με *v*; σπλαγχνισθη προς εμε και ελεηση με *e*; σπλαγχνισθη ο θεος επ εμοι και ελεηση με *r*; σπλαγχνισθη του ελεησαι ημας *m* **242** οτι εγω μονος ημαρτον] οτι εγω μονος επλημμελησας ημαρτον *p*; om. *v*; διοτι μονος εγω ημαρτον *b*; add. αυτω *c* **243** αυτοι δε επαυσαντο του ελαυνειν αυτον] αυτοι επαυσαντο ελαυνειν ημας *kp*; και επαυσαντο οι αγγελοι του ελαυνειν αυτον *qz ni* {επαυσαντο] επαυσαν *qz*}; om. *h*; και εασαν αυτον ολιγον *e*; αυτοι δε επαυσαντο ελαυνοντες ημων *c*; και επαυσαντο ελαυνειν ημας *r*; αυτοι δε ελαυνομενοι ημας επαυσαντο *m* | αυτοι δε επαυσαντο] και παυσαμενοι *b*. του] om. *a* **243-244** εβοησεν δε αδαμ μετα κλαυθμου λεγων] om. *v*; και λεγει αδαμ τω κυριω *r*; και στεναξας αδαμ και φωνησας φωνη μεγαλη ειπεν *m* | δε] om. *k b e l*. αδαμ] om. *b*; ο αδαμ *kp h*. κλαυθμου] κλαυθμου μεγαλου οδυρομενος και δακρυων *e*; μετα δακρυων *c* **244** συγχωρησον μοι κυριε ο εποιησα] om. *v*; κυριε ρυσον με και συγχωρησον μοι ο εποιησα *e*; συγχωρησον ο εποιησα δημιουργε μου *r* | μοι] με *a*. εποιησα] πεποιηκα *b*

₄ τότε λέγει ὁ κύριος τοῖς ἀγγέλοις αὐτοῦ· τί ἐπαύσασθε ἐκβάλλοντες τὸν Ἀδὰμ ἐκ τοῦ παραδείσου; μὴ ἐμόν ἐστιν τὸ ἁμάρτημα, ἢ κακῶς ἔκρινα;

₅ τότε οἱ ἄγγελοι πεσόντες ἐπὶ τὴν γῆν προσεκύνησαν τῷ κυρίῳ λέγοντες· δίκαιος εἶ, κύριε, καὶ εὐθύτητας κρίνεις.

XXVIII στραφεὶς δὲ πρὸς τὸν Ἀδὰμ εἶπεν· οὐκ ἀφήσω σε ἀπὸ τοῦ νῦν εἶναι ἐν τῷ παραδείσῳ.

₂ καὶ ἀποκριθεὶς ὁ Ἀδὰμ εἶπεν· κύριε, δός μοι ἐκ τοῦ φυτοῦ τῆς ζωῆς ἵνα φάγω πρὶν ἐκβληθῆναί με.

₃ τότε ὁ κύριος ἐλάλησεν πρὸς τὸν Ἀδάμ· οὐ λήψει νῦν ἀπ' αὐτοῦ. ὡρίσθη γὰρ τῷ χερουβὶμ καὶ τῇ φλογίνῃ ῥομφαίᾳ τῇ στρεφομένῃ φυλάσσειν αὐτὸ διὰ σέ, ὅπως μὴ γεύσει ἀπ' αὐτοῦ καὶ ἀθάνατος ἔσει εἰς τὸν αἰῶνα. ₄ ἔχεις δὲ τὸν πόλεμον ὃν ἔθετο ὁ ἐχθρὸς ἐν σοί. ἀλλ' ἐξερχομένου σου ἐκ τοῦ παραδείσου, ἐὰν φυλάξεις ἑαυτὸν ἀπὸ παντὸς κακοῦ ὡς βουλόμενος ἀποθανεῖν, ἀναστάσεως πάλιν γενομένης ἀναστήσω σε, καὶ δοθήσεταί σοι ἐκ τοῦ ξύλου τῆς ζωῆς καὶ ἀθάνατος ἔσει εἰς τὸν αἰῶνα.

XXIX ταῦτα εἰπὼν ὁ κύριος ἐκέλευσεν τοῖς ἀγγέλοις αὐτοῦ ἐκβληθῆναι ἡμᾶς ἐκ τοῦ παραδείσου. ₂ ἔκλαυσεν δὲ ὁ πατὴρ ὑμῶν ἔμπροσθεν τῶν ἀγγέλων ἐν τῷ παραδείσῳ, καὶ λέγουσιν οἱ ἄγγελοι αὐτῷ· τί θέλεις ποιήσωμέν σοι, Ἀδάμ;

222-257 εκ της αναγκης—αιωνα s kp vb qz ni he alc rm; 257-267 εχεις—παρα(δεισου) s p vb qz ni he alc rm
Omissions: 248-251 τοτε—παραδεισω he; 250-263 στραφεις—παραδεισου rm; 256-261 οπως—αιωνα he; 264-267 και λεγουσιν—εκβαλλετε με rm

245   τοτε λεγει ο κυριος τοις αγγελοις αυτου] τοτε λεγει τοις αγγελοις ο κυριος kp r; και στραφεις ο κυριος λεγει τοις αγγελοις αυτου e | τοτε] και v. o] om. m. αυτου] om. vb qz; αυτου μετα οργης c • επαυσασθε] ουκ b; ηκουσατε e; επαυσατε a m 245-246   εκβαλλοντες] εκβαλλετε p b; εκβαλλειν s k e; του εκβαλλειν q; ελαυνοντες ac rm   246   τον αδαμ] αυτον b qz ni he r; αυτους c; τον αδαμ και την ευαν m • εκ του παραδεισου] om. vb c rm | εκ] εξω e   246-247   εμον εστιν το αμαρτημα η κακως εκρινα] εστιν ημων το αμαρτημα η κακως εκρινα τοτε λεγει καθως ακουω κρινω k; κακως εκρινα v; εμον εστιν το αμαρτημα he; αδικως εκρινα και μη εμον το αμαρτημα εστιν r; κακως εκρινα αυτους μη εμον εστιν το αμαρτημα m | η] μη l   248   οι αγγελοι πεσοντες επι την γην προσεκυνησαν] οι αγγελοι προσεπεσαν vb; οι αγγελοι προσεκυνησαν r; προσεκυνησαν οι αγγελοι m | οι αγγελοι πεσοντες] πεσοντες οι αγγελοι q • κυριω] θεω qz   249   λεγοντες] και ειπαν c; και ειπον m • ευθυτητας] ευθυτητα v l; ευθεις k rm; ευθυς p • κρινεις] αι κρισεις σου k rm; η κρισις σου p; εκρινας q   250   στραφεις δε προς τον αδαμ ειπεν] στραφεις δε παλιν προς τον αδαμ λεγει kp; και λεγει ο κυριος προς τον αδαμ v; στραφεις δε ο κυριος προς τον αδαμ ειπεν b l; στραφεις δε ο κυριος προς τον αδαμ λεγων c • αφησω]

εασω s; αφω k; αφιω p   **251**   ειναι] om. *kp c*   •   εν τω παραδεισω] εις τον παραδεισον *c*   **252**   αποκριθεις ο αδαμ ειπεν] ειπεν ο αδαμ *v* | ειπεν] λεγει *kp*. αδαμ] πατηρ υμων *h*   •   κυριε] κυριε εκβαλλεις με απο του παραδεισου *qz*   •   δος μοι] κελευσον δοθηναι μοι *qz* {μοι] με *q*}   •   εκ] απο *kp qz*; καν εκ *e*   •   φυτου] ξυλου *kp*   **253**   πριν] πριν η *s k z al*; προ του *c*   •   εκβληθηναι με] εκβληθω *b*; εκβαλεις με εξω του παραδεισου κυριε *e*   **254**   τοτε ο κυριος ελαλησεν] τοτε λεγει ο κυριος ελαλησεν *k*; και ειπεν ο κυριος *v*; ειπεν δε ο κυριος *qz*; και παλιν ο κυριος ελαλησεν *l*; τοτε ο κυριος εφη *c*   •   προς τον αδαμ] προς αυτον *p qz*; om. *v*; αυτω *b*; προς τον πατερα υμων αδαμ *ni he*   **254-255**   ου ληψει νυν απ αυτου] νυν ου ληψει απ αυτου *h*; νυν ουν αδαμ δια σε ταυτα παντα εποιησα δια σοι την χαριν και δοξαν την τοιαυτην εχαρισα συ δε ηθετησας με αρατε αυτον εξω *e* | ληψει] γευσει *c*. νυν] om. *kp a*; ουν *l*; απο του νυν *c*. απ] εξ *b c*   **255-256**   ωρισθη γαρ τω χερουβιμ και τη φλογινη ρομφαια τη στρεφομενη φυλασσειν αυτο δια σε] om. *qz* | ωρισθη] προσεταξα *b*; και ωρισθη *h*; και ω<ρ>ισθη *e*. γαρ] νυν *s*; δε *kp b*; om. *he*. τω χερουβιμ] τω σεραφιμ *kp*; τα χερουβιμ *b ni he lc*. τη φλογινη ρομφαια τη στρεφομενη] η φλογινη ρομφαια η στρεφομενη *kp ni he*; τη φλογινη ρομφαια *v*. φυλασσειν] φρουρειν *kp*. αυτο δια σε] την πυλην αυτου *e*   **256**   οπως] ως ινα *b*   •   γευσει απ αυτου και] σπευσει απ αυτου και *p*; γευσαμενος *qz* | απ] δι *a*   **256-257**   αθανατος εσει] εσει αθανατος *b*; αθανατισει *p*; αθανατωσει σε *ni*; αθανατος ει *l*   **257**   εις τον αιωνα] εις τους αιωνας *k*   •   εχεις δε πολεμον ον εθετο ο εχθρος εν σοι] om. *v* | δε] δε και *ni*. εθετο] εθηκεν *p*. εν σοι] επι σε *c*   **258**   αλλ εξερχομενου σου] εξελθοντος σου *b*; εξερχομενος δε *qz*; και εξερχομενου σου *ni*   •   εκ του παραδεισου] απο της παραδεισου *b*; om. *qz*   •   εαυτον] σεαυτον *ni*   •   απο] υπο *q*   **259**   βουλομενος] βουλομενον *p*; μελλων *b*; †κολομενος† *z*; *βουλομενος* *a* {βουλημενος ms.}   •   αποθανειν] σε αποθανειν *p*; αποθανειν σε *qz*   **259-260**   αναστασεως παλιν γενομενης αναστησω σε] μετα θανατον αναστaθεις δε παλιν γεναμενης αναστασεως *p*; μετα το αποθανειν σε αναστασεως παλιν γινομενης αναστησω σε *ni*; και μετα θανατον αναστασεως παλιν γεναμενης αναστησω σε *l* | γενομενης] γεναμενης *v*   **260**   και[1]] om. *c*   •   δοθησεται σοι] δοθησεται ετι *p*; τοτε δοθησεται σοι *b*; εκτοτε δοθησεται σοι *n*; εκτοτε σοι δοθησεται *i*   •   εκ] απο *b*   **260-261**   και αθανατος εσει εις τον αιωνα] om. *b qz* | αθανατος εσει] αθανατισεις *p*; εσει αθανατος *ni*   **262**   ταυτα ειπων ο κυριος εκελευσεν] εκελευσεν δε *v*; ταυτα ειπων και εκελευσεν ο κυριος *he* {ταυτα ειπων] om. *e*. κυριος] θεος *e*} | ταυτα] και ταυτα *s*; ταυτα δε *al*. εκελευσεν] προσεταξεν *b*; εκαλεσεν *qz*   •   τοις αγγελοις αυτου] τους αγγελους *p*; τοις αγγελοις *v*; om. *b he c*; τους αγγελους αυτου *a*   **263**   εκβληθηναι ημας εκ του παραδεισου] ινα εκβαλουν ημας εξω του παραδεισου *s*; εκβαλειν ημας εκ του παραδεισου *qz*   •   εκλαυσεν δε ο πατηρ υμων] add. αδαμ *s*; εκλαυσεν δε ο πατηρ υμων πικρως και ανεστεναξεν *e*; om. *c*; ακουσας δε ο πατηρ υμων εκλαυσεν πικρως *m* | εκλαυσεν] εκελευσεν *p*. δε] om. *ni*; ακουσας δε *m*. ο πατηρ υμων] ο αδαμ *qz*; αδαμ ο πατηρ υμων *r*   **264**   εμπροσθεν των αγγελων εν τω παραδεισω] om. *v qz c*; εμπροσθεν των αγγελων *p*; ενωπιον των αγγελων *h*; εμπροσθεν τους αγγελους *e*; εμπροσθεν των αγγελων απεναντι του παραδεισου *al m* {παραδεισου] παραδεισον λεγων *m*}; ενωπιον των αγγελων και του παραδεισου λεγων *r*   **264-265**   οι αγγελοι αυτω] αυτω οι αγγελοι *p qz ni e c*; οι αγγελοι *v h*; οι αγγελοι προς αυτον *b*   **265**   τι] και τι *e*   •   ποιησωμεν] ποιησαι *qz*   •   σοι] om. *e*   •   αδαμ] ω αδαμ *s p h*; om. *v qz e*

₃ ἀποκριθεὶς δὲ ὁ πατὴρ ὑμῶν εἶπεν τοῖς ἀγγέλοις· ἰδού, ἐκβάλετέ με. δέομαι ὑμῶν, ἄφετέ με ἆραι εὐωδίας ἐκ τοῦ παραδείσου, ἵνα μετὰ τὸ ἐξελθεῖν με ἀνενέγκω θυσίαν τῷ θεῷ, ὅπως εἰσακούσεταί μου ὁ θεός.

₄ καὶ προσελθόντες εἶπον οἱ ἄγγελοι τῷ κυρίῳ· Ἰαὴλ αἰώνιε βασιλεῦ, κέλευσον δοθῆναι τῷ Ἀδὰμ θυμιάματα εὐωδίας ἐκ τοῦ παραδείσου.

₅ καὶ ἐκέλευσεν ὁ θεὸς ἐαθῆναι τὸν Ἀδὰμ ἵνα λάβῃ εὐωδίας καὶ σπέρματα εἰς διατροφὴν αὐτοῦ. ₆ καὶ ἀφέντες αὐτὸν οἱ ἄγγελοι ἤνεγκαν τέσσαρα γένη· κρόκον καὶ νάρδον καὶ κάλαμον καὶ κινάμωμον, καὶ ἕτερα σπέρματα εἰς διατροφὴν αὐτοῦ. καὶ λαβὼν ταῦτα ἐξῆλθεν ἐκ τοῦ παραδείσου. καὶ ἐγενόμεθα ἐπὶ τῆς γῆς.

257-267 εχεις—παρα(δεισου) *s vb p ni he qz alc rm*; **267-287** (παρα)δεισου—τεθησει *s vb pg ni he qz alc rm*
Omissions: **264-267** και λεγουσιν—εκβαλλετε με *rm*; **271-274** εκ του—σπερματα *pg*; **274-276** και αφεντες—αυτου *v*;

266 αποκριθεις δε ο πατηρ υμων ειπεν] απεκριθη δε και ειπεν *p*; και ειπεν αδαμ *v*; λεγει ο αδαμ *qz*; ο δε αποκριθεις ο πατηρ υμων ειπεν *e*; αποκριθεις δε ειπεν *c* | αποκριθεις] και αποκριθεις *s i*. ειπεν] λεγει *b* • τοις αγγελοις] om. *v qz*; αυτοις *b* **266-267** ιδου εκβαλλετε με] om. *v qz*; επειδη εκβαλλετε με *b*; ιδου απαρτι εκβαλλετε με *ni he* **267** δεομαι υμων αφετε με αραι ευωδιας] om. *p*; αφετε με δεομαι υμων αρω ευωδιας *v*; δεομαι υμας ινα παραχωρησητε με αναλαβειν ευωδιας *b* | δεομαι] και δεομαι *h*. υμων] υμων κυριοι μου *e*; σας *r*. αφετε με] αφετε *q*; †αφες τας† *z*. αραι] αρα<ι> *z*; αρω *r*; επαρω *m*. ευωδιας] θυσιαν *c*; ευωδιαν *e* • εκ του παραδεισου] απο του παραδεισου *b*; εν τω παραδεισω *c*; om. *rm* **267-268** ινα μετα το εξελθειν με ανενεγκω θυσιαν τω θεω] ενεγκω θυσιαν τω θεω *p*; <...παρα>δεισου ενεγκω θυσιαν τω θεω *g*; και προενεγκω θυσιαν τω θεω μετα το εξελθειν με απο του παραδεισου *b*; ινα εξ αυτων ανενεγκω θυσιαν τω θεω *qz* {ανενεγκω} add. σοι *z*} | το] του *e*. εξελθειν] εξελθηναι *s v*. ανενεγκω] ενεγκω *a*; ενεγκω σοι *l*; αραι *c*; προσενεγκω *r*; προσαγαγω *m*. θυσιαν] θυσιας *e r* **268-269** οπως εισακουσεται μου ο θεος] οπως ει<σα>κουσεται μου *b*; om. *h*; αφεντες τον αδαμ οι αγγελοι επι την πυλην της εσωθεν του παραδεισου *e* | ο θεος] om. *b ni rm*; λαβω δε και σπερματα εις διατροφην μου *qz* **270** και προσελθοντες ειπον οι αγγελοι τω κυριω] και ειπον οι αγγελοι τω κυριω *v*; και προσελθοντες οι αγγελοι ειπον τω κυριω *pg b lc m* {κυριω} add. και λεγοντες *m*}; και εκεκραξαν οι αγγελοι τω κυριω δεομενοι *qz*; ηλθον και ειπον τω θεω *e*; και προσελθοντες οι αγγελοι τω κυριω ειπον *r* | κυριω] θεω *a* **270-271** ιαηλ αιωνιε βασιλευ κελευσον] βασιλευ αιωνιε κελευσον *p*; †αυλε† αιωνιε βασιλευς κελευσον *g*; κελευσον δεσποτα μου *b*; προαιωνιε και αναρχε βασιλευ κελευσον *m* | ιαηλ] ιαηλ τι *v*; ιστραηλ *qz*; ιωηλ *e c r*; om. *l*. κελευσον] κελευεις *s* **271** δοθηναι τω αδαμ θυμιαματα ευωδιας] δοθηναι τω αδαμ *s*; δοθηναι θυμιαματα ευωδιας τω αδαμ *b m*; τον αδαμ λαβηναι ευωδιας *c* | θυμιαματα] θυμιαμα *v qz ni he*. ευωδιας] ευωδιας και σπερμα δια τροφην αυτου *e* **271-272** εκ του παραδεισου] om. *s v qz he*; add. οπως ενεγκη σοι θυσιαν *c* | του] της *b* **273** και εκελευσεν ο θεος] om. *s qz h m*; και εκελευσεν *b r*; και ειπεν ο θεος *e* • εαθηναι τον αδαμ] om. *s qz h m*; ελθειν τον αδαμ ν; εισελθειν b; αρατω ο αδαμ e; ελθηναι τον αδαμ a; τον αδαμ c; δοθηναι αυτω r • ινα λαβη] om. qz he rm; και λαβειν b; και λαβηναι l **273-274** ευωδιας και σπερματα] om. e rm; και σπερματα pg qz; και σπερματας h; ευωδιας αρωματα εκ του παραδεισου a; ευωδιας l; ευωδιας εκ του παραδεισου c **274** εις διατροφην αυτου] om. e rm | διατροφην] διατροφας q h. αυτου] αυτων pg qz • και αφεντες αυτον οι αγγελοι] om. qz r; και αφεντες αυτον m **275** ηνεγκαν] ελαβεν b; και δεδωκαν αυτω qz; εισηλθεν και ελαβεν ni he; επεσυναξεν al; εσυναξεν c; om. r; ενεγκαν m • τεσσαρα γενη] δ' ειδη b; τεσσαρα μερη αρωματων qz; αμφοτερα γενη al; αμφοτερα γενηματα c; γ' ειδη του παραδεισου r **275-276** κροκον και ναρδον και καλαμον και κιναμωμον] κροκον ναρδον και κιναμωμον r; λιβανον κροκον ναρδον και κιναμωμον m | ναρδον και καλαμον] ναρδον καλαμον b h; ναδρον και καλαμην e; ναρδον και γλυκοκαλαμον c **276** και ετερα σπερματα εις διατροφην αυτου] om. rm | και ετερα σπερματα] ελαβεν δε και σπερματα qz; ελαβεν δε και ετερα σπερματα ni; και ετερα ειδη he; και λοιπα σπερματα al; και αλλα τιν<α> c. διατροφην] διατροφας q. αυτου] αυτων pg qz c • και λαβων ταυτα] και τηνικαυτα qz; και μετα το λαβειν αυτον ni; om. he | λαβων] λαβοντα c. ταυτα] αυτα rm **277** εξηλθεν εκ του παραδεισου] om. qz he | εκ] om. b ni l • και εγενομεθα επι της γης] om. he | εγενομεθα] παραγεγοναμεν b; γεγοναμεν qz. επι της γης] εν τη γη b; επι την γην qz; επι την γην ταυτην r. Additions: και πεσων επι προσωπον εκλαυσα εξερχομενου του αδαμ εκ του παραδεισου h; και πεσων επι προσωπον εκλαυσεν πικρως ωστε εκ των οφθαλμων αυτου αντι δακρυα αιμα ερρεεν εξερχομενου αυτου εκ του παραδεισου συνεκλαιον δε αυτω και οι αγγελοι επι τον †εξεσιον† παθος οιον συνεβη αυτω e; ₇ εγενετο δε ημας πενθησαι ημερας επτα μετα δε τας επτα ημερας επεινασαμεν και ειπον τω αδαμ αναστα και φροντισον ημιν βρωματα ινα φαγωμεν και ζησωμεν ινα μη αποθανωμεν εγερθωμεν και κυκλωσωμεν την γην ει ουτως εισακουση ημας ο θεος και ανεστημεν και διωδευσαμεν πασαν την γην εκεινην και ουχ ευρομεν ₈ ειπεν παλιν η ευα τω αδαμ αναστα κυριε και αναλωσον με ινα αναπαυσωμαι απο προσωπου σου και απο προσωπου του θεου και απο των αγγελων οπως παυσονται οργιζεσθαι σοι δι εμου ₉ τοτε αποκριθεις ο αδαμ ειπεν τη ευα τι εμνησθης της κακιας ταυτης ινα φονον ποιησω και ενεγκω θανατον τη εμη πλευρα η πως *επενεγκω* χειρα τη εικονι *του* θεου ην επλασεν αλλα μετανοησωμεν ημερας τεσσαρακοντα οπως σπλαγχνισθη ημιν ο θεος και δωσει ημιν τροφην κρεισσων των θηριων ₁₀ εγω μεν ποιησω ημερας τεσσαρακοντα 〚και τεσσαρας〛 συ δε νηστευσον τριακοντα και τεσσαρας οτι συ ουκ επλασθης τη ημερα τη εκτη εν η εποιησεν ο θεος την κτισιν αυτου αλλ αναστα και πορευου εις τον τιγριν ποταμον και λαβε τον λιθον τουτον και υποθες υπο των ποδων σου και στηθι ενδεδυμενη του υδατος εως του τραχηλου και μη εξελθη λογος εκ του στοματος σου και προσευχομενη τω θεω αναξιοι γαρ εσμεν και τα χειλη ημων ουκ εισιν καθαρα *σιγουσα βεβαπτισμενη εν τω υδατι βοησον τω θεω εξ ολης της καρδιας σου* ₁₁ επορευθη δε αδαμ εις τον ιορδανην ποταμον και η θριξ της κεφαλης αυτου ηπλουτο και εκραξεν φωνη μεγαλη λεγων σοι λεγω τω υδατι του ιορδανου στηθι και ευχου και παντα τα θηρια και παντα τα πετεινα και παντα τα ερπετα εν τε γη και θαλασση και παντες οι αγγελοι και παντα τα ποιηματα του θεου εκυκλωσαν τον αδαμ ως τειχος κυκλω αυτου κλαιοντες και προσευχομενοι τω θεω υπερ του αδαμ οπως εισακουσεται αυτου ο θεος ₁₂ ο δε διαβολος μη ευρων εις τον αδαμ τοπον επορευθη εις τον τιγριν ποταμον προς την ευαν και λαβων σχημα αγγελικον και εστην ενωπιον αυτης κλαιων και τα δακρυα αυτου ερρεεν επι την γην και επι την στολην αυτου και λεγει τη ευα ανελθε εκ του υδατος και παυσαι του κλαυθμου ηκουσεν γαρ ο θεος της δεησεως σου οτι και ημεις οι αγγελοι και παντα τα ποιηματα αυτου επαρακαλεσαμεν τον θεον υπερ υμων ₁₃ και ταυτα ειπων ηπατησεν ημας και εξεβην απο του υδατος rm; for subvariants, see pp. 180-181

XXX νῦν οὖν, τεκνία μου· ἐδήλωσα ὑμῖν τὸν τρόπον ἐν ᾧ ἠπατήθημεν. ὑμεῖς δὲ φυλάξατε ἑαυτοὺς μὴ ἐγκαταλιπεῖν τὸ ἀγαθόν.

XXXI ταῦτα δὲ εἰποῦσα ἐν μέσῳ τῶν υἱῶν αὐτῆς, κοιμωμένου τοῦ Ἀδὰμ ἐν τῇ νόσῳ αὐτοῦ (ἄλλην δὲ εἶχεν μίαν ἡμέραν ἐξελθεῖν ἐκ τοῦ σώματος αὐτοῦ), ₂ καὶ λέγει τῷ Ἀδὰμ ἡ Εὔα· διὰ τί ἀποθνήσκεις κἀγὼ ζῶ; ἢ πόσον χρόνον ἔχω ποιῆσαι μετὰ θάνατόν σου; ἀνάγγειλόν μοι.

₃ τότε λέγει ὁ Ἀδὰμ τῇ Εὔᾳ· μὴ θέλε φροντίζειν περὶ πραγμάτων. οὐ γὰρ βραδύνεις ἀπ᾽ ἐμοῦ, ἀλλ᾽ ἴσα ἀποθνήσκομεν ἀμφότεροι. καὶ αὐτὴ τεθήσει εἰς τὸν τόπον τὸν ἐμόν. κἂν ἀποθάνω κατάλειψόν με καὶ μηδείς μου ἅψηται ἕως οὗ ἄγγελος λαλήσῃ τι περὶ ἐμοῦ. ₄ οὐ γὰρ ἐπιλήσεταί μου ὁ θεός, ἀλλὰ ζητήσει τὸ ἴδιον σκεῦος ὃ ἔπλασεν. ἀνάστα μᾶλλον εὖξαι τῷ θεῷ ἕως οὗ ἀποδώσω τὸ πνεῦμά μου εἰς τὰς χεῖρας τοῦ δεδωκότος μοι αὐτό, διότι οὐκ οἴδαμεν πῶς ἀπαντήσωμεν τοῦ ποιήσαντος ἡμᾶς, ἢ ὀργισθῇ ἡμῖν ἢ ἐπιστρέψει τοῦ ἐλεῆσαι ἡμᾶς.

XXXII τότε ἀνέστη καὶ ἐξῆλθεν ἔξω. καὶ πεσοῦσα ἐπὶ τὴν γῆν

267-287 (παρα)δεισου—τεθησει s vb pg ni he qz alc rm; 287-295 εις—ημαρτον[1] s p vb qz ni he alc rm
Omissions: 278-279 νυν—αγαθον he; 279-284 υμεις—μοι rm 285-290 μη θελε—επλασεν rm; 291-293 διοτι—ημας he rm

278 νυν ουν] νυν δε qz m; νυν r • τεκνια] τεκνα pg b c • υμιν] υμων qz; υμας c • τον τροπον] τω τροπω c; τον τροπον της παραβασεως ημων r; το πορσωπον της εντολης του θεου και της παραβασεως ημων m 278-279 εν ω ηπατηθημεν] om. r | εν ω] ου pg; πως b; το πως q; καθ ον z ni; και πως m 279 φυλαξατε] <φυ>λαξαντες g; φυλαξαντες z • εαυτους] εαυτοις c • μη εγκαταλιπειν το αγαθον] om. qz | εγκαταλιπειν] εγκατελιπατε pg; εγκαταλειπει v; παραβαινειν b; εγκαταλιμπανειν l. το αγαθον] αγαθα p; αγαθον g 280 δε] om. z ni he lc • ειπουσα] ειπον σοι pg; ειπων η ευα h; ειπεν e; ειπεν η ευα c • εν μεσω των υιων αυτης] εν μεσω σας p; μεσον των υιων αυτων b; προς τους υιους αυτης he {αυτης} αυτων e; add. η ευα και ειπον [[αυτοις]] προς αυτους τα τοιαυτα και μνησθεις του παραδεισου e}; των τεκνων αυτης c 280-281 κοιμωμενου του αδαμ εν τη νοσου αυτου] om. qz he | κοιμωμενου] κειμενου v; κοιμωμενου δε c. εν τη νοσου αυτου] εκ της συνεχουσης αυτον αρρωστιας b. Additions: παλιν εκλαυσεν ομοιως δε και οι υιοι αυτης μετ αυτης και μετα το ησυχασαι αυτους διυπνισθη ο αδαμ qz ni he {παλιν εκλαυσεν] εκλαυσεν qz; εκλαυσαν παντες πικρως h; εκλαυσεν και αυτη τη ωρα πικρως ωστε και η ψυχη αυτης ωλιγορησεν e. ομοιως δε και οι υιοι αυτης μετ αυτης] om. he; συν αυτοις qz. και μετα το ησυχασαι αυτους] add. μικρον qz; om. he. διυπνησθη] εξυπνος δε γενομενος he} 281-282 αλλην δε ειχεν μιαν ημεραν εξελθειν εκ του σωματος αυτου] μετα ημεραν μιαν οφειλοντος αυτου αποθνησκειν b; om. qz ni he | αλλην δε ειχεν μιαν ημεραν] αλλην δε ησχεν μιαν ημεραν s; αλλα μιαν ημεραν ειχεν pg; αλλην δε μιαν ημεραν ειχεν c. εξελθειν] του εξελθειν ν c. αυτου] om.

b ac   282   και λεγει] λεγει b h ac; ειπεν e; λεγει δε l   •   τω αδαμ] προς αυτον b; αυτω q ni he c; αυτη z   •   η ευα] τη ευα p; ευα qz   •   δια τι] πως b; ιδου qz   282-283   αποθνησκεις] αποθνησκεις συ qz ni he; συ αποθνησκεις c   283   καγω] εγω δε qz   •   η] ειπε μοι s; και p; αναγγειλον μοι κυριε μου qz; om. e   •   ποσον χρονον] ποσους χρονους b   •   εχω ποιησαι] εχω ποιησιν s l; εχω θελω ποιησαι p; θελω ζησαι b; παησαι z; ποιησω e; εχω ζησαι c   •   μετα θανατον σου] om. b; μετα τον θανατον σου qz e; μετα το αποθανειν σε a; μετα του θανατου σου c   284   αναγγειλον μοι] απαγγειλον μοι he; om. qz a. Addition: η τι μοι εστιν μετα το αποθανειν σε l   285   τοτε λεγει] και λεγει b qz; λεγει c   •   ο αδαμ τη ευα] αδαμ τη ευα v c; ο αδαμ προς αυτην b; αυτη qz; αυτη ο αδαμ he {ο} om. h}   •   μη θελε φροντιζειν] μη θελης φροντιζων pg; μη θελε φροντιειν v; μη φροντιζεσαι b; μη φροντιζε q; μη θελειν φροντιζειν z; μη θελων φροντιζειν h; μη φροντιζης e; μη θελε φροντιζε a; μη θελησης φροντισαι c   •   περι πραγματων] τα περι εμε pg; περι τουτου b he; περι του τοιουτου q; περι τοιουτων πραγματων z; περι πραγματων τοιουτων ni; δια πολλων πραγματων c   286   ου γαρ βραδυνεις απ εμου αλλ ισα αποθνησκομεν αμφοτεροι] αμα δε και αμφοτεροι οφειλομεν αποθανειν b | ου γαρ βραδυνεις] om. pg c. απ εμου] om. pg q c; μετ εμου z; απ εμε a. αλλ ισα αποθνησκομεν] αλλ ισον αποθνησκομεν s; αλλα μικρον ηξει και τελευτησεις qz {και} ο εστιν z}; αλλ ισως αποθνησκομεν he; αλλ ομου αποθνησκομεν c. αμφοτεροι] οι αμφοτεροι s; om. qz   287   αυτη] εν αυτη v; μετ εμου qz   •   τεθησει] τεθηναι pg {τη θηναι g}; τεθησω e   •   εις τον τοπον τον εμον] εν τω τοπω εν ω θαψης με v; om. qz; εκ τον *τοπον* τον εμον l { *τοπον*} ποπον ms.}   •   καν αποθανω] om. v; αποθησκοντα δε q; αποθνησκοντα δε τανυν z; και οτε αποθανω a; και οταν αποθανω l | καν] και αν p; οτε δε b; και εαν he; οταν δε c   •   καταλειψον με] καταλειψομαι p; καταλειψον μου v; καταλειψατε με b lc; καλυψον με qz e; καλυψετε με a   288   και μηδεις μου αψηται] om. c | και] om. p. μηδεις] ουδεις e. μου αψηται] με αψηται s; αληται μου qz; μου αψεται ni; μοι αψηται l   •   εως ου] και ιδου qz   •   αγγελος] αγγελος κυριου b qz; ο αγγελος h a; om. c   •   λαληση τι] λαληση p qz; τι λαληση b; λαληθη τι c   289   επιλησεται] αντιληψεται p; επιλησηται v; επιληψεται z c   •   αλλα] αρ z   •   ζητησει] επιζητησει s; ζητω p; ερχεται σωσαι qz   •   σκευος] πλασμα b qz he   289-290   ο επλασεν] om. b h; ος επλασεν z; αυτου e. Addition: ηκουσα γαρ εγω του κυριου λεγοντος οτι τον ερχομενον προς με ου μη εκβαλω εξω c   290   αναστα] και αναστα b; αναστα δε qz ni h; συ ουν αναστα e; αλλα αναστας c   •   μαλλον] om. e rm; μονον c   •   ευξαι] και ευξου b r; και ευξαι qz ni he; ευξου m   •   τω θεω] προς τον θεον b; κυριω q; τω κυριω z; om. rm   •   εως ου] εως v; οπως r   •   αποδωσω] αποδω qz a   •   μου] om. v c; μου σημερον qz ni h   291   εις τας χειρας] add. αυτου b; add. του δεσποτου μου c; τω κυριω r; om. m   •   του δεδωκοτος μοι αυτο] om. rm | του δεδωκοτος] τω δεδωκοτι p; του διδοντος q. μοι] om. p he a; μου ni. αυτο] τουτο b; αυτην l   •   διοτι ουκ] ου γαρ qz; ουκ i; οτι ουκ l   291-292   απαντησωμεν] μελλομεν απαντησαι c   292   του ποιησαντος υμας] αυτω p; τον ποιησαντα ημας v; τουτω b; τω ποιησαντι ημας qz   •   οργισθη] οργιζεται b   292-293   επιστρεψει του ελεησαι] επιστρεψει και ελεησαι p; επιστρεψας ελεησει v; σπλαγχνιζεται και μελλει ελεησαι ημας και δεξασθαι b; επιστρεψει και σωσει qz; επιστρεψει ελεησαι ni a   294   τοτε ανεστη] ανεστη p; και ανασταστα ευα b; τοτε ανεστη ευα z h a m; τοτε ανεστη η ευα ni lc; τοτε η ευα ανεστη e; ανεστη δε ευα r   •   και εξηλθεν] και εξελθουσα p; εξηλθεν b; και εξελθων r   •   πεσουσα] πεσων v

295 ἔλεγεν· ₂ ἥμαρτον ὁ θεός, ἥμαρτον ὁ πατὴρ τῶν ἁπάντων, ἥμαρτόν σοι. ἥμαρτον εἰς τοὺς ἐκλεκτούς σου ἀγγέλους, ἥμαρτον εἰς τὰ χερουβίμ, ἥμαρτον εἰς τὸν ἀσάλευτόν σου θρόνον, ἥμαρτον κύριε, ἥμαρτον πολλά, ἥμαρτον ἐναντίον σου, καὶ πᾶσα ἁμαρτία δι' ἐμὲ γέγονεν ἐν τῇ κτίσει.

300 ₃ ἔτι εὐχομένης τῆς Εὔας, ἰδοὺ ἦλθεν πρὸς αὐτὴν ὁ ἄγγελος τῆς ἀνθρωπότητος, καὶ ἀνέστησεν αὐτὴν λέγων· ₄ἀνάστα, Εὔα, ἐκ τῆς μετανοίας σου. ἰδοὺ γὰρ ὁ Ἀδὰμ ὁ ἀνήρ σου ἐξῆλθεν ἀπὸ τοῦ σώματος αὐτοῦ. ἀνάστα καὶ ἰδὲ τὸ πνεῦμα αὐτοῦ ἀναφερόμενον εἰς τὸν ποιήσαντα αὐτὸν τοῦ ἀπαντῆσαι αὐτῷ.

305 XXXIII ἀναστᾶσα δὲ Εὔα ἐπέβαλεν τὴν χεῖρα αὐτῆς εἰς τὸ πρόσωπον *αὐτῆς*, ₂καὶ ἀτενίσασα εἰς τὸν οὐρανὸν εἶδεν ἅρμα φωτὸς ἐρχόμενον ὑπὸ τεσσάρων ἀετῶν λαμπρῶν ὧν οὐκ ἦν δυνατὸν γεννηθῆναι ἀπὸ κοιλίας, ἢ εἰπεῖν τὴν δόξαν αὐτῶν, ἢ ἰδεῖν τὸ πρόσωπον αὐτῶν

287-295 εις—ημαρτον¹ s p vb qz ni he alc rm; 295-306 ο θεος—προσωπον s pg vb qz ni he alc rm; 306-332 *αυτης*—σηθ s kg vb qz ni he al rm
Omissions: 305-309 επεβαλεν—αρμα rm

295 ελεγεν] ελεγον v; και ελεγεν z; εκλαιεν και ελεγεν προσευχην e; εκλαιεν λεγουσα m • ημαρτον ο θεος ημαρτον ο πατηρ των απαντων] ημαρτον ημαρτον p; ημαρτον ο θεος v; om. h; ημαρτον κυριε ημαρτον σοι οτι πασα αμαρτια δι εμε [[ε]]γεγον<εν> ημαρτον σοι τω πατρι των οικτιρμων m | ημαρτον ο πατηρ] ημαρτον ο θεος b; ημαρτον σοι ο πατηρ q c r. των απαντων] παντων e; των οικτιρμων r 295-296 ημαρτον σοι] ημαρτον s; ημαρτον ενωπιον σου qz; om. r 296 ημαρτον εις τους εκλεκτους σου αγγελους] και τους εκλεκτους σου αγγελους c; ημαρτον ενωπιον των αγγελων σου m | ημαρτον] ημαρτον και s. Additions: ημαρτον δεσποτα ημαρτον φιλανθρωπε ημαρτον σοι qz ni {ημαρτον σοι} om. qz}; ημαρτον ο θεος ημαρτον ο πατηρ παντων ημαρτον δεσποτα ημαρτον φιλανθρωπε h; ημαρτον δεσποτα ημαρτον ελεημων ημαρτον ανεξικακε ημαρτον μακροθυμε e 296-298 ημαρτον εις τα χερουβιμ ημαρτον εις τον ασαλευτον σου θρονον ημαρτον κυριε ημαρτον πολλα] om. v | εις τα χερουβιμ] και εις τα χερουβιμ s; ημαρτον τα χερουβιμ ni h; add. ημαρτον εις τα σεραφιμ qz e c rm {ημαρτον} και m}. εις τον ασαλευτον σου θρονου] και εις τον ασαλευτον σου θρονον s; εις τον φοβερον και ασαλευτον θρονον σου b; εις τον ασαλευτον θρονον σου qz h; τον ασαλευτον σου θρονον ni; εις τον ασαλευτον θρονον c r; εις τον αγιον και ασαλευτον σου θρονου m. ημαρτον κυριε] om. b m; ημαρτον αγιε ημαρτον κυριε q z; ημαρτον κυριε ημαρτον αγιε ni he {ημαρτον κυριε} δεσποτα ημαρτον κυριε e. αγιε] add. εναντιον σου ημαρτον βασιλευ ουρανιε e}. ημαρτον πολλα] om. b c rm e 298 ημαρτον εναντιον σου] add. κυριε v; ενωπιον σου q; εναντιον σου z ni; ενωπιον σου e; ημαρτον σοι r 298-299 και πασα αμαρτια δι εμε γεγονεν εν τη κτισει] και πασα αμαρτια γεγονεν δι εμε εν τη κτισει s; ημαρτον και πασα αμαρτια δι εμε γεγονεν εν τη κτισει qz ni {δι εμε} δι εμου qz}; ημαρτον και πασαν αμαρτιαν διεπραξαμην και δι εμου γεγονεν he {και} om. e. γεγονεν] add. θανατος και αμαρτια και παντα τα γινομενα και εισερχομενα αμαρτηματα e}; om. r;

και πασα αμαρτια εις τον κοσμον δι εμου εγενετο *m* | δι εμε] δι εμου *b l c*. τη κτισει] παση τη κτισει *c* **300** ετι ευχομενης της ευας] ετι ευχομενης αυτης *s rm*; ετι ευχομενης μου *v*; και ουτως ευχομενης της ευας *b*; ταυτα ευχομενης της ευας *qz ni*; ταυτα δε αυτης εξομολογουμενης επι προσωπον *he* {δε αυτης εξομολογουμενης} εξομολογουμενη *h*}; add. επι τα γονατα αυτης ουσα *alc* {ουσα] ουσης *c*} | ετι] ετι δε *r* • ιδου] om. *vb qz ni he c rm* • ηλθεν] ωφθη *he* **300-301** προς αυτην ο αγγελος της ανθρωποτητος] προς με αγγελος *v*; ο αρχαγγελος μιχαηλ προς αυτην *he* | ο αγγελος] αγγελος *l*; αγγελος κυριου *c*. της ανθρωποτητος] om. *qz r* **301** και ανεστησεν αυτην] om. *he*; και ανεστησας αυτη *c*; και *m* | ανεστησεν] αναστησεν *b*. αυτην] με *v* • λεγων αναστα] αναστα μοι εφη *m* **301-302** ευα εκ της μετανοιας σου] om. *v* | μετανοιας] εξομολογησεως *he*; μετανοιας σου και της ευχης *c*; δεησεως *m* **302** ο αδαμ ο ανηρ σου] αδαμ ο ανηρ σου *s b ni*; ο ανηρ σου αδαμ *m* • εξηλθεν] ανηλθεν *e*; εξηλθεν η ψυχη *m* • απο] εκ *qz e ac rm* **302-303** σωματος] σκηνωματος *ni* **303** αυτου] om. *v* • αναστα και ιδε το πνευμα αυτου] om. *z* | αναστα και ιδε] αναστα δε και ιδε *b*; αναστα ιδε *h*; και αναστας ειδεν *r*. το πνευμα αυτου] το πνευμα *v*; η ψυχη αυτου *m* • αναφερομενον] αφαιρομενον *v*; ανερχομενον *qz*; αναφερεται *m* **303-304** εις τον ποιησαντα αυτον] εις τον ουρανον *he*; εις τω ποιησαντι αυτο *a*; προς τον ποιησαντα αυτο *c*; εμπροσθεν του ποιησαντος αυτον *m* **304** του απαντησαι αυτον] om. *b he qz l rm* **305** αναστασα δε ευα] αναστασα δε εγω *v*; και αναστασα η ευα *b*; αναστασα δε η ευα *q he*; αναστασα δε *c*; om. *r*; αναστασα δε εγω εποιησα ωσπερ ειρηκεν μοι ο αγγελος *m* **305-306** επεβαλεν την χειρα αυτης εις το προσωπον *αυτης**] απεβαλεν την χειρα αυτης *b*; om. *he* | επεβαλεν] επεβαλον *v*; εβαλεν *qz*. αυτης] μου *v*. εις το προσωπον] εις *v*; επι το προσωπον *qz ni alc* {το] om *ni*}. *αυτης*] αυτου *s al*; του αδαμ *g*; αυτης *qz c*. Additions: και απεμαξεν αυτο ην γαρ απο των πολλων δακρυων καταβροχον και οι οφθαλμοι αυτης πεφυσιωμενοι *qz ni* {και απεμαξεν αυτο] om. *qz*. των] om. *q*. καταβροχον και οι οφθαλμοι αυτης πεφυσιωμενοι] καταβροχοι αυτης οι οφθαλμοι *q*; καταβροχον οι δε οφθαλμοι αυτης πεφυσιωμενοι *z*}; απεμαξεν αυτης τα δακρυα *he*; και λεγει αυτη ο αγγελος αρον και αυτη απο των γηινων *alc* {αυτη[1]} προς αυτην *c*. και αυτη] σεαυτον *c*. γηινων] *c* no more extant} **306** και ατενισασα εις] om. *v*; ευα δε ητενισεν εις τον ουρανον *al* • ειδεν] ειδον *v*; ορα *qz*; και ειδεν *al* • φωτος] πυρος *g*; om. *qz* **306-307** ερχομενον] αιρομενον *qz ni he* **307** υπο τεσσαρων αετων λαμπρων] επι της γης †αρτον λαμπρον αρματων† *g* **307-308** ων ουκ ην δυνατον γεννηθηναι απο κοιλιας η ειπειν την δοξαν αυτων η ιδειν το προσωπον αυτων] ου το καλλος και την δοξαν αδυνατει γλωσσα ανθρωπου εξειπειν *qz ni he* {ου] ων *ni*. αδυνατει] αδυνατον *qz e*. γλωσσα] η γλωσσα *z*. ανθρωπου] ανθρωπων *qz*} | ων] α *b*. ην δυνατον] ην δυνατος *v*; ηδυνατο *g*. γεννηθηναι] θεωρησαι η γεννηθηναι *g*; τινα γεννηθεντα *b*. η[1]] om. *b*. την] το *g*. αυτων[1]] αυτου *g v*. η[2]] om. *b*; ουτε *al*. το προσωπον αυτων] τα προσωπα αυτων *s*; το προσωπον αυτου *g* καὶ ἀγγέλους προσάγοντας τὸ ἅρμα. ₃ ὅτε δὲ ἦλθον ὅπου ἔκειτο ὁ πατὴρ ὑμῶν Ἀδάμ, ἔστη τὸ ἅρμα καὶ τὰ σεραφὶμ ἀνὰ μέσον τοῦ πατρὸς καὶ τοῦ ἅρματος. ₄ εἶδον δὲ ἐγὼ θυμιατήρια χρυσᾶ καὶ τρεῖς φιάλας, καὶ ἰδοὺ πάντες οἱ ἄγγελοι μετὰ λίβανον καὶ τὰ θυμιατήρια ἦλθον ἐν σπουδῇ ἐπὶ τὸ θυσιαστήριον καὶ ἐνεφύσουν αὐτά, καὶ ἡ ἀτμὶς τοῦ θυμιάματος ἐκάλυψεν τὰ στερεώματα. ₅ καὶ προσέπεσαν οἱ ἄγγελοι τῷ θεῷ βοῶντες καὶ λέγοντες· Ἰαήλ, ἅγιε, συγχώρησον, ὅτι εἰκών σού ἐστιν καὶ ποίημα τῶν χειρῶν σου τῶν ἁγίων.

XXXIV εἶδον ἐγὼ Εὔα δύο μεγάλα καὶ φοβερὰ μυστήρια ἐνώπιον τοῦ θεοῦ. καὶ ἔκλαυσα ἐκ τοῦ φόβου καὶ ἐβόησα πρὸς τὸν υἱόν μου Σὴθ λέγουσα· ₂ ἀνάστα Σὴθ ἐκ τοῦ σώματος τοῦ πατρός σου, καὶ ἐλθὲ πρός με, καὶ ἰδὲ ἃ οὐκ εἶδεν ὀφθαλμός ποτέ τινος, καὶ δέονται ὑπὲρ τοῦ πατρός σου Ἀδάμ.

XXXV τότε ἀνέστη Σὴθ καὶ ἦλθεν πρὸς τὴν μητέρα αὐτοῦ, καὶ λέγει αὐτῇ· διὰ τί κλαίεις;

306-332 *αυτης*—σηθ s kg vb qz ni he al rm
Omissions: 305-309 επεβαλεν—αρμα rm; 309-311 οτε—αρματος b; 312-315 και τα θυμιατηρια—θεω he

309-310 και αγγελους προσαγοντας το αρμα οτε δε ηλθον οπου εκειτο ο πατηρ υμων αδαμ] και ηλθεν οπου εκειτο το σωμα του αδαμ και ο αγγελος προαγων του αρματος και οτε ηλθον πλησιον qz; και αγομενον οπου εκειτο το σωμα του αδαμ και αγγελους προαγοντας του αρματος και οτε ηλθον πλησιον ni; και οτε ηλθεν πλησιον του αδαμ h; και οτε ηλθεν η ευα πλησιον του αδαμ e | αγγελους] αγγελος g. προσαγοντας] προαγοντας vb l; προσαγοντα g. οτε δε ηλθον] οταν δε ηλθον s; οτε δε ηλθεν g. οτε ηλθον a; και οτε ηλθον lc; και απελθουσα rm {add. εγω r}. οπου εκειτο επι τον τοπον οπου εκειτο al. ο πατηρ υμων αδαμ] ο αδαμ v; το σωμα του αδαμ g m; ο πατηρ υμων l; το σωμα του πατρος υμων r 310-311 εστη το αρμα και τα σεραφιμ ανα μεσον του πατρος] om. he rm | εστη] εστεναξεν g. μεσον] μεσον ην l. του πατρος] του αδαμ v qz ni; του πατρος υμων g 311 και του αρματος] om. rm • ειδον δε εγω] ειδον δε ν qz; και ειδον b; ειδεν δε και ni; ειδεν he; ειδον rm • θυμιατηρια χρυσα] θυμιατηριον χρυσουν z; θεου μυστηρια και θυμιατηρια χρυσα h; θυμιαματα χρυσα e; θυμιαματα r; θυμιαματα μετα θυμιατηριων χρυσων m 311-312 και τρεις φιαλας] om. he m; και χρυσας τρεις φιαλας r 312 ιδου παντες] om. rm • αγγελοι] αγιοι αγγελοι r • μετα λιβανον και τα θυμιατηρια] μετα λιβανον και θυμιατηριον g ν; μετα θυμιατηριον και λιβανον b; μετα λιβανον και θυμιατων και ελαβον τα θυμιατηρια qz; μετα λιβανον και ελαβον τα θυμιατηρια ni; μεταλαμβανων εξ αυτου h; †μεταλαβανον† εξ αυτου e; μετα λιβανου μετα θυμιατηρια l; μετα θυμιαματων και θυμιατων r; om. m. Addition: και τας φιαλας al 313 ηλθον] ανηλθον g; και ηλθον q ni; και ηλθεν z; om. rm • εν σπουδη] om. s he al rm • επι το θυσιαστηριον] επι θυσιαστηριον b; add. και ελαβον εις θαρσος al; om. rm • και ενεφυσουν αυτα] om. s q; και εθυμιουν αυτον r; εθυμιαζαν αυτον m | ενεφυσουν] εφυσουν g b; ενεφυσησαν l 313-314 η ατμις] ο ατμης v; η ατμη qz m {η} om. z} **314** του θυμιαματος] του καπνου g • εκαλυψεν τα στερεωματα] εκαλυψεν το στερεωμα s; τα στερεωματα εκαλυπτεν qz {εκαλυπτεν] εκαλυπτον q}; εκαλυπτεν τα στερεωματα ni; εκαλυπτεν τον ουρανον r; εκαλυψαν τα στερεωματα των ουρανων m | τα] om. g • προσεπεσαν] προσεπεσον g z; επεσαν r **315** αγγελοι] αγιοι αγγελοι r; αγγελοι και προσεκυνησαν al rm • τω θεω] του θεου g; τω κυριω rm • βοωντες και λεγοντες] λεγοντες v rm; και εβοουν λεγοντες he • ιαηλ αγιε] τω ιστραηλ αγιε g; ιστραηλ αγιε qz; ιωηλ αγιε e m; ιωηλ αιωνιε βασιλευ αγιε αγιων r • συγχωρησον] συγχωρησον τω αδαμ g; συγχωρησον τω δουλω σου αδαμ qz; συγχωρησον το πλασμα σου r; συγχωρησον τω πλασματι σου m **316** οτι εικων σου] οικιον σου g; οτι ποιημα σου q; οτι οικος σου e m • ποιημα] πλασμα q r • των χειρων σου των αγιων] των αγιων χειρων σου s; των αχραντων χειρων σου ni he m; των χειρων σου q a; των αχραντων σου χειρων z; των χειρων σου εστιν των αγιων σου l; των αχραντων σου χειρων και προνοητικων δυναμεων r **317-318** ειδον εγω ευα δυο μεγαλα και φοβερα μυστηρια ενωπιον του θεου και εκλαυσα εκ το φοβου] om. v he | ειδον εγω ευα] ειδον δε εγω ευα kg {ευα] η ευα g}; εγω δε η ευα ειδον b; ειδεν δε qz ni; και αυθις ειδον εγω η ευα al {η] om. a}; ειδον δε εγω rm. δυο] και ετερα ni; και αλλα qz. μεγαλα και φοβερα μυστηρια] μυστηρια μεγαλα και φοβερα b; μεγαλα μυστηρια φοβερα r. ενωπιον του θεου και] εμπροσθεν του θεου και s; εστωτα ενωπιον του θεου και al r; om. m. εκλαυσα] κλαυσασα b; εκλαυσεν qz ni. εκ του φοβου] om. k; και εκ του φοβου r; εκ του φοβου μου m **318-319** και εβοησα προς τον υιον μου σηθ] και εβοησα σηθ τον υιον μου v r {και] om. r}; ηδε η ευα λεγει τω υιω αυτης he | και] om. b. εβοησα] εβοησεν qz ni. μου] αυτης qz ni. σηθ] τον σηθ g b m • λεγουσα] om. he m; και ειπον αυτω r • αναστα σηθ] αναστα v; δευρο υιε μου σηθ και αναστα qz; αναστα υιε μου σηθ ni he; αναστηθι rm **319-320** εκ του σωματος του πατρος σου] απο του πατρος σου v; εκ του σωματος πατρος σου k; add. αδαμ a **320-321** και ελθε προς με και ιδε α ουκ ειδεν οφθαλμος ποτε τινος και δεονται υπερ του πατρος σου αδαμ] om. v | προς με] προς εμε z; εως εμου al r; εως εμε m. και ιδε] και θεασαι b r; οπως ιδης a; οπως αν ιδης l; ινα ιδης και συ απερ ειδον εγω m. α ουκ ειδεν οφθαλμος ποτε τινος] α ουκ ειδεν οφθαλμος πωποτε τινος s; ο ουκ ειδεν οφθαλμος ποτε τινος kg {οφθαλμος] ο οφθαλμος g}; α ουκ ειδεν οφθαλμος τινος b; α ουκ ειδον οι οφθαλμοι σου ποτε q; α ουκ ειδεν οφθαλμος πωποτε z; α ουκ ειδεν οφθαλμος τινος πωποτε ni h ; α οφθαλμος ουκ ειδεν και ους ουκ ηκουσεν ποτε e; ο οφθαλμος ουκ ιδειν δυναται ουτε ους ακουσαι r; α οφθαλμος ουκ ειδεν πωποτε m. και δεονται υπερ του πατρος σου αδαμ] πως δεονται υπερ του πατρος σου αδαμ kg {αδαμ] του αδαμ g}; om. b; και πως δεονται υπερ του πατρος σου αδαμ παντες οι αγγελοι qz ni h {πως] ιδε πως qz; οπως ni. υπερ] υπο q. σου] om. z. αδαμ] om. q. αγγελοι] αγγελοι αυτου του δεσποτου θεου h}; om. e **322-323** τοτε ανεστη σηθ και ηλθεν προς την μητερα αυτου και λεγει αυτη] και αναστας λεγει μοι v | τοτε] και qz e. ανεστη σηθ και ηλθεν] αναστας ηλθεν σηθ e. την μητερα αυτου] add. ευαν l; με m. και λεγει αυτη] και ευρεν αυτην qz; om. rm **323** δια τι κλαιεις] τι κλαιεις b; κλαιουσα qz; τι σοι εστιν και δια τι κλαιεις a; om. rm

₂ καὶ λέγει αὐτῷ· ἀνάβλεψον τοῖς ὀφθαλμοῖς σου, καὶ ἰδὲ τὰ ἑπτὰ στερεώματα ἀνεῳγμένα, καὶ πῶς κεῖται τὸ σῶμα τοῦ πατρός σου ἐπὶ πρόσωπον καὶ πάντες οἱ ἅγιοι ἄγγελοι μετ᾽ αὐτοῦ εὐχόμενοι ὑπὲρ αὐτοῦ καὶ λέγοντες· συγχώρησον αὐτῷ, ὁ πατὴρ τῶν ὅλων, ὅτι εἰκών σού ἐστιν. ₃ ἆρα δὲ τέκνον μου Σήθ, τί ἐστίν μοι; πότε δὲ παραδοθήσεται εἰς τὰς χεῖρας τοῦ ἀοράτου θεοῦ ἡμῶν; ₄ τίνες δέ εἰσιν, υἱέ μου Σήθ, οἱ δύο Αἰθίοπες οἱ παριστάμενοι ἐπὶ τὴν προσευχὴν τοῦ πατρός σου;

XXXVI λέγει δὲ Σὴθ τῇ μητρὶ αὐτοῦ· οὗτοί εἰσιν ὁ ἥλιος καὶ ἡ σελήνη, καὶ αὐτοὶ προσπίπτοντες καὶ εὐχόμενοι ὑπὲρ τοῦ πατρός μου Ἀδάμ.
₂ λέγει αὐτῷ ἡ Εὕα· καὶ ποῦ ἐστιν τὸ φῶς αὐτῶν, καὶ διὰ τί γεγόνασιν μελανοειδεῖς;
₃ καὶ λέγει αὐτῇ Σήθ· οὐκ ἀπέστη τὸ φῶς αὐτῶν, ἀλλ᾽ οὐ δύνανται φαίνειν ἐνώπιον τοῦ φωτὸς τῶν ὅλων, τοῦ πατρὸς τῶν φώτων, καὶ διὰ τοῦτο ἐκρύβη τὸ φῶς ἀπ᾽ αὐτῶν.

XXXVII λέγοντος δὲ τοῦ Σὴθ ταῦτα πρὸς τὴν μητέρα αὐτοῦ Εὕαν, ἰδοὺ ἐσάλπισεν ὁ ἄγγελος καὶ ἀνέστησαν πάντες οἱ ἄγγελοι οἱ ἐπ᾽ ὄψεσιν κείμενοι. καὶ ἐβόησαν φωνὴν φοβερὰν λέγοντες· ₂ εὐ-

---

306-332 *αυτης*—σηθ s kg vb qz ni he al rm; 332-338 τη μητρι—φωτων ds kg vb qz ni he al rm; 338-436 και δια—προς αυτον ds kg vb qz ni he l rm
Omissions: 328-329 αρα—απ αυτων he; 328-329 αρα— θεου ημων v rm; 328-330 τι—σηθ a; 342-344 και εβοησαν—Αδαμ v

324   και λεγει αυτω αναβλεψον τοις οφθαλμοις σου και ιδε] θεωρησαι τοις οφθαλμοις σου λεγει αυτω και ιδε h; και ειδεν m | και λεγει αυτω] και λεγω αυτω v; και λεγει αυτω η μητηρ αυτου qz; απεκριθη εκεινη και λεγει αυτω ni {απεκριθη} και απεκριθη i}; λεγει αυτω a; om. l. αναβλεψον] add. τεκνον qz ni; θεωρησον e. τοις οφθαλμοις σου και ιδε] add. τα γενομενα g; και ιδε τοις οφθαλμοις σου b; τους οφθαλμους σου και ιδε q; τοις οφθαλμοις σου n; και ιδε r   324-325   τα επτα στερεωματα ανεωγμενα] om. b ni he; τα επτα στερεωματα του ουρανου ανεωγμενα qz m
325   και πως κειται το σωμα του πατρος σου] και ιδε το σωμα του πατρος σου πως κειται s; υπερανωθεν του σωματος του πατρος σου qz; και ιδε και τω σωματι του πατρος σου m | και] om. b ni he; και ιδε τοις οφθαλμοις σου al. πως κειται] το πως κειται g; om. l. σου] σου αδαμ l   325-326   επι προσωπον] om. qz m   326   και παντες οι αγιοι αγγελοι] και παντες οι αγγελοι kg b l m ; και τους αγγελους του θεου παντας qz ni he {και} om. e. του θεου] om. qz h. παντας] om. he} • μετ αυτου] om. b qz ni he rm; αυτου l   • ευχομενοι] ευχονται b; ευχομενους q ni he; ερχομενοι l; εκδυσωπουντα τον θεον m   326-327   υπερ αυτου] περι αυτου kg e; επανω αυτου qz   327   και λεγοντες] λεγοντες b; και λεγοντος q; και λεγοντας ni h; λεγοντα m • ο πατηρ των ολων] κυριε v; κυριε των ολων e; ο πατηρ των οικτιρμων m   327-328   εικων σου εστιν] οικος σου εστιν g m; σκηνη σου εστιν e. Addition: και

ποιημα των αχραντων σου χειρων *qz* {σου χειρων] χειρων σου *q*} **328** αρα δε] αρα *k a*; αρα γε *b*; αρας δε *g*; αρα ειδες *q*; αρα ιδε *z* • μου] om. *z* • τι εστιν μοι] om. *kg*; τι εσται τουτο *b*; τι εστιν ημιν *qz*; τι εσται μοι *ni* • ποτε δε] ποτε *kg*; και ποτε *qz ni* **328-329** παραδοθησεται] παραδοθησομεθα *qz* **329** αορατου] αορατου πατρος και *b*; om. *l* • ημων] om. *qz*. Addition: ειδον δε και εγω η ευα δυο αιθιοπες και επροσευχονται περι του αδαμ *m* • τινες δε εισιν] τινες δε ην *s*; τινες δε εστιν *b*; τινες εισιν *ni*; τινες δε *l*; λεγει ευα προς τον σηθ τινες εισιν *r*; και λεγω τω σηθ τινες εισιν *m* **330** υιε μου σηθ] υιε μου *k qz r*; om. *g b m* • οι δυο αιθιοπες] οι δυο αιθιοπες ουτοι *k*; οι δυο θεοπροσωποι *qz*; οι αιθιοπες *l*; ουτοι οι αιθιοπες *m* • οι παρισταμενοι επι την προσευχην] οι περισταμενοι επι τη προσευχη *v*; οι παρισταμενοι επι τη ευχη *l*; ο<ι> προσφερουσιν την προσευχην *m* **331** του πατρος σου] του πατρος *s*; του πατρος σου τινες εισιν *a*; του αδαμ *r*; υπερ του πατρος σου αδαμ *m* **332** λεγει δε] και λεγει *b m*; και λεγει αυτη *q*; και λεγει αυτω *z*; λεγει αυτη *n*; λεγει αυτης *i*; λεγει *r* • σηθ] ο σηθ *s b m* • τη μητρι αυτου] om. *qz ni r* • ουτοι] οτι *ds g l*; οτι ουτοι *b*; om. *r*; ιδου ουτοι *m* **332-333** εισιν ο ηλιος και η σεληνη] ηλιος και σεληνη εστιν *r* **333** αυτοι] om. *qz ni m* • προσπιπτοντες και ευχομενοι] προσευχομενοι *v*; δεονται του θεου προσπιπτοντες *qz ni* {προσπιπτοντες] om. *qz*}; προσπιπτοντες και προσευχομενοι *a*; προσπιπτουσιν *r*; προσφερουσιν ευχην *m* • υπερ] περι *q* **334** αδαμ] του αδαμ *g m*; om. *qz* **335** λεγει] λεγει δε *v*; και λεγει *qz*; και λεγω *m* • η ευα] om. *g v m*; ευα *z r* • και που] αρα και που *g* • εστιν] απεστη *qz* **335-336** και δια τι γεγονασιν μελανοειδεις] om. *vb* | και δια τι] δια τι *g l*; και *qz*; οτι ουτως *ni*. γεγονασιν] γεγοναν *g*; γεγονασιν ουτοι *q*; γεγονασιν τοιουτοι *z*. μελανοειδεις] σωματοειδεις *g* **337** και λεγει αυτη σηθ] και λεγει αυτω σηθ *kg*; ο δε λεγει μοι οτι *v*; λεγει αυτη *b*; αποκριθεις δε σηθ ειπεν αυτη *qz*; απεκριθη αυτη σηθ και ειπεν *ni*; και λεγει σηθ *rm* {σηθ] ο σηθ *m*} • ουκ απεστη το φως αυτων] ουκ επεστιν το φως αυτου *g*; om. *vb*; ουκ απεστη το φως αυτων απ αυτων *qz ni* {αυτων[1]} om. *q*; απ αυτων] om. *z*}; εστιν το φως αυτων *r* • αλλ] om. *vb* **337-338** δυνανται φαινειν] δυνονται *d a*; δυναται φαινειν *k vb z*; φαινουσιν *r* **338** ενωπιον] εμπροσθεν *qz* • του φωτος των ολων του πατρος των φωτων] του πατρος και φωτος των ολων *s*; του φωτος των ολων *k b r*; του πατρος των φωτων *qz ni*; του φωτος των ολων του πατρος και του υιου και του αγιου πνευματος νυν και αει και εις τους αιωνας των αιωνων αμην *a* **338-339** και δια τουτο εκρυβην το φως απ αυτων] δια τουτο εκρυβην το φως αυτων *k*; om. *g q r*; και τουτου χαριν εκρυβην το φως επ αυτων *b*; δια το καλυπτεσθαι την λαμπροτητα αυτων *z*; δια το καλυπτεσθαι την λαμπροτητα αυτων υπο της δοξης και λαμπροτητος του προσωπου αυτου *ni*; om. *l* | και] om. *v*. απ] om. *v* **340-341** λεγοντος δε του σηθ ταυτα προς την μητερα αυτου ευαν] λεγοντων ουν αυτων *qz*; ευθεως ουν *he*; λεγοντος ταυτα του σηθ ενωπιον της μητρος αυτου *r* | λεγοντος] λεγοντες *k*; δε] ουν *d*. ταυτα] om. *b*. προς την μητεραν αυτου] προς με *v*. ευαν] om. *d kg b* **341** ιδου εσαλπισεν ο αγγελος] εσαλπισεν αγγελος *k*; om. *v*; εσαλπισαν οι αγγελοι *b*; εσαλπισεν εις των αγγελων *qz ni he* | ο] om. *m* **341-342** και ανεστησαν παντες οι αγγελοι οι επ οψεσιν κειμενοι] υμνησαν παντες οι αγγελοι τον θεον θαυμαζοντες επι τη συγχωρησει του αδαμ *v*; οι αγγελοι επ οψεσιν κειμενοι *b*; και ανεστησαν παντες οι αγγελοι *h*; om. *e*; λεγων δεηθωμεν του θεου και πεσοντες παντες προσεκυνησαν *r* | ανεστησαν] ευθεως ανεστησαν *qz ni*. οι[2]] om. *d kg qz i*. **342** και εβοησαν] και ανεβοησαν απαντες οι αγγελοι *e*; και εφωνησαν *r* • φωνην φοβεραν λεγοντες] λεγοντες *r*; φωνην μεγαλην λεγοντες *m* λογημένη ἡ δόξα κυρίου ἀπὸ ποιημάτων αὐτοῦ, ὅτι ἠλέησεν τὸ πλάσμα τῶν χειρῶν αὐτοῦ Ἀδάμ.

3 ὅτε δὲ εἶπον τὰς φωνὰς ταύτας οἱ ἄγγελοι, ἰδοὺ ἦλθεν ἓν τῶν σεραφὶμ ἐξαπτερύγων καὶ ἥρπασεν τὸν Ἀδὰμ εἰς τὴν Ἀχερουσίαν λίμνην, καὶ ἀπέλουσεν αὐτὸν τρίτον, καὶ ἤγαγεν αὐτὸν ἐνώπιον τοῦ θεοῦ. 4 ἐποίησεν δὲ τρεῖς ὥρας κείμενος. καὶ μετὰ ταῦτα ἐξέτεινεν τὴν χεῖρα αὐτοῦ ὁ πατὴρ τῶν ὅλων καθήμενος ἐπὶ θρόνου αὐτοῦ, καὶ ἦρεν τὸν Ἀδὰμ καὶ παρέδωκεν αὐτὸν τῷ ἀρχαγγέλῳ Μιχαὴλ λέγων· 5 ἆρον αὐτὸν εἰς τὸν παράδεισον ἕως τρίτου οὐρανοῦ, καὶ ἄφες αὐτὸν ἐκεῖ ἕως τῆς ἡμέρας ἐκείνης τῆς φοβερᾶς τῆς μεγάλης τῆς οἰκονομίας ἧς ποιήσω εἰς τὸν κόσμον.

6 τότε ὁ Μιχαὴλ ἦρεν τὸν Ἀδὰμ καὶ ἀφῆκεν αὐτὸν ὅπου εἶπεν αὐτῷ ὁ θεός, πάντες δὲ οἱ ἄγγελοι ὑμνοῦντες ὕμνον ἀγγελικόν, θαυμάζοντες ἐπὶ τῇ συγχωρήσει τοῦ Ἀδάμ.

XXXVIII μετὰ δὲ τὴν ⟦ἐσομένην⟧ χαρὰν τοῦ Ἀδὰμ ἐβόησεν πρὸς τὸν πατέρα ὁ ἀρχάγγελος Μιχαὴλ διὰ τὸν Ἀδάμ. 2 καὶ ἐλάλησεν ὁ πατὴρ πρὸς αὐτόν, ἵνα συναχθῶσιν πάντες οἱ ἄγγελοι ἐνώπιον τοῦ θεοῦ, ἕκαστος κατὰ τὴν τάξιν αὐτοῦ, καὶ συνήχθησαν πάντες οἱ ἄγγελοι,

338-436 και δια—προς αυτον ds kg vb qz ni he l rm
Omissions: 342-344 και εβοησαν—Αδαμ v; 348-355 και μετα ταυτα—θεος qz; 351-353 αρον—κοσμον he; 351-359 εως—αυτον v; 355-377 παντες—θρονου αυτου rm; 355-366 παντες—παραδεισον he

343 κυριου] om. he; του θεου r; σου κυριε m • απο] επι b; om. e; δια m • ποιηματων] ποιηματος g; των ποιηματων k b qz he r • αυτου] του θεου e; σου m 343-344 οτι ηλεησεν το πλασμα των χειρων αυτου αδαμ] ο<τι> επεσκεψατο τον δουλον αυτου αδαμ qz | οτι] ου b. ηλεησεν] ελεησεν k; ηλεησας g rm. πλασμα] πλασμα αυτου n. των χειρων] om. e r. αυτου] σου g rm; om. n. αδαμ] om. d g he l; τον αδαμ k rm 345 οτε δε ειπον τας φωνας ταυτας οι αγγελοι] οτε δε ειπον οι αγγελοι τας φωνας ταυτας kg {ταυτας} αυτων g}; οταν δε εφωνησαν ταυτα οι αγγελοι b; και αυτη τη ωρα qz; και μετα τας τοιαυτας φωνας e; om. rm | οτε δε] και οτε ni h. ειπον] ειπαν s. οι αγγελοι] om. h • ιδου] om. b qz ni he; και ιδου rm • ηλθεν] ηλθον g r; ηλθαν e; ηλθασιν m 345-346 εν των σεραφιμ εξαπτερυγων] εν των σεραφιμ και εξαπτερυγων k; τα σεραφιμ και εξαπτερυγων g; εν των σεραφιμ των εξαπτερυγων q; εν των σεραφιμ h; τα σεραφιμ και τα χερουβιμ e; τα σεραφιμ και τα χερουβιμ και τα εξαπτερυγα r; τα ταγματα των εξαπτερυγων και σεραφιμ m 346 ηρπασεν] ηρπασαν e m; ηραν r • αδαμ] αδαμ και απηγαγεν αυτον ds; αδαμ και εβαλεν αυτον qz; αδαμ και απηνεγκαν αυτον r; αδαμ και ηγαγον αυτον m • την] om. e • αχερουσιαν] αγερουσιαν ds; αχυρουσιαν k; γερουσιαν b; χερουσιαν qz; αχερουσιας e; αχειρουν r; ιγερουσιαν m 347 λιμνην] την λιμνην v l r • απελουσεν] επελουσαν g; απεπλυνεν b; επελουσεν z h; απελουσαν e rm; υπελουσαν l • τριτον] εκ τριτου k r; om. b • και ηγαγεν αυτον] και ηγαγον αυτον g e; om. b; και εισηγαγον αυτον r; και απηγαγον αυτον m 348 εποιησεν δε τρεις ωρας κειμενος]

om. *he* | εποιησεν δε] και εποιησεν *rm*. τρεις ωρας] τρεις ωραις *k*; ωρας γ' *b*; ωσει ωρας τρεις *qz ni*. κειμενος] κοιμωμενος *qz*. Addition: επι προσωπον εις την γην *qz ni* {εις την γην} επι την γην *qz*} • και μετα ταυτα] μετα δε ταυτα ν *rm*; και ουτως *b*; om. *he*; μετα ταυτα *l* **348-349** εξετεινεν την χειρα αυτου ο πατηρ των ολων] απλωσας τας χειρας αυτου ο των ολων δεσποτης *b*; εξετεινεν δε ο πατηρ των ολων την χειρα αυτου *he* | εξετεινεν] απεκτεινεν *g*. την χειρα αυτου] την αορατον αυτου δεξιαν *r*. πατηρ των ολων] θεος *v*; πατηρ των οικτιρμων *m* **349** καθημενος επι θρονου αυτου] om. *he* | καθημενος] καθημενον *g*. θρονου] τον θρονον *k*; του θρονου *g v*; του αγιου θρονου *b*; του πυριμορφου θρονου *r*; του θρονου του αγιου *m* **350** και¹] om. *b* • ηρεν] ηγειρεν *l*; ενεγκεν *m* **350-351** παρεδωκεν αυτον τω αρχαγγελω μιχαηλ λεγων] παρεδωκεν αυτον τω αρχαγγελω μιχαηλ ελαλησεν κυριος ο θεος του αρχαγγελου μιχαηλ *k* | αυτον] om. *he*. τω αρχαγγελω μιχαηλ] τω αρχαγγελω *g*; τω αρχιστρατηγω μιχαηλ *ni*; μιχαηλ τω αρχαγγελω *he r*; om. *l*. λεγων] λεγων αυτω *b r*; om. *k he l*; ειπων *ni*; και λεγων *m* **351** αρον αυτον] αποκαταστησον αυτον *v*; αρε αυτον *kg r*; om. *l*; αρε τουτον *m* • εις τον παραδεισον] πλησιον του παραδεισου *v* • εως τριτου ουρανου] εως του τριτου ουρανου *k*; εως τριτου του ουρανου *g*; om. *v r* **352** αυτον εκει] κακεισε *b*; αυτον *r* • της ημερας εκεινης της φοβερας της μεγαλης] om. *r* | εκεινης] om. *kg*. της φοβερας της μεγαλης] της φοβερας *d*; om. *kg m*; της μεγαλης και φοβερας *b*; της μεγαλης *ni l* **352-353** της οικονομιας ης ποιησω] της συντελειας ης ποιησω *kg* {ης} ην *k*}; ης μελλω ποιησω οικονομιαν *b* | οικονομιας] οικονομιας μου *d rm* **353** εις τον κοσμον] τω κοσμω *kg*; μετα του κοσμου *m* **354-355** τοτε ο μιχαηλ ηρεν τον αδαμ και αφηκεν αυτον οπου ειπεν αυτω ο θεος] και εισηγαγεν αυτον εις τον παραδεισον *he* {αυτον} αυτην *h*} | τοτε ο μιχαηλ ηρεν αυτον] τοτε μιχαηλ ηρεν τον αδαμ *kg*; και λαβων αυτον μιχαηλ ο αρχαγγελος τον αδαμ *b*; τοτε ο αρχαγγελος μιχαηλ ηρεν τον αδαμ *ni*; τοτε μιχαηλ ο αρχαγγελος ηρεν τον αδαμ *rm*. και αφηκεν] και εθηκεν *kg m*; απηγεν και κατελειψεν *b*. οπου] καθως *b*. ειπεν] ωρισεν *r*; εταξεν *m*. αυτω] om. *m*. ο θεος] ο κυριος *m* **355-356** παντες δε οι αγγελοι υμνουντες υμνον αγγελικον θαυμαζοντες] om. *b* | παντες δε οι αγγελοι] και παντες οι αγγελοι *ds*; οι δε αγγελοι παντες *l*. υμνουντες] υμνουν *kg*; ανεπεμψαν *qz ni*; ησαν υμνουντες και ψαλλοντες *l*. υμνον αγγελικον] αγγελικως *kg*; add. τω θεω *qz ni*. θαυμαζοντες] και εθαυμαζον *k*; θαυμαζοντα *g*; και εθαυμαζον παντες *l* **356** επι τη συγχωρησει] επι την φιλανθρωπιαν αυτου και την συγχωρησιν *qz* • αδαμ] αδαμ και τους εσομενους εξ αυτου *l* **357-358** μετα δε την 〚εσομενην〛 χαραν του αδαμ εβοησεν προς τον πατερα ο αρχαγγελος μιχαηλ δια τον αδαμ] om. *kg qz*; μετα ουν ταυτα παντα εδεηθην ο αρχαγγελος περι της καρδιας του λειψανου *b* | μετα δε την εσομενην χαραν του αδαμ] μετα δε την γενησομενην χαραν του αδαμ *ds*. προς τον πατερα ο αρχαγγελος μιχαηλ] προς τον πατερα μιχαηλ ο αρχαγγελος *ds*; προς τον πατερα των φωτων ο αρχαγγελος μιχαηλ *ni*. δια τον αδαμ] om. *d* **358-359** και ελαλησεν ο πατηρ προς αυτον] om. *d qz*; και ελαλησεν ο θεος προς τον αρχαγγελον *kg* {αρχαγγελον} αρχιστρατηγον *g*}; και προσεταξεν ο θεος *b*; εβοησεν δε ο πατηρ των φωτων προς τον αρχαγγελον μιχαηλ *qz*; και ελαλησεν προς αυτον ο πατηρ *l* **359** ινα συναχθωσιν] και επισυναξον *v*; ινα συναχθησονται *l* • παντες οι αγγελοι] τους αγγελους *v* • ενωπιον του θεου] om. *v*; ενωπιον αυτου *b* **360** εκαστος] εκαστον *v* • την] om. *b* • αυτου] αυτου και κατα τον ορισμον του θεου *v*; αυτον *b* • και συνηχθησαν παντες οι αγγελοι] om. *ds kg l*; συνηξεν μιχαηλ τους αγγελους *v*; συνηχθησαν ουν παντες *qz*; συνηχθησαν ουν *ni* τινὲς μὲν ἔχοντες θυμιατήρια ἐν χερσὶν αὐτῶν, ἄλλοι δὲ κιθάρας ἔχοντες καὶ φιάλας καὶ σάλπιγγας. ₃ καὶ ἰδοὺ κύριος στρατιῶν ἐπέβη, καὶ τέσσαρες ἄνεμοι εἷλκον αὐτόν, καὶ τὰ χερουβὶμ ἐπέχοντα τοῖς ἀνέμοις, καὶ οἱ ἄγγελοι ἐκ τοῦ οὐρανοῦ προάγοντες αὐτῷ, καὶ ἐλθόντες ἐπὶ τὴν γῆν ὅπου ἦν τὸ σῶμα τοῦ Ἀδάμ. ₄ ⟦καὶ ἦλθον εἰς τὸν παράδεισον, καὶ ἐκινήθησαν πάντα τὰ φυτὰ τοῦ παραδείσου ὡς πάντας ἀνθρώπους γεγεννημένους ἐκ τοῦ Ἀδὰμ νυστάξαι ἀπὸ τῆς εὐωδίας, χωρὶς τοῦ Σὴθ μόνου ὅτι ἐγένετο καθ' ὅρον τοῦ θεοῦ **XXXIX** ἐκεῖθεν πρὸς τὸ σῶμα τοῦ Ἀδάμ⟧ καὶ ἐλυπήθη σφόδρα ἐπ' αὐτῷ καὶ λέγει αὐτῷ ὁ θεός· Ἀδάμ, τί τοῦτο ἐποίησας; εἰ ἐφύλαξας τὴν ἐντολήν μου, οὐκ ἂν ἐχαίροντο οἱ κατάγοντές σε εἰς τὸν τόπον τοῦτον. ₂ πλὴν λέγω σοι ὅτι τὴν χαρὰν αὐτῶν ἐπιστρέψω εἰς λύπην, τὴν δὲ λύπην σου ἐπιστρέψω εἰς χαράν. καὶ ἐπιστρέψω σε εἰς τὴν ἀρχήν σου, καὶ καθίσω σε εἰς τὸν θρόνον τοῦ ἀπατήσαντός σε. ₃ ἐκεῖνος δὲ εἰσβληθήσεται εἰς τὸν τόπον τοῦτον, ἵνα ἴδῃ σε καθήμενον ἐπάνω αὐτοῦ. τότε κατακριθήσεται αὐτὸς καὶ οἱ ἀκούσαντες αὐτοῦ, καὶ λυπηθήσεται ὁρῶν σε καθήμενον ἐπὶ τοῦ θρόνου αὐτοῦ.

338-436 και δια—προς αυτον *ds kg vb qz ni he l rm*
Omissions: **355-377** παντες—θρονου αυτου *rm*; **355-366** παντες—παραδεισον *he*; **368-370** οτι εγενετο—επ αυτω *he*; **375-377** ινα—θρονου αυτου *he*
The double brackets marking **365-369** και ηλθον—σωμα του αδαμ as a secondary addition already present in the archetype, are not repeated in the critical apparatus.

361 τινες μεν] και τινες μεν *v*; οι *b*; οι μεν *qz* • εχοντες] κατεχοντες *v* • εν χερσιν] εν ταις χερσιν *kg qz ni*; χερσων *v*; om. *b* • αυτων] αυτου *g*; om. *b* • αλλοι δε] οι δε *b* **361-362** κιθαρας εχοντες και φιαλας και σαλπιγγας] σαλπιγγας εχοντες και φιαλας *ds* {εχοντες] om. *d*}; σαλπιγγες *b* | εχοντες] εχοντα *g*; om. *l qz ni*. και σαλπιγγας] σαλπιγγας *q* **362** ιδου] om. *b* • κυριος] ο κυριος της δοξης *qz* **362-363** στρατιων επεβη] κραταιος επεβη *ds*; μετα στρατιας αγγελων επεβη *kg*; επιβεβηκως επι των στρατιων του ουρανου *qz* **363** ανεμοι] αγγελοι *kg* • ειλκον] ειλκοντο *k*; ηλθον *i* • τα] om. *b* • επεχοντα] επεχον *kg q*; υπεχοντα *b*; επεχοντες *z* **364** τοις ανεμοις] τους ανεμους *qz* • οι αγγελοι] αγγελοι *k b*; παντες οι αγγελοι *qz* • εκ του ουρανου] om. *qz* • προαγοντες αυτω] παραγοντες αυτον *kg*; προηγουντο αυτω *b*; προηγουντο αυτου *qz*; προηγον αυτου *ni* **364-365** και ελθοντες] ελθοντες *g*; και διηλθον *qz*; και διελθοντες *ni* **365** επι την γην] om. *b* • αδαμ] αδαμ ελαβον αυτο *b*; αδαμ κειμενον *qz ni*; αδαμ και παντες οι αγγελοι προηγοντο *l* • και ηλθον] και ελθοντες *kg*; ηλθον *v*; om. *qz*; κατηλθον *ni* **365-366** εις τον παραδεισον] om. *qz* • και εκινηθησαν] εκινηθησαν *k*; om. *g*; τοτε εξηνθησαν *qz*; τοτε εκινηθησαν *ni*; και ηυφρανθησαν *he*; και αμα το ελθειν αυτους εκινηθησαν • παντα τα φυτα του παραδεισου] παντα τα φυλλα του παραδεισου *ds*; παντα τα φωτα του παραδεισου *k*; παντα του παραδεισου τα φυτα *q*; του παραδεισου φυτα *z*; παντα φυτα του παραδεισου *e*. Addition: και εδωκαν ευωδιαν μεγαλην *qz* **367** ανθρωπους] om. *b*; τους υιους *q* • γεγεννημενους εκ του αδαμ] γεναμενους απο του αδαμ *kg* {του} om. *g*}; απο του αδαμ γεννημενους *b*; γεγεννημενους απο του αδαμ *h e* **367-368** νυσταξαι απο της ευωδιας] απο της ευωδιας *k*; απο της ευωδιας νυσταξαι *b*; ταυτα ειδοτες ημεις ενυσταξαμεν εκ της ευωδιας της εξερχομενης εκ του παραδεισου *he* {ειδοτες] ιδοντες *e*} **368** μονου] om. *b* • οτι εγενετο καθ ορον του θεου] οτι προσεταγη απο του θεου καθοραν τα γινομενα *v*; δια το γεννηθηναι αυτον καθορων του θεου *b* | καθ ορον] κατα τον ορον *k*; κατ αρον *g*; καθαρος ενωπιον *qz* **369** εκειθεν προς το σωμα του αδαμ] om. *kg*; εις το σωμα του αδαμ *v*; εκειτο ουν το σωμα του αδαμ επι την γην εν τω παραδεισω *b*; ηλθεν ουν ο θεος προς το σωμα του αδαμ και ειδεν αυτο *qz* {ουν} δε *z*}; και ηλθεν ο θεος προς το σωμα του αδαμ ο ην ρερυμενον *l* **369-370** και ελυπηθη σφοδρα επ αυτω] om. *kg v* | ελυπηθη] ελυπειτο ο σηθ *b*. σφοδρα] om. *qz* **370** και λεγει αυτω ο θεος] και λεγει τω αδαμ ο θεος *kg*; και λεγει ο θεος *v*; και λεγει κυριος ο θεος *b*; και λεγει τω αδαμ *q*; και λεγει αυτω *z*; ο δε κυριος προς το πνευμα του αδαμ ειπεν *h*; ο δε κυριος ειπεν προς το πνευμα του αδαμ *e* • αδαμ] om. *q he* • τουτο] <του>το *g* • ει εφυλαξας] μη φυλαξας *kg*; και ουκ εφυλαξας *he* **371-372** ουκ αν εχαιροντο οι καταγοντες σε εις τον τοπον τουτον] ουκ αν υπεστης θανατον ουδε κατακυριευεν σου ο εχθρος και ο πονηρος αδης ουδε εχαιροντο οι κατηγορουντες σε εις τα τοιαυτα *qz* {ουδε} ου *z*. εις τα τοιαυτα] om. *q*}; om. *he* | αν] om. *g*. εχαιροντο] εχαιρωνται *d*; εχωρουντο *kg*; εχαιρον *b l*. καταγοντες] καταγαγοντες *i*. τον τοπον] τον αιωνα και εις τον τοπον *g* **372** πλην λεγω σοι] om. *g*; πλην ουν λεγω σοι *b* • οτι] και *g*; om. *q* • την χαραν αυτων επιστρεψω εις λυπην] om. *qz he* | αυτων επιστρεψω] αυτου επιστρεψει *k*; αυτου επιστρεψας *g* **373** την δε λυπην σου επιστρεψω εις χαραν] om. *he* | την δε λυπην σου] και την λυπην σου *ds*; η δε λυπη σου *g*; την δε σην λυπην *b l*; την θλιψιν αυτων *qz*. επιστρεψω] om. *kg*; μεταστρεψω *qz* **373-374** και επιστρεψω σε εις την αρχην σου και καθισω σε] και επιστρεψας καθισω σε εις την αρχην σου *b*; και ενεγκω σε παλιν εις την αρχαιαν σου τιμην και θησω σε *qz ni*; θησω σε *he* {σε] σοι *h*} | επιστρεψω] επιστρεψει *k* **374** εις] επι *ds b* **375** εκεινος δε] και *qz*; κακεινος δε *he*; εκεινον δε τον καθισαντα επ αυτον πριν γενεσθαι αυτον εν υπερηφανια *l* • εισβληθησεται εις τον τοπον τουτον] om. *qz* | εισβληθησεται] εμβληθησεται *d h*; εκβληθησεται *kg e*; βληθησεται *b*; καταβληθησεται *ni*. εις τον τοπον τουτον] εν πυρι γεεννης *he* **375-376** ινα ιδη σε καθημενον επανω αυτου] ινα σε ιδη επανω καθημενον αυτου *v* | ινα ιδη σε] οπως <ιδ>η *b*. και ιδη σε *qz*. επανω αυτου] επανω του θρονου αυτου *l*; επ αυτον *qz* **376-377** τοτε κατακριθησεται αυτος και οι ακουσαντες αυτου] om. *v l*; εκεινος δε καταβληθησεται και κατακυριευθησεται αυτος και οι ακουσαντες αυτου εν πυρι γεεννης *qz* | αυτος] αυτου *b*. αυτου] αυτου εν πυρι γεεννης *ni* **377** και λυπηθησεται ορων σε καθημενον επι του θρονου αυτου] om. *v l qz*; και πολλα λυπηθησονται και κλαυσουσιν ορωντες σε καθημενον επι του τιμιου αυτου θρονου *b* | επι του θρονου αυτου] εστιν του θρονου *g*

XL μετὰ ταῦτα εἶπεν ὁ θεὸς τῷ ἀρχαγγέλῳ Μιχαήλ· ἄπελθε εἰς τὸν παράδεισον ἐν τῷ τρίτῳ οὐρανῷ καὶ ἔνεγκε τρεῖς σινδόνας βυσσίνας καὶ σηρικάς. ₂ καὶ μετὰ τὸ ἐνεχθῆναι προσέταξεν ὁ θεὸς τῷ ἀρχαγγέλῳ Μιχαὴλ καὶ τῷ Γαβριὴλ καὶ τῷ Οὐριὴλ τοῦ κηδεῦσαι τὸ σῶμα τοῦ Ἀδὰμ εἰπὼν οὕτως· στρώσατε τὰς σινδόνας καὶ σκεπάσατε τὸ σῶμα τοῦ Ἀδάμ, καὶ ἐνεγκόντες ἔλαιον ἐκ τοῦ ἐλαίου τῆς εὐωδίας ἐκχέατε ἐπ' αὐτόν.

καὶ ἐποίησαν ὡς προσέταξεν ὁ θεός, καὶ ἐκήδευσαν αὐτὸν οἱ τρεῖς μεγάλοι ἄγγελοι. ₃ ὅτε δὲ ἐτέλεσαν κηδεύοντες τὸν Ἀδάμ, εἶπεν ὁ θεὸς ἐνεχθῆναι καὶ τοῦ Ἄβελ τὸ σῶμα. καὶ ἐνέγκαντες ἄλλας σινδόνας ἐκήδευσαν αὐτόν, ₄ ἐπειδὴ ἀκήδευτος ἦν ἀφ' ἧς ἡμέρας ἐφόνευσεν αὐτὸν Κάϊν ὁ ἀδελφὸς αὐτοῦ. καὶ πολλὰ θελήσας αὐτὸν κρύψαι ὁ Κάϊν οὐκ ἠδυνήθη, ὅτι ἀνεπήδα τὸ σῶμα αὐτοῦ ἀπὸ τῆς γῆς. καὶ ἐξήρχετο φωνὴ ἀπὸ τῆς γῆς λέγουσα· ₅ οὐ κρυβήσεται εἰς τὴν γῆν ἕτερον πλάσμα ἕως οὗ ἀφιέναι μοι τὸ πρῶτον πλάσμα τὸ ἀρθὲν ἀπ' ἐμοῦ, τὸν χοῦν ἐξ ἧς ἐλήφθη.

338-436 και δια—προς αυτον *ds kg vb qz ni he l rm*
Omissions: 378-383 απελθε—ουτως *ds*; 379-386 βυσσινας—θεος *he*; 379-383 βυσσινας—σινδονας και *qz*; 381-383 και μετα—σινδονας *r*; 386-389 και εκηδευσαν—σινδονας *rm*; 387-413 οτε δε ετελεσαν—αυτων *he*; 390-401 και πολλα—εν τη γη *rm*

378 μετα ταυτα] μετα δε ταυτα *kg*; και τοτε *b*; και ταυτα ειπων ο θεος προς το σωμα του αδαμ *qz*; ταυτα ειπων ο θεος προς τον αδαμ *ni*; ταυτα ειπων ο θεος τω αδαμ *h*; μετα ταυτα ειπων ο θεος *e*; και μετα ταυτα *r*; και παλιν μετα ταυτα *m* • ειπεν ο θεος] λεγει *v qz ni m*; ελαλησεν *b*; προσεταξεν *h*; om. *e*; λεγει κυριος *r* • τω αρχαγγελω μιχαηλ] μιχαηλ τον αρχαγγελον *e*; τω αρχαγγελω *r* 378-379 απελθε εις τον παραδεισον] απελθε εν τω παραδεισω *qz*; om. *he*; και απεστειλεν αυτον εις τον παραδεισον *l* 379 εν τω τριτω ουρανω] om. *qz he rm*; εως τριτου ουρανου *ni* • και] om. *e* • ενεγκε] ευρησει *g*; ανενεγκε *v r*; ενεγκε μοι *b*; κομισαι *q*; κομισον *z*; και ηνεγκεν *he l*; φερε *m* • τρεις σινδονας] τας σινδονας *g*; σινδονας τρεις *b*; την σινδονα *e* 379-380 βυσσινας και σηρικας] βυσσινους και σηρικας *i*; βυσσινους *rm*. Addition: και επιθες τω αδαμ *m* 381 και μετα το ενεχθηναι] και *kg b l m*; και ενεγκαντος αυτου τας σινδονας *ni* • προσεταξεν ο θεος] ειπεν ο θεος *vb kg l*; προσεταξεν κυριος ο θεος *m* • τω αρχαγγελω] τοις αγγελοις και τοις αρχαγγελοις *k*; τοις αρχαγγελοις *g*; τω *vb l* 381-382 μιχαηλ και τω γαβριηλ και τω ουριηλ] μιχαηλ γαβριηλ και ουριηλ *k*; μιχαηλ και γαβριηλ και ραφαηλ *g*; μιχαηλ και τω γαβριηλ και τω ραφαηλ *v*; μιχαηλ τω γαβριηλ τω ουριηλ και ραφαηλ *b*; μιχαηλ και τω αρχαγγελω γαβριηλ και τω αρχαγγελω ουριηλ *ni*; μιχαηλ και γαβριηλ ραφαηλ και ουρουηλ *m* 382-383 του κηδευσαι το σωμα του αδαμ ειπων ουτως] om. *kg vb l* | ειπων ουτως] και ειπεν ο θεος *m* 383 στρωσατε τας σινδονας] στρωσετε σινδονας

ds; om. *b*; στρωσετε τας σινδονας *g*; απλωσατε σινδονας *l* • και σκεπασατε] σκεπασατε μετα τον σινδονον *b*; και σκεπασον *r* **383-384** το σωμα του αδαμ] του αδαμ το σωμα *d*; το σωμα αυτου *qz* **384** ενεγκοντες] ενεγκαντες *kg v ni*; περιδησαντες ενεγκατε *qz*; ενεγκων *r* • ελαιον] om. *kg*; το ελαιον *ni*; το ελεος *qz* • εκ του ελαιου] του ελαιου *q ni*; του ελεους *z* **384-385** εκχεατε] εκχεατε αυτο *s ni l*; και χεετε *k*; ο εκχεεται *g*; και καταχεατε *qz*; εκχεον *r*; και εκχεατε *m* **385** επ αυτον] ενωπιον αυτου *kg*; om. *ni*; εις αυτον *m* **386** και εποιησαν ως προσεταξεν ο θεος] om. *ds kg v qz l r*; και ουτως ποιησαντες *b*; τοτε εποιησαν παντα οι αγιοι αγγελοι καθως προσεταχθησαν υπο του θεου *ni* | ο θεος] κυριος ο θεος *m* • και εκηδευσαν αυτον] εκηδευσαν το σωμα αυτου *b*; και κηδευσατε αυτο *q*; και κηδευσωσιν αυτο *z*; και εκηδευσεν και κατεθηκεν το σωμα του αδαμ *he*; και κηδευσατε αυτον *l*; om. *rm* **386-387** οι τρεις μεγαλοι αγγελοι] οι τρεις μεγαλοι *k*; οι τρεις μεγαλοι αρχαγγελοι *g*; om. *b ni rm*; εβδομηκοντα τρεις αγγελοι *q*; οι αγγελοι *z* **387** οτε δε ετελεσαν κηδευοντες τον αδαμ] om. *vb* | ετελεσαν] ετελευσαν *d*. κηδευοντες] κηδευσαντες *q*. τον αδαμ] αυτον *qz* • ειπεν] ην *g*; και ειπεν *v*; ελαλησεν *b*; εκελευσεν *ni* **388** ο θεος] κυριος *b* • ενεχθηναι] ανενεχθηναι *g v*²; ενεγκατε *qz* • και του αβελ το σωμα] και το σωμα του αβελ *ds b ni*; το σωμα του αβελ *qz* • ενεγκαντες] ενεγκοντες *ds*; ενεγκαν αυτον *g*; ανενεγκε *v*; ενεγκατε *qz*; ενεχθεντος αυτου προσεταξεν ο θεος ενεχθηναι *ni* **388-389** αλλας σινδονας] και αλλας σινδονας *v*; σινδονας ετερας *b qz*; add. προς ενταφιασμον αυτου *ni* **389** εκηδευσαν αυτον] εκηδευσαν και αυτον *k b*; και εκηδευσαν αυτον *g*; και κηδευσαι και αυτο μετα του αδαμ *v*; και κηδευσατε αυτον *qz*; και τουτων ενεχθεντων εκηδευσαν και αυτον *ni*; ομοιως και το σωμα του αβελ ουτως κηδευσον *r*; ομοιως δε εκηδευσαν και το σωμα του αβελ *m* **389-390** επειδη ακηδευτος ην αφ ης ημερας εφονευσεν αυτον καιν ο αδελφος αυτου] επειδη *v*; ον απεκτεινεν καιν εκ συνεργειας του πονηρου *m* | επειδη] επει *k r*; επτα *g*. ακηδευτος] ακηδευτον *d b r*; κηδευτον *g*. αφ ης ημερας] αφ ου *k*; οτι αφ ης ημερας *g*; απο της ημερας ης *q ni*; εν ημερα η *z*. εφονευσεν] εφονευθη *k*. αυτον] om. *kg*. καιν ο αδελφος αυτου] add. ο πονηρος *ds*; καιν ο πονηρος *qz*; καιν ο αδελφος *ni*; ο αδελφος αυτου καιν *r* **390** και πολλα] πολλακις *v*; πολλα γαρ *b*; om. *qz*; οστις καιν πολλα *ni* • θελησας] ηθελησεν *d qz*; θελησας καιν *kg*; εβουλευθη καιν ο φονευσας αυτον *v*; φροντισας ο πονηρος καιν *b* **390-391** αυτον κρυψαι] αυτον κρυψαι αυτον *d*; κρυψαι αυτον *s b ni*; κρυψαι το σωμα αυτου *k*; κρυψαι εαυτον *g*; θαψαι το σωμα αυτου *v*; αυτον κρυψαι εν τη γη *q*; κρυψαι αυτον εν τη γη *z* **391** ο καιν] om. *vb kg qz ni*; καιν *l* • ουκ] αλλ ουκ *d g v qz l*; και ουκ *k*; ουκ ην *b* **391-392** οτι ανεπηδα το σωμα αυτου απο της γης] ουκ εδεχετο τουτο η γη *b*; οτι απηρθη απο της γης το σωμα αυτου *qz* | το σωμα αυτου] om. *v* **392** και εξηρχετο φωνη απο της γης] om. *b*; και εγενετο φωνη *qz* | και εξηρχετο] εξηρχετο δε και *ni*. φωνη] φωνος *g*. απο της γης] απ αυτης *ni*; εκ της γης *l* • λεγουσα] λεγουσα ουτως *qz* **392-394** ου κρυβησεται εις την γην ετερον πλασμα εως ου αφιεναι μοι το πρωτον πλασμα το αρθεν απ εμου τον χουν εξ ης εληφθη] ου δεξομαι ετερον σωμα εως ουν το επ εμε χωμα αρθεν και πλασθεν ελθη προς εμε *b*; ου κρυβη εις γην εξ ης εληφθη *qz* | εις την γην] απο της γης *kg*; εν εμοι *ni*. ου αφιεναι] του αποστρεψαι *v*; ου ταφη *ni*. μοι] om. *g vb ni*. πρωτον πλασμα] πρωτοπλαστον αδαμ *v*; πρωτοπλαστον πλασμα *k*. το αρθεν απ εμου τον χουν] τον ελθοντα απ εμου τον χουν *g*; εις τον χουν *v*; το αρθεν απ εμου *ni*. εξ ης εληφθη] εξ ου ελαβεν αυτον ο θεος *v*; om. *ni* ἔλαβον δὲ οἱ ἄγγελοι ἐν τῷ καιρῷ ἐκείνῳ καὶ ἔθεντο αὐτὸ ἐπὶ τὴν πέτραν ἕως οὗ ἐτάφη Ἀδὰμ ὁ πατὴρ αὐτοῦ. ₆ καὶ προσέταξεν ὁ θεὸς μετὰ τὸ κηδεῦσαι τὸν Ἀδὰμ καὶ τὸν Ἄβελ ἆραι τοὺς δύο εἰς τὰ μέρη τοῦ παραδείσου, εἰς τὸν τόπον ὅπου ᾖρεν χοῦν ὁ θεὸς καὶ ἔπλασεν τὸν Ἀδάμ, καὶ ἐποίησεν ὀρυγῆναι τῶν δύο τὸν τόπον. ₇ καὶ ἀπέστειλεν ὁ θεὸς ἑπτὰ ἀγγέλους εἰς τὸν παράδεισον καὶ ἤγαγον εὐωδίας πολλὰς καὶ ἔθεντο αὐτὰς ἐν τῇ γῇ. καὶ μετὰ ταῦτα ἔλαβον τὰ δύο σώματα καὶ ἔθαψαν αὐτὰ εἰς τὸν τόπον εἰς ὃν ὤρυξαν καὶ ᾠκοδόμησαν αὐτοί.

XLI ἐκάλεσεν δὲ ὁ θεὸς τὸν Ἀδὰμ καὶ εἶπεν· Ἀδάμ, Ἀδάμ. ἀπεκρίθη τὸ σῶμα ἐκ τῆς γῆς καὶ εἶπεν· ἰδοὺ ἐγώ, κύριε.

₂ καὶ λέγει αὐτῷ ὁ κύριος ὅτι εἶπον σοι ὅτι γῆ εἶ καὶ εἰς γῆν ἀπελεύσει. πάλιν τὴν ἀνάστασιν ἐπαγγέλλομαί σοι· ἀναστήσω σε ἐν τῇ ἀναστάσει μετὰ παντὸς γένους ἀνθρώπων οὗ ἐκ τοῦ σπέρματός σου.

XLII μετὰ δὲ τὰ ῥήματα ταῦτα ἐποίησεν ὁ θεὸς σφραγῖδα τρίγωνον, καὶ ἐσφράγισεν τὸ μνημεῖον, ἵνα μηδείς τι ποιήσῃ αὐτῷ ἐν ταῖς ἓξ ἡμέραις ἕως οὗ ἀποστραφῇ ἡ πλευρὰ αὐτοῦ πρὸς αὐτόν. ₂ τότε ὁ κύριος καὶ οἱ ἄγγελοι ἐπορεύθησαν εἰς τὸν τόπον αὐτῶν.

339-436 και δια—προς αυτον *ds kg vb qz ni he l rm*
Omissions: 387-413 οτε δε ετελεσαν—αυτων *he*; 390-401 και πολλα—εν τη γη *rm*; 395-396 ελαβον—πατηρ αυτου *v*; 397-399 εις τα μερη—εποιησεν *v*

395 ελαβον δε οι αγγελοι εν τω καιρω εκεινω] αγγελοι δε τοτε αναλαβομενοι αυτο *b*; ελαβεν δε αυτον εν τω καιρω εκεινω *qz*; ελαβον ουν οι αγγελοι το σωμα του αβελ *ni*; ελαβον δε αυτο οι αγγελοι εν τω καιρω εκεινω *l* • και] om. *b* • εθεντο] εθηκαν *kg*; εθηκεν *qz* • αυτο] om. *qz* 395-396 επι την πετραν] εν τη πετρα *ds*; επι πετραν *qz* 396 εως ου εταφη αδαμ ο πατηρ αυτου] om. *qz* | ου] om. *ds*. εταφη] απεθανεν *b l*. αδαμ] om. *b*; ο αδαμ *kg*. ο πατηρ αυτου] om. *g* 396-397 και προσεταξεν ο θεος μετα το κηδευσαι τον αδαμ και τον αβελ] και τον αβελ *g*; προσεταξεν δε ο θεος τοις αγγελοις *v*; και αμφοτεροι εταφησαν κατα προσταξιν θεου *b*; μετα δε ταυτα ηνεγκαν αυτον και εποιησαν ον τροπον εποιησαν αδαμ τω πατρι αυτου και προσεταξεν ο θεος μετα το κηδευσαι αυτους λεγων *qz* {ηνεγκαν} ενεγκαν *z*}; και μετα το κηδευσαι τον αδαμ και τον αβελ προσεταξεν ο θεος *ni* | το] om. *k*. τον αδαμ] om. *ds*. και²] om. *d* 397 αραι] om. *b*; αρατε *qz* • τους δυο] αυτους *ds kg ni*; om. *b* 397-398 τα μερη του παραδεισου] το μερη της παραδεισου *g* 398 εις] και ηλθον εξ ανατολων υπο *qz* • οπου] εν ω *b*; ου *qz* • ηρεν] ηυρεν *d*; η<υ>ρεκεν *q* • χουν] τον χουν *b*; om. *qz* 398-399 και επλασεν τον αδαμ και εποιησεν ορυγηναι των δυο τον τοπον] om. *b* | εποιησεν ορυγηναι] ορυγηναι *k*; ωρυξαν εκει *qz*; εποιησεν εκει ορυγηναι *l*. των δυο τον τοπον] εις δυο τον τοπον *ds*; τον τοπον των δυο *k*; των δυο ο τοπος *g*; τον τοπον *qz*; των δυο το μνημα *l* 399-400 και απεστειλεν] add. αυτον *v*; ορυξαντων δε τον τοπον απεστειλεν *l* 400 επτα αγγελους] αγ-

γελους επτα d • εις τον παραδεισον] om. qz • ηγαγον] ηνεγκαν qz **401** ευωδιας] ευωδιας εκ του παραδεισου qz • πολλας] πολλοις g • εθεντο] θαπτον d; εθηκαν s; εθαψαν v; ετιθουν b; ουτως εθαψεν k; ουτως εθαυμασαν g; εθετο qz^1 • αυτας] αυτους d g; αυτα s; αυτας κατω qz • εν τη γη] εις την γην g; add. οπου εμελλον καταθεσθαι τα σωματα αυτων ni **401-403** και μετα ταυτα ελαβον τα δυο σωματα και εθαψαν αυτα εις τον τοπον εις ον ωρυξαν και ωκοδομησαν αυτοι] και μετα το θαψαι αυτους k; και μετα το θαυμασαι αυτους g; om. r | μετα ταυτα] ουτως b m; om. q. ελαβον] εκατετεθησαν m. σωματα] σωματα αυτων i; σωματα του αδαμ και του αβελ m. εθαψαν] εθηκαν d; κατεθεντο z. εις τον τοπον] εν τω τοπω εκεινω q. εις ον] ον b qz. ωρυξαν] ωρισεν ο θεος q; ωρυξεν z. και ωκοδομησαν αυτοι] και ωκοδομησαν b; om. q l; και ωκοδομησεν z. αυτοι] om. b z **404** εκαλεσεν δε] εκαλεσεν kg; και εκαλεσεν πρωι q; και εκαλεσεν l r; και μετα ταυτα εκαλεσεν m • ο θεος] om. q • τον αδαμ] om. ds l; το σωμα του αδαμ ni **404-405** και ειπεν αδαμ αδαμ απεκριθη το σωμα εκ της γης και ειπεν] λεγων αυτω αδαμ που ει και ειπεν q; λεγων αδαμ που ει εβοησεν δε ο αδαμ z; και ειπεν r | ειπεν^1] ειπεν αυτω m. αδαμ αδαμ] αδαμ που ει m. απεκριθη] και απεκριθη kg m; και απεκριθεν b. σωμα] σωμα του αδαμ m. εκ] απο g. και^2] om. b **406** και λεγει] και ειπεν ds kg rm • αυτω] om. kg • ο κυριος] ο θεος ds kg qz m • οτι^1] om. b r; γινωσκεις οτι kg; πρωην μεν ni; μεμνησαι αδαμ οτι qz • σοι] om. v • οτι^2] om. qz m • γη ει] γη b • εις γην] εις την γην v **406-407** απελευσει παλιν] απαλιν πορευσει k; απελευσει και παλιν g; απελευσει νυν δε παλιν ni; απελευσεις και παλιν r **407** την αναστασιν επαγγελλομαι σοι] om. g q; επαγγελλομαι σοι την αναστασιν ni; ει επηγγειλαμην σοι z; εν τη αναστασει απαγγελλομαι σοι l; εις την αναστασιν επαγγελω σοι r; απαγγελω σοι την αναστασιν m | επαγγελλομαι] εξαγγελλομαι k; απαγγελομαι b **407-408** αναστησω σε εν τη αναστασει] και αναστησω σε εν τη αναστασει k; εν τη αναστασει αναστησω σε g; αναστησω σε εν τη εσχα⟦σ⟧τη ημερα εν τη αναστασει b; παλιν αναστησω σε εν αυτη qz {σε] om. z}; αναστησω γαρ σε εν τη αναστασει ni; αναστησω δε σε r; οτι αναστησεσθε m **408-409** μετα παντος γενους ανθρωπων ου εκ του σπερματος σου] om. qz; μετα παντος γενους ανθρωπων r; μετα παντος ανθρωπου m | γενους ανθρωπων] γενους kg; ανθρωπου b; του γενους των ανθρωπων ni; γενους των ανθρωπων l. ου] om. kg; των v; του b ni. του σπερματος] σπερματος g **410** μετα δε τα ρηματα ταυτα εποιησεν ο θεος] εποιησεν δε ο θεος v; μετα δε το λαλησαι αυτον ταυτα ελαβεν qz; και εποιησεν ο θεος rm **410-411** σφραγιδα τριγωνον] σφραγιδα d; σφραγιδον τριγωνον qz; εις τω σωματι σφραγιδας τρεις m **411** και] ω και g • το μνημειον] om. g; το μνημα qz; αυτου το μνημειον m • ινα] ην ο b; οτι qz • μηδεις] ιδεις g • τι ποιησει αυτω] πατει αυτο k; πατησει αυτος g; τι ποιηση εις αυτον v; ποιηση αυτω τι q; εγγιση αυτω r; αυτον ιδει m **411-412** εν ταις εξ ημεραις] om. r; εν ταις εξ ημεραις ταυταις qz {εξ] εξι z} | εξ] εξι g m **412** εως ου] εως αν qz • αποστραφη] επιστραφη g • η πλευρα] και η πλευρα m **412-413** τοτε ο κυριος και οι αγγελοι επορευθησαν εις τον τοπον αυτων] πορευθεντος δε του φιλανθρωπου θεου και των αγιων αγγελων αυτου εις τον τοπον αυτων b; τοτε ο κυριος ανηλθεν εις τον ουρανον μετα των αγγελων αυτου qz; και τουτων παντων τελεσθεντων παλιν ανηλθεν ο κυριος εις τους ουρανους ni; om. rm | αγγελοι] αγγελοι αυτου kg. τοπον αυτων] ουρανον kg

₃ Εὖα δὲ καὶ αὐτὴ πληρωθέντων τῶν ἓξ ἡμερῶν ἐκοιμήθη. ἔτι δὲ ζώσης αὐτῆς ἔκλαυσεν περὶ τῆς κοιμήσεως τοῦ Ἀδάμ. οὐ γὰρ ἐγίνωσκεν ποῦ ἐτέθη, ἐπειδὴ ἐν τῷ ἐλθεῖν τὸν κύριον ἐπὶ τὸν παράδεισον πρὸς τὸ κηδεῦσαι τὸν Ἀδὰμ ἐκοιμήθησαν ἅπαντες ἕως ἐκέλευσεν τοῦ κηδεῦσαι τὸν Ἀδὰμ πλὴν τοῦ Σὴθ μόνου, καὶ οὐδεὶς ἐγίνωσκεν ἐπὶ τῆς γῆς πλὴν τοῦ υἱοῦ αὐτοῦ Σήθ. ₄ καὶ προσηύξατο Εὖα κλαίουσα ἵνα ταφῇ εἰς τὸν τόπον ὅπου ἦν Ἀδὰμ ὁ ἀνὴρ αὐτῆς. μετὰ δὲ τὸ τελέσαι αὐτὴν τὴν εὐχὴν λέγει· ₅ κύριε, δέσποτα, θεὲ πάσης ἀρετῆς, μὴ ἀπαλλοτριώσῃς με τοῦ σώματος Ἀδὰμ ἐξ ἧς ᾖρές με ἐκ τῶν μελῶν αὐτοῦ, ₆ ἀλλὰ ἀξίωσον κἀμὲ τὴν ἀναξίαν καὶ ἁμαρτωλὴν εἰσελθεῖν μετὰ τοῦ σκηνώματος αὐτοῦ. ὥσπερ ἤμην μετ' αὐτοῦ ἐν τῷ παραδείσῳ ἀμφότεροι μὴ χωρισθέντες ἀπ' ἀλλήλων, ₇ ὥσπερ ἐν τῇ παραβάσει πλανηθέντες παρέβημεν τὴν ἐντολήν σου μὴ χωρισθέντες, οὕτως καὶ νῦν, κύριε, μὴ χωρίσῃς ἡμᾶς.

338-436 και δια—προς αυτον *ds vb kg ni he qz l rm*
Omissions: **414-419** εκοιμηθη—σηθ *rm*; **420-429** ινα—ανεστεναξεν *r*; **420-421** ινα—λεγει *qz ni he*; **420-429** μετα—ανεστεναξεν *m*
Revisions: **414-419** ευα—σηθ *ni*; *he*

414 ευα δε και αυτη πληρωθεντων των εξ ημερων εκοιμηθη] μετα των εξ ημερων ετελευτησεν και η ευα *b*; ευα δε εκοιμηθη πληρωσα την οικονομιαν αυτης *qz*; πληρωθεντων δε των εξ ημερων *r*; πληρωθεντων δε των εξ ημερων εκοιμηθη δε και η ευα *m* | και αυτη] om. *l*. πληρωθεντων] πληρωθεντος *g*. των εξ] εξ *ds*; εξι *g* **414-415** ετι δε ζωσης] ετι ζωσης *g*; ζωσης δε *b*; om. *qz* **415** εκλαυσεν] εκλαυσεν πικρως *d*; εκλαυσεν δε *g qz* • περι της κοιμησεως του αδαμ] om. *qz* | του αδαμ] αδαμ *k*; αυτης *b* **415-416** ου γαρ εγινωσκεν που ετεθη επειδη] δια το μη γινωσκειν που μελλει τεθηναι το σωμα αυτης *b*; γνωναι θελουσα που ην αδαμ επειδη ουκ εγινωσκεν *qz* {θελουσα} θελων *q*. αδαμ] ο αδαμ *z*} | εγινωσκεν] εγνωκεν *ds*. ετεθη επειδη] ετεθη επει δε *k*; εδει *g* **416-417** εν τω ελθειν τον κυριον επι τον παραδεισον προς το κηδευσαι τον αδαμ] παροντος γαρ του κυριου εν τω παραδεισω οτε εκηδευσεν τον αδαμ *b*; οτε δε ηλθεν ο θεος επι της γης *qz* | εν τω] om. *g*. επι] εις *d*. το] om. *d*. Additions: εκινηθησαν τα φυτα του παραδεισου *qz* {του} της *q*}; εκινηθησαν παντα τα του παραδεισου μετα πολλης ευωδιας *l* **417-418** εκοιμηθησαν απαντες εως εκελευσεν του κηδευσαι τον αδαμ] om. *kg*; εκοιματο και αυτη και οι παιδες αυτης *b*; και εφυπνωσαν απαντες εως ου ετελεσαν κηδευσαντες τον αδαμ *qz* {εφυπνωσαν} αφυπνωσαν *q*. ετελεσαν] add. απαντα *q*}; και εκοιμηθησαν απαντες εως εκελευσεν τον αδαμ κηδευων *l* | εως] εως ου *d* **418-419** πλην του σηθ μονου και ουδεις εγινωσκεν επι της γης πλην του υιου αυτου σηθ] πλην του σηθ ως εφηκεν ειπειν *b*; ουδεις επι της γης εγινωσκεν πλην του σηθ μονου του υιου αυτης *k*; ουδεν επεγνω επι της γης πλην του σηθ του υιου αυτου *g*; και ουδεις εγνω τον επι της γης τοπον οπου ετεθη ο αδαμ ει μη μονος σηθ *qz* {οπου ετεθη} που τεθηται *z*. σηθ] σηθ και η ευα *q*}; πλην του υιου αυτου του σηθ μονου και ουδεις εγνωκεν επι γης ει μη μονος σηθ του υιου αυτου *l* | πλην του σηθ μονου] om. *d*. υιου αυτου] υιου αυτης *v* **419-420** και προσηυξατο ευα κλαιουσα] παρεκαλεσεν δε η ευα εν τη ωρα της τελευτης αυτης *b*; αναστασα προσηυξατο η ευα κλαιουσα και λεγουσα *ni* {προσηυξατο η ευα] η ευα προσηυξατο *i*}; αναστας προσηυξατο κλαιουσα και λεγουσα ουτως *he* {κλαιουσα] om. *e* }; και προσευχομενης της ευας *r*; προσηυξατο και αυτη η ευα λεγουσα και κλαιουσα *m* | και] τοτε *q*; om. *z*. προσηυξατο ευα] προσηυξετο η ευα *g*; ευα προσηυξατο *z*; προσηυξατο *l*. κλαιουσα] om. *d*; λεγουσα *qz* • ινα] ως ινα *b* • εις τον τοπον] om. *b* • ην αδαμ] ην ο αδαμ *v kg*; om. *m* **420-421** μετα δε το τελεσαι αυτην την ευχην λεγει] λεγουσα ουτως *b*; om. *l m* | μετα δε] και μετα *kg*. αυτην] αυτης *ds*; om. *kg*. λεγει] λεγει ταυτα *d*; παλιν λεγει *k*; και παλιν λεγων *g* **421-422** κυριε δεσποτα θεε πασης αρετης] om. *l* | κυριε δεποτα θεε] κυριε και θεε *kg*; δεσποτα μου κυριε και θεε *b*; κυριε και δεσποτα *q*; κυριε δεσποτα *z*; κυριε και δεσποτα θεε *e*. πασης αρετης] πασης αρχης *d*; της ανω σιων *qz* **422** μη απαλλοτριωσης με] μη απολυτρωσης με *g*; μη απαλλοτριωσης *v*; μη απολλωτριωσης με την δουλην σου *b*; μη με απηλλοτριωσης *qz*; μη απηλλοτριωσης με *e*; add. ο θεος *l* **422-423** του σωματος αδαμ εξ ης ηρες με εκ των μελων αυτου] εκ των μελων αυτου *v* | του σωματος αδαμ] †ει† σωματος αδαμ *b*; τω αδαμ *qz*; του σωματος του αδαμ *he*. εξ ης ηρες με εκ των μελων αυτου] απο γαρ των μελων αυτου εποιησας με *b*; om. *qz*; συ γαρ ηρας με εκ των μελων αυτου *ni he* {των μελων] του σωματος των μελων *he*} **423-424** αλλα αξιωσον καμε την αναξιαν και αμαρτωλην εισελθειν μετα του σκηνωματος αυτου] om. *h*; αλλα ποιησον με τεθηναι συν αυτω *qz* | καμε] με *kg v ni e*. αναξιαν και αμαρτωλην] αμαρτωλην και αναξιαν *kg* {αμαρτωλην] αμαρτωλον *k*}; αναξιαν δουλην σου και αμαρτωλην *v*; αναξιαν και αμαρτωλον *b*. εισελθειν μετα του σκηνωματος αυτου] επι το σωμα αυτου συνταφηναι *b*; add. εν τω παραδεισω *e* **424-425** ωσπερ ημην μετ αυτου εν τω παραδεισω αμφοτεροι μη χωρισθεντες απ αλληλων] καθως και μετ αυτου συνημην εν τω παραδεισω *b*; ωσπερ γαρ αμφοτεροι εσμεν εν τω παραδεισω μη χωρισθεντες αλληλων *qz*; ωσπερ ημην μετ αυτου εν τω παραδεισω *ni h*; om. *e*; αμφοτεροι μη χωρισθωμεν απ αλληλων *l* | ωσπερ] ωσπερ και *k*. αμφοτεροι] om. *kg*. χωρισθεντες] χωρισθητι *g*; χωρισθεν *v* **425-427** ωσπερ εν τη παραβασει πλανηθεντες παρεβημεν την εντολην σου μη χωρισθεντες] και μετα την παραβασιν αχωριστος *b*; και ωσπερ εν τη παραβασει αμφοτεροι εσμεν εως του θανατου ημων *qz* {του θανατου ημων] θανατου εσμεν *q*}; και ωσπερ εν τη παραβασει πλανηθεντες απ αλληλων ου διεχωρισθημεν *he* {πλανηθεντες] πλανηθεντα *e*} | ωσπερ] ωσπερ και *kg*; και ωσπερ *ni*. πλανηθεντες] om. *v*. παρεβημεν] και παρεβημεν *d*. μη χωρισθεντες] om. *g*; add. απ αλληλων *ni* **427** ουτως και νυν κυριε μη χωρισης ημας] ουτως και μετα θανατον δος καμοι εγγιστα αυτου ταφηναι *qz* {θανατον] τον θανατον *z*}; om. *ni* | νυν κυριε] om. *b*; νυν *v*. μη χωρισης] μη συγχωρησης *g*; ουδεις μη χωριση *b*

414-419 ευα—σηθ revisions

η ουν ευα μη γινωσκουσα τι γεγονεν τω αδαμ η που εταφη το σωμα αυτου εν λυπη μεγαλη υπηρχεν και εκλαιεν σφοδρως περι της κοιμησεως αυτου τουτο δε συνεβη αυτη δια το ως προειρηται παντας ανθρωπους υπνω κατενεχθηναι οταν ο κυριος εις τον παραδεισον παρεγενετο προς το κηδευσαι τον αδαμ και ουδεις εγνωκεν των επι της γης ανθρωπων τα παρακολουθησαντα εις την τουτου κηδειαν πλην σηθ οτε δε εμελλεν την ψυχην αποτιθεσθαι εκ του σκηνωματος αυτης *ni* {λυπη] λυπη γαρ *i*. και ουδεις] ουδεις *i*. της γης] γης *i*. τα] om. *n*}; εζησεν δε ο αδαμ τα ετη αυτου παντα ενακοσια τριακοντα πληρωθησης δε της κοιμησεως αδαμ οτε ημελλεν και αυτη η ευα την ψυχην αυτης αποτιθεσθαι εκ του σωματος *he* {εζησεν δε ο αδαμ τα ετη αυτου παντα ενακοσια τριακοντα] om. *h*. δε²] om. *h*. κοιμησεως] κηδευσεως *e*. οτε] οτε ουν ημελλεν] οτε συνεμελλεν. αποτιθεσθαι] χωρισθηναι *e*. εκ] απο *e*. σωματος] σκηνωματος αυτης *h*}

₈ μετὰ δὲ τὸ εὔξασθαι αὐτὴν ἀναβλέψασα εἰς τὸν οὐρανὸν ἀνεστέναξεν, τύπτουσα τὸ στῆθος αὐτῆς καὶ λέγουσα· ὦ θεὲ τῶν ἁπάντων, δέξαι τὸ πνεῦμά μου.

XLIII καὶ ἦλθεν Μιχαὴλ καὶ ἐδίδαξεν τὸν Σὴθ πῶς κηδεύσῃ τὴν Εὔαν. καὶ ἦλθαν τρεῖς ἄγγελοι καὶ ἦραν τὸ σῶμα αὐτῆς καὶ ἔθαψαν αὐτὸ ὅπου ἦν τὸ σῶμα τοῦ Ἀδὰμ καὶ τοῦ Ἄβελ. ₂ καὶ μετὰ ταῦτα ἐλάλησεν Μιχαὴλ τῷ Σὴθ λέγων· οὕτως κήδευσον πάντα ἄνθρωπον ἀποθνήσκοντα ἕως ἡμέρας τῆς ἀναστάσεως.

₃ μετὰ δὲ τὸ δοῦναι αὐτὸν νόμον εἶπεν πρὸς αὐτόν· παρ' ἓξ ἡμερῶν μὴ πενθήσητε. τῇ δὲ ἑβδόμῃ ἡμέρᾳ κατάπαυσον καὶ εὐφράνθητι ἐπ' αὐτῇ, ὅτι ἐν αὐτῇ ὁ θεὸς καὶ οἱ ἄγγελοι ἡμεῖς εὐφραινόμεθα μετὰ τῆς δικαίας ψυχῆς τῆς μεταστάσης ἀπὸ γῆς.

₄ ταῦτα εἰπὼν ὁ ἄγγελος ἀνῆλθεν εἰς τὸν οὐρανόν, δοξάζων καὶ λέγων· ἀλληλουϊά, ἅγιος, ἅγιος, ἅγιος κύριος.

ΕΙΣ ΔΟΞΑΝ ΘΕΟΥ ΠΑΤΡΟΣ
ΑΜΗΝ

338-436 και δια—προς αυτον *ds vb kg ni he qz l rm*; **436-doxol.** παρ εξ—αμην *ds vb kg ni he qz l m*
Omissions: **420-429** ινα—ανεστεναξεν *r*; **420-429** μετα—ανεστεναξεν *m*; **428-430** αναβλεψασα—πνευμα μου *qz*; **436-441** μετα—κυριος *v*; **438-440** οτι εν αυτη—κυριος *qz*
Revision: **428-441** μετα—κυριος *he*

428 μετα δε] μετα ουν *b*; και μετα *qz* • αυτην] om. *ds b*; αυτης *g*; add. ταυτα *ni* • αναβλεψασα] αναβλεψας *k b* **429** ανεστεναξεν τυπτουσα το στηθος αυτης και λεγουσα] τυπτουσα το στηθος λεγουσα μετα στεναγμου *g*; ειπεν *n i*; και ην τυπτουσα και το στηθος αυτης κλαιουσα και λεγουσα *m* | ανεστεναξεν] *ανεστησεν* *b* {ανεσθεσε ms.}. τυπτουσα το στηθος αυτης] τυπτουσα εις το στηθος αυτης *v*; το στηθος αυτης τυπτουσα *b*; τυπτουσα το στηθος *r*. και] om. *g v r*. λεγουσα] λεγουσα ουτως *r* • ω θεε] θεε *ds b*; ο θεος *kg rm*; ω κυριε μου και θεε *ni* **430** μου] Additions: και απεδωκεν την ψυχην αυτης εν ειρηνη *kg*; και ευθεως παρεδωκεν τω θεω το πνευμα αυτης *b*; παρεδωκεν το πνευμα *qz*; και ταυτα ειπουσα εκοιμηθη παραδουσα την ψυχην αυτης τοις απαγουσιν αγγελοις *ni*; και ευθυς παρεδωκεν το πνευμα αυτης τω θεω *rm* {ευθυς] ευθεως *m*. τω θεω] κυριω τω θεω *m*} **431-433** και ηλθεν μιχαηλ και εδιδαξεν τον σηθ πως κηδευση την ευαν και ηλθον τρεις αγγελοι και ηραν το σωμα αυτης και εθαψαν αυτο οπου ην το σωμα του αδαμ και του αβελ] τελευτησασα δε παρεγενετο ο αρχαγγελος μιχαηλ και ελθοντων γ' αγγελων ελαβον το σωμα αυτης και εθαψαν αυτο οπου ην το σωμα του αβελ *b*; και κατελθων ο αρχαγγελος εκηδευσεν την ευαν και κατεθετο το σωμα αυτης πλησιον του αδαμ και του αβελ *qz*; τοτε ηλθεν μιχαηλ ο αρχιστρατηγος και ετεροι τρεις αγγελοι μετ αυτου και ηραν το σωμα αυτης και απηνεγκαντες εθαψαν αυτο οπου ην το σωμα του αδαμ και του αβελ *ni* | και ηλθεν μιχαηλ] ηλθεν δε ο αρχιστρατηγος μιχαηλ *kg*; αποστειλας δε ο θεος μιχαηλ τον αρχαγγελον *r*; add. ο αρχαγγελος *m*. και εδιδαξεν τον σηθ] και εδειξεν τω σηθ *g*; και ελαλησεν τω σηθ και εδιδαξεν αυτον *l*; εδιδαξεν τον σηθ r; και ελαλησεν τον σηθ και εδειξεν αυτω m. πως κηδευση] επει εκηδευσεν k; επι κηδευσαι g; το πως κηδευση r. την ευαν] add. μητερα αυτου k; το σωμα της ευας g l; την μητερα αυτου rm. και ηλθαν] και ηλθον k m; ηλθον δε r. τρεις αγγελοι] αγγελοι τρεις rm. και ηραν το σωμα αυτης] om. d. αυτο] αυτην ν m; om. r. το σωμα του αδαμ] του αδαμ το σωμα g; αδαμ r; ο αδαμ m. του αβελ] αβελ r; ο αβελ m **433** και μετα ταυτα] και b rm; και ταυτα παντα qz **434** ελαλησεν μιχαηλ τω σηθ λεγων] ενετειλατο τω σηθ ο αρχαγγελος μιχαηλ λεγων qz | ελαλησεν] ειπεν b m. μιχαηλ] ο μιχαηλ s ν; ο αρχαγγελος μιχαηλ b; αγγελος k; ο αγγελος g; ο αρχιστρατηγος μιχαηλ ni; μιχαηλ ο αρχαγγελος m. τω σηθ] προς τον σηθ b r. λεγων] om. b rm • κηδευσον] κηδευσεις qz • παντα] παν b; απαντα m **435** αποθνησκοντα] αποθανοντα g; αποθνησκον b • ημερας] ημεραν d; της ημερας k i l m; om. b r; της συντελειας qz • της αναστασεως] add. εν καιρω της ανθρωποτητος qz; της κρισεως r **436** μετα δε το δουναι αυτον νομον ειπεν προς αυτον] om. b | μετα δε] και μετα δε k; και μετα qz. το] του d ni l rm. αυτον νομον] αυτον ο νομον k; αυτω νομον g; αυτω τον νομον qz ni; αυτον ομου l; αυτοις αγγελιαν r; αυτου τον νομον m. ειπεν προς αυτον] ειπεν αυτω kg rm; απηλθεν απο του σηθ ο αρχαγγελος λεγων αυτω qz; ειπεν παλιν αυτω l **436-437** παρ εξ ημερων μη πενθησητε] om. ni | παρ εξ ημερων] παρεξ ημερων εξ s; ανευ ημερων εξ k; παρεξ ημερων δυο g; και εως ημερων ζ' b; πλην εξ ημερων qz; παρ ημερων εξ l. μη] om. kg. πενθησητε] πενθησονται g; πενθησετε s k; πενθησης νεκρων qz **437-438** τη δε εβδομα ημερα καταπαυσον και ευφρανθητι επ αυτη] om. b; τη δε εβδομη ευφρανθησεις qz; και ευφρανθησετε εν αυτη m | τη δε εβδομη ημερα] τη δε εβδομη k; η δε εβδομη g. τη εβδομη ni. καταπαυσον] καταπαυη g. ευφρανθητι] ευφρανθητε k; ευφρανθησετε g l. επ αυτη] εν αυτη s ni l m; επ αυτον g. Addition: οτι αυτη εστιν η ημερα επι τη ογδοη εν η κατεπαυσεν ο θεος απο παντων των εργων αυτου qz {η¹] om. z. ογδοη] ογδοαδη z} **438** εν αυτη] και εαυτη k; και εν αυτω g; εν αυτη ην m • ο θεος] θεος g; και ο θεος b l; οτε θεος ni • και οι αγγελοι ημεις] και ημεις kg l; και ημεις οι αγγελοι b m **438-439** μετα της δικαιας ψυχης της μεταστασης απο γης] om. k; εν τη μεταστασει απο γης δικαια ψυχη b; μετα της δικαιας ψυχης της μεθισταμενης απο της γης ni | γης] της γης d g **440** ταυτα ειπων ο αγγελος] και ταυτα ειπων ο αγγελος ds; ταυτα λεγει ο αγγελος g; ταυτα παντα ειπον οι αγγελοι m | αγγελος] αρχαγγελος μιχαηλ b; αρχιστρατηγος μιχαηλ προς τον σηθ ni • ανηλθεν] απηλθεν d ni; ανηλθον m • τον ουρανον] τους ουρανους l m **440-441** δοξαζων και λεγων] δοξαζων και αινων τον θεον και λεγων ni {και²] om. i}; δοξαζων τον θεον και λεγων m • αλληλουια] αλληλουια αλληλουια αλληλουια k ni m; το αλληλουια b; αμην αλληλουια l • αγιος αγιος αγιος κυριος] om. d qz he; αγιος αγιος κυριος s; αγιος αγιος αγιος m **doxol.** εις δοξαν θεου πατρος αμην] ω η δοξα και το κρατος εις τους αιωνας των αιωνων αμην d qz h {ω} αυτω qz. των αιωνων] om. z. αμην] om. z h}; τω δε θεω ημων ω η δοξα εις τους αιωνας των αιωνων αμην ν; εις δοξαν θεου πατρος οτι αυτου πρεπει δοξα τιμη και προσκυνησις συν τω αναρχω και ζωοποιω αυτου πνευματι νυν και αει και εις τους αιωνας των αιωνων αμην b; ω η δοξα και το κρατος και η τιμη και η προσκυνησις συν τω αναρχω αυτου πατρι και τω παναγιω και αγαθω και ζωοποιω πνευματι νυν και αει και εις τους αιωνας των αιωνων αμην e | αμην] αμην αμην k

428-441 μετα—μου revision
και ταυτα ειπων παρεδωκεν το πνευμα και κλαυσαντες οι υιοι αυτης κατεθηκαν το σωμα αυτης μετα του αδαμ το πατρος αυτων εντιμως μετα επιστασιας του αρχαγγελου μιχαηλ he {ταυτα] τουτο h. οι] om. h. κατεθηκαν το σωμα αυτης] om. e}

APPENDIX ONE
REVISION OF LINES 107-124 (14:3-16:3)
qz niH he

απεκριθη αυτω η ευα και ειπεν οιμοι κυριε μου οτι ηπατηθην πιστευσασα τοις δολιοις ρημασιν του οφεως ταυτα δε ειπουσης αυτης προς αυτον ηρξαντο οι αμφοτεροι κλαιειν πικρως και μετα το παυσασθαι αυτους του θρηνου υπο της λυπης της πολλης κινηθεις ο αδαμ υπνω κατηνεχθη καθεζομενων δε των υιων αυτων κυκλω της κοιτης
5   του πατρος αυτων και θρηνουντων ειπεν αυτοις η ευα τεκνια μου ο πατηρ υμων ως ορατε ηδη εκλειπει ισως καγω μετ αυτου δευτε ουν ακουσατε και διηγησομαι υμιν τον φθονον και την κακιαν του πονηρου και ποιω τροπω δελεασας εστερησεν ημας του παραδεισου και της αιωνιου ζωης και ηρξατο λεγειν αυτοις ουτως πλασας ο φιλανθρωπος και ελεημων θεος εμε τε και τον πατερα υμων εθετο ημας εν τω παραδεισω
10 δεσποζειν και απολαβειν παντων των εν αυτω φυτων ενος δε μονου φυτου εκελευσεν απεχεσθαι ο ουν διαβολος ιδων ης ετυχομεν τιμης παρα του πλασαντος ημας θεου εφθονησεν ημιν και ευρων τον οφιν φρονιμωτατον οντα υπερ παντα τα θηρια προσελθων ελαλησεν αυτω ουτως οιδα σε φρονιμον οντα υπερ παντα τα θηρια και βουλομαι σοι θαρρησαι πραγμα και συμβουλευσασθαι βλεπεις παντος οιας τιμης ετυχεν
15 παρα του θεου ο ανθρωπος ημεις δε ατιμιας επακουσον μου και δευρο ποιησωμεν αυτον εκβληθηναι εκ του παραδεισου ως και ημεις εξεβληθημεν δι αυτου

1-10 απεκριθη—φυτου *qz niH e*; **10-16** εκελευσεν—δι αυτου *qz ni he*
Omission: **7-8** και ποιω—ζωης *qz*
Revision: **8-16** πλασας—αυτου *e*

1 η] om. *z* • και] om. *n* • πιστευσασα] om. *e*   **2** του οφεως] add. και επηνεγκα θανατον επι σε και ημας *e* • ταυτα δε ειπουσης αυτης] ταυτα ειπουσα αυτοις *qz*; ταυτα δε ειπουσα αυτης *e* • προς αυτον] om. *qz* • οι] om. *qz e*.   **3** κλαιειν πικρως] πικρως κλαιειν *qz*; add. μετα πολλης ωρας *e* • αυτους του θρηνου] αυτης τους θρηνους *e* • υπο] απο *e*   **4** κινηθεις] νικηθεις *n²iH*; κλινηθεις *e* • κατηνεχθη] κατενεχθεις *e* • καθεζομενων δε των υιων αυτων] καθεζομενων ουν των υιων αυτων και κλαιοντων *qz* {αυτων] αυτου *z*}; καθεζομενων δε αυτων των υιων *i*; και καθεζομενων δε αυτων των υιων *H*; καθεζομενων δε των υιων και των θυγατερων αυτου *e*   **4-5** της κοιτης του πατρος αυτων] μετα της μητρος αυτων *qz*; της κλινης αυτου *e*   **5** και θρηνουντων] om. *qz*; add. πικρως *e* • αυτοις] αυτους *e* • τεκνια] τεκνα *e*   **5-6** ο πατηρ υμων ως ορατε] ορατε οτι ο πατηρ υμων *e*   **6** ηδη] μετα τρεις ημερας *e* • καγω] και εγω *e* • διηγησομαι] διηγησω *e*   **7** ποιω τροπω] ποιω δε τροπω *e* • εστερησεν] ετερησεν *n*; εξωρισεν *e*   **8** και ηρξατο λεγειν αυτοις ουτως] και ηρξατο διηγησασθαι αυτοις το πως *qz*; και ηρξατο λεγειν ουτως *n*; και ηρξατο λεγει αυτοις *e*   **8-9** πλασας ο φιλανθρωπος και ελεημων θεος εμε τε και τον πατερα υμων] επλασθησαν υπο του θεου *qz*   **9** εθετο ημας] και πως αυτους εθετο *qz*; και εθετο ημας *H*   **10** δεσποζειν και απολαβειν] και οτι ενετειλατο αυτοις ο θεος *qz* • παντων των εν αυτω φυτων] απο παντος ξυλου του εν τω παραδεισω φαγεσθαι *qz* {εν τω] om. *z*}; παντων των αυτω φυτων

H • ενος] εν *q* **11** ιδων] ειδως *qz* • τιμης] τιμης και δοξης *qz* • θεου] ο θεος *z*. εφθονησεν ημιν] εφθονησεν ημας *i* **12** και ευρων] και μη δυναμενος αυτος διελθειν προς ημας ευρον *qz* • φρονιμωτατον οντα] και ην ο οφις φρονιμωτερος *qz* • υπερ παντα τα θηρια] παντων των ζωντων επι της γης *qz* **12-13** προσελθων] και προσελθων *qz* **13** αυτω] αυτοις *qz* • φρονιμον οντα] φρονιμωτερον *qz*; φρονιμωτατον οντα *h* • παντα τα θηρια] παντων των θηριων *qz* **14** πραγμα] μυστηριον *h* • παντος οιας] παντας ποιας *qz* **15** του] om. *h* • και δευρο] ουν και δευρο *qz*; δευρο και *n*; και δευρο και *h* **16** αυτον] αυτους *z* • εκ] om. *ni q* • ως και ημεις εξεβληθημεν δι αυτου] om. *qz*

8-16 πλασας—αυτου revision
τεκνια μου πλασας ημας ο φιλανθρωπος και ελεημων θεος εθετο ημας εν τω παραδεισω δεσποζειν και απολαβειν παντων οσων φυτων και καλων ων ην εν τω παραδεισω πλην ενα τον φυτον εκαλεσεν ος ην εν μεσω του παραδεισου απεχεσθαι απ αυτου ο ουν διαβολος ιδων ης ετυχομεν ζωης παρ αυτου του πλασαντος ημας θεου εφθονησεν ημιν και ευρων τον οφιν φρονιμωτατον υπερ παντων των θηριων λεγει αυτω βουλομαι σοι μυστηριον ειπειν μεγα σημερον 〚ο δε οφις ειπεν ο οφις λεγει〛 βλεπεις οιας τιμης ετυχεν παρα του θεου ο ανθρωπος βλεπεις καλλος και θεαν αμετρον ην ο θεος εχαρισατο επακουσον μου και δευρο ποιησωμεν αυτον εκβληθηναι εκ του παραδεισου ω<ς> και ημεις μεσον αυτου του παραδεισου εβαδιζαμεν και εκλαμπροτεροι του ηλιου και της σεληνης εσομεθα δευθ ορα εξεπεσαμεν και εξεβληθημεν δευρο ουν ποιησωμεν αυτον εκβληθηναι ως και ημεις εξεβληθημεν *e*

APPENDIX TWO

ADDITION OF 29:7-13
rm (Arm Geo Lat Slav)

₇ εγενετο δε ημας πενθησαι ημερας επτα μετα δε τας επτα ημερας επεινασαμεν και ειπον τω αδαμ αναστα και φροντισον ημιν βρωματα ινα φαγωμεν και ζησωμεν ινα μη αποθανωμεν εγερθωμεν και κυκλωσωμεν την γην ει ουτως εισακουσει ημας ο θεος και ανεστημεν και διωδευσαμεν πασαν την γην εκεινην και ουχ ηυρομεν ₈ ειπεν πα-
5 λιν η ευα τω αδαμ αναστα κυριε και αναλωσον με ινα αναπαυσωμαι απο προσωπου σου και απο προσωπου του θεου και απο των αγγελων οπως παυσονται οργιζεσθαι σοι δι εμου ₉ τοτε αποκριθεις ο αδαμ ειπεν τη ευα τι εμνησθης της κακιας ταυτης ινα φονον ποιησω και ενεγκω θανατον τη εμη πλευρα η πως *επενεγκω* χειρα τη εικονι *του* θεου ην επλασεν αλλα μετανοησωμεν ημερας τεσσαρακοντα οπως σπλαγχνι-
10 σθη ημιν ο θεος και δωσει ημιν τροφην κρεισσων των θηριων ₁₀ εγω μεν ποιησω ημερας τεσσαρακοντα ⟦και τεσσαρας⟧ συ δε νηστευσον τριακοντα και τεσσαρας οτι συ ουκ επλασθης τη ημερα τη εκτη εν η εποιησεν ο θεος την κτισιν αυτου αλλ αναστα και πορευου εις τον τιγριν ποταμον και λαβε τον λιθον τουτον και υποθες υπο των ποδων σου και στηθι ενδεδυμενη του υδατος εως του τραχηλου και μη εξελθη λογος
15 εκ του στοματος σου και προσευχομενη τω θεω αναξιοι γαρ εσμεν και τα χειλη ημων ουκ εισιν καθαρα αλλα *σιγουσα βεβαπτισμενη εν τω υδατι βοησον τω θεω εξ ολης της καρδιας σου* ₁₁ επορευθη δε αδαμ εις τον ιορδανην ποταμον και η θριξ της κεφαλης αυτου ηπλουτο και εκραξεν φωνη μεγαλη λεγων σοι λεγω τω υδατι του ιορδανου στηθι και ευχου ομου και παντα τα θηρια και παντα τα πετεινα και παντα τα
20 ερπετα εν τε γη και θαλασση και παντες οι αγγελοι και παντα τα ποιηματα του θεου εκυκλωσαν τον αδαμ ως τειχος κυκλω αυτου κλαιοντες και προσευχομενοι τω θεω υπερ του αδαμ οπως εισακουσεται αυτου ο θεος ₁₂ ο δε διαβολος μη ευρων εις τον αδαμ τοπον επορευθη εις τον τιγριν ποταμον προς την ευαν και λαβων σχημα αγγελικον και εστη ενωπιον αυτης κλαιων και τα δακρυα αυτου ερρεεν επι την γην και
25 επι την στολην αυτου και λεγει τη ευα ανελθε εκ του υδατος και παυσαι του κλαυθμου ηκουσεν γαρ ο θεος της δεησεως σου οτι και ημεις οι αγγελοι και παντα τα ποιηματα αυτου επαρακαλεσαμεν τον θεον υπερ υμων ₁₃ και ταυτα ειπων ηπατησεν ημας και εξεβην απο του υδατος

The readings of the versions are reported when they support the reading of either *r* or *m*, and thus contribute to the reconstruction of the common ancestor of *r* and *m*. Also, they are helpful in reconstructing that ancestor, when both *r* and *m* appear to be in the wrong. It should be noted that the versions are only used to reconstruct the text reflected jointly by *rm*, not the more primitive text as reflected by *rm* Arm Geo Lat Slav.

1 πενθησαι] πενθος μεγα *r* • ημερας] εως ημερας *r* • μετα δε τας] και μετα *r* • τω αδαμ] του αδαμ *r* **2** αναστα και φροντισον] αμα δε φερων *m*; "arise and seek" Arm Geo • ινα φαγωμεν και ζησωμεν] ινα φαγωμεν *r*; "that we may live" Arm; "that we may eat" Geo Lat **2-3** ινα μη] και μη *r* **3** κυκλωσωμεν] κλαυσωμεν επι *m* • εισακουση] υπακουση *m* • ημας] ημιν *r* **4** την γην εκεινην] την γην *m*; "the earth" Arm Geo; omnem terram illam Lat **4-5** ειπεν παλιν η ευα]

APPENDIX TWO 181

και αποκριθεις ειπον *m*; "Eve said" Arm Geo   **5**   τω αδαμ] om. *r*; "to Adam" Arm Geo • και αναλωσον με] επαναλευσομαι *r*; "kill me" Arm Geo Lat   **5-6**   απο προσωπου σου] απο σου *m*   **6**   και απο προσωπου του θεου] απο του θεου *r*; "from the sight of God" Arm; a facie domini dei Lat[Pr] • των αγγελων] των αγιων αγγελων *r*; "his angels" Geo Lat[PrMa] • οργιζεσθαι] του οργισθηναι *r*   **7**   δι εμου] om. *r*; "because of me" Arm Geo Lat • τοτε αποκριθεις ο αδαμ ειπεν τη ευα] τοτε αδαμ ειπεν μοι ω ευα *r*; "Adam replied and told her" Geo • τι] διατι *r* • κακιας] ενθυμησεως και κακιας *m*   **8**   φονον ποιησω] ποιησω φονον *m* • ενεγκω] add. σοι *r* • τη εμη πλευρα] τη εμαυτου πλευρα *r* • η πως] οπως *r*; "how" Arm Geo Lat • *επενεγκω*] ενεγκω *r*; εκτεινω *m*   **8-9**   εικονι *του* θεου] εικονι τη θεου *r*; εικονι *m*   **9**   ην επλασεν] ην εποιησεν ο θεος • μετανοησωμεν] μετανοησον *r*; "let us repent" Arm Geo Lat; add. και ποιησωμεν προσευχας και μετανοιας *m* • ημερας] επι ημερας *m*   **9-10**   οπως σπλαγχνισθη ημιν ο θεος και δωση ημιν τροφην κρεισσων των θηριων] om. *m*; "so that God may pity us and give us better food than that of the animals" Arm Geo   **10-11**   εγω μεν ποιησω ημερας τεσσαρακοντα [και τεσσαρας]] om. *m*; "I will do penitence for forty days" Arm Geo   **11**   συ δε νηστευσον τριακοντα και τεσσαρας] συ δε τεσσαρακοντα *r*; "thirty-four" Arm   **11-13**   οτι συ ουκ επλασθης τη ημερα τη εκτη εν η εποιησεν ο θεος την κτισιν αυτου αλλ αναστα και πορευου εις τον τιγριν ποταμον] om. *r*; "you were not created upon the sixth day, when God completed the creation of all creatures. Now, therefore, arise, go to the Tigris river" Arm Geo Lat[Ma]   **13**   τον λιθον τουτον] λιθον *m*; lapidem istum Lat[MaPr]   **13-14**   υποθες υπο των ποδων] θες υπο τας ποδας *m*   **14**   του υδατος] εν τω υδατι *m*   **15**   και προσευχομενη τω θεω] om. *r*; "while you pray" Geo; cf. Slav   **15-16**   αναξιοι γαρ εσμεν και τα χειλη ημων ουκ εισιν καθαρα] om. *m*; quia indigni sumus rogare dominum et labia nostra indigna sunt Lat   **16**   αλλα] και *m*   **16-17**   *σιγουσα βεβαπτισμενη εν τω υδατι βοησον τω θεω εξ ολης της καρδιας σου*] σιγουσα βοησον τω θεω ο θεος ιλασθητι μοι *r*; και τα χειλη σιγαν βεβαπτισμενη εν τω υδατι εξ ολης της καρδιας σου *m*; "stand silent there in the middle of the water for thirty-four days" Arm; "rather, be silent, only do penitence in the water for thirty-four days with all your heart" Geo; "I will call out to God with my whole heart" Slav   **17**   εις τον ιορδανην ποταμον] εν τω ιορδανη ποταμω *m*; "to the Jordan river" Arm Lat Slav; "in the Jordan river" Geo. Addition: τον εξερχομενον εκ του τιγρη *r*   **17-18**   και η θριξ της κεφαλης αυτου ηπλουτο] om. *m*; "and the hair of his head was spread out" Geo. Addition: ευχομενω εν τω υδατι *r*   **18**   τω υδατι] το υδωρ *m*   **18-19**   του ιορδανου] add. ποταμου *r*   **19**   και ευχου ομου] om. *r* • και παντα τα θηρια] om. *m*. παντα τα ερπετα] τα ερπετα παντα *m*   **20**   εν τε γη και θαλασση] η γη και η θαλασσα *m*   **21**   τω θεω] του θεου *m*   **22**   εισακουσεται αυτου] εισακουσεται αυτον *m*   **22-23**   εις τον αδαμ τοπον] τοπον εις τον αδαμ *m*   **23**   προς] εις *r*. και λαβων] λαβων *m*   **23-24**   σχημα αγγελικον] σχηματι αγγελου *m*   **24**   και εστη ενωπιον αυτης κλαιων] εστη κλαιων *r*   **24-25**   και επι την στολην αυτου] εκ του πληθους *r*; "on her attire" Arm; "on his garment" Geo   **25**   και λεγει] και λεγει και εφαινετο αυτη ως αγγελος *r* • τη ευα] μοι *m*. ανελθε] εξελθε επι την γην *r*   **25-26**   του κλαυθμου] om. *m* Arm; "your tribulations" Geo; de tristitia Lat[Ma]   **26**   ηκουσεν γαρ] οτι ηκουσεν *m* • ο θεος] κυριος *m* • οτι και] διοτι *r*   **26-27**   παντα τα ποιηματα αυτου] τα ποιηματα *r*   **27**   επαρακαλεσαμεν] παρακαλουμεν *r* • υπερ υμων] περι της δεησεως υμων *m* • και ταυτα ειπων] οπως *m*   **27-28**   ηπατησεν ημας] δευτερον ηπατησεν ημας *r*; εξηπατησεν μοι *m*   **28**   και εξεβην απο του υδατος] om. *r*

BIBLIOGRAPHY AND INDICES

BIBLIOGRAPHY

G.A. Anderson and M.E. Stone, *A Synopsis of the Books of Adam and Eve* (Early Judaism and its Literature 17), second revised edition, Atlanta 1999

B. Bayer, רשימת סקר של כתבי היד בספרייה מנזר סט. קתרינה סיני, Jerusalem 1968

V. Beneševič, *Catalogus codicum manuscriptorum graecorum qui in monasterio Sanctae Catharinae in Monte Sina asservantur* III, 1, Petersburg 1917

D.A. Bertrand, *La Vie grecque d'Adam et Eve* (Recherches intertestamentaires 1), Paris 1987

F.W. Blaß, A. Debrunner and F. Rehkopf, *Grammatik des neutestamentlichen Griechisch*, Göttingen [15]1979

A.M. Ceriani, "Apocalypsis Moysi in medio mutila," in: *idem, Monumenta sacra et profana ex codicibus praesertim bibliothecae ambrosianae* V, Milan 1868, pp. 19-24

F.C. Conybeare, "On the Apocalypse of Moses," *Jewish Quarterly Review* 7 (1894), pp. 216-235)

J. Darrouze, "Manuscrits originaires de Chypre à la Bibliothèque nationale de Paris," *Revue des Etudes Byzantines* 8 (1950), pp. 162-196

H. Delehaye, "Catalogus codicum hagiographicorum graecorum bibliothecae D. Marci Venetiarum," *Analecta Bollandiana* 24 (1905), pp. 169-256

A.-M. Denis, *Concordance grecque des pseudépigraphes d'Ancien Testament*, Louvain-la-Neuve 1987

P. Devreesse, *Le fonds grec de la bibliothèque Vaticane des origines à Paul V* (Studi e testi 244), Vatican City 1965

A. Ehrhard, *Überlieferung und Bestand der hagiographischen und homiletischen Literatur der griechischen Kirche von den Anfängen bis zum Ende des 16. Jahrhunderts. Erster Teil: Die Überlieferung* I-III, Leipzig/Berlin 1937-1952

M.D. Eldridge, *Dying Adam with his Multiethnic Family. Understanding the Greek Life of Adam and Eve* (Studia in Veteris Testamenti pseudepigrapha 16), Leiden 2001

S. Eustratiades and Arcadios, *Catalogue of Greek Manuscripts in the Library of the Monastery of Vatopedi on Mt. Athos* (Harvard Theological Studies 11), Cambridge 1924

P. Franchi de' Cavalieri, *Catalogus codicum hagiographicorum graecorum bibliothecae vaticanae*, Brussels 1899

C. Fuchs, "Das Leben Adams und Evas," in: E. Kautzsch (ed.), *Die Apokryphen und Pseudepigraphen des Alten Testaments* II, Tübingen 1900, pp. 506-528

J. Fürst, "Aus dem Buche Adams," *Literaturblatt des Orienst* 11 (1850), cols. 705-709, 732-736

V. Gardthausen, *Catalogus codicum graecorum sinaiticorum*, Oxford 1886

H. Gerstinger, "Johannes Sambucus als Handschriftensammler," in J. Bick (ed.), *Festschrift der Nationalbibliothek in Wien, herausgegeben zur Feier des 200jährigen Bestehens des Gebäudes*, Vienna 1926, pp. 251-400

F.T. Gignac, *A Grammar of the Greek Papyri of the Roman and Byzantine Periods* I-II (Testi e documenti per lo studio dell'antichità 55), Milan 1976-1981

B.A. van Groningen, *Greek Palaeography*, Leiden [4]1967

F. Halkin, *Bibliotheca hagiographica graeca* (Subsidia hagiographica 8), Brussels [3]1957

—, *Manuscrits grecs de Paris. Inventaire hagiographique* (Subsidia hagiographica 44), Brussels 1968

—, *Auctarium Bibliothecae hagiographicae graecae* (Subsidia hagiographica 47), Brussels 1969

—, *Catalogue des manuscrits hagiographiques de la Bibliothèque nationale d'Athènes* (Subsidia hagiographica 66), Brussels 1983

J.L.A. Humbert, *Syntaxe grecque* (Collection de philologie classique 2), Paris 1945, ³1960

H. Hunger, *Katalog der griechischen Handschriften der österreichischen Nationalbibliothek* I, Vienna 1961

J. Issaverdens, *The Uncanonical Writings of the Old Testament found in the Armenian Mss. of the Library of St. Lazarus*, Venice 1901

V. Jagić, "Slavische Beiträge zu den biblischen Apocryphen. I. Die altkirchenslavischen Texte des Adambuches," *Denkschriften der kaiserlichen Akademie der Wissenschaften, Philologisch-historische Classe* 42.1, Vienna 1893, pp. 1-104

M.R. James, *The Testament of Abraham* (Texts and Studies 2), Cambridge 1892

A.N. Jannaris, *An Historical Greek Grammar Chiefly of the Attic Dialect, as Written and Spoken from Classical Antiquity down do the Present Time*, London 1897

M.D. Johnson, "Life of Adam and Eve," in: J.H. Charlesworth (ed.), *The Old Testament Pseudepigrapha* II, London 1985, pp. 249-295

M. de Jonge and J. Tromp, *The Life of Adam and Eve and Related Literature* (Guides to Apocrypha and Pseudepigrapha 4), Sheffield 1997

M. Kamil, *Catalogue of All Manuscripts in the Monastery of St. Catharine on Mount Sinai*, Wiesbaden 1970

T. Knittel, *Das griechische 'Leben Adams und Evas.' Studien zu einer narrativen Anthropologie im frühen Judentum* (Texts and Studies in Ancient Judaism 88), Tübingen 2002

Cʻ. Kʻurcʻikidze, "Adamis apokripʻuli cʻxovrebis kʻartʻuli versia," *Pʻilologiuri dziebani* 1 (1964), pp. 97-136

P. Lambeck and A.F. Kollar, *Commentarii de augustissima bibliotheca caesarea vindobonensis* V, Vienna ²1778; VIII, Vienna ²1782

S.P. Lambros, *Catalogue of the Greek Manuscripts on Mount Athos*, Cambridge 1895

—, Κατάλογος τῶν ἐν τῇ κατὰ τὴν "Ανδρον μονῇ τῆς 'Αγίας κωδίκων, Athens 1898

J.R. Levison, "The Exoneration and Denigration of Eve in the *Greek Life of Adam and* Eve," in: G.A. Anderson *et al.*, *Literature on Adam and Eve. Collected Essays* (Studia in Veteris Testamenti pseudepigrapha 15), Leiden 2000, pp. 251-275

—, *Texts in Transition. The Greek* Life of Adam and Eve (Early Judaism and its Literature 16), Atlanta 2000

G. Libri and C.-B. Hase, "Manuscrits de la bibliothèque de l'École de Médecine de Montpellier," in: *Catalogue général des manuscrits des bibliothèques publiques des départements* I, Paris 1849, pp. 279-477

H. Lloyd-Jones (ed., trans.), *Sophocles. Antigone. The Women of Trachis. Philoctetes. Oedipus at Colonus*, Cambridge (Ma.)/London 1994

P. Maas, *Textkritik*, Leipzig ⁴1960

P.A. Maccioni Ruju and M. Mostert, *The Life and Times of Guglielmo Libri (1802-1869): Scientist, Patriot, Scholar, Journalist and Thief. A Nineteenth-Century Story*, Hilversum 1995

J.-P. Mahé, "Le livre d'Adam géorgien," in: R. van den Broek and M.J. Vermaseren (eds.), *Studies in Gnosticism and Hellenistic Religions* (Festschrift G. Quispel; Etudes préliminaires aux religions orientales dans l'empire romain 91), Leiden 1981, pp. 227-260

B.G. Mandilaras, *The Verb in the Greek Non-Literary Papyri*, Athens 1973

E. Martini, *Catalogo di manoscritti greci esistenti nelle biblioteche italiane* I, 2, Milano 1896

— and D. Bassi, *Catalogus codicum graecorum bibliothecae ambrosianae* II, Milan 1906

G. Mercati, *Per la storia dei manoscritti greci di Genova, di varie badie basiliane d'Italia e di Patmo* (Studi e testi 68), Vatican City 1935

O. Merk and M. Meiser, "Das Leben Adams und Evas," in: H. Lichtenberger *et al.* (eds.), *Jüdische Schriften aus hellenistisch-römischer Zeit* II, Gütersloh 1998, pp. 739-870

BIBLIOGRAPHY

W. Meyer, "Vitae Adae et Evae," *Abhandlungen der königlichen bayerischen Akademie der Wissenschaften, philos.-philol. Classe* 14, 3 (1878), pp. 185-250

E. Mioni, *Bibliothecae divi Marci Venetiarum codices graeci manuscripti* I, 1, Rome 1967

P. Moraux, *Catalogue des manuscrits grecs (Fonds du Syllogos)* (Türk Tarih Kurumu yayınlarından XII, 4), Ankara 1964

C.F.D. Moule, *An Idiom-Book of New Testament Greek*, Cambridge ²1968

J.H. Moulton, W.F. Howard, and N. Turner, *A Grammar of New Testament Greek* I-IV, Edinburgh ³1908-¹1976

J.H. Mozley, "The 'Vita Adae'," *Journal of Theological Studies* 30 (1929), pp. 121-149

G. Mussies, *The Morphology of Koine-Greek, as used in the Apocalypse of St. John. A Study in Bi-Lingualism* (Supplements to Novum Testamentum 27), Leiden 1971

M. Nagel, *La Vie grecque d'Adam et d'Eve. Apocalypse de Moïse* I-III, Lille 1974

H. Omont, *Catalogue des manuscrits grecs des départements*, Paris 1886

—, *Inventaire sommaire des manuscrits grecs de la Bibliothèque nationale et des autres Bibliothèques de Paris et des Départements* I, Paris 1886; III, Paris 1888

—, *Catalogus codicum hagiographicorum graecorum bibliothecae nationalis parisiensis*, Brussels/Paris 1896

L.R. Palmer, *A Grammar of the Post-Ptolemaic Papyri* I, 1, London 1946

A. Papadopoulos-Kerameus, Ἱεροσολυμιτικὴ βιβλιοθήκη ἤτοι Κατάλογος τῶν ἐν ταῖς βιβλιοθήκαις τοῦ ἁγιωτάτου ἀποστολικοῦ τε καὶ καθολικοῦ ὀρθοδόξου πατριαρχικοῦ θρόνου τῶν Ἱεροσολύμων καὶ πάσης Παλαιστίνης ἀποκειμένων ἑλληνικῶν κωδίκων I-V, Petersburg 1891-1915

J.-P. Pettorelli, "La Vie latine d'Adam et Eve," *Archivum latinitatis medii aevi* 56 (1998), pp. 18-104

—, "La Vie latine d'Adam et Ève, analyse de la tradition manuscrite," *Apocrypha* 10 (1999), pp. 195-296

—, "Vie latine d'Adam et Eve. La recension de Paris, BNF, lat. 3832," *Archivum latinitatis medii aevi* 57 (1999), pp. 5-52

—, "Vie latine d'Adam et Ève. Familles rhénanes (Première partie)," *Archivum latinitatis medii aevi* 59 (2001), pp. 5-73

E. Preuschen, *Die apokryphen gnostischen Adamschriften aus dem Armenischen übersetzt und untersucht*, Giessen 1900 (separate publication, offprinted from *Festgruss Bernhard Stade*, Giessen 1900)

S.B. Psaltes, *Grammatik der byzantinischen Chronik* (Forschungen zur griechischen und lateinischen Grammatik 2), Göttingen 1913

L. Radermacher, *Neutestamentliche Grammatik: das Griechisch des Neuen Testaments im Zusammenhang mit der Volkssprache* (Handbuch zum Neuen Testament 1), Tübingen ²1925

A. Rahlfs, *Verzeichnis der griechischen Handschriften des Alten Testaments* (Nachrichten von der königlichen Gesellschaft der Wissenschaften zu Göttingen, Phil-hist. Klasse. Beiheft), Berlin 1914

A.T. Robertson, *A Grammar of the Greek New Testament in the Light of Historical Research*, Nashville 1934

I. Sakkelion, Πατμιακὴ βιβλιοθήκη, ἤτοι ἀναγραφὴ τῶν ἐν τῷ βιβλιοθήκῃ τῆς κατὰ τὴν νῆσον Πάτμον γεραρᾶς καὶ βασιλικῆς μονῆς τοῦ ἁγίου ἀποστόλου καὶ εὐαγγελίστου Ἰωάννου τοῦ Θεολόγου τεθησαυρισμένων χειρογράφων τευχῶν, Athens 1890

— and A.I. Sakkelion, Κατάλογος τῶν χειρογράφων τῆς ἐθνικῆς βιβλιοθήκης τῆς Ἑλλάδος, Athens 1892

D. M. Sarros, "Κατάλογος τῶν χειρογράφων τοῦ ἐν Κωνσταντινουπόλει Ἑλληνικοῦ Φιλολογικοῦ Σολλόγου," Ἐπετηρὶς Ἑταιρείας Βυζαντινῶν Σπουδῶν 8 (1931), pp. 157-199

E. Schwyzer, *Griechische Grammatik* (Handbuch der Altertumswissenschaft II, 1, 1-4), München 1939-1971

J.L. Sharpe, *Prolegomena to the Establishment of the Critical Text of the Greek Apocalypse of Moses* I-II, unpublished Ph.D.-dissertation, Duke University, 1969

E.A. Sophocles, *Greek Lexicon of the Roman and Byzantine Periods (from B.C. 146 to A.D. 1100)*, New York ²1887

M.E. Stone (ed.), *The Penitence of Adam* I-II (Corpus scriptorum christianorum orientalium 429-430), Louvain 1981

—, *A History of the Literature of Adam and Eve* (Early Judaism and its Literature 3), Atlanta 1992

A. Thumb and J.E. Kalitsunakis, *Grammatik der Neugriechischen Volkssprache*, Berlin and Leipzig ²1928

C. Tischendorf, review of F. Lücke, *Versuch einer vollständigen Einleitung in die Offenbarung des Johannes und die apokalyptische Litteratur überhaupt* (1848), *Theologische Studien und Kritiken* 9 (1851), pp. 419-456

—, *Apocalypses apocryphae Mosis, Esdrae, Pauli, Iohannis, item Mariae dormitio*, Leipzig 1866

J. Tromp, "Introduction," in: G.A. Anderson *et al.*, *Literature on Adam and Eve. Collected Essays* (Studia in Veteris Testamenti pseudepigrapha 15), Leiden 2000, pp. 235-237

—, "Cain and Abel in the Greek and Armenian/Georgian Recensions of the *Life of Adam and Eve*," in: G.A. Anderson *et al.*, *Literature on Adam and Eve. Collected Essays* (Studia in Veteris Testamenti pseudepigrapha 15), Leiden 2000, pp. 277-296

—, "The Textual History of the *Life of Adam and Eve* in the Light of a Newly Discovered Latin Text-Form," *Journal for the Study of Judaism* 33 (2002), pp. 28-41

—, "Zur Edition apokrypher Texte: Am Beispiel des griechischen *Lebens Adams und Evas*," in: W. Weren and D.-A. Koch (eds.), *Recent Developments in Textual Criticism: New Testament, Other Early Christian and Jewish Literature. Papers read at a NOSTER Conference in Münster, January 4-6, 2001*, Assen 2003, pp. 189-205

—, review of T. Knittel, *Das griechische 'Leben Adams und Evas,'* *Journal for the Study of Judaism* 34 (2003), pp. 335-338

—, "The Role of Omissions in the History of the Literary Development of the Greek *Life of Adam and Eve*," *Apocrypha* 14 (2003), pp. 257-275

—, "The Story of our Lives: The *qz*-Text of the *Life of Adam and Eve*, the Apostle Paul, and the Jewish-Christian Oral Tradition concerning Adam and Eve," *New Testament Studies* 50 (2004), pp. 205-223

C. Van de Vorst and H. Delehaye, *Catalogus codicum hagiographicorum graecorum Germaniae Belgii Angliae* (Subsidia hagiographica 13), Brussels 1913

A. Vassiliev, *Anecdota graeco-byzantina*, Moscow 1893

L.S.A. Wells, "The Books of Adam and Eve," in: R.H. Charles, *The Apocrypha and Pseudepigrapha of the Old Testament in English* II, Oxford 1913, pp. 123-154

C. Welz, *Descriptio codicum graecorum* (Katalog der kaiserlichen Universitäts- und Landesbibliothek in Strassburg 2), Strasbourg 1913

E. Wickersheimer, *Catalogue général des manuscrits des bibliothèques publiques de France. Départements* XLVII. *Strasbourg*, Paris 1923

S. Yovsēp'ianc', *Ankanon Girk' Hin Ktakaranac'*, Venice 1898

INDEX TO CHAPTER THREE: GRAMMATICAL NOTES
I. SUBJECTS

References are to section numbers.

accents *1*
accusative: third declension forms *33*; competing with other oblique cases *62*
adjective *36*
adverb *41*
agma *21-22, 31*
anacolouthon *78*
aorist: stem *20, 50*; athematic conjugation *46*; confusion of conjugation *48-49*; use *70*
article *58*
augment *43-44*
breathing marks *1*
casus pendens *78*
conjugation: change *46-47*
consonant clusters: anaptyxis *28*; elision *27, 30*; epenthesis *29*; nasalization *24-25, 31*
consonants: θ = τ *23*; final ν *15-18*; metathesis of ρ *26*; υ = β *12*; υ = φ *13*
contract verbs *48*
dative: forms *32, 33, 64*; use, and competition with accusative and genitive *64*
elision in hiatus *11*
future tense: Attic *54*; periphrastic *55*
gemination *19, 31*
gender *34*
genitive: third declension forms *33*; use: *63*; competing with other oblique cases *62*; competing with prepositional phrases *63, 65*; genitivus absolutus *79*
Hebraisms *35, 63*
historical tenses *55, 70*
imperative *72*
imperfect tense: conjugation *49*; use *70*

incongruencies *59-61*
infinitive: forms *47*; subject complement *76*
itacism: αι = ε *4*; ει = η = ι = οι = υ *5-6*
metaplasm *33*
Middle and New Greek *33, 39, 42, 57*
middle voice *69*
nasalization *24-25, 31*
nominative: in longer sentences *60*; casus pendens *78*; in parenthesis *78*
numerals *37*
paleographical errors: υ and ε *8*; υ and α *8*; φ and β *12*
participle: with augment *43*; conjugation *49*; declension *56-57*; use *77, 79*
periphrastic tenses *55*
prepositions *65-67*
present tense: stem *20, 52*; athematic conjugation *46*; confusion of conjugation *49*; thematic conjugation *51*; use *70*
pronouns: personal *68*; possessive *38, 39*; reflexive *40*
punctuation *1*
quantity distinction: ο—ω *9*
reduplication *45*
separation of words *1*
spiritus *1*
subjunctive in main clauses *71*
subordination: conjunctions *73-75*; without conjunction *78*
suppletive tenses *53*
vocative *32*
vowels: changes: α—ε *3*; ε—η *7*; ω—ου *10*; vowels with consonant value *12-14*
word-formation *33, 42, 52*

INDEX TO CHAPTER THREE: GRAMMATICAL NOTES
II. SELECTED PASSAGES

References are to section numbers.

inscr.	60	19:3	34, 63	29:6	26		
1:2	37	20:1	17, 42	30:1	26		
2:3	42	20:5	42	31:1	39		
3:2	63	21:1	33, 48	31:2	55		
3:3	63	21:3	47, 74	31:3	49, 51, 54, 72		
4:2	35, 35, 46	21:4	51	32:3	44		
5:2	23	21:5	6, 39, 79	33:2	17, 34		
5:3	34, 45	21:6	39	33:4	24, 34, 48, 65		
7:1	34, 38	22:1	57, 60	33:5	48		
7:2	60	22:2	54, 65	35:2	57, 60		
8:1	42, 44, 46, 51, 52, 79	23:1	34, 64	35:4	63		
		23:2	48	36:3	46		
8:2	33, 34	23:3	52	37:1	16		
9:2	33bis, 34	23:4	31	37:3	35, 49		
9:3	34bis	24:2	33	37:5	55		
10:1	34, 59	25:2	74	37:6	63		
10:3	6, 51	25:3	53, 63, 71	38:1	65		
11:1	42	25:4	54, 56, 71, 78	38:4	25, 45		
11:2	6, 51	26:1	28, 31, 75	40:1	34		
13:1	4, 11, 63	26:2	33	40:2	4, 33, 49		
13:6	55	26:4	34	40:7	46		
14:3	49	27:1	79	41:1	44		
15:2	34, 49, 78	27:2	24, 44	42:1	33, 37		
16:1	5, 55	28:1	46	42:3	79		
16:5	51	28:3	35, 42, 60	42:5	34, 49		
17:1	33	28:4	34, 42, 77	42:6	36		
17:2	44, 56	29:1	49, 79	42:7	57		
18:1	47	29:2	78	42:8	23		
18:3	5, 74	29:3	39, 47	43:1	44		
19:1	46	29:4	47	43:2	34		
19:2	28, 44, 53, 63	29:5	33, 47				

INDEX TO CHAPTER FOUR:
THE HISTORY OF TRANSMISSION

References are to section numbers.

1:1	*14*	15-30	*53*	28:3	*4*
1:2	*1*	15:1	*5, 19*	28:4	*8*
1:3	*28, 38*	15:2	*5, 10, 23,*	29:4	*7*
2:1	*23, 29, 42*		*34, 46*	29:6	*11, 34, 46, 51*
2:2	*14, 28*	15:3	*5, 6, 41*	31:1	*4, 7, 25, 53*
2:4	*28, 38*	16:1-2	*16*	31:2	*32*
3:2	*3, 16, 23,*	16:1	*6*	31:3	*10, 11*
	28, 42, 49	16:2-3	*31*	31:4	*18*
3:3	*1, 10, 31*	16:2	*24, 43*	32:2	*41*
4:2	*3, 20, 49*	16:3-17:1	*40*	32:3	*20*
5:1	*8, 35*	16:3	*5*	32:4	*12, 20*
5:2	*8, 29*	17:1-2	*49*	33:1-38:1	*51*
5:3	*11, 21, 48*	17:1	*1, 5, 24, 27, 38*	33:1-2	*42*
5:4-5	*51*	17:2	*4*	33:1	*29*
6:2	*28*	17:3	*23*	33:2	*29*
6:3	*33*	17:4-5	*37*	33:4	*20, 32*
7:1	*1, 15, 16, 28*	17:5	*1*	34:2	*32*
7:2	*8, 16, 17,*	18:1	*4, 34, 44*	35:2	*10, 15*
	20, 31, 39	18:3	*8*	36:2	*8*
8:1	*1, 3, 13, 24, 49*	18:5	*8, 31*	36:3	*36*
8:2	*1, 31*	19:1	*42, 43*	37:3	*42*
9:1	*3*	19:2	*23, 52*	38:1	*1*
9:2	*27*	19:3	*52*	38:2	*1*
9:3	*1, 11, 45*	20:4	*4, 9, 27*	38:3	*1, 4, 18*
10:3	*21, 37, 42, 43*	21:1	*21, 33, 43, 52*	38:4	*1*
11:2	*11, 22*	21:6	*10*	39:3	*29*
12:1-2	*40*	22:3	*8, 25, 27*	40:1-2	*1*
12:1	*11, 21*	24:1	*25*	40:2	*41*
12:2	*37*	25-26	*30*	40:6	*1*
12:3	*51*	25:1	*24, 29, 42*	40:7	*12*
13:1	*50*	25:4	*25*	41:1	*41*
13:3b-5	*49*	26:1	*4, 24*	42:1	*4*
13:3	*2*	26:3	*13*	42:5-6	*47*
13:6	*19, 21, 23, 53*	26:4	*8, 24*	42:5	*3, 26*
14:1	*10*	27:3	*23, 25*	42:7-8	*52*
14:2	*27*	27:4	*21*	42:8	*4*
14:3-17:2	*4*	27:5	*8*	43:1	*24*
14:3-16:3	*29*	28:1	*51*	43:3	*51*
14:3	*3, 4*	28:2	*47*		

INDEX OF WORDS
OCCURRING IN THE MAIN TEXT

Not listed are the article; personal pronouns; δέ; καί; λέγειν. Verbs ending in -νύναι are listed as such, even if it is quite possible that a number of them had already changed into verbs ending in -νύειν.

Ἄβελ 1:3; ⟦2:2⟧; <2:2>; 3:1, 3; 4:2; 40:3, 6; 43:1
ἀγαθός 18:3; 30:1
ἀγγελικός 37:6
ἄγγελος 6:2; 7:2 (twice); 9:3; 13:1; 14:1; 17:1 (three times), 2; 22:1, 3; 27:1, 2, 4, 5; 29:1, 2 (twice), 3, 4, 6; 31:3; 32:2, 3; 33:2, 4, 5; 35:2; 37:1 (twice), 3, 6; 38:2 (twice), 3; 40:2, 5, 7; 42:2; 43:1, 3, 4
ἄγειν 37:3; 40:7
ἅγιος 7:2; 33:5 (twice); 35:2; 43:4 (three times)
ἀγνοεῖν 18:1
Ἀδάμ inscr.; 1:1, 2; 2:1 (twice), 4; 3:2, 3; 4:1, 2; 5:1 (twice), 4; 6:3; 7:1; 8:1; 9:1, 2, 3; 13:2; 14:1, 2, 3; 15:3; 16:3; 21:1 (twice), 3; 22:2, 3; 23:1 (twice), 4; 24:1; 27:2, 3, 4; 28:1, 2, 3; 29:2, 4, 5; 31:1, 2, 3; 32:4; 33:3; 34:2; 36:1; 37:2, 3, 4, 6 (twice); 38:1 (twice), 3, ⟦4⟧; 39:1 (⟦twice⟧); 40:2 (twice), 3, 5, 6 (twice); 41:1 (three times); 42:3 (three times), 4, 5; 43:1
ἀδελφός 2:2; 3:1; 40:4
⟦ἀδιάφωτος 1:3⟧
ἀετός 33:2
ἀθάνατος 28:3, 4
αἰδεῖσθαι 23:2
Αἰθίοψ 35:4
αἷμα 2:2
αἴρειν 29:3; 37:4, 5, 6; 40:5, 6 (twice); 42:5; 43:1

αἰσχύνη 20:4
αἰών 28:3, 4
αἰώνιος 29:4
ἄκανθα 24:2
ἀκαταστασία 24:3
ἀκήδευτος 40:4
ἀκίνδυνος 23:4
ἀκοή 8:2
ἀκολουθεῖν 18:5
ἀκούειν 2:3; 15:1; 16:2; 22:1, 2 (twice); 24:1; 39:3
ἀλείφειν 9:3; 13:2
ἀλλά 2:3 (twice); 3:2; 6:3; 11:1; 17:4; 23:2; 28:4; 31:3, 4; 36:3; 42:6
ἀλληλουϊά, 43:4
ἀλλήλων 2:1; 42:6
ἄλλος 31:1; 38:2; 40:3
ἅμα 18:3; 21:3, 4
ἁμαρτάνειν 10:2; 27:2; 32:2 (nine times)
ἁμάρτημα, 27:4
ἁμαρτία ⟦19:3⟧; 25:3; 32:2
ἁμαρτωλός 42:6
ἀμήν doxol.
⟦†αμιλαβες† 1:3; 2:2⟧
ἀμφότερος 3:1; 31:3; 42:6
ἄν 26:1; 31:3; 39:1
ἀνά 26:4 (twice); 33:3
ἀναβαίνειν 7:2
ἀναβλέπειν 35:2; 42:8
ἀναγγέλλειν 3:2; 6:2; 14:3; 15:1; 31:2
ἀνάγκη 25:2
ἀνάξιος 42:6
ἀναπαύειν 9:3

ἀναπηδᾶν 40:4
ἀνάστασις 10:2; 28:4; 41:2 (twice); 43:2
ἀναστενάζειν 9:1; 42:8
ἀνατέλλειν 24:2
ἀνατολή 1:2
ἀναφέρειν 29:3; 32:4
ἀνελεημόνως 2:2
ἄνεμος 38:3 (twice)
ἀνέρχεσθαι 1:2; 17:1; 43:4
ἀνήρ 19:1, 2; 25:4; 32:4; 42:4
ἄνθρωπος 13:2; ⟦38:4⟧; 41:2; 43:2
ἀνθρωπότης 32:3
ἀνιστάναι 2:4; 9:2, 3; 16:1, 2, 3; 21:1; 28:4; 31:4; 32:1, 3, 4 (twice); 33:1; 34:2; 35:1; 37:1; 41:2
ἄνοδος 13:6
ἀνοίγειν 10:3; 11:2; 18:3; 19:1; 20:1; 21:3, 5; 35:2
ἀντί 3:2; 4:2
ἀξιοῦν 42:6
ἀόρατος 35:3
ἀπαλλοτριοῦν 20:2; 21:6; 42:5
ἀπαντᾶν 31:4; 32:4
ἀπάρχειν 11:2
ἅπας 20:4; 32:2; 42:3, 8
ἀπατᾶν 15:1; 23:5; 30:1; 39:2
ἀπέρχεσθαι 14:1; 40:1; 41:2
ἀπό 3:1; 6:2 (twice); 7:2; 8:1; 9:3; 11:2; 12:1, 2; 14:1; 15:2; 17:4, 5; 18:5; 19:3 (twice); 20:5; 21:2, 3 (twice); 24:2, 3 (twice); 28:1, 3 (twice), 4; 31:3; 32:4; 33:2; 36:3; 37:2; ⟦38:4⟧; 40:4 (three times), 5; 42:6; 43:3
ἀποδιδόναι 31:4
ἀποθνήσκειν 5:2; 7:1 (twice); 17:5; 28:4; 31:2, 3 (twice); 43:2
ἀποκαλύπτειν inscr.
ἀποκρίνειν 6:1; 17:4; 21:4; 23:2; 28:2; 29:3; 41:1
ἀποκτείνειν 4:2
ἀπολλύναι 25:2
ἀπολούειν 37:3
ἀποστέλλειν 6:2; 9:3; 13:1, 2; 40:7

ἀποστρέφειν 42:1
ἅπτειν 31:3
ἆρα 35:3
ἀρετή 42:5
ἅρμα 22:3; 33:2 (twice), 3 (twice)
ἁρπάζειν 37:3
ἀρσενικός 15:3
ἄρτον 24:2
ἀρχάγγελος inscr.; 3:2, 3; 13:2; 22:1, 2; 37:4; 38:1; 40:1, 2
ἄρχειν 21:3
ἀρχή 11:1; 39:2
ἀσάλευτος 32:2
ἀτενίζειν 33:2
ἀτμίς 33:4
ἄφαντος 20:3
ἀφιέναι 26:3; 28:1; 29:3, 6; 37:5, 6; 40:5
ἀφιστάναι 12:1, 2; 36:3
ἀφόρητος 25:1
ἀχάριστος 26:1
Ἀχερούσιος 37:3
βάλλειν 2:2
βασιλεύς 29:4
βιασμός 8:2
βοᾶν 5:2; 11:1; 21:1; 27:3; 33:5; 34:1; 37:1; 38:1
βούλεσθαι 28:4
βραδύνειν 31:3
βύσσινος 40:1
Γαβριήλ 40:2
γάρ 3:2; 5:3; 6:2; 18:1, 3; ⟦19:3⟧; 20:4; 21:3, 4; 28:3; 31:3, 4; 32:4; 42:3
γαστήρ 1:3; 4:1
γεννᾶν 1:3; 4:1, 2; 33:2; ⟦38:4⟧
γένος 14:2; 29:6; 41:2
γεύειν 24:2; 28:3
γῆ 5:3; 9:3; 19:3; 24:1; 27:5; 29:6; 32:1; 38:3; 40:4 (twice), 5, 7; 41:1, 2 (twice); 42:3; 43:3
γίνεσθαι 2:1, 4; 6:3; 9:2; 11:1; 13:3; 15:2; 16:5; 17:1; 20:3; 26:1; 28:4; 29:6; 32:2; 36:2; ⟦38:4⟧
γινώσκειν 4:1; 7:2; 18:3, 4; 19:2; 20:1; 21:4, 5; 42:3 (twice)

γλυκύτης 24:2
γυμνός 20:1; 23:2, 3
γύμνωσις 21:5
γυνή 1:2; 4:1; 21:6; 24:1
δεικνύναι 21:1
δεῖσθαι 9:3; 13:1; 29:3; 34:2
δέκα 1:2
δελεάζειν 26:3
δένδρον 9:3; 21:3
δεσπότης 8:1; 19:2; 23:2; 42:5
δεῦρο 16:3; 18:1, 5; 21:3
δεύτερος 8:2
δέχεσθαι inscr.; 42:8
δηλοῦν 3:2; 30:1
διά 7:1 (twice); 9:2 (twice); 11:2; 16:3 (twice), 5; 17:4; 25:4 (twice); 28:3; 31:2; 32:2; 35:1; 36:2, 3; 38:1
διάβολος 15:3; 16:1, 2, 5; 17:4; 21:3
διαθήκη 8:2
διατηρεῖν 7:2
διατροφή 29:5, 6
διδάσκειν inscr.; 43:1
διδόναι 3:2; 4:2; 7:1, 2, 3; 9:2, 3; 13:1; 15:3 (twice); 18:5; 19:1 (twice), 2, 3; 24:2; 28:2, 4; 29:4; 31:4; 43:3
διήγησις inscr.; 1:1
δίκαιος 27:5; 43:3
δικαιοσύνη 20:1
διοδεύειν 19:1
διότι 31:4
δόξα 4:2; 18:5; 20:2; 21:2, 6; 33:2; 37:2; doxol.
δοξάζειν 43:4
δύνασθαι 8:1; 11:2; 36:3; 40:4
δυνατός 33:2
δύο 1:2, 3; 34:1; 35:4; 40:6 (twice), 7
δύσις 15:2
ἐάν 27:2; 29:5
ἐάν 6:2; 10:2; 11:2; 19:1; 28:4
ἑαυτοῦ 28:4; 30:1
ἑβδομήκοντα 8:2
ἕβδομος 43:3
ἐγγίζειν 7:2
ἐγγύς 7:2

ἐγκαταλείπειν 8:2; 23:3; 30:1
εἰ 23:3; 39:1
εἰδέναι 3:2; 19:2; 31:4
εἶδος 17:1
εἰκών 10:3 (twice); 12:1, 2; 33:5; 35:2
εἶναι 2:4; 3:2; 5:3, 4, 5; 6:2; 7:2; 8:1; 9:1; 14:2; 15:3; 16:2; 17:2 (twice), 5; 18:3, 4; ⟦19:3 (twice)⟧; 20:1 (twice); 21:1, 3, 4; 22:4; 23:2, 3; 24:2; 25:1; 26:1; 27:4, 5; 28:1, 3, 4; 33:2, 5; 35:2, 3, 4; 36:1, 2; ⟦38:1⟧, 3; 40:4; 41:2; 42:4, 6; 43:1
εἷς 7:1; 16:5; 17:5; 25:2; 26:3; 31:1; 37:3
εἰς 1:2; 2:2; 5:2, 3; 9:3; 10:1, 2; 12:2; 14:1; 15:3; 19:1; 22:2 (twice), 3; 25:3; 28:3, 4; 29:5, 6; 31:3, 4; 32:2 (three times), 4; 33:1, 2; 35:3; 37:3, 5 (twice); ⟦38:4⟧; 39:1, 2 (four times), 3; 40:1, 5, 6 (twice), 7 (three times); 41:2; 42:2, 4, 8; 43:4; doxol.
εἰσακούειν 6:2; 29:3
εἰσβάλλειν 39:3
εἰσέρχεσθαι 19:1; 22:3; 42:6
εἴσω 13:6
ἐκ inscr.; 1:1; 2:2; 6:1; 7:1; 9:3 (twice); 11:1, 2; 16:3 (three times); 17:2, 3, 5; 18:4; 20:2, 3; 21:6; 25:2, 4; 26:1, 3; 27:1, 4; 28:2, 4 (twice); 29:1, 3, 4, 6; 31:1; 32:4; 34:1, 2; 38:3, ⟦4⟧; 40:2, 5; 41:1, 2; 42:5 (twice)
ἕκαστος 15:2; 38:2
ἐκβάλλειν 16:3 (twice); 26:3; 27:1, 4; 28:2; 29:1, 3
ἐκεῖ 1:2; 37:5
⟦ἐκεῖθεν 39:1⟧
ἐκεῖνος 20:3; 26:4; 37:5; 39:3; 40:5
ἐκλεκτός 32:2
ἐκτείνειν 37:4
ἐκχέειν 40:2
ἔλαιον 9:3; 13:1, 2; 40:2 (twice)
ἐλαύνειν 27:2, 3

ἐλέγχειν 11:2
ἐλεεῖν 27:2; 31:4; 37:2
ἔλεος 13:1
ἕλκειν 38:3
ἐμαυτοῦ 20:5
ἔμπροσθεν 19:1; 29:2
ἐμφυσᾶν 33:4
ἐν 1:3; 3:3; 4:1; 7:1; 8:1; 9:1, 2, 3;
    13:2; 14:2; 15:2 (twice); 17:1, 2;
    20:1, 4; 21:6; 22:2, 3; 24:2
    (twice), 3; 25:1 (twice), 2
    (⟦twice⟧), 4; 26:1, 3; 28:1, 4; 29:2;
    30:1; 31:1 (twice); 32:2; 33:4;
    38:2; 40:1, 5, 7; 41:2; 42:1, 3, 6,
    7; 43:3
ἐνακόσιοι 5:1
ἐναντίον 32:2
ἐνδύειν 20:1
ἕνεκα 24:1
ἐνισχύειν 10:3
ἐντέλλειν 7:1; 11:2; 17:5
ἐντολή 8:2; 10:2; 23:3; 24:1, 3; 25:1;
    39:1; 42:7
ἐνώπιον 34:1; 36:3; 37:3; 38:2
ἕξ 42:1, 3; 43:3
ἐξανθεῖν 22:3
ἐξαπατᾶν 16:5
ἐξαπτέρυγος 37:3
ἐξέρχεσθαι 1:1; 2:3; 13:6; 28:4; 29:3,
    6; 31:1; 32:1, 4; 40:4
ἐξομολογεῖσθαι 25:3
ἔξω 2:3; 32:1
ἐπαγγέλλειν 41:2
ἐπακούειν <16:2>; 21:3; 25:1
ἐπανιστάναι 24:3
ἐπάνω 39:3
ἐπεί 17:5
ἐπειδή 8:2; 11:1; 13:6; 15:3; 24:1;
    25:1; 26:1; 40:4; 42:3
ἔπειτα 7:3
ἐπέχειν 38:3
ἐπί 2:3; 6:2; 9:3 (twice); 13:2; 14:2;
    19:3 (twice); 22:3; 26:2; 27:5;
    29:6; 32:1; 33:4; 35:2, 4; 37:1, 4,
    6; 38:3; 39:1, 3; 40:2, 5; 42:3
    (twice); 43:3

ἐπιβαίνειν 22:3; 38:3
ἐπιβάλλειν 33:1
⟦ἐπιθυμία 19:3 (twice)⟧
ἐπικατάρατος 24:1; 26:1
⟦ἐπιλέγειν 2:2⟧
ἐπιλήθειν 31:4
ἐπιστρέφειν 25:3; 31:4; 39:2 (three
    times)
ἐπιτιθέναι 6:2; 9:3
ἐπιφέρειν 8:2; 14:2
ἑπτά 35:2; 40:7
ἐργάζεσθαι 24:2
ἔρχεσθαι 5:2; 8:1; 10:2; 14:1; 16:1,
    2; 19:3; 21:1, 2, 3; 22:2 (twice),
    3; 25:2; 32:3; 33:2, 3, 4; 34:2;
    35:1; 37:3; 38:3, ⟦4⟧; 42:3; 43:1
    (twice)
ἐσθίειν 6:1; 7:1, 2, 3; 11:2 (twice);
    16:3; 17:3, 4, 5 (twice); 18:1, 3,
    4; 19:1, 3 (twice); 21:3 (twice), 4,
    5; 24:2; 26:2 (twice); 28:2
ἔσω 19:1
ἕτερος 3:2; 29:6; 40:5
ἔτι 32:3; 42:3
ἔτος 1:2; 5:1
Εὕα inscr.; 1:1, 2, 3; 2:1 (twice); 3:3;
    4:2; 9:2, 3; 10:1 (twice), 2
    (twice); 11:1; 13:1; 14:1, 2
    (twice), 3; 15:1; 17:2; 31:2, 3;
    32:3, 4; 33:1; 34:1; 36:2; 37:1;
    42:3, 4; 43:1
εὐθέως 17:1
εὐθύτης 27:5
εὐλογεῖν inscr.; 37:2
εὑρίσκειν 3:1; 20:4; 23:1, 2
εὐφραίνειν 43:3 (twice)
εὔχεσθαι 13:2; 31:4; 32:3; 35:2;
    36:1; 42:8
εὐχή 42:4
εὐωδία 29:3, 4, 5; ⟦38:4⟧; 40:2, 7
ἔχειν 3:3; 4:1; 6:3; 28:4; 31:1, 2; 38:2
    (twice)
ἔχθρα 25:4; 26:4
ἐχθρός 2:4; 7:2; 15:1; 25:4; 28:4

ἕως 12:1; 26:1, 4; 31:3, 4; 37:5 (twice); 40:5 (twice); 42:1, 3; 43:2
ζῆν 5:1; 18:1; 31:2; 42:3
ζητεῖν 20:4; 31:4
ζιζάνιον 16:3
ζωή 13:6; 19:2; 22:5; 25:2; 26:2; 28:2, 4
ἤ 27:4; 31:2, 4 (twice); 33:2 (twice)
ἥλιος 36:1
ἡμέρα 10:2; 12:1; 13:6; 26:2, 4; 31:1; 37:5; 40:4; 42:1, 3; 43:2, 3 (twice)
ἥμισυ 9:2
θάνατος 14:2; 17:5; 31:2
θάπτειν 40:5, 7; 42:4; 43:1
θαυμάζειν 37:6
θεᾶσθαι 13:6
θέλειν 18:1; 29:2; 31:3; 40:4
θεός inscr.; 3:2, 3; 4:2; 7:1; 8:1; 9:3; 10:2, 3 (twice); 11:2; 12:1, 2; 13:1, 2 (twice); 15:2, 3; 17:1 (twice), 3, 5; 18:1, 2, 3, 4; 21:3 (twice), 4, 6; 22:2, 3 (twice), 4; 23:1, 3, 4; 24:1; 27:2; 29:3 (twice), 5; 31:4 (twice); 32:2; 33:5; 34:1; 35:3; 37:3, 6; 38:2, ⟦4⟧; 39:1; 40:1, 2 (twice), 3, 6 (twice), 7; 41:1; 42:1, 5, 8; 43:3; doxol.
θεράπων inscr.
θηλυκός 15:3
θηρίον 10:1, 3 (twice); 11:1 (twice); 12:1, 2; 15:3 (twice); 16:2; 24:3
θλίβειν 24:2, 3
θρόνος 19:2; 22:4; 32:2; 37:4; 39:2, 3
θυγάτηρ 5:1
θυμίαμα 29:4; 33:4
θυμιατήριον 33:4 (twice); 38:2
θυσία 4:2; 29:3
θυσιαστήριον 33:4
Ἰαήλ 29:4; 33:5
ἴδιος 31:4
ἰδού 4:2; 12:1; 22:2; 29:3; 32:3, 4; 33:4; 37:1, 3; 38:3; 41:1
ἱδρότης 24:2

ἱκεσία 13:2
ἵνα 6:2; 8:1; 28:2; 29:3, 5; 38:2; 39:3; 42:1, 4
ἰός 19:3
ἴσος 31:3
ἱστάναι 33:3
ἰσχύς 24:2
καθάπερ 17:1
καθεξῆς 8:2
καθῆσθαι 37:4; 39:3 (twice)
καθίζειν 39:2
καθώς 18:2
Κάϊν 1:3; 2:2; 3:1, 2; 4:2; 40:4 (twice)
καιρός 40:5
κακία 19:3; 26:3
κακός 27:4; 28:4
κάλαμος 29:6
καλεῖν ⟦1:3 (twice)⟧; 8:1; 14:3; 22:1; 23:1; 41:1
καλός 17:4; 21:4
καλύπτειν 20:4; 33:4
κάματος 9:2; 24:2; *25:1*
κάμνειν 13:2
καρδία 3:3; 26:1
καρπός 6:2; 18:5; 19:3 (twice); 21:3
κατά 2:2; 38:2, ⟦4⟧
κατάγειν 21:2; 39:1
κατακρίνειν 39:3
κατακυριεύειν 14:2
καταλείπειν 31:3
καταπαύειν 6:2; 43:3
καταπίνειν 2:3
καταρᾶσθαι 10:2
καταρρεῖν 20:4
κατεργάζειν 14:2; 21:6
κατέρχεσθαι 20:3
καῦμα 24:3
κεῖσθαι 14:1; 33:3; 35:2; 37:1, 4
κελεύειν 27:1; 29:1, 4, 5; 42:3
κεφαλή 6:2; 9:3; 26:4
κηδεύειν 40:2 (twice), 3 (twice), 6; 42:3 (twice); 43:1, 2
κιθάρα 38:2
κινάμωμον, 29:6
⟦κινεῖν 38:4⟧

κλάδος 19:3
κλαίειν 6:2; 9:2, 3; 10:2; 13:1; 20:2, 3; 29:2; 34:1; 35:1; 42:3, 4
κλαυθμός 11:1; 27:3
κλείειν 12:1
κλῆρος 15:2, 3; 22:3
κλίνειν 19:3
κοιλία 2:3; 26:1; 33:2
κοιμᾶν 2:1; 31:1; 42:3 (twice)
κοίμησις 42:3
κόπρος 6:2
κόσμος 37:5
κράτος 23:2
κρεμαννύναι 17:1
κρίμα 22:2
κρίνειν 22:2 (twice); 25:4; 27:4, 5
κρίσις 12:1; 26:4
κρόκος 29:6
κρύβειν 8:1 (twice); 22:2; 23:1 (twice), 2; 36:3; 40:4, 5
κτῆνος 26:1
κτίσις 32:2
κυριεύειν 24:3; 25:4
κύριος inscr.; 2:1, 2; 6:2; 7:2; 9:2; 16:4; 21:3; 22:2; 23:2; 25:1, 3 (twice); 27:3, 4, 5 (twice); 28:2, 3; 29:1, 4; 32:2; 37:2; 38:3; 41:1, 2; 42:2, 3, 5, 7; 43:4
λαγχάνειν 15:2
λαλεῖν 16:1, 5; 21:3; 23:4; 28:3; 31:3; 38:2; 43:2
λαμβάνειν 1:2, 3; 18:5; 19:3 (twice); 20:5; 28:3; 29:5, 6; 40:5 (twice), 7
λαμπρός 33:2
λίβανος 33:4
λίμνη 37:3
λόγος 21:2; 23:4; 25:4
λυπεῖν 3:2; 6:1; 18:1; 39:1, 3
λύπη 3:3; 9:1; 39:2 (twice)
μά 19:2
μᾶλλον 31:4
μέγας 5:2; 9:1 (twice); 14:2; 18:5; 21:1, 2; 25:2; 26:1; 34:1; 37:5; 40:2
μεθιστάναι 43:3

μείς 1:2
μελανοειδής 36:2
μέλλειν 13:6
μέλος 26:3; 42:5
μέν 38:2
μένειν 1:2; 2:3
μερίζειν 15:3
μέρος 5:3; 10:1; 15:2; 20:4 (twice); 40:6
μέσον 17:5; 26:4 (twice); 31:1; 33:3
μετά 1:1; 2:1 (twice); 3:3; 4:1; 9:3; 13:1; 22:2; 26:1; 27:3; 29:3; 31:2; 33:4; 35:2; 37:4; 38:1; 40:1, 2, 6, 7; 41:2; 42:1, 4, 6 (twice), 8; 43:2, 3 (twice)
μεταλλάσσειν 11:2
μεταμέλεσθαι 19:1
μετάνοια 32:4
μέτρον 13:6
μή 3:2 (three times); 6:1; 7:1; 8:1; 11:2; 13:2; 16:5; 17:5; 18:3; 19:1; 21:3, 4; 23:1, 3; 24:2; 25:3; 27:4; 28:3; 30:1; 31:3; 42:5, 6, 7 (twice); 43:3
μηδείς 3:2; 31:3; 42:1
μήποτε 2:4; 16:4; 18:2; 21:4
μήτηρ 7:1, 2; 13:1; 35:1; 36:1; 37:1
μικρός 27:2
μιμνήσκειν 6:1; 10:3; 23:4
Μιχαήλ inscr.; 3:2; 13:2; 22:1; 37:4, 6; 38:1; 40:1, 2; 43:1, 2
μνημεῖον 42:1
μόνος 17:5; 20:4; 27:2; ⟦38:4⟧; 42:3
μυστήριον 3:2; 21:1; 34:1
Μωϋσῆς inscr.
ναί 17:5
νάρδος 29:6
νοεῖν 18:1
νομίζειν 23:1, 2
νόμος inscr.; 43:3
νόσος 5:2, 4, 5; 6:3; 8:2; 9:2, 3; 31:1
νότος 15:2
νουθετεῖν 21:3
νῦν 11:2; 13:3; 28:1, 3; 30:1; 42:7
νύξ 2:2
⟦νυστάζειν 38:4⟧

ξύλον 7:2; 11:2; 13:2; 18:1; 19:2; 22:4; 28:4
ὅδε 22:2
ὀδούς 10:3
ὀδύρεσθαι 27:2
οἰκία 8:1
οἰκίζειν 5:3
οἰκοδομεῖν 8:1; 23:1; 40:7
οἰκονομία 37:5
οἶκος 23:1
οἴμοι 10:2 (twice)
ὀκτώ 1:2
ὀλίγος 2:2; 19:1
ὅλος 2:3; 35:2; 36:3; 37:4
ὁμιλεῖν 16:2
ὀμνύναι 19:1, 2
ὅμοιος 17:2; 18:4
ὄναρ 2:2
ὅπου 14:1; 15:3; 22:4; 33:3; 37:6; 38:3; 40:6; 42:4; 43:1
ὅπως 5:2; 9:3; 13:1; 20:4; 27:2; 28:3; 29:3
ὁρᾶν 2:2, 4; 5:2; 10:1; 17:2; 18:5; 32:4; 33:2 (twice), 4; 34:1, 2 (twice); 35:2; 39:3 (twice)
ὀργή 3:2; 14:2; 26:1
ὀργίζειν 8:1; 16:4; 18:2; 21:4; 31:4
ὁρίζειν 28:3
ὅρκος 19:2, 3; 20:3
⟦ὅρος 38:4⟧
ὀρύσσειν 40:6, 7
ὅς 3:2; 4:2; 6:1; 7:1 (twice); 9:3; 11:2; 13:2; 17:5 (twice); 19:2, 3; 20:1; 21:3; 22:2, 3; 23:4; 25:4; 26:2, 3; 27:3; 28:4; 30:1; 31:3, 4 (twice); 33:2 (twice); 34:2; 37:5; 40:4, 5 (three times), 7; 41:2; 42:1, 5
ὅσος 3:2
ὅστις 14:2; 21:2
ὅτε inscr.; 7:1; 17:1; 19:3; 21:2; 33:3; 37:3; 40:3
ὅτι 3:2 (twice); 7:2; 9:1, 2; 10:2 (twice), 3; 16:2; 18:1, 4; 19:1, 2 (twice); 20:1, 2 (twice); 23:1, 2 (twice), 3 (twice), 4, 5; 24:3;
27:2; 33:5; 35:2; 37:2; ⟦38:4⟧; 39:2; 40:4; 41:2 (twice); 43:3
οὐ 2:3 (twice); 6:3; 7:2; 10:2, 3 (twice); 11:1, 2; 13:3; 16:3; 17:4; 18:1, 4; 19:1, 2; 20:4; 23:1, 2 (twice); 24:2, 3; 25:3; 26:3; 28:1, 3; 31:3, 4 (twice); 33:2; 34:2; 36:3 (twice); 39:1; 40:4, 5; 42:3
οὐδείς 42:3
οὖν 11:2; 18:1; 30:1
οὐρανός 33:2; 37:5; 38:3; 40:1; 42:8; 43:4
Οὐριήλ 40:2
οὔτε 7:2; 11:1; 26:3 (twice)
οὗτος 1:1; 2:1, 2; 3:2, 3; 4:1; 9:1, 2; 11:2; 13:2; 14:1; 18:4; ⟦19:3⟧; 20:2; 23:5; 25:4; 26:1 (twice), 3; 27:1; 29:1, 6; 31:1; 36:1, 3; 37:1, 3, 4; 39:1 (twice), 3; 40:1, 7; 42:1; 43:2, 4
οὕτως 6:2; 8:2; 40:2; 42:7; 43:2
ὀφθαλμός 8:2; 18:3; 20:1; 21:5; 34:2; 35:2
ὄφις 16:1, 4; 17:4; 18:1; 23:5; 25:1; 26:1
ὄψις 37:1
πάλιν 13:6; 25:4; 28:4; 41:2
παρά inscr.; 17:1; 23:4; 43:3
παραβαίνειν 42:7
παράβασις 14:3; 42:7
παράδεισος 1:1; 6:1, 2; 7:1; 8:1; 9:3 (twice); 10:1; 13:1; 15:2; 16:3 (twice); 17:1, 2, 5; 19:1; 22:2 (twice), 3; 26:3; 27:1, 4; 28:1, 4; 29:1, 2, 3, 4, 6; 37:4, 5; ⟦38:4 (twice)⟧; 40:1, 6, 7; 42:3, 6
παραδιδόναι 35:3; 37:4
παρακαλεῖν 2:2; 27:2 (twice)
παρακολουθεῖν 8:2
παρακούειν 8:2; 24:1; 25:1
παρακύπτειν 17:2
παρανομία 21:2
παρέκ 17:5; 20:4
παριέναι 26:1
παριστάναι 35:4

πᾶς 3:2; 5:2, 3; 7:1; 8:2; 10:2; 14:2,
    3; 15:1, 3 (twice); 16:2; 17:4, 5;
    〚19:3〛; 22:3; 26:1, 2; 28:4; 32:2;
    33:4; 35:2; 37:1, 6; 38:2 (twice),
    〚4 (twice)〛; 41:2; 42:5; 43:2
πατήρ 5:4; 6:1; 13:2, 6; 15:3; 21:2, 4;
    23:2; 27:2; 29:2, 3; 32:2; 33:3
    (twice); 34:2 (twice); 35:2
    (twice), 4; 36:1, 3; 37:4; 38:1, 2;
    40:5; doxol.
παύειν 27:3, 4
πείθειν 21:5
πενθεῖν 43:3
περί 3:3; 7:1; 11:2; 13:2; 17:5; 18:1;
    20:3; 31:3 (twice); 42:3
περίζωμα 20:5
περιπατεῖν 19:1
περιπίπτειν 5:2
πέτρα 40:5
πικρία 24:2
πίνειν 2:2
πίπτειν 27:5; 32:1
πλανᾶν 26:1; 42:7
πλάξ inscr.
πλάσμα 37:2; 40:5 (twice)
πλάσσειν 31:4; 40:6
πλεονεξία 11:1
πλευρά 42:1
πληγή 8:2 (four times)
πλήν 19:2; 39:2; 42:3 (twice)
πληροῦν 13:6; 42:3
πλησίον 9:3; 13:1
πνεῦμα 31:4; 32:4; 42:8
ποιεῖν 3:2; 5:1; 7:1; 9:1; 16:3; 17:2,
    4; 20:2, 5; 23:4, 5; 26:1, 3; 27:3;
    29:2; 31:2, 4; 32:4; 37:4, 5; 39:1;
    40:2, 6; 42:1 (twice)
ποίημα 33:5; 37:2
ποῖος 19:2
πολεμεῖν 2:4; 10:1, 3
πόλεμος 28:4
πολιτεία inscr.
πολύς 5:5; 〚25:2〛; 32:2; 40:4, 7
πολύτροπος 24:2; *25:1*
πονηρός 10:3; 18:3; 21:4, 6
πόνος 5:5 (twice); 6:2, 3; 25:1

πορεύειν 2:4; 3:1; 6:2; 9:3; 10:1;
    12:2; 13:1, 6; 15:3; 26:2; 42:2
πόσος 31:2
ποτέ 34:2; πότε 35:3
ποῦ 8:1; 21:1; 23:1; 36:2; 42:3
πούς 26:2
πρᾶγμα 31:3
πρίν 5:2; 28:2
προάγειν 38:3
πρός 2:4; 5:2; 10:3; 11:1 (twice);
    12:1; 13:6; 15:1; 16:1, 2, 5; 21:1;
    23:5; 25:1, 4; 28:1, 3; 32:3; 34:1,
    2; 35:1; 37:1; 38:1, 2; 〚39:1〛;
    42:1, 3; 43:3
προσάγειν 33:2
προσέρχεσθαι 29:4
προσεύχεσθαι 6:2; 42:4
προσευχή 35:4
προσέχειν 18:5
προσκυνεῖν 7:2; 17:1; 27:5
προσπίπτειν 33:5; 36:1
προστάσσειν 40:2 (twice), 6
πρόσωπον 8:1; 24:2; 33:1, 2; 35:2
πρότερος 10:3
πρωτόπλαστος inscr.
πρῶτος 8:2; 40:5
πτέρνη 26:4
πτέρυξ 26:3
πῶς 6:3; 10:3 (three times); 11:2;
    15:1; 31:4; 35:2; 43:1
ῥέειν 9:3; 13:2
ῥῆμα 3:3; 16:5; 42:1
ῥομφαία 28:3
σάλπιγξ 38:2
σαλπίζειν 22:1, 2; 37:1
σάρξ 25:3
Σατανᾶς 17:1
σελήνη 36:1
σεραφίμ 33:3; 37:3
Σήθ 4:1; 5:4; 6:1, 3 (twice); 9:3;
    10:1; 12:1, 2; 13:1, 2; 14:1; 34:1,
    2; 35:1, 3, 4; 36:1, 3; 37:1; 〚38:4〛;
    42:3 (twice); 43:1, 2
σηρικός 40:1
σιγᾶν 12:1
σινδών 40:1, 2, 3

σκεπάζειν 40:2
σκεῦος 16:5; 26:1; 31:4
σκηνή 12:1; 14:1
σκήνωμα 42:6
σπέρμα 26:4; 29:4, 5, 6; 41:2
σπλαγχνίζειν 9:3; 27:2
σπουδή 33:4
στενοῦν 24:3
στερεῖν 26:2
στερέωμα 33:4; 35:2
στῆθος 26:2; 42:8
στηρίζειν 22:4
στόμα 2:2, 3; 10:3; 11:2; 12:1; 16:5; 17:4; 21:3
στρατιά 38:3
στρέφειν 19:1; 23:5; 25:1, 4; 28:1, 3
στρωννύναι 40:2
συγχωρεῖν 2:2; 27:3; 33:5; 35:2
συγχώρησις 37:6
σῦκον 20:4
συνάγειν 5:3; 38:2 (twice)
συνέχειν 5:5
σφόδρα 39:1
σφραγίζειν 42:1
σφραγίς 42:1
σώζειν 25:3
σῶμα 8:2 (twice); 31:1; 32:4; 34:2; 35:2; 38:3; ⟦39:1⟧; 40:2 (twice), 3, 4, 7; 41:1; 42:5; 43:1 (twice)
τάξις 38:2
ταχέως 21:5
τε 7:1
τεῖχος 17:1, 2
τεκνίον 5:5; 30:1
τέκνον 14:3 (three times); 15:1 (three times); 25:2; 35:3
τελεῖν 40:3; 42:2
τέσσαρες 29:6; 33:2; 38:3
τηρεῖν 26:4
τιθέναι 17:3; 19:3; 25:4; 26:4; 28:4; 31:3; 40:5, 7; 42:3
τίκτειν 25:2 (twice)
τιμή 18:1
τις 2:4; 15:2; 31:3; 34:2; 38:2; 42:1
τίς 2:4; 5:4, 5; 8:1; 9:1; 14:2; 16:3; 17:2; 18:3 (twice); 20:2; 21:6;
    23:3, 5; 27:4; 29:2; 31:2; 35:1, 3, 4; 36:2; 39:1
τόπος 31:3; 39:1, 3; 40:6 (twice), 7; 42:2, 4
τότε 11:1; 12:1; 15:1; 17:1; 18:1; 19:3; 21:5; 23:2, 4; 27:4, 5; 28:3; 31:3; 32:1; 35:1; 37:6; 39:3; 42:2
τρεῖς 5:3; 13:6; 33:4; 37:4; 40:1, 2; 43:1
τριάκοντα 5:1 (three times)
τρίβολος 24:2
τρίγωνος 42:1
τρίτος 37:3, 5; 40:1
τρόπος 14:3; ⟦25:2⟧; 30:1
τροφή 26:2
τυγχάνειν 9:2
τύπτειν 42:8
υἱός 1:3; 2:2; 3:2 (three times), 3; 4:2; 5:1, 2, 4; 6:3; 9:1, 3; 10:1; 31:1; 34:1; 35:4; 42:3
ὑμνεῖν 17:1; 22:3; 37:6
ὕμνος 37:6
ὑπέρ 16:2; 34:2; 35:2; 36:1
ὑπό inscr.; 23:2; 33:2
ὑποδεικνύναι 23:3
ὑποταγή 10:3
ὑποτάσσειν 10:3
ὑποφέρειν 9:2; 11:2
ὑστερεῖν 26:2
φαίνειν 36:3
φέρειν 6:2 (twice); 9:3; 29:6; 40:1, 2 (twice), 3 (twice)
φθονεῖν 18:4
φιάλη 33:4; 38:2
φλόγινος 28:3
φοβεῖν 10:3; 16:4, 5; 18:2, 3, 5; 21:4 (twice); 22:2; 23:2; 34:1
φοβερός 8:1; 13:6; 34:1; 37:1, 5
φονεύειν 3:1; 40:4
φρόνιμος 16:2
φροντίζειν 31:3
φυλάσσειν 3:3; 10:2; 15:2 (twice); 17:3; 23:3; 24:3; 28:3, 4; 30:1; 39:1
φύλλον 20:4 (twice), 5
φύσις 11:2

φυτόν 7:1; 17:4; 18:5; 20:3, 4; 22:3; 28:2; ⟦38:4⟧
φωνή 5:2; 8:1; 37:1, 3; 40:4
φῶς 33:2; 36:2, 3 (four times)
χαίρειν 39:1
χαρά 38:1; 39:2 (twice)
χείρ inscr.; 3:1; 26:2; 31:4; 33:1, 5; 35:3; 37:2, 4; 38:2
χερουβικός 22:3
χερουβίμ 19:2; 28:3; 32:2; 38:3
χοῦς 26:2; 40:5, 6
χρόνος 31:2
χρυσός 33:4

χωρίζειν 42:6, 7 (twice)
⟦χωρίς 38:4⟧
ψύξις 24:3
ψυχή 13:6; 43:3
ὦ 10:3; 11:1; 14:2; 21:6; 42:8
ᾠδίς 25:2
ὥρα 7:2; 20:1; 21:1; 22:1; 25:2; 37:4
ὡς 16:3; 18:3; 21:3; 22:2; 23:2; 28:4; ⟦38:4⟧; 40:2
ὥσπερ 42:6, 7
ὥστε 17:3
ὠτίον 26:3

SELECTIVE INDEX OF WORDS OCCURRING AS VARIANTS, AND IN ADDITIONS AND REVISIONS

This index is only intended as a global guide to the readings developed in the text's transmission process. Not all words are included (far from it), nor all occurrences of the words that are listed. References are to line numbers as they are indicated in the *apparatus criticus*.

ἀγαθός 99; 143
ἀγγελικός 277
ἅγιος 99; 315; 412-413
ἀγριώδης 74
ἄδεια 51-52
ἀεί doxol.
ἀθανατίζειν 256-257; 260-261
ἀθανατοῦν 256-257
ἀθετεῖν 254-255
Ἅιδης 371-372
Αἰθίοψ 329
αἷμα 277
αἰνεῖν 50-53
αἶνος 28-29
αἴρειν 99
αἰτεῖν 71-72; 98
αἰών doxol.
αἰώνιος 107-123; 315
ἀκούειν 47; 107-123; 121
ἀλείφειν 96
ἁμάρτημα 298-299
ἁμαρτία 151; 164; 298-299
ἁμαρτωλός 77
ἀναβαίνειν 50-53
ἀναγγέλλειν 202-206
ἀνάγκη 64
ἀνακάμνειν 97
ἀναλαμβάνειν 395
ἀναλίσκειν 277

ἀνάξιος 277
ἀναπαύειν 214; 277
ἄναρχος 270-271; doxol.
ἀνατολή 113-120; 398
ἀνατροπή 84-85
ἀνέρχεσθαι 129
ἀνήμερος 74
ἄνθρωπος 104; 107-123
ἀνθρωπότης 435
ἀνιστάναι 99
ἀνόητος 142
ἀντίγραφος inscr.
ἀντικεῖσθαι 74
ἀόρατος 348-349
ἀπάγειν 430
ἀπαίρειν 391-392
ἀπαστράπτειν 151
ἀπατᾶν 50-53; 73; 107-123; 205-209; 230; 277
ἀπάτη 158; 173-184
ἀπατηλός 151; 173-184
ἀπέχειν 107-123
ἁπλοῦν 277; 348-349; 383
ἀποδιδόναι 430
ἀποθνήσκειν 143; 277
ἀποκαθιστάναι 351

ἀποκάμνειν 97
ἀπολαμβάνειν 48-49; 107-123
ἀπόλαυσις 48-49
ἀπομάσσειν 305-306
ἀποστρέφειν 214
ἀποτιθέναι 414-419
ἀποφέρειν 50-53
ἅπτειν 49-50; 150
ἄρκτος 113-120
ἀρσενικός 113-120
ἄρτον 67
ἀρχαῖος 373-374
ἀρχή 161-163
ἀρχιστράτηγος 358-359; 431-433; 434; 440
ἄρωμα 273-274; 275
ἀσθενεῖν 31; 38-39
ἀσχημοσύνη 170
ἀτιμία 107-123
ἀφιέναι 268-269
ἄχραντος 316; 327-328
ἄχρηστος 228
ἀχώριστος 425-427
βαπτίζειν 277
βασιλεύς 296-298; 315
βαστάζειν 87-88
βίος inscr.
βλαστάνειν 197
βλέπειν 107-123; 158

VARIANTS, ADDITIONS, REVISIONS

βούλεσθαι 107-123
βουλεύειν 390
βρῶμα 277
βρῶσις 43; 143-144; 151; 173-184
γέεννα 375; 376-377
γένημα 275
γένος 104
γήϊνος 305-306
γινώσκειν 143; 177-182
γλυκύτης 143-144
γονύ 97; 300
γυμνός 202-206; 203-204
γυμνοῦν 169
γυνή 123-124; 205-209; 208; 209
γωνία 195
δαίμων 230
δάκρυ 168; 243-244; 277; 305-306
δέησις 277; 301-302
δειλιᾶν 56
δεινός 44-45
δεῖσθαι 341-342
δελεάζειν 50-53; 107-123; 151; 156; 233-234
δένδρον 71-72
δεξιά 348-349
δεσπόζειν 107-123
δέχεσθαι 391-392; 392-394
δηλοῦν 73
δημιουργός 244
διάβολος 74; 107-123; 113-120; 177-178; 177-182; 277
διαγινώσκειν 149-150
διαμερίζειν 34
διανοεῖν 151
διανοίγειν 143
διάθεσις inscr.

διατάσσειν 50-53
διδυμάριον 5
διηγεῖσθαι 104; 107-123
διοδεύειν 277
διυπνίζειν 280-281
δόλιος 107-123
δόλος 158
δόξα 151; 230; 254-255
δοξάζειν 28-29
δοξολογία 50-53
δοῦλος 95; 343-344; 422; 423-424
δύναμις 316
δύο 49-50; 329; 436-437
δύσις 113-120
δωροῦν 102
ἑβδομήκοντα 386-387
ἐγγίζειν 50-53; 93; 100; 411
ἐγγύθεν 53
ἐγερθεῖν 277
ἐγκαταλιμπάνειν 279
ἔθος 129
εἰδέναι 107-123
εἶδος 275; 256
εἰρήνη 430
εἰσακούειν 277
εἰσέρχεσθαι 34; 74
εἴσοδος 197
ἐκβαίνειν 277
ἐκβάλλειν inscr.; 107-123
ἔκβασις inscr.
ἐκδυσωπεῖν 326
ἐκλείπειν 107-123
ἐκπηδᾶν 74
ἐκπίπτειν 81-82
ἐκτός 277
ἔλαιον 102
ἐλάχιστος 121-122
ἐλέγχειν 113-120
ἐλεεῖν 95; 104

ἔλεος 102
ἐλπίς 104
ἐμβαίνειν 50-53
ἐνακόσιοι 414-419
ἐνδύειν 277
ἐνταφιασμός 388-389
ἐντέλλειν 48; 202-206
ἐντιμῶς 428-430
ἐντολή 49-50; 186; 205-209; 278
ἐντός 128
ἐξαμαρτάνειν 99
ἐξανθεῖν 365-366
ἐξανιστάναι 27-28
ἐξαπατᾶν 51-52; 134
ἐξαπτέρυγος 159; 345-346
ἐξήγησις inscr.
ἐξήκοντα 30-31
ἐξομολογεῖσθαι 300
ἐξομολόγησις 301-302
ἐξορία inscr.
ἐξορίζειν inscr.
ἐξουσία 48
ἐπάγειν 54; 60-61
ἐπακούειν 107-123
ἐπεργάζεσθαι 6
ἐπιβαίνειν 161
ἐπιδιδόναι 43
ἐπιθυμεῖν 39-40
ἐπιθυμία 151; 164; 230
ἐπικατάρατος 77; 230
ἐπισκοπεῖν 343-344
ἐπιστασία 428-430
ἐπιστρέφειν 99-100
ἐπισυνάγειν 275
ἐπιφέρειν 277
ἑπτά 277
ἐργάζεσθαι 137-138
ἔργον 187; 211-212; 437-438
ἑρπετόν 277
ἔσχατος 99; 104

ἔτος 104; 230
εὑρίσκειν 50-53; 51-52; 107-123; 134; 277
εὐτρεπίζειν 198; 198-199
εὐφραίνειν 365-366
εὐφροσύνη 99
εὔχεσθαι 34; 277
εὐχή 301-302
εὐωδία 416-417
ἐφυπνοῦν 417-418
ἐχθρός 50-53; 51-52; 134; 371-372
ζῆλος 230
ζῆν 143; 277
ζητεῖν 99
ζωή 104; 107-123
ζῷον 167
ζωοποιός doxol.
ἥκειν 286
ἡμέρα 99; 100; 102; 104; 177-182; 230; 277
ἥμισυ 102
ἡνίκα 211-212
ἡσυχάζειν 86-87; 280-281
θάλασσα 277
θάνατος 104; 143; 259-260; 277; 298-299; 371-372
θαρρεῖν 107-123
θαυμάζειν 341-342
θεᾶσθαι 168
θέλειν 134; 156; 173-184
θεοπρόσωπος 330
θεόπτης inscr.
θεραπεῖν 96
θεωρεῖν 74-75; 230
θηλυκός 113-120
θλῖψις 64
θρηνεῖν 107-123
θρῆνος 107-123
θρίξ 277

θρόνος 54-55
θυγάτηρ 32; 63
θύρα 34
ἱδρότης 67
ἱκετεύειν 98
Ἰορδάνης 277
Ἰστραήλ 270-271; 315
Ἰωήλ 270-271; 315
καθαρός 277
καθέζεσθαι 107-123
καθορᾶν 368
καινοῦν 168
καιρός 99; 395; 435
κακία 107-123; 233-234; 277
καλάμη 275-276
καλός 143, 143-144; 151; 177-182
κάμνειν 214
καρδία 99; 214-215; 277; 357-358
κάρπημα 38-39
καρπός 102
καταβαίνειν 102; 103-104
καταβάλλειν 376-377
κατάβροχος 305-306
καταγορεύειν 371-372
κατακυριεύειν 371-372; 376-377
κατανοεῖν 121-122
κατάρα 54
κατατιθέναι 401; 401-403; 431-433
καταφέρειν 414-419
κεφαλή 60-61; 161-163; 277
κηδεία 414-419
κινεῖν 107-123; 416-417
κλάδος 71-72
κλῆρος 113-120
κοιλία 128

κοιμᾶν 414; 430
κοίμησις 414-419
κοιτή 93; 107-123
κομίζειν 104; 379
κοπιάζειν 216
κόπος 41; 219-220
κοπρία 41
κόσμος 298-299
κράζειν 270; 277
κραταιός 362-363
κράτος doxol.
κρίνειν 104
κρίσις 77; 249; 435
κρύβειν 56; 202-206; 203-204
κτᾶσθαι 233-234
κτῆνος 142; 230
κτίσις 277
κύκλος 107-123; 151; 277
κυκλοῦν 277
κώφησις 60-61
λαμπρότης 338-339
λανθάνειν 203
λαός 99
λατρεία 28-29
λατρεύειν 99
λείψανον 357-358
λίβανος 275-276
λίθος 277
λοιμός 60-61
λυπεῖν 104
λύπη 96; 107-123; 414-419
μακρόθεν 74-75
μακρός 50-53
μανθάνειν 121; 161
ματαιότης 219-220
μάχεσθαι 188
μέγας 99; 414-419
μελετᾶν 230
μερίζειν 113-120
μεταλαμβάνειν 48-49; 173-184
μετανοεῖν 277

μετάστασις inscr.;
    438-439
μετέχειν 157
μικρός 31
μιμνήσκειν 406
μνῆμα 398-399; 411
μόνος 50-53; 51-52;
    99; 107-123; 134;
    168; 173-184
μορφή 130
νηστεύειν 277
νοεῖν 158
νομίζειν 133
νοσηλεύειν 31
νότος 113-120
νῦν doxol.
νύξ 230
ξενοῦν 39-40
ὀγδοάς 437-438
ὄγδοος 437-438
ὁδός 74
ὀδούς 60; 60-61
ὀδυνεῖν 173-184
ὀδύνη 60
ὀδύρεσθαι 243-244
οἰκονομία 414
οἶκος 34
οἰκτιρμός 295; 327;
    348-349
οἴμοι 107-123
ὀλιγορεῖν 280-281
ὅλος 32
ὁμιλία 230
ὀμνύναι 168
ὀνειδίζειν 188
ὅραμα 15-16
ὁρᾶν 104; 107-123;
    143-144; 300
ὅρασις 143-144; 151
ὀργίζειν 277
ὁρισμός 360
ὅρκον 168
οὐράνιος 296-298
οὐρανός 50-53; 129;
    324-325; 362-363;
    412-413

ὀφείλειν 50-53
ὀφθαλμός 60; 143;
    277; 305-306
ὄφις 107-123; 128;
    173-184; 205-209
πάθος 277
παλαιός inscr.
παμπόνηρος 50-53
πανάγιος doxol.
παραβαίνειν 49-50;
    58; 186; 279
παράβασις 86-87;
    278
παραγγέλλειν 48; 49
παραγίνεσθαι 414-
    419; 431-433
παραδιδόναι 430
παρακαλεῖν 21; 277
παρακολουθεῖν 414-
    419
παρακούειν 205-209
παρανομία 173-184
παραφυλάσσειν 49-50
παραχρῆμα 185
παραχωρεῖν 267
παρεῖναι 129; 416-
    417
παροργίζειν 181;
    205-206
παρουσιάζειν 54; 195
πατεῖν 411
πατήρ doxol.
παύειν 107-123; 230
πείθειν 143-144; 151
πεινάζειν 277
πενθεῖν 277
πεντακόσιοι 30-31;
    104
πέντε 102; 104
περιδεῖν 384
περιθρηνεῖν 168
περιπατεῖν 202-206;
    213
πετεινόν 277
πικρός 106; 107-123
πίπτειν 277

πιστεύειν 107-123
πλάσις inscr.
πλάσμα 289
πλάσσειν 107-123;
    182; 392-394
πλευρά 277
πλημμελεῖν 242
πληροῦν 414
πληροφορία 161
πλήσσειν 91-92
πλουτεῖν 216
πνεῦμα 430; doxol.
ποίημα 277; 327-328
ποιητής 159
ποιμήν 6
πολιτεία 48-49
πολυόμματος 159
πονηρός 99; 107-123;
    167; 177-182;
    371-372; 389-
    390; 390
πόνος 96
ποταμός 277
πούς 230; 277
πρᾶγμα 107-123
πράσσειν 125; 173-
    184
πρέπειν doxol.
προαιώνιος 270-271
πρόβατον 6
προνοητικός 316
προσεύχεσθαι 50-53;
    277; 329
προσέχειν 151
προσκυνεῖν 50-53;
    121-122; 129
προσκύνησις 50-53;
    230; doxol.
προσμένειν 50-53
προσομιλεῖν 50-53
προσπίπτειν 248
πρόσταξις inscr.; 28-
    29
προστάσσειν 60; 368
προσφέρειν 173-184
πρόσωπον 67; 277

INDEX OF WORDS

πρότερος 73
πρωτόπλαστος 392-394
πτερνίζειν 230
πυλή 255-256; 268-269
πῦρ 306; 375; 376-377
πυρίμορφος 349
Ῥαφαήλ 381-382
ῥέειν 277
ῥῆμα 107-123; 118-119
ῥίζα 161-163
ῥομφαία 238-239
σάρξ 99
σεραφίμ 159; 255-256; 296-298; 345-346
σήμερον 101
σιγᾶν 277
Σιών 421-422
σκέπασις 169
σκευάζειν 128; 170
σκεῦος 230; 289
σκηνή 327-328
σκήνωμα 302-303; 414-419
σκοτίζειν 87-88
σπέρμα 27-28
σπλαγχνίζειν 104
στενάζειν 75-76
στερεῖν 107-123; 230
στηρίζειν 198
στολή 277
στόμα 277
στρέφειν 238-239
συζευγνύναι 34
συκῆ 169
συλλαμβάνειν 26-27
συμβαίνειν 277; 414-419
συμβουλεύειν 107-123; 121-122
συμβουλή 143-144
συνάγειν 275

συναυλία 157
συνεῖναι 424-425
συνεργεία 389-390
συνετίζειν 99
συνετῶς 47
συντέλεια 352-353
σφοδρῶς 414-419
σχῆμα 277
σχίζειν 34
σώζειν 289; 292-293
τάγμα 345-346
τάσσειν 238-239
ταχύνειν 216
τεῖχος 277
τέκνιον 107-123
τέκνον 47
τελεῖν 412-413; 417-418
τέλειος 48-49
τελευτᾶν 286; 414; 431-433
τέλος 31; 104; 156; 216
τεσσαράκοντα 277
τέσσαρες 277
τηρεῖν 50-53; 117-118
Τίγρις 277
τίκτειν 151; 223-244
τιμᾶν 48
τιμή 48; 107-123; 373-374; doxol.
τίμιος 377
τόπος 277
τράχηλος 277
τρεῖς 386–387
τριάκοντα 277; 414-419
τρόπος 73; 107-123
τροφή 277
τρυφή 48; 230
τυγχάνειν 107-123
τύπος 50-53
ὕδωρ 277
υἱός 107-123
ὑμνεῖν 130

ὑπακοή 81
ὑπάρχειν 50-53; 216; 414-419
ὑπερηφανία 375
ὕπνος 107-123
ὑπομένειν 66; 67
ὑποστρέφειν 103-104
ὑφιστάναι 371-372
φαίνειν 277
φεύγειν 91-92
φθονεῖν 107-123; 147
φθόνος 107-123
φιλανθρωπία 356
φιλάνθρωπος 107-123; 296; 412-413
φλόγινος 238-239
φονεύειν 390
φόνος 277
φορεῖν 230
φρόνησις 177-178
φρόνιμος 107-123
φροντίζειν 277; 390
φρουρεῖν 255-256
φυσιᾶν 305-306
χαιρεῖν 104
χαρίζειν 254-255
χάρις 71-72; 165-166; 254-255
χαυνοῦν 151
χεῖλος 277
χείρ 161-163; 230; 327-328
χιλιάς 104
χοῦς 41
χρόνος 100
χῶμα 392-394
χωρεύειν 13-14
χωρισμός 106
ψάλλειν 355-356
ψυχή 280-281; 414-419; 430
ὥρα 50-53; 129
ὡραῖος 143-144; 151
ὠτίον 60-61
ὠφελεῖν 118-119

www.ingramcontent.com/pod-product-compliance
Lightning Source LLC
Chambersburg PA
CBHW021141230426
43667CB00005B/212